南京博物院学人丛书

万俐文集

科技保护卷

南京博物院 编

文物出版社

封面设计：刘　远

责任印制：陈　杰

责任编辑：杨冠华

图书在版编目（CIP）数据

万俐文集·科技保护卷／南京博物院编．—北京：
文物出版社，2013.9
（南京博物院学人丛书）
ISBN 978 - 7 - 5010 - 3837 - 4

Ⅰ．①万…　Ⅱ．①南…　Ⅲ．①文物保护—文集
②文物修整—文集　Ⅳ．①G26 - 53

中国版本图书馆 CIP 数据核字（2013）第 226263 号

万俐文集·科技保护卷

南京博物院　编

*

文 物 出 版 社 出 版 发 行

北京市东直门内北小街 2 号楼

http：//www. wenwu. com

E-mail：web@ wenwu. com

北京盛天行健艺术印刷有限公司印刷

新 华 书 店 经 销

889 × 1194　1/16　印张：26.75

2013 年 9 月第 1 版　2013 年 9 月第 1 次印刷

ISBN 978 - 7 - 5010 - 3837 - 4　定价：260.00 元

万俐近照

2012 年 12 月，获《全国优秀科技工作者》荣誉称号

2008 年 2 月，获《第四届江苏省工艺美术大师》荣誉称号

《青铜文物保护新技术的研究》
获 1998 年国家科技进步奖三等奖

《氟橡胶作为文物保护剂的应用》
获发明证书（2006 年 6 月）

2008年9月，在敦煌参加国际大遗址保护研讨会考察古遗址期间与
龚良院长、奚三彩副院长、张金萍副所长合影

2008年11月，与倪明副院长在英国考察时合影

2009年4月在参加了"东亚古遗址保护国际学术研讨会后，赴苏州古街考察，
与国家文物局文物保护科技专家陆寿麟教授、中国文化遗产研究院詹长法研究员合影

2009年9月，在苏州与工厂技术人员一起研究纸张造纸机的制作

2010 年 2 月，在日本九州国立博物馆与日本首席考古学家樋口隆康教授、文保专家今津博士合影

2011 年 6 月，南京中山陵孙中山汉白玉坐像保护完成后，接受新闻媒体的采访

2011 年 9 月，在日本天理参考馆观察中国青铜器

2011 年 10 月，在南通与意大利文保专家现场研讨彩绘的保护

2011 年 11 月，在浙江省宁波庆安会馆，做保护方案前的现场病害检测

2012 年 6 月，与南京大学文物鉴定班的本科学生合影

凡 例

（一）为了传承先辈学者的治学精神，介绍当代学者的研究成果和治学方法，也为了激励青年学人的学术热情，探索一条新时期可持续的学术途径，南京博物院决定编辑《南京博物院学人丛书》，陆续出版我院学人的学术论著，以集中展示我院的整体学术面貌和科研水准。

（二）学人丛书以个人文集的形式推出，定名"XX 文集"，每集 40 万字左右。对于著述量较多的文集，则又根据内容分成若干专辑，冠以"XX 卷"，如"考古卷"、"博物馆卷"、"文物科技卷"等。

（三）学人丛书以严谨审慎的态度认真遴选，尤其注重著述的学科意义和学术史价值，原则上只收录已公开发表的学术论文，不能体现作者学术水平的杂谈、小品、通讯等一般不予收录。

（四）学人丛书各卷编排一般以内容题材和发表时间并行的原则编定次序，以见专题性和时代性。

（五）大凡学术著述多受作者所处时代环境之制约，征引、论断未必尽善。诸如此类，学人丛书一般未予匡正，以存历史原貌，使之真实地再现每位作者撰述时的时代气氛和思想脉络。对于入选论文，在文末以按语的方式附简单说明，主要介绍写作背景、发表或出版等情况，基本不做主观评价。

（六）学人丛书一般改正原稿中的个别错字，删除衍文，包括古今字、异体字、纪年、数字、标点等，一律按国家语言文字工作委员会颁布之标准体处理，而少量的未刊稿则酌情进行细微的文字处理。

（七）各卷前刊主编撰写的总序一篇，阐明学人丛书编纂缘起和意义等，以便读者对该丛书获致一轮廓性的了解。同时，设有前言或序（作者自序或由直系亲属决定的他序）。在体例上，每卷卷首配有若干照片、手迹等，卷末附有编后记，而论文所附插图、照片、线图等基本采用原有样式以保持论文原貌。

（八）学人丛书编辑委员会本着务实、有效的原则，分别由专人担任每卷的责任整理者，在主编主持下分工合作，共襄其役。丛书的整体设计和最后定稿均由主编全权负责。

《南京博物院学人丛书》编辑委员会

2009 年 8 月

总　序

　　南京博物院坐落于六朝古都的江南胜地，其前身是国立中央博物院筹备处，1933年由时任国立中央研究院院长的蔡元培先生倡议成立，是当时全国唯一仿照欧美现代博物馆建设的综合性博物馆。原拟建"人文"、"工艺"、"自然"三馆，后因时局关系，仅建"人文馆"，即现在的南京博物院主体建筑仿辽式大殿。建院之初，就明确提出"提倡科学研究，辅助公众教育，以适当之陈列展览，图智识之增进"的宗旨，为博物院的筹建和发展奠定了理论基础。故院长曾昭燏先生在《博物馆》中明确提出，"研究为博物馆主要功用之一"，这一观念至今对南京博物院的业务工作产生着积极而持久的影响。

　　建院 70 余年来，尊重科学研究的优良传统在南京博物院一直传承着，并不断发扬光大。建院之初，这里汇聚了一大批享誉海内外的著名学者，如叶恭绰、傅斯年、胡适、李济、吴金鼎、马长寿、王介忱、李霖灿、曾昭燏、王振铎、赵青芳等，即便在烽火弥漫的抗日战争期间，在十分艰苦的生活工作条件下，他们也不忘自己的职责，进行卓有成效的科研工作，为民族文化的传承保存了可贵的薪火，也为南京博物院后来的科研人员树立了榜样。

　　1937 年 8 月，中央博物院奉命带院藏文物向西南迁移，研究人员则在艰辛条件下开展田野考古和民族民俗调查工作。20 世纪三四十年代，吴金鼎、曾昭燏、王介忱在云南苍洱地区进行考古调查和发掘；李济、吴金鼎、王介忱、冯汉骥、曾昭燏、夏鼐、陈明达、赵青芳等发掘四川彭山汉代崖墓，收集了大批汉代文物资料；以马长寿、凌纯声为团长的川康民族调查团在西南地区进行了历史遗迹、民族服饰、手工业、语言和象形文字、动植物的调查，采集了大量的少数民族文物；中央博物院与中央研究院史语所等联合组建了西北科学考察团，在敦煌、玉门关等地进行科学考察，并发掘了甘肃宁定阳洼湾齐家文化墓地等。在此期间，中央博物院在研究的基础上整理编写了《博物馆》、《远东石器浅说》、《云南苍洱境考古报告》、《麽些标音文字字典》、《麽些象形文字字典》等一系列学术著作。这些代表性论著，知识建构博大精深，社会学方法论应用得当，新学科新知识光芒闪烁，其学术开创意义和精神价值，足可视为经典。

　　1949 年 10 月，随着新中国的成立，我院进入新的发展阶段。1950 年 3 月，前中央博物院正式更名为南京博物院。南京博物院继承了前中央博物院前辈学人的治学精神和学术理念，坚持循序渐进地开展学术研究工作。随后开展了江苏南京南唐二陵发掘、六朝陵墓调查，以及山东沂南汉画像墓、安徽寿县春秋时代蔡侯墓等考古发掘工作，还奉命派人到郑州协助发掘商代城址，都取得了良好科研成果。同时，先后在江苏境内发掘了淮安青莲岗、无锡仙蠡墩、南京北阴阳营、邳县刘林和大墩子等重要遗址，发掘了丹徒烟墩山"宜侯矢簋"墓、南京东晋砖印壁画"竹林七贤及荣启期"墓、东晋王氏家族墓地王兴之与王闽之墓等重要墓葬，并对江苏境内的淮河、太湖、洪泽湖、射阳湖流域和宁镇山脉进行了大规模的考古调查。随之提出的"青莲岗文化"和"湖熟文化"的命名，将江苏考古纳入系统研究范畴，为后来的江苏考古学文化区系类型研究开启先河。

自1978年中国实行改革开放政策的30余年来，南京博物院在积极倡导创新精神的同时，秉承前中央博物院学人"博大深约"之精神理念，注重将社会教育与学术研究交融贯通，形成了"兼容创新"和"与时俱进"的学术风气，迎来了学术研究的美好春天，在博物馆学、考古学、历史学、民族民俗学，以及古代建筑、艺术文物、文保科技、陈列展览等相关领域均取得了不斐成绩，并呈现了以老专家引领、中青年骨干为中坚力量的梯队式研究群体，其治学之道、研究之法亦与前中央博物院前辈学人的传统息息相通。

现今南京博物院是一所拥有42万余件各类藏品，20万余册中外专业图书的大型综合性博物馆，集探索、发现、典藏、保护、研究、教育、服务于一体，具有举办各种展览、开展科学研究的深厚基础，在学术方面已经拥有比较深厚的历史积淀和鲜明的综合性特色。近年来，南京博物院将科学研究与服务公众作为工作的两极。立足科研，努力提升学术水平，逐步提高工作能力，最大程度地扩大学术声誉和影响力，为公益性博物馆的发展提供基础和动力；努力将博物馆的科研成果转化为现实生产力，服务于文物遗产的保护和利用，服务于社会公众教育，成为南京博物院长远发展的基本方针和工作目标。

今天，随着博物馆事业的快速发展，我们清晰地认识到，开展科研工作是公益性博物馆发展的基础和动力，要提高对科研工作重要性的认识，有的放矢、循序渐进地开展工作。首先，要认识到科学研究是生产力，是博物馆实现社会价值的重要手段。要从发展生产力的高度认识博物馆科研工作的重要性，认识到我们的职责是利用古代文化及其研究成果来推动和促进当地经济社会的和谐发展。通过博物馆的研究成果，使社会认识到，古代文化遗产是一个地区、一个民族、一个国家的象征，具有精神上的巨大作用，发展博物馆事业，也直接或间接地发展了社会生产力；通过博物馆的科研发明和技术创造，让社会认可文物保护技术的重大作用，它不仅可以使文物坚固、延年，并保持美感，更让公众在欣赏文物的过程中认识、理解并尊重了其中"过去的辉煌"和"今天的创造"。其次，要促进科研成果的转化和推广。科研成果只有进行有效转化，才能真正成为现实生产力，更好地发挥科研成果服务社会的功能；积极促进科研成果的推广，可以为文物保护力量比较薄弱的地区提供技术支撑；科研成果的研究和推广，可以培养、锻炼一批既具有理论研究水平，又有实践能力的队伍。第三，要明确科研的内容和重点。南京博物院作为大型综合性博物馆，能够在国际国内博物馆界有一定地位和影响，积极的科学研究无疑是重要条件。全院有一支专业素质好、知识水平高的业务队伍，他们探索古远历史，研究地域文化，保护物质遗产，服务社会公众。科研的内容和重点主要围绕服务社会发展、服务江苏文博事业、服务公众文化享受的目标来进行。具体而言，主要围绕研究江苏文明史发展的考古发掘研究、文物保管及科学保护、文物展示及公众服务、文物利用及社会作用的发挥等内容来进行。其中在考古发掘研究方面，70 余年的考古收获成果，基本可以勾划出江苏历史发展的轮廓概貌，弥补了文献记载之不足。在文物科学保护方面，共有获奖科技成果 20 多项，在文物保护实践中都得到了广泛的应用。在文物展示及服务公众方面，在完成了南京博物院艺术馆陈列，还开展了文博系统人文社会科学重点课题研究，并帮助多家博物馆进行展览设计与布展。在利用文物发挥社会作用方面，多方组织精品展览服务各地公众。同时积极利用科研技术，保护地面文物建筑，启动"身边的博物馆"走进农村基层的数字化博物馆项目，致力于将博物馆与公众的距离拉得更近。

回首往昔，我们欣喜地看到，南京博物院 70 余年的科研成就硕果累累；筹划今朝，深感我们仍需砥砺精神，不断求索，以更好的业绩促更大的发展。为了集中展示并检阅南京博物院在学术研究方面的综合性成果，并藉此体现服务与研究相结合的学术导向和科研特色，我院组织编辑出版《南京博物院学人丛书》，通过整理与学习前辈学人的学术成就与传承脉络，介绍当代学者的研究成果和治学方法，使之作为系统的历史文献资料保存下来，并成为后人获得知识、方法与灵感的重要源泉。同时，真诚希望我院青年学人能得以站在前人肩膀上，坚持良好的学术风气，促进科研工作的不断开展，探索一条新时期可持续发展的学术途径。在我看来，《南京博物院学人丛书》是一种精神资源，在叙述和阐释的过程中，不仅仅是对历史文化积淀的整理，也是对南京博物院学术精神的弘扬。我们有理由相信，无论从文献价值还是从学术传承着眼，作为一项系统的文化工程，《南京博物院学人丛书》随着时间的推移必将会显示出嘉惠后人的永恒价值，成为激励后来者不断前进的动力。

南京博物院院长　龚　良

2009 年 9 月 1 日

自　序

　　我在南京博物院从事文物保护修复工作一学就是 40 年。回忆我得知将被调往南京博物院工作消息的时间是 1973 年 11 月，当时的第一反应是到一个古籍堆积如山、整天和几百年、几千年的老古物打交道，我行吗？但，如不服从，就回苏州第十三中学。为了回避走"上山下乡"之路，怀着犹豫、无奈、恐慌的心情，在苏州新华书店买了一本新华字典，拿着行李和这本字典，踏上了文保科技的征途。

　　最初的工作是在保管部修复室，当时工作室有奚三彩、金满生、王金潮、王勉等老师，跟随这些老师学习铜器、陶瓷器、象牙化石、石刻等文物的修复。

　　记得在 1974 年 3 月，中国社会科学院历史研究所胡厚宣教授率领四人组成的甲骨文专家来南京研究南博的甲骨文藏品，并拓片。已故姚迁院长要我随考古所的老师学习拓片技术，短暂的 15 天学习，我不仅熟练地掌握了甲骨文的拓片技术，而且利用休息时间，利用废弃的红木条，并在理发店要了一些头发，参照老师的工具，做了一套红木柄、头发丝构成的甲骨文专用大中小拍刷。通过拓片的学习，使我懂得了博物院除了有考古、历史、文献等研究工作，还有众多的技术工种，从此坚定了一定要认真刻苦的学习技术、努力勤奋好好工作的决心。1974 年 10 月，跟随奚三彩、王勉老师到南京甘家巷学习化学保护六朝石刻的工作，1975 年 3 月～11 月，单位派遣赴上海博物馆参加由国家文物局举办的全国青铜器修复培训班。在培训班学习中，为了充分利用在上博学习的难得机会，不浪费从永嘉路宿舍到河南路博物馆之间的路途时间，在征得老师同意后，老师并极力向有关领导反应，最终馆领导批准了我可以睡在工作室的请求。从此，每天 5 点钟，天不亮就开始将白天老师讲授青铜器修复技术要领不停的练习，上班后再请教，下班后再练习，直到深夜 11 点后，用木板放在工作室的地上并铺上席子休息。这样的学习和生活连续了五个月。如果说在上海的学习，为我在青铜器的焊接、整形、在石膏上刻、在铜篆刻纹饰、模具技术、精密铸造、化学与涂料做旧上的等方面打下了坚实的修复技术基础的话，那么，1983 年～1984 年的夜高中，1985 年 9 月入学南京师范大学，1991 年到复旦大学后的校园学习，培养了我在文保科技理论总结方面的能力。

　　回顾我在南京博物院工作、学习的四十年，是我有幸遇到了三位恩师：第一位恩师是北京派青铜器修复第四代传人——上海博物馆王荣达研究员，王老师傅手把手的传授了铜器修复的焊接、篆刻与錾刻、纹饰的规律与制作技法等传统修复工艺；第二位恩师是南京博物院原副院长奚三彩研究员，奚老师以身作则的敬业精神、为人与品德，对我在传统工艺与现代科技结合的工作和研究青铜器保护的课题中受益匪浅；上海博物馆实验室原副主任、现中国传统工艺研究会会长谭德睿研究员，在古代青铜器铸造方面有很高的造诣和众多的科研成果，是教育我学习青铜器研究的第三位恩师。在这三位老师指点与帮助下，我在围绕古代青铜器的核心——在修复、复制、保护、工艺与鉴定五个方面做了一点工作、取得了一点成绩，而社会给予了我：江苏省工艺美术大师、江苏省非物质文化遗产保护传承人、江苏省优秀科技工作者、全国优秀科技工作者的荣誉称号，给予了研究员级高级工艺美术师、研究馆员的职称。我要感谢曾经帮助过我的人，感谢单位和社会给我工作和学习的机会，如果没有众多老师、领导、同仁和朋友的相助，也就没有我的今天。我曾在2011年文保所内的会议上，讲了现代研究工作者的人生，应该规划为三个阶段，第一，1岁~25岁的学习阶段——打下基础、完成研究生学业；第二，26岁到55岁的工作阶段——努力工作、勤奋耕耘，赢得社会的承认与尊重；第三，56岁到无限是总结阶段——将多年来工作的经验，从实践经验上升到理论知识，传授于后人。由于文革等特殊原因，我从1973年12月~1991年用18年的时间完成了青铜器保护与修复的学习阶段，从1992年~2011年走过了工作阶段，现在已经步入总结阶段。总结也需要学习、也需要工作，而这种学习与工作是在减压的状态下、是有选择的前提下进行。

2010年1月，组织上正式安排我担任文保所所长，这对长期从事技术工作的我来说，又是一次学习。在当今社会里如何带好一支队伍、如何发挥文保所每个人的积极性、如何引领南博文保科技学科的发展，这是一个新课题，也是一个难题。为此，我将不断的学习。

学习对人生而言是永恒的话题，学习可分为主动和被动两种状态。为完成领导交给的各项任务需要学习，这是被动的状态。过几年我将退休，退休后为了弥补在在职期间，因没有时间而耽搁的、并且又是我最想做的事情去学习，这是主动的学习，这又是那么的充满着乐趣与快乐的学习！

目　录

凡　例 ………………………………………………………（ i ）

总　序 ………………………………………………………（ iii ）

自　序 ………………………………………………………（ vii ）

壹　青铜文物修复 ………………………………………（ 1 ）

青铜文物修复技术 …………………………………………（ 3 ）

青铜文物保护技术的传承与发展 …………………………（ 36 ）

试论文物修复工艺的思维问题 ……………………………（ 42 ）

江苏六合程桥东周菱形纹青铜剑的修复 …………………（ 47 ）

明代针灸铜人复制技术的研究 ……………………………（ 55 ）

东汉铜牛灯的复制 …………………………………………（ 62 ）

贰　青铜文物保护 ………………………………………（ 65 ）

古代青铜文物保护研究现状及 AMT 的应用 ……………（ 67 ）

AMT 复合剂与 CuCl 的反应研究 ………………………（ 72 ）

2 - 氨基 - 5 - 巯基 - 1，3，4 - 噻二唑的

性质及其应用 ………………………………………………（ 78 ）

AMT 复合剂保护青铜文物的研究 ………………………（ 88 ）

青铜戈上泡锈腐蚀形貌及其组成研究 ……………………（ 92 ）

AMT 及其复合物在青铜表面形成保护膜的耐蚀性研究 …（ 101 ）

AMT 在铜/柠檬酸体系中的缓蚀作用研究 ………………（ 107 ）

AMT 在铜表面形成保护膜的 STM 研究 ………………（ 112 ）

南宋鎏金铜佛像的修复与保护 ……………………………（ 116 ）

一种检查粉状锈的简易方法 ………………………………（ 121 ）

氟橡胶成膜物封护青铜试片的研究 ……………………………………………（126）

叁　青铜文物的铸造研究 ………………………………………………（137）

吴越、晋楚青铜器制作技术的对比研究 ………………………………（139）

吴越晋人形铜器铸造技术中

相关问题的探索 ………………………………………………………（148）

吴越青铜技术考察报告 …………………………………………………（157）

从陈璋壶看春秋战国的冶铸技术 ………………………………………（171）

陈璋壶的初步分析与思考 ………………………………………………（180）

殷墟青铜器纹饰铸型构成问题的探讨 …………………………………（184）

肆　彩陶与彩画保护 ……………………………………………………（189）

紫金庵泥塑保护修复材料选择的探讨 …………………………………（191）

徐州狮子山汉楚王陵彩绘陶俑的保护研究 ……………………………（198）

杭州文庙彩绘现场保护研究 ……………………………………………（214）

伍　古墓葬与古遗址保护 ………………………………………………（225）

江南地区古遗址古墓葬水环境治理的案例介绍 ………………………（227）

徐州市狮子山汉兵马俑坑防水加固保护 ………………………………（238）

汉泗水王陵墓复原技术报告 ……………………………………………（244）

江阴黄山小石湾炮台遗址修复

用灰土最佳配方筛选研究 ………………………………………………（253）

浙江余姚田螺山遗址室内

与现场加固试验研究 ……………………………………………………（258）

绍兴印山越国王陵墓室主体

结构的加固与保护 ………………………………………………………（264）

印山越国王陵墓坑边坡化学加固试验研究 ……………………………（271）

陆　铁、银、玉器和纸张等保护 ………………………………………（283）

清代铁炮自然表面与腐蚀关系研究 ……………………………………（285）

十八硫醇/乙醇体系自组装膜

对银的防变色作用 ………………………………………………………（294）

十八硫醇自组装膜对青铜 – 银电偶

腐蚀的抑制作用 ……………………………………………………（299）

水溶液中自组装膜对银的缓蚀作用

及吸附机理分析 ……………………………………………………（307）

良渚风化玉器的化学保护 …………………………………………（315）

也谈良渚文化玉器的雕琢工艺及发白现象 ………………………（320）

氟橡胶对纸质文物加固保护性能

的分析研究 …………………………………………………………（327）

清雕漆描金宝座材料与工艺研究 …………………………………（347）

柒　专利与感想 ……………………………………………………（353）

氟橡胶作为文物保护剂的应用 ……………………………………（355）

一种纸质文物修复用纸造纸设备系统 ……………………………（360）

在古墓葬墓室斜撑木纠偏中

应用的不锈钢支架 …………………………………………………（365）

赴日研修见闻及感想 ………………………………………………（368）

中国古代青铜器表面处理技术

几个研究课题的思考 ………………………………………………（375）

古代兵器上绿松石镶嵌技术的探讨 ………………………………（387）

学术活动简表 ………………………………………………………（393）

编后记 ………………………………………………………………（403）

壹　青铜文物修复

青铜文物修复技术

一　青铜文物修复概述

青铜器修复在技术上是融修补复原、复制、仿制为一体的传统工艺。它的历史可以追溯到春秋战国时期。《吕氏春秋》卷九中有以修复技术仿制青铜器最早的文字记载，迄今有 2300 年的历史。宋代瞿汝文《忠惠集》记载了宋政和年间（1111～1118年）仿制古代青铜礼器鼎、豆、簋、洗、尊等的大概情况。元代官办有"出蜡局"，民间亦有手工作坊仿制青铜器。据记载：杭州姜娘子、平江王吉两家都以铸铜器得名。姜氏所制依古式样，但花纹细小，以方胜、龟纹、回纹居多。王氏铸法也精巧，但制度不佳，远不及姜氏。明代由于盛行复古，出现了仿汉代的规矩镜，仿唐代的海兽葡萄镜和仿古炉：万历年间仿造古铜器分南北两派，金陵人甘文堂以炉著名，与苏州蔡家称为南铸；北方的施家与京师（北京）学道为北铸。洪武年间曹昭《格古要论》中，记载了修复铜器的两条原则：一是残器修复不算伪品："三代秦汉时物，或落一足，或堕一耳，或伤器体，一孔缺者"，修配后，"此非伪造"。二是真品的残件拼成一个新物，应属伪品："屑凑旧器破败者，件件皆古，惟做手乃新，谓之改锹。其伪法以古壶盖作肚……以旧鼎耳作耳，造成一炉，谓非真正物也。"

清乾隆以后民间仿古青铜业主要分为四派。

潍坊派　形成于清代的乾隆、嘉庆时期，清末民初颇具规模。仿制方法主要有：真器雕刻或嵌补假铭，真器身、补盖组合，互刻铭文；拼凑焊补新器形；化学方法蚀铭文，小件整件翻铸。20 世纪 50 年代以后，潍坊派的仿古铜技术得以发展，延续至今。

西安派　其代表为苏亿年、苏兆年兄弟，其技法是在器物上錾刻伪铭。主要仿造度量衡器，如商鞅方升、秦权、秦诏版。作锈的方法为将伪器埋入地下多年。

苏州派　自明、清以来，苏州已形成了仿作古器业基地。清末及民国初年，周梅谷、刘俊卿、蒋圣宝、骆奇月、金满生等仿古铜名匠，为"南派"代表。

北京派　创始人是清宫造办处的太监于氏，为清宫艺人"八大怪"之一，19 世纪末出宫，住北京前门内前府胡同庙内，以给宫中及古玩商修古铜器为生。于氏收徒七人，其中最小的弟子张泰恩，在师傅逝世后继承了师业，并开办"万隆和"古铜局。

张泰恩也收了七人为弟子，他们在 20 世纪 30~40 年代各自教出部分徒弟，50 年代初相继进入博物馆界，成为新中国文物修复技术的开拓者。

清乾隆以前的青铜器修复技术，一是以宋吕大临著的《考古图》和王黼等著的《宣和博古图》仿制三代之器；二是真器雕刻铭文与纹饰，真器身、补盖组合，拼凑焊补新器形。作锈的方法一般是将其埋入地下若干年。到了于氏，破碎的铜器用锡焊法，做出土器用胶水和黄泥涂抹一遍，做传世品也是用胶水粘黄土、烟墨涂抹。在 1919 年前后，张泰恩根据"榆木擦漆"木器家具用的漆片溶剂得到启发，研究出漆皮点锈法。随后，王德山又在漆皮点锈的基础上发明了作假地子犁假锈的新方法，即"漆地磨光"和"点土喷锈"两种技术。高英和赵振茂在 20 世纪 30 年代，经过多次的实践，设计并制作了雕刻殷代花纹的特殊錾刀，掌握了殷代铜器各种花纹的形象与章法，并将这种章法付于錾刀之上。王荣达在其老师王德山的基础上，运用化学试剂与漆片相结合的方法作旧，使作锈的技术又进了一步。王荣达将青铜器中的主要纹饰进行分解、定名，总结它的规律，为錾刻青铜纹饰的理论提高做了有益的探索。20 世纪 60 年代初，王荣达又将石膏翻模技术借鉴到青铜器的修补、纹饰的雕刻及造型上。

青铜器修复传统技术经历了四个阶段：宋、元、明单一的仿制技术阶段；于氏、张泰恩从仿制向修补发展的阶段；张文普、王德山的工艺革新阶段；高英、赵振茂、王荣达的完善鼎盛阶段。从而最终形成了我国民间独具特色的传统工艺。

北京青铜器修复的历代传人为：第一代：于氏；第二代：张泰恩；第三代：张文普、王德山、贡茂林、张书林、张子英、赵同仁、刘俊声；第四代：高英、张兰会、孟海泉、王存计、李会生、侯振刚、赵振茂、贡聚会、冀永奎、刘增笙、毛冠臣、杨政填、王喜瑞、贾玉波、王荣达、王长清。

20 世纪 50 年代初，其中十二位青铜器修复技师分别到下述文博单位工作：中国历史博物馆：高英、张兰会、杨政填；故宫博物院：赵振茂、孟海泉；上海博物馆：王荣达；河南省博物馆：王长清；辽宁省博物馆：王存计；河北省博物馆：刘增垈；北京市美术公司：王德山、王喜瑞、贾玉波。

二　青铜文物修复用材料和试剂

（一）去锈材料

1. 酸性果实植物

乌梅：果实含柠檬酸、苹果酸等。取净乌梅微淋清水湿润，使肉绵软，剥取肉待用。

山里红（又名野山楂）：将 500g 山里红，配食醋笏 250g、冰醋酸乃 250g、食盐 100g、氯化铵 100g、硫酸铜 100g，用砂锅烘煮。冷却后，成泥状，搅拌均匀，待用。

2. 化学试剂

弱酸性有：醋酸、柠檬酸。

强酸性有：盐酸、硫酸、硝酸、甲酸等。

碱性有：碳酸铵、苛性钠、氢氧化钠等。浓度视铜器的腐蚀程度，一般以 3% ~ 8% 为宜。

（二）补配材料

1. 铜和青铜

铜的密度为 $8.92\text{g} \cdot \text{cm}^{-3}$，熔点 1083℃，延展性好，一般用于没有纹饰的器形，捶打配缺的材料。青铜为铜锡合金，锡含量不超过 10%，适用于铸造配缺和复制品。

2. 锡铅合金

锡、铅的密度分别为 $7.31\text{g} \cdot \text{cm}^{-3}$、$11.35\text{g} \cdot \text{cm}^{-3}$，熔点分别为 231.85℃、327.5℃。它们均有较好的延展性。锡、铅的比例为 6∶4。由于它们的熔点较低，一般炉火都可以熔化，方便易行。

（三）焊接材料

1. 助焊剂

（1）镪水

盐酸中加锌粉，该助焊剂对腐蚀较严重或铜芯较差的器物，可起到很好的助焊效果。

（2）中性焊水

成分为氯化锌 15%，氯化铵 5%，蒸馏水 80%，混合后即可。优点是对铜器腐蚀较小。

（3）无氯助焊剂

松香为浅黄色至黑色，可溶于乙醇、乙醚和丙酮。松香中的松香酸能够清洁焊件和焊锡，增强焊锡的流动性。缺点是对铜质较差的器物不能起到助焊作用。

硼砂熔成玻璃体冷却后研细，用酒精调匀后，涂焊口。柠檬酸铵与甘油 1∶2，稍加热溶解待用。

2. 焊锡

由于焊锡有熔点低，常温下凝固快，铜器焊接固定方便的特点，所以焊锡成为文物修复主要应用的焊接材料之一。不同熔点的焊锡配比列于表 1。

表1　不同熔点的焊锡配比　　　　　　　　　　　　（质量分数,%）

锡	铅	铋	锑	镉	熔点（℃）
13	27	50		10	70
50	32			18	150
63	37				181
70	30				192
92			8		199
60	40				180~200
50	50				183.3~214
95			5		240

（四）加固材料

1. 环氧树脂　含有环氧基团的树脂总称，主要由环氧氯丙烷和多酚类等缩和而成。据不同配比和制法，可得不同分子量的树脂。文物修复中常用的是6101型和618型。固化剂有乙二胺、二乙烯三胺、间苯二甲胺650聚酰胺、T31等。稀释剂有丙酮、环己酮、乙二醇、甲苯等。目前，多使用管状包装的甲乙组分的环氧树脂，如商品名为914的室温快速黏结剂、AAA超能胶等。

2. 不饱和聚酯树脂　二元或多元羧酸和二元或多元醇经聚合反应而生成的树脂，在引发剂和热的作用下，能发生交联反应。引发剂有两种，即50%过氧化环己酮糊和50%过氧化苯甲酰糊，促进剂有10%萘酸钴苯乙烯溶液和10%二甲基苯胺苯乙烯溶液，与不饱和聚酯树脂配套，用于里层加固的还有玻璃纤维布、玻璃纤维表面毡、玻璃纤维粉末。填料有铜粉、滑石粉、石膏粉、白炭黑（二氧化硅）等。

3. 氰基丙烯酸酯黏合剂　是一种单组分氰基丙烯酸酯黏合剂，商品名为502胶，具有在室温下瞬间固化的特点，用于青铜器的缝隙加固等。

4. 三甲树脂　为甲基丙烯酸甲酯（MMA）、甲基丙烯酸丁酯（BMA）和甲基丙烯酸（MA），以过氧化苯甲酰（BPO）为引发剂，通过溶液聚合得到的共聚体。

（五）雕刻材料

1. 石膏　售建筑石膏的主要组分是 β 型半水石膏和部分过烧石膏。过烧石膏由低温350℃烧成。修复用的石膏有时也采用高强度石膏（α型半水石膏），其强度和表面光洁度均优于建筑石膏。当石膏与水按1:1的比例混合后，其中的半水石膏水化快，短时间内可达到很高的强度，而后其中的过烧石膏缓慢水化而凝结，最终形成一定强度的石膏固体。石膏的水化凝结膨胀特性，使它具有充满任何微细空间的能力。它是修复雕刻和制模普遍使用的材料，其密度为 $2.31g/cm^3$，硬度为2。

2. 打样膏　打样膏原是牙科医生用来补牙托模用，后引到修复雕刻与制模中。将打样膏在60℃左右的热水中浸泡，边泡边捏，使其内外软硬一致。当打样膏表面呈光滑时，放入准备好的印模中成形，冷却后即可雕刻。

3. 铜　将铜固定在加热后的松香板上，用钢錾雕刻。

（六）制模材料

1. 明胶　由动物的皮或骨的胶原经熬煮而得的蛋白质。无色至淡黄色透明的薄片或粉粒。无味、无臭，在冷水中吸水膨胀。溶于热水冷却后冻成凝胶状物。

2. 乳胶液　又称乳浊液或乳状液，它是由天然胶乳100g，加氢氧化钾0.25g，硫磺1g，氧化锌1g，防老剂1g，石蜡1g，促进剂适量混合而成。

3. 硅橡胶　含有硅原子的特种合成橡胶的总称。种类很多，具有不同技术性能和用途。制模用的一般是室温硫化加成型或缩合型硅橡胶。

部分国产硅橡胶的性能，因抗撕裂强度较低而使用寿命短，难以适用于花纹深、形状复杂的青铜文物的模具，但其成本较低，可用于形状较简单的复制件。双组分加成型室温硫化制模硅橡胶的硫化机理，是在氯铂酸或其他可溶性铂化合物的催化作用下，基于有机硅生胶羟基上的烯基和交联剂分子上的硅氢基发生加成反应而完成的。在硫化交联过程中不放出低分子物，因而具有极低的线收缩率，其物理机械性能及热老化性能更为优异。

4. 泥料　有黄泥、紫砂泥、油泥等，用泥料作模，方便易行，可多次重复使用，但掌握不好易变形。

5. 石膏和打样膏　石膏和打样膏被广泛用于制模材料。打样膏一般用于翻制阳模的形状，然后将浇出石膏的阳模进行修正，多为雕刻用的一次性模用材料。石膏是可作为活模重复使用的模具材料。在石膏模具制作时，为控制石膏的凝固速度，可以加缓凝剂或促凝剂；为使所翻制的石膏模具顺利地从实样、母模和石膏分型活块模上分离出来，应在其表面涂刷分型剂；为增加石膏模具材料的强度，还需在石膏中埋入加强材料。

（1）缓凝剂　能够降低石膏在水中的溶解度或溶解速度，使水化过程受到阻碍，或能改变石膏的晶态，阻碍晶核形成到晶粒长大，从而降低凝结速度。常用缓凝剂的种类与用量为：硼砂0.7%～12%；柠檬酸0.01%～0.1%；酒精6%～8%；水泥1%～3%。

（2）促凝剂　能够增加石膏在水中的溶解度或溶解速度，在凝胶中快速形成缩小晶体，或使石膏浆料形成过饱和溶液，从而提高凝结速度。常用促凝剂的种类与用量为：硫酸钾0.2%～0.3%；硫酸钠0.8%～2.0%；盐酸0.6%～0.8%。可将缓凝剂或促凝剂均匀地拌入石膏粉中，也可将它溶于水再使用。

（3）分型剂　膏模具翻制常用的分型剂有下列几种。

肥皂水　将小块肥皂在60℃～80℃热水中溶解成肥皂水，用油画笔或漆刷涂刷，或用刷子蘸水直接在肥皂上来回刷制出浓肥皂沫液，在石膏母模表面或活块模分型面上涂刷，待充分吸收后，将沫除净。

凡士林　市场上所购医用凡士林较黏稠，可将凡士林加热溶化后加入适量植物油调稀再使用。

煤油硬脂酸液　将 20% 工业硬脂酸溶化后加入 80% 煤油中混合制取。

上光蜡（地板蜡）。

黄油。

（4）加强材料　埋入石膏模内的常用加强材料有以下两种：

棕麻纤维　必须将棕麻纤维撕拉成松散的团块状，使用时将纤维团先在石膏聚料中浸透，然后敷盖于已浇灌但尚未完全凝固的石膏模薄层上，最后再浇灌一层石膏浆料。

铁丝或钢筋骨架　其制作、应用和作用如混凝土中的钢筋，在灌制石膏浆料时埋于石膏层中。

（七）作色材料

1. 颜料

颜料是作色和仿锈工艺中的基本材料，其品种很多，性能各异。普通颜料是微细粉末状的有色物质，它不溶于水或油，而能均匀地分散在介质中，涂于物体表面形成色层，光照下呈现一定的色彩。颜料具有良好的遮盖力、着色力、高分散度，以及鲜明的颜色和耐光、耐热等性能。颜料根据其来源分为天然颜料和合成颜料，根据其化学性质又可分为有机颜料和无机颜料。

（1）白色颜料　有钛白粉（二氧化钛 TiO_2）、锌钡白（立德粉）、锑白（Sb_2O_3）、氧化锌（锌白）等，都是作碱式氯化铜及石灰钙锈层的常用白色颜料。其中钛白粉是最常用的一种，它不但有很好的着色力和遮盖力，而且物化性能优越，如耐光性、耐热性、耐碱性都很好，效果也最理想。

（2）黑色颜料　修复使用的炭黑为着色炭黑（黑烟子），是一种粉末状的黑色颜料，颗粒小，其构造类似石墨。炭墨的粒子直径一般与其黑度成比例关系，即粒径越小，黑度越好，着色力越大。

（3）无机彩色颜料　在铜器作色和仿锈层工艺中，无机彩色颜料的使用占很大比重，它包括各种矿物颜料等。黄有铬黄（石黄）、锶黄、镉黄、铁黄、铅铬橙；红有铅铬红、钼铬红、镉红、铁红；绿有铅铬绿、氧化铬绿（沙绿）；蓝有铁蓝、群青（佛青）等。

矿物质颜料由于是天然矿物经研磨、提纯后制成的各种颜料，如石青是由蓝铜矿制作，石绿是用土状孔雀石制作等，所以化学性质稳定，色彩能保持长期不变，但粒度较粗、比重大，着色力和遮盖力大部分较差，色彩的鲜艳度不高。

（4）有机颜料　有机颜料具备颜色鲜艳、耐光、耐热以及着色力强等性能，弥补了无机颜料品种少及色谱的不足。主要品种有酞菁蓝、耐晒黄、3132 大红粉、甲苯胺红果。

（5）金属颜料　金属颜料是指铝粉和铜粉。铝粉俗称银粉，是经铝熔化后喷成细雾，再经球磨机研细而成。铜粉又叫金粉，是由锌铜合金冲碾制成的鳞片状粉末。在作色工艺中可用它们替代价格昂贵的金银，用以修复鎏金及错金银铜器。

（6）成品颜料　青铜器修复作旧中用的成品颜料主要是喷漆类。产品为蓝孔雀自动喷漆，种类有金、银、闪光银、玉绿、苹果绿、冰箱绿、深绿、深蓝、天蓝、雪青、淡紫、可乐红、荧光黄、古铜、白、珍珠白、哑黑、光油等几十种色泽。这是对无机或有机颜料色谱的补充。这种精制的喷漆由于成品色漆中没有任何杂质，适用于喷笔喷绘底色，也可用于弹拍釉锈。

2. 磨料

在器物上作色时，打磨是必需而且繁重的工作，以前的艺人用一种中药为桔梗草，打磨铜器修复表面的地子，现在主要用各种砂纸进行打磨。

铁砂纸主要用于打磨铜复制品，选择不同型号的砂纸，由粗渐细进行使用。

木砂纸主要用于石膏、树脂质地的复制品以及铜器焊缝的打磨。木砂纸的粗细规格按需要使用。

水砂纸可沾水，用于打磨仿制氧化铜色的漆底和漆面。300 号规格以下打磨漆底，400 号以上打磨漆面。

3. 漆料

漆的种类很多，有天然漆、油漆、化学漆三大类，百余种之多，通常铜器修复用得最多、最普遍的只有两种，即虫胶清漆和硝基清漆。

（1）虫胶清漆　又称亮光漆，俗名泡立水，是一种重要的醇基清漆。由于虫胶片溶解在乙醇中而成的棕色透明液体，涂刷后可迅速干燥，留下一层虫胶的薄膜，具有优良的硬度，并可抛光打磨而显出光亮的色泽。但膜质较脆，耐热和耐气候性较差，主要用于打地子和作喷锈。

（2）硝基清漆　以硝基纤维素为主要成分的清漆。含有合成树脂，并加入增韧剂，使漆膜具有弹性。主要用于作点锈和仿黑漆古、绿漆占等氧化铜色泽。

4. 填料

在作色中常用的填料有石膏粉、滑石粉、立德粉、砖瓦粉、黄土粉、金粉、银粉、云母粉等。以上的填料均可和虫胶、硝基清漆、环氧树脂等调成腻子，填入铜器的焊缝或小面积的凹陷处作地子。

5. 化学试剂

复制品及铜器配缺面较大的，一般都采用化学试剂着色，浸泡地子后，再用漆类辅助作锈层。常用的药剂有硫化钾、硫酸铜、氯化铜、硫酸铵、醋酸、氯化钠、氨水、盐酸等。

三　青铜文物修复工具和设备

（一）青铜文物修复工具

修复工具分基本工具和自制工具两类。基本工具一般为市售常用工具，如烙铁、电钻、钢锯、锉刀等。自制工具则根据修复的要求自行加工而成。自制工具的优劣对修复的最终效果至关重要，精湛的修复技艺首先显现在制作工具方面。赵振茂、高英等修复大师錾刻铜器花纹的钢錾达数十种，一百多个大小不一的规格；王荣达大师根据铜器花纹的规律，在石膏、铜和铅锡锑等不同材质上，分门别类地自制了造型优美、精巧实用的专用工具。这些专用工具在不同的质地、不同的角度使用，可产生不同的功效，正可谓"工欲善其事，必先利其器"。

1. 焊接工具

（1）烙铁　长钳夹烙铁，烙铁头为紫铜制作，一头锉成两面坡，根据铜器的大小厚薄和破裂情况，可使用大小不同的烙铁烫锡焊接。

电烙铁，根据铜器的厚薄、大小，选用功率为75W、150W、300W不等的电烙铁。

（2）锡盘　盛焊接用锡条的专用工具（图1）。

（3）锉　分为钢锉和锡锉两大类，各类型又可分为大、中、小号。主要有两头夹钢锉、平板钢锉、半圆钢锉和什锦钢锉（图2）。

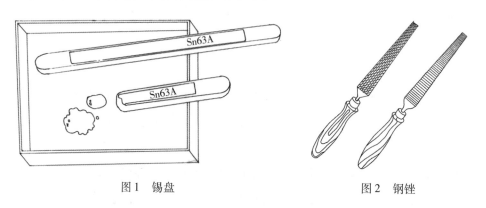

图1　锡盘　　　　　　　　　　　　　　图2　钢锉

2. 矫形工具

（1）锤　分圆头锤、开锤（图3）、乓锤（图4）三种。

圆头锤　平顶一面专打变形的平面，厚圆刀一头为凹处整形用。

开锤　一面厚圆刀、一面平长刀，专门用于矫正大面积的变形弧度。

乓锤　两头为大小不一的方形和长方形，专门用于矫正小面积的变形弧度。

（2）砧子　有铁棍砧和方铁砧两种。

铁棍砧　用粗方铁棍锻成一头粗一头细，两头各弯折如旱烟斗状，顶上磨平，棱角要锉圆。另备粗树杈一段，在相交点穿一斜方洞，洞径比铁棍略粗一些，作为铁棍的

图 3　开锤　　　　　　　　　　　图 4　兵锤

支架。同时可将铁棍穿入树杈洞中，斜支于地面，作为矫形或配补铜板时的特制铁砧，使用铁棍头部。铁棍两头一大一小，可根据需要倒换使用（图 5）。

方铁砧　捶打器物时垫在下面用，可插入地下或木板上，也可夹在台虎钳中使用（图 6）。

（3）钢锯　用于器物较大、铜质较差的变形铜器，用锯解法整形。

（4）千斤顶　对于器形大、铜质好、有弹性的铜器，可以用千斤顶整形（图 7）。

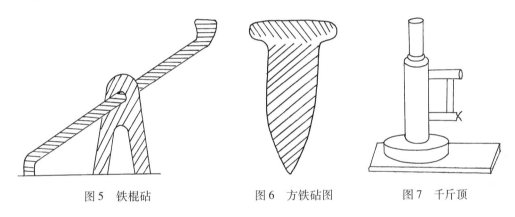

图 5　铁棍砧　　　　　图 6　方铁砧图　　　　　图 7　千斤顶

（5）台式钳　台式钳固定在工作台上，用于矫形、定位等。

3. 雕花工具

（1）钢錾

大中小号为马錾、踩錾、平印錾、截錾、铲錾、沟錾、直沟錾、挑錾、圆平錾、鱼眼錾、豆粒錾、脱錾等数十种，百余把，其中尖錾、铲錾、鱼眼錾和圆平錾见图 8。

（2）石膏篆刻刀

铲形刻刀　铲形刻刀（图 9，a）全长 18cm，直径 3mm，分 0.2～0.3mm，0.4～0.5mm，0.6～0.7mm，0.8～0.9mm，1.3～1.5mm，1.7～1.9mm 等 12 种，刃部形状呈 π 形。篆刻饕餮纹、夔纹、凤鸟纹、蟠螭纹、云雷纹等。

圆形刮刀　圆形刮刀（图 9，b）全长 18cm，直径 3mm，分 1～1.5mm，2～2.5mm，3～3.5mm，三把六种刀口，沟刮直线半圆纹，是铲形刻刀的辅助工具。

尖锥形刻刀　尖锥形刻刀（图 9，c）全长 12cm，直径 3mm，刀刃部如针尖，约 0.1～0.5mm，专门刻划战国以后的各种线刻纹。

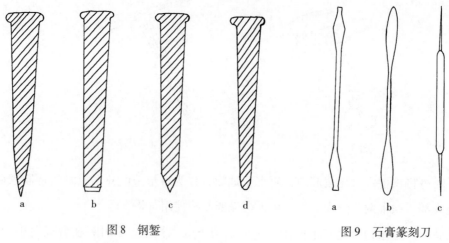

图8　钢錾

a. 尖錾　b. 铲錾　c. 鱼眼錾　d. 圆平錾

图9　石膏篆刻刀

a. 铲形刻刀　b. 圆形刮刀　c. 尖锥形刻刀

4. 配补工具

（1）剪子　大中小剪铜剪子。

（2）尺子　大中小规矩尺、钢卷尺。

5. 制模工具

（1）木制拉把　为围泥塑形用，长12cm，刀刃正反部有锯齿状与平面两种，对削掉多余的围泥起着重要作用（图10）。

（2）调石膏工具　分大小两种，大的直径10mm，长23cm，一面是乒乓板形，一面呈方铲形；小的直径6mm，长20cm，两头呈尖状和圆形铲状。大小工具根据调制石膏的多少，一般50g以下用量的石膏用小型工具（图11）。

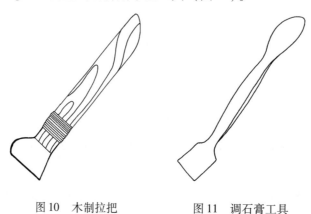

图10　木制拉把　　　　图11　调石膏工具

（3）刀具

锋钢模榫刀　大小各两把，大号长25cm，宽4cm，锋钢材料，分平、斜两种，专门修正模块的模缝和开启块与块之间的榫头。小号长22cm，宽1.5cm，也是平、斜两种，专门修正小至2cm×5cm的模块边缝（图12）。

不锈钢模榫刀　分圆形和三角形两种。圆形全长20cm，直径6mm，刀刃直径15cm。使用刀具只要与石膏面垂直左右旋转，便能在石膏面上开启出圆形榫头；三角形全长 19cm，直径 6mm，两头分别为 8mm 平面铲形和 8mm 斜面的刀刃，专门开启三角形、长方形子母扣（图 13）。

修刮刀　刀形刮刀和平斜刮刀大小四种工具。大号刀形修刮刀长 23cm，直径 6mm，一面刀形另一面尖锥形；小号长 17cm，直径 3mm，形状同上。平斜形刮刀大号长 22.5cm，直径 5mm，一面为刀形，另一面为斜形刮刀。小号长 17cm，直径 3mm，两面分别为平、斜两种刮刀。它的作用是修理模具块与块之间缝隙留在浇出的石膏和蜡型后的边缝及其他漏崩现象（图 14）。

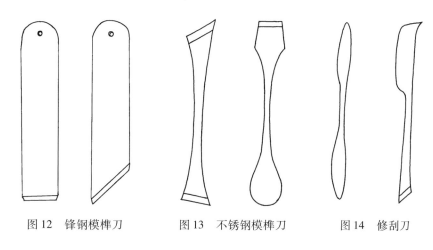

图 12　锋钢模榫刀　　　图 13　不锈钢模榫刀　　　图 14　修刮刀

6. 塑形工具

塑泥形工具是在雕塑家用的泥刮刀基础上，根据文物器皿的特点设计制作的，其种类有两种（图 15）。

（1）全长 18cm，直径 6mm，两面分别为 2~8mm 夹状角锥形和 12mm×6mm 弓形状。此工具可以在塑泥形的时候，增添泥料，并刮成器物的各种弧度造型。

（2）全长 18cm，直径 6mm，两面分别为 15mm×（2~10）mm 梨形刀和 15mm×（2~10）mm 梨形锯齿刀。此工具可把多余的泥刮掉。

7. 作旧与去锈工具

（1）镊子　各种型号的镊子，去锈和作色均可用。

（2）铜臼、研钵　用于颜料的研磨。

（3）不锈钢工具　大号全长 20cm，直径 6mm，两面分别加宽 8mm 铲形和 1.5~0.6mm 尖锥形。铲形工具可调匀无机颜料和漆攀的混合，卷药棉在复制件上敷化学试剂；尖锥形工具一方面可协同刷子、牙刷一起点土喷锈，另一方面可滚、点、刮锈（图 16）。

（4）毛笔　是作旧常用的工具之一，根据锈层的特点选用不同种类的毛笔，如描笔、狼圭、狼毫、羊毫、兼毫、书画笔、油画笔。

（5）刷子　常用刷子品种有牙刷、油刷、铜刷。牙刷用于点土喷锈。铜刷一般用于除锈，在化学试剂浸泡铜器，锈层疏松后洗刷。

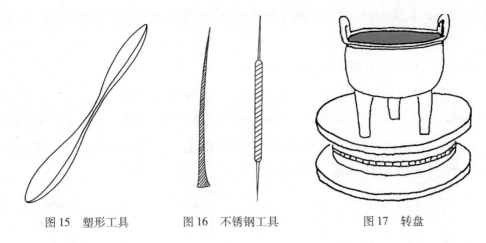

图 15　塑形工具　　　　图 16　不锈钢工具　　　　图 17　转盘

（6）调色板、调色刀和调色杯　它们是作旧工艺中调剂颜料和基料的基本工具。调色板一般使用白色卫生瓷板 15cm×15cm 或白色地砖 30cm×30cm；调色刀可用牛角自制，刀头略宽而薄，富有弹性，刀长 100～150mm，刀头宽 5～20mm；调色杯可以用瓷酒盅，也可用烧杯，容积根据调料量而定。

（7）转盘　是作旧过程中，为了做到焊缝、补配的新铜与原件整体一致，便于观察的一种转动工具。它由固定板、中心轴和转动板三部分组成。转盘的大小一般为直径 15～20cm 的圆板，在两板之间的中心位置安装有活动转轴，使活动板能在宽板上左右平稳旋转。把铜器安置其上进行作旧时可左右任意转动，方便灵活、省力安全（图 17）。

（二）青铜文物修复设备

1. 天平　用来称量化学试剂及黏结剂重量的仪器。一般使用常量等臂式天平。

2. 恒温烘干箱　恒温烘干箱主要由箱体、电炉丝、触点温度计和晶体管等部分组成。烘箱是在作旧、去锈、黏合、加固过程中不可缺少的干燥固化设备。

3. 空气压缩机　由电机、气缸和储气罐三部分组成。电机转动时，带动气缸内的活塞做往复运动，把经过滤器流入气缸内的空气压缩并输送到储气罐内，使罐内空气压力不断增大。它是喷漆料和气动磨具不可缺少的机械设备。

4. 喷砂机　其用途广泛，它可以清洗金属表面上的腐蚀产物。多用途喷砂机，透过玻璃可以看到一个明亮的工作区域，其面积为 1200mm×700mm。喷砂机的去锈原理是利用气压喷射金属微粒，这些金属微粒与被去锈的铜器表面发生碰撞摩擦，而达到去锈目的。

5. 超声波清洗机　在铜器去锈和清洗氯离子的工艺过程中，超声波清洗机是非常有效的设备之一。它的原理由超声波发生器所发生的高频振荡信号，通过换能器转换成高频机械振荡而传播到介质—清洗溶液中，超声波在清洗液中疏密相间地向前辐射，使物件表面及缝隙中的有害锈迅速清洗出来，从而达到清洗青铜器表面及缝隙的目的。

6. 打磨机　铜器修复中用的打磨机，一般是有调速功能的牙科打磨机和气动手持式打磨机。401A 牙科打磨机有 1400r/min 和 2800r/min 两种转速的型号。对于小块锈蚀或磨平焊缝，可用手持式微型电动打磨机和气动打磨机。这类设备的优点是重量轻、体积小、转速高、使用灵活，并可根据铜器锈层的大小、厚度以及所在的部位，配用国际标准打磨头和牙科砂轮、钨钢、碳钢或金刚石工具。

四　青铜文物修复技法

（一）整形

青铜器为铜锡铅合金，在地下埋藏时因受到地层变化、墓穴塌陷、挤压撞击等，常引起器物变形。整形就是对变形的铜器进行矫正。矫正的首要前提是根据器物的腐蚀程度和厚度来选择以下的整形方法。

1. 捶打法　传统称为"收抛活"，即根据铜器胎质的伸展性，通过敲击以恢复其原来形态。在捶打之前，应根据铜器的弧度、变形的大小而制作相应的铅砧、木枕等器具，垫在变形部位，然后用锤子轻轻捶打。捶打方法主要有五种，即：抛、借、收、点、錾。

2. 模压法　适合于铜胎较薄、韧性好、腐蚀轻的铜器。模具用铜或木块制成，分内、外两模，把变形的铜片或部位按照适合弧度置于模具内，然后将模具夹在大台钳内或液压千斤顶上，缓慢加压。加压时需时紧时松、不断观察，以防断裂。铜器大约恢复一半时，停一段时间去掉压力，检查恢复的变形是否正确。铜器变形部位恢复原形，如去掉压力后仍有小的变形存在，可结合捶打和在焊接中用压焊、拔焊、按焊的方法解决。如果该铜器铜质和弹性较好，在加压时使其压过正常的弧度，待去掉压力后就缩回到所需要的位置。

3. 工具法　根据变形的程度及部位利用工具、夹具，采用支撑、顶压、捆扎、撬扭及焊接方法进行矫正。

4. 加温法　对铜质较好、胎壁薄的青铜器，可采用加温消除青铜器内在的应力，提高其韧性与可塑性，避免运用捶打、压模等传统工艺所易造成的破裂损坏现象，最大限度地保持器物的完整性。方法：主要利用电烘箱加温，一般温度控制在 250℃ 以内，如温度过高或直接明火加热，青铜器表面稳定的氧化层会发黑变质。

5. 锯解法　对于那些胎壁厚、延展性和弹性都较差的变形严重的器物，通常只能用锯解法，再经组焊才能达到最后整形的目的。如圆形和椭圆形鼎，锯缝一般选在器物壁受压变形的那些断口上，以最短、最小些部位为好。一件变形严重的铜器，可以在内壁处选择几个点，往下直锯，锯缝的深度约为器壁厚度的 2/3，其余部分用台钳夹开。从内壁锯可保持外表铜器的纹饰和表面稳定的氧化层。锯下的各块先作矫形，再焊接或黏结。但此法对器物整体有损，故尽量少用。

（二）补配

补配是青铜器修复技术中复原残缺器的主要组成部分。根据铜器造型各异、残缺的情况，分别采取不同的方法。传统的补配为打制和铸造两种。打制法的技术要求很高，而且费工，不如铸造补配精确。例如：商代饕餮纹、夔纹的铜器，缺兽头及尾、腿、耳、鼻、环、梁的铜器，都比较适合于铸造补配。近年来，修复人员在玻璃钢补配的基础上，又革新了铜片作芯，表层为树脂补配的新工艺。

1. 打制法

打制工艺即"收抛活"，它主要有抛、借、收、点、錾盘种，也就是"打、拢、炮、收、杀"工艺。"收抛活"的制作方法，基本上就是烧锻和捶打的连续反复过程，但不同于一般所谓的"趁热打铁"，而是冷锤，即让其冷却再锤，锤过后再烧锻。其制作方法如下：

（1）拓剪纸样裁铜板　在铜器残缺部位覆盖或补托一张宣纸，在纸上将残缺处轮廓线用铅笔拓画下来，揭下来后贴在与铜器厚度相同的铜板上，再按所画的轮廓在铜板上錾上圆点或画上墨线，用剪刀或錾子将铜料錾切下来。

（2）烧锻　铜板未经捶打之前，叫做生坯；当铜板裁剪后，要先经过风箱炉火烧锻一次，以增加铜的延展性能，此时的铜料叫做熟坯。熟坯被捶打一次后，铜分子发生变化，性质变脆，如继续捶打，容易破裂。因此，铜板被捶打一次，就需要加火烧锻一次来恢复其延展性，才能再捶打。补配的铜板一般都要经过多次烧锻。烧锻的温度一般为500℃左右，烧至微红，离火冷却，即可再捶打。

（3）捶打　铜板裁剪图样经过烧锻后，即可开始捶打。捶打铜板是"收抛活"最重要的技术，其要领分为抛、借、收、点、錾（图18）。

（A）抛　就是将铜板被锤的部分置于方铁砧上，用抛锤在背面捶打，使铜板延展凸起，打时需用手拿着铜板，使铜板和铁砧若即若离，否则不能凸起。另外捶打也不可过重，主要靠震力，否则铜板要被打破，这种打法叫"虚打"。

（B）借　当铜板某一部分需要较高的凸起，本部分的铜不够延展所需，就需要把四周的铜压挤推移到这里，才能再"抛"，这种方法就叫"借"。可将借处实垫在铁棍砧上，用扒锤的扁头捶打，边打边用手移动铜板，最后使周围的一部分铜都借到抛处来。借处不要求凸起，所以不必虚打，但也不可打得太重，否则会将借处打得太薄，容易破裂。

（C）收　就是使铜板四周向后面收拢，使用扒锤在铁棍砧上"虚打"铜板，打时要使铜板四周不停地转动，要反复数周，才能收拢不出褶皱。

（D）点　如果铜板凸起的面积较小或是较锐的棱角，如囊、壶肩上的线纹，使用铁砧"虚打"不易掌握准确，就改用细沙袋垫在铜板下面，用扒锤尖头轻轻捶打，沙袋既软又硬，较在铁砧上虚打不易移动，容易打得准确，这种方法叫做"点"。

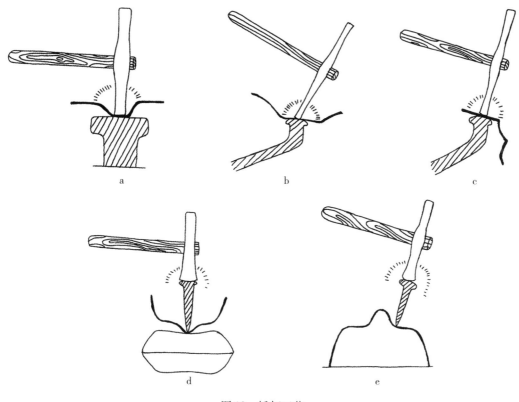

图 18　捶打工艺

a. 抛　b. 借　c. 收　d. 点　e. 錾

（E）錾　铜板大形打好，但表面仍不够整齐，有的地方凹凸不平，抛锤和扒锤是无能为力的，就需要使用錾子进行捶打的最后一道工序。錾是相当精确细致的工作，要求铜形固定丝毫不动。衬垫铜形既不能使用铁砧，又不能使用沙袋，而必须用烤软的自制特种胶松香，以手指紧按充填在铜形背面，然后根据不同地方的样式和凹凸面，用锤击錾子在铜形表面细致地敲打，使铜形达到规矩整齐，显出细部。

捶打铜板的工序，应先打出大形，需要抛、借、收三者结合起来，最后才进行加工修理的点、錾工艺。

2. 铸造法

（1）低熔点合金　例如锡 60%，铅 40% 的合金，锡流动性好，铅成本低。模具现在一般都用石膏模。方法是将翻制好的石膏模放在烘箱里或炉边，使之干燥。烘箱的温度不宜过高，放在炉边的模具不能接触火焰，否则模子会烧裂变疏松。烘烤干燥后，取出，置于地上，浇灌锡铅熔液。锡铅熔液在铁锅里熔化时，浮现一层蓝色废料，需将其撇净，方可浇灌石膏模型。

用石膏模铸配补鼎腿、耳或壶铺首等，为防止模具移动，可在外模翻好后，将内外模修正、捆紧，并用石膏浆拌麻丝把模缝四边扎紧，以防铸液漏渗。

（2）铜合金　铸造铜合金文物的配缺，从用料上区分有泥型和沙箱，从方法上区分有搬沙、披沙、捏沙、翻沙。现在配缺的方法大多采用失蜡铸造，即工业上的精密铸造。

　　失蜡铸造做蜡模是关键，其方法有浇灌和压注两种。浇灌是将蜡液灌入制好的模具内转摇，使蜡液沿模具腔内流动。凝固一层再灌一层，一直达到所需的厚度。冷却脱模后，修掉模缝，修刻纹饰。压注则需注蜡机或注蜡枪，通过空气压缩机一定的压力或手压将蜡注入模具中。压注模具比浇灌蜡模的要求高，尤其是多块模，须防模具移位、开裂。压注蜡模的优点是纹饰清晰、无气孔。

　　失蜡铸造的制壳材料一般用水玻璃，由于它价格十分低廉，操作方便，在中国失蜡铸造行业中，一直是应用最普遍的一种制壳黏结剂。缺点是铸件表面质量差，型壳残留强度高。近几年，硅溶胶作为制壳的黏结剂运用得较多，与水玻璃相比，其主要优点是型壳强度高，因而所得铸件表面光洁。此外，它的工艺操作也较方便，可以满足是青铜文物表面的各种纹饰的铸造工艺。

　　3. 树脂配补法

　　树脂即环氧树脂，有时为了加强树脂的韧性和重量在树脂中间夹放铜片。根据操作方法和模具种类，不同树脂的配制将有所调整。

　　树脂配补所需的模具，一般当残缺部件厚度在 3～5mm，长不大于 10cm，宽在 5cm以下，形状简单，一块模可以取下用泥模；而形状比较复杂，有一定的厚度，如鼎耳、腿及爵杯的把手等，用石膏模或硅橡胶模。石膏模或硅橡胶模注铸树脂有压件、指压、注浆三种方法。压件、指压用于配补形状不太复杂和小型器物的复制；注浆模适宜难度较大、形状复杂的铜件配补。

　　（1）泥模　取一块陶土或紫砂泥、油泥，先在器物纹饰上涂一层滑石粉，用泥按出模型，此泥模的厚度在 2～3cm，并用电吹风的热风在泥模表面吹 1～2min，再涂牙科脱模剂。经 20h 的室温固化，把泥模和树脂一起放入水中浸泡，用牙刷或板刷清洗与树脂接触的泥范。

　　由于泥模所制的配件面积一般都大于残缺部位，所以在固化后的树脂配件上画好所要的大小，加温到 80℃配件开始变软时，趁热用剪刀剪下废边。

　　（2）石膏和硅橡胶模　石膏模和硅橡胶模与平时翻模一样。压件模即多块模翻为两个半边模，但在模左右两侧开一条直径为 0.5cm 的槽，使多余的环氧树脂排出；指压模所制配件的整个弧度不能大于 180°，否则制配件时操作不方便。注浆模与精密铸造的注蜡模基本一样，所不同的是在浇口约 2cm 处开一个直径 3mm的出气口。

　　压件、指压模。第一步，二者相同，先涂脱模剂，然后根据所配对象的不同调制树脂。根据配件所需的环氧量涂于阴阳模，树脂中间可适当填充一些纤维布、铜片、铅锡块，以提高强度和增加重量。第二步，压件模是用劲把阳榫合在阴榫模上，当两边洞口冒出多余的树脂时，用一块比石膏重一倍的东西压在阳模上指压模在操作时，手的中指、食指戴上橡胶指套，涂上变压器油，然后挤压环氧到各个纹饰中间。第三步，二者相同，即室温 24h 后，再放入烘箱中，控制 80℃，经 30min 开始热脱模，脱模后涂上一层滑石粉，重新放回模具里，继续加温至 80℃，时间为 2 小时。

注浆模。先涂脱模剂，然后像注蜡模一样用螺丝旋紧铁夹板，以防灌浆时压力增大，模具分开浆液流失。将此浆液灌入大号兽医针筒或蜡枪内，放上石膏模与针筒连接的浇口，针筒对准浇口用劲注入环氧树脂液，待出气口冒出浆液即可，因此时间和脱模方法均与压件模相同。

（三）雕刻花纹

1. 青铜器纹饰的规律

不管是在石膏上雕刻花纹，还是在铜板上錾刻，首先必须了解商周青铜器纹饰的布局和旋转规律。如果对古代铜器纹饰的规律不掌握，遇到残缺的青铜器复原或缺盖、梁、流等需要配缺复原时，残缺部分的花纹，就很难做到与原物一致。

在众多纹饰中需要掌握兽面纹和云雷纹，即细花纹。商代和周代的兽面纹有一个共同点，就是各组成的纹饰条都有斜势，使布局贯气融谐。其横线或竖线虽然都是平直线条，但不是绝对的平直线，横线条是以对称纹饰当中的分界线为起点，向左或右略略升高，伸延成斜势。竖线条和对称分界线同是竖直线，但不平行。角、耳、尾、腿、足相距上宽下窄的斜势。方向的协调一致是兽面纹凶悍、生动的重要环节。拓片中的兽面纹是竖线条斜势的典型，各单组纹饰竖线之间或横线之间保持平行，方向一致，无论粗纹、细纹、凹纹、凸纹都不会脱离这个规律，它们互相衬托、互相配合，具有很自然的美感。即使有个别横线条呈绝对平线，由于竖线条斜势之衬托，也能给人斜势的感觉，包括兽面纹各肢全部位的各根阴纹线条，以及云雷纹无一不是附和于主花纹的斜势。夔纹、鸟纹等一些其他纹饰，也是这种基本规律。

云雷纹又称地纹，属底层细的纹饰，有方纹和圆纹之分。方纹非正方，有斜势，四角挺硬，线条刚直，视之，四角呈四条虚的斜直挺硬的虚线，有的在照片或图像上仍看得出此景象，复仿难度较高。圆纹也非正圆，实属椭圆微显方形，四角浑圆，圆的程度各异。

方、圆细花纹作地纹的排列是有规律的，绕兽面纹四周的细花的开口多向着兽面一组一组地排列，组间用一条阳纹线条隔开，这种形式极为普遍。有交叉排列的，还有一组一组的开口向外排列的，这是很少的。有些部位的花纹排列因受地位大小的限制，在纹排不下时常用简单纹饰代替，它以两个上下勾转纹饰组成一组，组之间用一条阳纹线隔开。地位再缩小时就用一个圈转纹单独排列，用一条阳纹线隔开。细花纹的排列形式总是由以上的几种方式组成。一组花纹的两个圈转纹的圈数和内端的方向多是对称一致的。花纹尖端，是由粗而细联结的细花纹向里圈转，是两根线平行向里圈转，转至最里部，两个尖端交叉双勾。一条线饰向里圈转的极少。两线向里圈转有普遍性。

兽面纹上的阴纹与细花纹的阴纹线条，都是用工具在范上刻好铸成，通常是阴纹线条宽窄不一、自然流畅、活泼有力，给人艺术美的感觉。

2. 石膏雕刻

铜器修复中的石膏雕刻有两种，一种为移植雕刻，一种为塑型雕刻。

（1）移植雕刻　南京博物院藏商代三羊，通高 29cm，肩部出三羊首，间以扉棱，将整体分为三个面，每面饰一饕餮纹，肩部和圈足则以夔纹组成与主体纹饰相错的饕餮纹，地纹皆为云雷纹。此件铜器于 1973 年征集时，残缺的面积占整个面积的 2/5，残缺的部位分别在口沿、肩、腹、圈足。虽然残缺较多，但每一个部位均有参考之处，所以肩和腹部的纹饰采用移植雕刻法。其工艺为：

（A）根据原器的完好部分，选择残缺部位所需要的花纹特征，用石膏翻模法，翻下所需的纹饰，并浇制成石膏型。

（B）将石膏型的四边修正得与残缺部位基本上一样大小，并嵌入残缺口衔接牢固。

（C）根据纹饰的粗细用大小不一的不锈钢雕刻工具，逐一雕刻出与原器相统一的花纹，同时将各个部位的特征，修饰到与原器完全协调一致。

（D）将修整好的石膏型纹饰，再次进行石膏翻模，打出蜡，采用精密铸造，铸得残缺的配件，铸件锉好焊口，即可配在原器上。

（2）塑型雕刻　上海博物馆藏商父丁卣，器身布满三层花纹，腹部大鸟纹四只，鸟上直纹一道，直纹上有一道窄小的素面，把腹部花纹与口颈部的花纹上下分开，皮壳碧绿，氧化层甚厚，鸟纹等处及素边上的皮壳均有崩掉现象。但该件珍贵文物缺盖，梁缺 2/3。圈足上的纹饰也缺。由于盖子没有立体的实物作参考，只能依附于相同的器物图塑型。如依据湖南省博物馆收藏的湖南宁乡出土的商代戈卣设计塑型，其工艺为：

（A）查资料，找造型相同、花纹类似的器物图，在图像上求出器高与盖高的比例，盖口下沿至上沿、上沿至盖顶、盖顶柱至捉手的比例是多少，再把商父丁卣足至盖沿处的尺寸量出，用器身的尺寸，求出欲配盖的几个尺寸。

（B）用石膏塑出大型，经多次的修改，量比，将石膏模型盖盖在器身上，视其尺寸和形状是否与原物相符合，如不协调要修改，直至使其浑然一体。

（C）在石膏模型上设计出每个部位的花纹，设计时必须将原器上每种花纹的规律、风格了解透彻，然后在石膏模型上，用铅笔勾画出纹饰的大型，经反复修改，使所刻的花纹符合原器的规律、风格，全部修改满意后，将凸鸟纹上的花纹用工具雕刻成阴纹。

（D）根据器身细花纹的排列规律，在石膏上布置细花纹，然后用不锈钢刻刀刻成阴纹。

（E）主纹和细纹雕刻完成后，由于新刻的纹饰表面比较光洁，而原器的表面会出现皮壳崩掉的现象，因此在主纹和细纹的雕刻结束后，必须利用各种工具雕刻成皮壳崩掉的感觉，使新刻的纹饰与原器的花纹表面效果一样。

（F）翻制石膏模，打蜡后精密铸造，浇出铜件。

另一件青铜器西周师遽方彝左耳的配缺，同样按上述工艺塑型雕刻修复。

3. 铜上錾花

铜上錾花是修复技术中比较难的一种，除了技术难掌握外，工具的制作也是非常重要的，尤其是特殊用途的钢錾，属于无市售用品，只能根据铜器各时代纹饰的特点自己制作，要打制各种直刀、弯刀、铲、沟、平、踩、挑、抹、眼等钢錾。

（1）錾子制作

（A）材料　直径 5mm，长 100mm，高碳钢、锋钢、白钢均可。

（B）工艺

退火　将钢材放入炉中加热，烧到透红程度，约 800～1200℃，停止向炉内鼓风，使之慢慢停止燃烧，钢材放在炉内，待第二天炉温降至室温时，取出加工。

加工　将退过火的钢材放在砂轮上，磨制成所需的各种錾子形状的轮廓，再用小什锦锉细心地锉成马錾、踩錾、鱼眼錾等。錾子在加工时不能偏斜，否则将影响到錾刻花纹的平整和规矩。

淬火　即热处理，将加工好的錾子头部放入炉内加温，烧到亮红程度，用火钳夹出，将錾子头部向下垂直浸入冷水或油中约 1 分钟，待錾子温度降低再将整个錾子全部浸入水中，而后及时夹出即可。

磨刀　将淬过火的錾子先用粗油石磨，最后用细油石磨，在磨的过程中，可加一些油或水。

（2）胶板

胶板是雕刻花纹时固定物件的工具，用松香胶摊在木板上凝固，使用时将胶烤化，然后将物件放在软黏的胶体上粘住，使錾花的部件在胶板上固定，有时还可以在所錾的铜件背面制成胶槽或灌满胶，待胶冷却变硬后即固定。

松香胶的制作工艺：

（A）配方　黑松香 500g，土粉子 1500g，植物油 100g。

（B）操作　将黑松香放入铁锅熔化为液体时，倒入土粉子，充分搅拌，调和均匀，成为泥状再倒入植物油，充分搅拌，调制均匀即可。

（3）錾花

"三羊罍圈足"的是錾花补配，其工艺如下：

（A）选择 25mm 的铜板，经打制成圈足的弧形，点焊于原器物上。

（B）在铜板上摹绘残缺的纹饰，并与原器的夔纹相连，阳纹线为墨色，阴纹位于两墨色之间。

（C）将配补的铜板用烙铁去除焊点拆下，并固定在松香胶板上。

（D）先用直沟錾沿线的边沿初刻夔纹的丝线条，待夔纹的轮廓线条全部錾刻后，用铲錾錾去墨线以外的铜。根据夔纹与地纹上下高低的多少，确定铲錾铲去多少。

（E）经铲錾去的地纹位子的平面，必定会留下凸凹不平的现象，须用平顶錾或踩錾墩平。墩平后用铲、沟、圆錾等修正夔纹，使夔纹工整流畅。

（F）在錾地纹的素面上，依据原器云雷纹的规律设计地纹布局，古人在制作云雷纹时按空间羽排列，没有一定数量，所以只要按照云雷纹的章法，填满空间即可。

（G）小号铲錾雕出花纹后，在云雷纹二线向里圈转的终端用鱼眼錾錾出圆形。云雷纹的阴纹底需用平顶錾墩平。

（H）经过以上的錾刻工艺后，三羊夔圈足残缺铜初步完工。对照原器纹饰的深度，如深度不够按上述工艺反复錾刻，一般商代的纹饰需要反复七至八次，凡复刻一次要锉光一次。

4. 化学腐蚀

使用化学试剂腐蚀铜板，也称烂板，此工艺适合单层平花的器物，如修复商代的鼎或春秋战国时期的错金银纹的凹处，其工艺为：

（1）缺素面铜板，打制后跳焊在器物上，锉修平整。绘制残缺纹饰。

（2）毛笔蘸墨磁漆或黑色虫胶水描绘已绘制的残缺花纹，要与原件花纹一样，并衔接完整，如有出入用小刀修整。黑道间露出的新铜将是花纹的阴纹。

（3）已跳焊的配块取下，背面也涂上墨漆。

（4）化学药品三氯化铁配制成1∶1的水溶液，倒入瓷具里，将配缺铜块浸没。

（5）"烂"就是指腐蚀花纹上的阴纹，因为花纹被黑漆护住了，烂不着，只是烂裸露着的新铜。不时晃动瓷具，可加快烂咬的速度。这样，每烂咬一次，铜块阴纹加深一次，每次约半小时。咬毕，将溶液倒出，用清水将补配块冲净，看看阴纹的深度够不够，不够可再烂第二次、第三次，直到阴纹的深度与原件一样为止。

（6）配块上的花纹腐蚀后，用香蕉水溶剂擦净，再用钢锉和錾子略加修整，并作坡口焊接。

（四）连接加固

古代铜器由于制作年代、埋藏环境、铸造工艺的不同，残破腐蚀的情况也不同，一般出土的青铜器铜质有三种情况：第一，铜质保存良好，有金黄色的金属光泽；第二，铜质的剖面呈黄紫色，表明已开始矿化，铜质中有一定的氧化亚铜；第三，赤红色，全无金属光泽。第一种铜质较好者用中性助焊剂或松香即能焊接，焊接效果较好；第二种有一定腐蚀矿化的铜质，需要锡水进行助焊；第三种一般不能锡焊，需要采取树脂黏结或加固后黏结。对特殊部位的连接，如鼎腿、足、口沿、铜镜等，则用机械与黏结焊接相结合的工艺。

1. 焊接

（1）拼接

（A）焊接前的预处理　先将器物碎片放在水里用毛刷清洗表面的泥锈后，开始拼接碎块。在拼接时应注意以下两点，即缝与缝之间、局部与全局。

缝与缝之间在拼对时，器物的缝与缝之间空隙很大，之所以这样，原因有两个：一是缝之间有锈和其他杂质，二是变形所致。

局部与全局在拼对时，特别要注意局部和全局的整体统一，既要保证块与块之间线条准确，高低平整，又要考虑到器物整体，有时为了器物修复后恢复原来的形状，在对准花纹线条的原则基础上，可以将局部的块与块之间的弧度、缝隙稍微变化一下，以求得整个器形的完美协调。

（B）焊口位置　焊口位置的设定首先决定于焊接时在哪一个方向，如在铜器正面焊接，就偏重在铜器断口处方向锉成焊口；在铜器反面焊接，就偏重在断口的反面锉成焊口。焊口的位置以尽量避免有铭文、花纹或其他遗迹遭受破坏为原则，如遇铜器表面有重要遗迹信息的应改变这部分的焊接方向和方法。

（C）锉焊口　焊口的大小与形式依据铜器的厚薄而定。焊口有"定身空"和"V"字形两种。

"定身空"一般适合于厚、重的铜器，焊口平面为燕尾形，立面有一定的斜度。这种形状在焊接后，能保持左右拉不掉，比"V"字形焊口的强度高4~5倍。应注意两块碎片用钢锯或三角锉做好后，应对接一下，以免出现偏差。定身钉，一般用黄铜即可，是根据"定身空"的大小而做，但要注意"定身钉"放于"定身空"中应低于"定身空"的表面，"定身钉"的面积要小于或等于"定身空"。

"V"字形焊口适应于薄的小件铜器，焊口的坡度一般锉成45°，但腐蚀重的铜器焊口要宽些，坡度小约30°，腐蚀较轻的铜器，焊口窄些，坡度要大。

（2）焊接

（A）将准备好的焊件，一边固定在工作台上，另一边临近桌边或略伸出桌外，用台式钳固定或用重物压在上面以使其稳定，使焊接时另一碎块可以上下左右自由地活动而无阻碍地对接。焊接的程序为先将碎块焊接，逐步形成大块与大块的焊接。

（B）将镀好焊锡的烙铁放在火焰中加热，若为电烙铁通电即可，烙铁呈现微红色时用长钳夹出，先蘸助焊剂，再蘸焊锡。焊接锉有"定身空"时，先在焊口和定身钉表层各涂一点助焊剂，拿稳烙铁，按住器物，先将烙铁头的尖部接触定身空，几秒钟后烙铁全部放置于所焊的定身钉上，恒温6~7s，此时焊锡就会顺定身钉与定身空的缝隙处流下，待焊锡充满定身空时，表明定身钉与焊口已经焊接完毕。注意，此时烙铁不能垂直离开，应将烙铁向焊口边移动，慢慢拎起烙铁，如果太快，定身钉会跟着烙铁跑。焊接"V"字形焊口时，为了准确地焊接，每一块碎片先焊一两个焊点，观察器形是否正确，如高低不平，再用烙铁将焊道加热纠正。对于不同器形、体积、重量、腐蚀程度的铜器，都要以焊接过程中不脱焊为原则，必要时可以在点焊阶段采取机械固定措施，保证焊接的顺利进行。点焊结束，器物整体协调即可将未焊接的焊口全部顺序地焊接完。焊缝应比原器表面稍微低一点，有利于作旧。

（C）焊接后应立即将器物放入蒸馏水中洗刷焊口，除去残留的焊剂等物质。

2. 黏结与机械加固

铜器中有些大的部位，如鼎的腿、口沿、耳的断裂位置不同，厚度又在 5mm 以上者，光依靠锡焊达不到原器物的强度，必须运用机械与黏结相结合的方法。针对不同的器形、断裂的位置，可采取不同的工艺。

（1）口部

将残缺的器物在口部边沿，胎较厚的断面钻上直径 2～3mm、深 10mm 的对称的洞，再做直径微小于眼的横销固定，由于两块碎片都已钻了 10mm 的眼，其中一碎片安上了销钉，再在两块碎片之间涂布环氧树脂，修复的黏结即完成。

（2）鼎足

（A）局部断的鼎足

实心足视它的大小在断面钻上适当粗细、约 20mm 深的对称的洞，一面洞眼制作螺丝纹，再做相应的螺丝钉，在旋紧螺丝的同时加入环氧树脂黏结剂，以便使螺丝钉在螺纹眼中永远固定。另一面的洞眼要大一些，以便插入时可以稍微协调，保持上下、左右的平整度。

空心足按照空心的状态用铜皮或铜条做成相应大小的内圈，镶进去，再将断面拼对，在断缝两端周边适当钻上小洞眼或螺丝眼，洞越小越好，然后做横销钉或螺丝钉。最后在接触面上用环氧树脂黏合后旋上螺丝钉或销上横销子固定。如果是新配补的足，那就在新足制作时设计好衔接部分，用同样的方法连接在原足内。

（B）断在根部的足

实心足将断面拼接后，在器物内钻上适当螺丝钉眼，一般以三个眼为宜，然后把足端断面上的洞眼旋上螺丝，腿断面内的洞眼要适合螺丝帽形，在旋紧螺丝时要加入环氧树脂和填充剂。

空心足按照空心大小用一种较厚的铜或铜条做成内心，先将螺丝和器物旋紧，加入环氧树脂，然后将空心的足镶入内心，同时也在空间里加入树脂黏合。

（C）连根断的足

从足的底部甚至连到腹部断裂的足或配缺的鼎足，首先配一块新铜片插在里面，然后再设螺丝钉，一般在窟窿处设四个螺丝钉，将断裂足部与铜片用螺丝连接，旋紧螺丝钉时填入环氧树脂，注意铜片不宜太厚，否则将超过原器物的平面。

（3）鼎耳

鼎耳的断缺基本上有 3 种类型：局部断、断在根处和连根断。

（A）局部断和断在根处的，一般采用螺丝钉和树脂结合即可。方法是在耳朵断面处钻上 10mm 对称的洞，一面扣上螺纹眼，做相应的螺丝钉，将它旋进 1/2，另一面洞眼稍大一些，以便插入时填树脂。

（B）连根断耳的情况比较复杂，有的断面往往带上一些薄胎和花板，遇有这种状况，一般采用锯片镶嵌、螺丝和定身空焊接相结合的办法。其工艺为：第一，将耳朵面拼对，在较厚的边上适当加几个定身空，做好定身空和定身钉；第二，在口沿断面处用钢锯锯开一定的缝隙，用薄的铜片嵌入两面缝隙里；第三，在断缝两边钻上小眼安上横销或螺丝钉；第四，在断缝间填上树脂。

（4）铜镜

铜镜有的较厚，此时为了加强牢固需在修复时用铜片镶嵌的方法黏结，其工艺为：

（A）根据铜镜断面的大小、厚度来决定镶嵌铜片的大小，一般铜片的厚度不得超过器物厚度的 1/3。加工铜片时，要精确、平整，否则会影响铜镜修复的平面。

（B）在铜镜的断面处用钢锯锯上几个缝深为 10mm 的缝。

（C）将做好的铜片镶入已填好环氧树脂的缝隙空穴里。这种方法的特点是不伤平面，保持镜的正反面都无锉刀的痕迹，有利于作旧。

3. 树脂加固

有的青铜器由于铸造工艺和埋藏环境所致，器物全部矿化，金属心几乎没有，重量减轻。但是，原形未变、花纹清晰。如徐州狮子山楚王陵墓的一批青铜器。修复这类铜器，要进行加固。加固剂有三甲树脂、502 黏合剂、有机硅树脂、不饱和聚酯树脂、氟树脂、呋喃树脂。本文以呋喃树脂加固为例，其工艺为：

（1）先将器物碎片清洗，然后加热烘干。

（2）调配树脂，把调制好的树脂涂刷于碎片、继面、背面，同时加温至 60℃，15min 后，再进行第二遍涂刷，根据碎片氧化、酥脆和树脂浸透的情况，进行第三或第四遍涂刷。

（3）将浸透加固好的碎片按顺序用环氧树脂黏结。

（4）衬托加固、黏结以后，取一块与加固面积相仿的纤维布，用矿物或氧化颜料与滑石粉拌成所加固地子的颜色。器物预热至 60℃，恒温 1h 后，刷涂树脂，然后把树脂涂于纤维布，贴附于加固处，右手的中指或食指带上橡胶手套，沾拌好的地子颜色粉，从左向右轻轻地按，直到纤维布和器物贴紧为止。

4. 镉锌钎焊

传统的锡焊对青铜文物的焊接一般较为适宜，并在大多数介质中有良好的性能，但强度偏低，尤其对大型文物的焊接强度不够，为此在修复秦始皇铜车马时，曾以锡、铜为基料，加入适量锌和镉。锌既能提高抗拉、抗蠕变强度，也可改善对青铜的钎焊性，镉则适当降低了钎料熔点并增加了钎料熔化时的流动性和浸润性。焊接工艺为：

（1）材料

钎料：Sn – Pb – Cu – Cd 四元合金。

钎剂：锡焊膏。

焊接温度：200～300℃。

热源：500W 电烙铁。

（2）方法

（A）焊接口用什锦锉开"V"字形焊口。

（B）被焊表面用钢丝刷、砂布、锯片刮削，彻底清除表面的锈污、氧化物，露出洁净的金属并使表面粗糙，清理后再用无水乙醇清洗。先将需钎焊的部位适当预热，根据焊接部位和选定的钎料在被焊部位涂上焊锡膏。用电烙铁将熔融的钎料导入缝隙中，热源在焊口略作停留，以便钎料与焊件断口很好地结合，焊接温度一般控制在比钎料熔点高 20～40℃的范围内，温度过高容易引起被焊件的熔蚀，钎缝变宽，温度过低形成虚焊。

（C）焊后残留的钎剂在遇到潮湿时容易造成腐蚀现象，因此必须使用酒精或丙酮清洗干净。

（五）作旧

作旧即青铜器修复技术的表面修饰工艺，也称着旧、作锈色和作假锈，它们是对焊缝、配补、复制过程中锈蚀色泽的加工。铜器修复的作旧技术，区别于工业品以及金属工艺品的着色工艺，它是一种独特的着色方法，工艺要求高、难度大，操作自成系统。这是因为由于青铜器所经表面处理工艺、材质和埋藏条件等因素的不同，其表面的装饰层和自然氧化腐蚀层也不相同，该腐蚀层有水银沁地、黑漆古地、绿漆古地、黄漆古微绿地、灰黑漆古地、白黄绿地、枣红地、红黄绿地、翻铜地、夹黑红槽地、套色地等许多不同密度、光洁度和色泽的皮壳。在这些皮壳上有贴骨锈、发锈、釉锈、浮锈、糟坑锈等不同性质和色泽的锈斑。

根据使用材料和工艺的不同，铜器修复作旧可分为烧古法和冷古法两类。前者是用一些化学试剂制成溶液后浸渍或涂布的化学着色法，后者则是用各种颜料、漆及黏结剂上色的涂色法。冷古法一般用于焊缝和小件的配补铜块，烧古法则用于大块的配缺件和铜器复仿制品的作旧。

1. 冷古法

（1）打地子　将破碎铜器中的焊缝和补配处，用硝基清漆和虫胶漆等稀漆料，涂刷两遍。干透后，按照铜器地子的色调，调和颜色。如，绿漆古地的铜器，用立德粉或石膏粉、沙绿、石黄三种色放在瓷钵里，用钵锤研磨。研磨时，按照原件地子色的深浅，加入色料，如白绿的地子，少加沙绿；黄色浅沙加石黄色。研磨均匀细腻，用虫胶漆或清漆调好，在焊接缝隙及修配新块处涂抹两三次，涂抹的时间拉开间隔，不可连续涂抹，否则易起皱或呈橘皮状。

（2）砂磨　经灌缝、填缝的地子，需用各类砂布、水砂纸或干砂纸等进行砂磨。使用水砂纸时带水砂磨，而砂布和干砂纸则应注意防潮。各种规格的水砂纸和干砂纸的标号和相应粒度号分别参见表 2 和表 3。

表 2　水砂纸的标号和粒度号

特定标号	—	0	01	02	03	04	05	06	—
粒度号	280#	W40	W28	W20	W14	W10	W7	W5	W3.5

表 3　干砂纸的标号和粒度号

特定标号	320	360	380	400	500	600	800	900	1000
粒度号	220#	240#	280#	320（W40）	360#	400#（W28）	600（W20）	700#	800#

利用砂纸的打磨，应根据器物形状、焊缝的变化，靠灵活的手法和细致的观察，将其表面磨光到所需的地子要求。

（3）做地子　用硝基清漆和各色瓷漆，对照原件地子色，调和配色。一件古代铜器往往套有多种地子色，即杂色。做地子色按原件自然形态，套地色要做得自然。根据色泽和形状，可采取画、拓拍、弹、点等方法。干透以后，用细砂布蹭擦，或用水砂纸和椴木炭蹭擦。蹭擦完毕，用玛瑙或玉轧子轧亮。如发现地子色过亮，用布沾喷漆料，在作旧块上轻轻按压，令光亮焖暗，再用粗布擀柔，发出光亮，使之与原件地子色一样。如蹭擦后仍与原色有差距，可用漆调和成与地子相同的色浆，用扑子拓拍，这种拓拍方法可使新地子色与原件相同。介绍几种常用的做地子的方法。

（A）绿漆古、白漆古地子　绿漆古地子夹杂着玉石青绿色及黄色地子，也有红黄色间带青绿色地子。这类铜入土地方多是白土地和沙土地，大多数锈薄，不发，锈片分明，颜色像翡翠、玉石自然蕴亮。白漆古一般为白亮地鸡骨色，而且套有黄色、黑色及浅红色地子。绿漆古、白漆古多见于商代铜器。其工艺要领是：

①涂刷　绿漆古地子用沙绿、白色、黄色、蓝色的瓷漆调和或用硝基清漆调和颜料；白漆古地子可用清漆，按照原件的地子色进行调配。涂刷时，用毛笔蘸取色浆根据情况掌握蘸量。下笔要稳准，起落笔要轻快。运笔中途可稍重，可用直锋，也可用侧锋。绿、白漆地子中的套色地子要做得自然，好像云彩似的，防止出现刷痕与颜色不均或层过厚等现象。

②喷弹　喷即用美术喷笔利用空气压缩机，使调配均匀的色料雾化后，喷涂在涂刷后的地子上。由于气雾后的喷漆干燥快，不会将手工涂料的地子溶解，形成涂刷与喷漆两个色泽的层次，对做绿、白漆古的套色尤其合适；弹即用狼毫笔或牙刷蘸取稀薄的色液，再用不锈钢工具拨动笔毛或刷毛，利用笔毛反弹的作用力，把色液弹成雾状小点散落于绿漆古的着色部位。弹地子色的锈状色点一定要稀切勿太稠。

③渲染　经涂刷、喷弹的地子色，由于色差关系形成两个色层。为了使层次之间

没有色差的跳跃感觉，使用稀释剂把喷弹在地子部位的颜色晕开，使同地子色之间有一个过渡带。具体方法是先在喷弹的色泽部位涂上稀释剂，在稀释剂未全部挥发之前，用毛笔蘸取色液在其上进行渲染，当色液与器物上的稀释剂接触后，自然向外扩散，达到色与色之间过渡的效果。

④磨擦　喷弹地子色后彻底干透，用抛光布和水砂纸磨擦，传统用椴木炭打磨。抛光布可干着磨擦，水磨砂纸得沾水磨擦。绿漆古地子、白漆古地子，不能磨出铜的光，需轻轻地擦磨。铜器中绿、白古地子比较常用，作旧时难度较大。在磨擦中往往出现少数的铜星星即亮点，就是磨擦过度、色度不均匀。

⑤轧光　用自制的玛瑙轧子轧光，一道挨着一道地轻轻轧擦，以横竖的方向分别往复。也可结合粗布蹭擦，注意不能过猛轧出印痕。

⑥拍拓　一般的情况下经过以上步骤，绿、白漆地子就自然柔润、色泽相符，但对于有的地子色还不够自然，可以对照原件的地子调配各色漆，用白绸布包裹一点棉花，捆扎成球状特制的扑子，沾上稀薄漆色，往着色部位轻轻地扑拍。扑拍的方法类似传统的拓片中的扑墨，操作时利用手腕上下运动进行扑拍，以求产生不规则的色块或色斑。

（B）水银浸地子　水银浸地子又称水银古、水银青、水银沁、水银包浆等。这类水银浸地表面的色泽银白闪亮，像水银涂层，似白银镀层，又如光亮镀锡层。水银浸地子的铜器最早可在战国，两汉和唐代达到鼎盛，主要见于青铜镜、青铜剑、首饰等，此类器物的配补作旧一般可采取三种办法：

①银粉涂刷法　银粉与清漆调和，银粉的目数越细越好，把银粉放在瓷钵里研磨精细，放在小盂里，进稀薄的清漆，调和成稠状的色浆，在补配的新块上涂刷两次。涂刷不可太厚，干透后，用水磨砂纸、木炭沾水轻轻地研磨。特别注意，研磨时不可露出铜锡的光亮。

②镀锡法　首先将用盐酸和锌粉配制的焊药水涂抹在配块上，用长钳夹着烙铁上锡，在补块上磨蹭。经热化，自然涂在补块上，再用钳夹着补块，烘烤加热，待锡化开用棉球擦细，使之洁白光亮。

③锡汞齐磨镜药　这是在研究古代青铜器水银浸形成机理的基础上提出的方法，其工艺程序为：

首先按制金汞齐的方法配制锡汞齐，再把制得的锡汞齐研磨成细小粒，然后将几种含有钙、钾、铝、硫等元素的材料磨成细粉，并与颗粒状锡汞齐混合，制成一种灰白色粉剂，最后盛于瓶罐等容器中。

再用毡团蘸磨镜药揩擦已打磨光整的器物表面或将小型器物握于手中，在一块放有磨镜药的羊毛毡上进行揩擦，直至所需加工面呈银白色为止。待水银蒸发后，再用干净毡团或在羊毛毡上将加工表面抛擦一阵，使其更为光亮。

由于磨镜药的作用，被处理表面产生了富锡层δ，然后富锡层表面的锡在空气中又逐渐氧化，形成了以二氧化锡为主要成分的微晶态透明薄膜。这层薄膜使得补配块铜件或者铜复制晶水银浸地的作用效果达到与原件相一致。

（C）黄绿黑灰套地子和糟皮地子　这类铜器的特点是原件地子上有些伤皮，俗称糟皮地子。补修单一伤皮较容易，可像做新的地子似的加工套色的伤皮地子就比较难，因套色的地子多数为两三种以上，如既有绿漆古地，又有白黄绿地、水银浸地、黑地、浅红黄色地等。

做以上这类套色的糟皮地子，一般在调制漆的色泽时，需两种以上，做完后还要使漆皮破裂，像糟皮似的，其方法为：

①先将用立德粉、石黄、沙绿、佛青、黑烟子调和配制的黑灰粉，用瓷钵研磨细腻均匀备用。

②将洋绿、石黄研磨倒进小杯内，加入稀淡的漆皮汁，调成白绿色，涂刷在新块上，不使其凝固，而使之成松膜状。这样涂刷两三道，使这一层白绿色与糟皮地子相似。干透，再涂刷两三道黑灰色，做黑灰地子。

③用细砂布和水磨砂纸擦磨细平，边沿处用毛笔修接好，再用玛瑙轧子轧亮。用粗布蹭擦细亮光滑，喷与原件相同的锈色。

④锈片也做成伤皮状，用小锤在补块上轻轻敲砸，小锤一震，漆皮便破裂掉落，地子破裂，就与糟皮地子一样了。如遇砸破裂的新锈不牢固，可以使毛笔蘸些锈色，对照原件粘粘点点，使之与原件的糟皮地子一样。

（4）锈色　在地子上作发锈、釉锈、糟坑锈等锈色的传统技法分为南北两派。北派以北京地区为主，多用弹、拓、画手法；南派以苏州地区为主，采用点、擦、抹方法。总之，根据不同类型的锈，使用抹、刷、描、画、拓、弹、点、擦、蹭等技法，将绿、蓝、黄、红、黑、白、紫、灰、土等各种色料施于器物表面，且每种色料又因深浅不同分为更多的颜色。

（A）贴骨锈　贴着铜表层的结实锈，叫做贴骨锈，贴骨锈的特点是用小锤敲震都不易掉。贴骨锈一般用毛笔或画笔画出锈点，首先根据锈的色泽在瓷板上调成以硝基清漆为漆料，石膏或立德粉为填料，无机颜料为颜料的稠状色料，用香蕉水稀释后，用毛笔点出或画出锈斑，然后用牙刷的毛部轻轻压着刷，使所画的锈斑与地子表面紧密结合、过渡自然。

（B）糟坑锈　俗称粉状锈，是铜器中的一种有害锈，在修复过程必须去除，否则会在潮湿环境中蔓延。传统修复糟坑锈是用机械方法把糟坑锈剔干净，然后用树脂或漆料填补，在填补的材料上用竹签捞起调制的色泥，贴按蹭实，如作点状的糟坑锈则可用喷弹的方法。

（C）发锈　铜器从它胎内发起来，外部凸起叫发锈。一般有发锈的铜器，多伴有很多大小不一的裂纹，如果用小锤震掉发锈，便现出红砖色及紫黑色或绿色。

作发锈前，首先将贴骨锈作好，然后将虫胶水与石黄、佛青、立德粉、烟黑等颜料调和成紫黑色色泥，发锈为隆起的锈片，表层为老绿色、内呈紫黑色。发锈需用较稠浓的漆汁，干透结实而坚硬。将紫黑色色泥在补块上堆叠时，可以烘烤，但温度不宜过高，否则色泥会流动。锈层增高，就多堆叠几次，达到需要的高度。待干透坚硬，再用比较稀的虫胶水调和沙绿、石黄、立德粉，涂抹在紫黑色的锈片上，即成绿或老绿色的锈片。

（D）釉锈　釉锈为一层釉子似的锈层，有的好像鲜艳夺目的瓦锈，颜色有深绿、浅绿、紫红、黄绿，还有像云彩似的套色。光亮而又平厚，但质地生脆，用小锤点点敲震，釉锈可松散脱落如剥蛋皮。有的锈厚过铜钱，剥落后器物地子保存完好，往往是绿漆古地子或黄仁地子。做法是用虫胶水调和无机颜料，需调制得稠一些，根据锈皮亮、沉暗、水痕的特点，用稠厚色把地子色片敷盖着，形态要自然。色泥干透后用玛瑙轧子轧光，再用小锤把做好的釉锈边绿点点击打，使之露出一些碴锈，恰似有锈自然震落形成一般。

（E）套色锈　即一块锈斑上有两种以上的颜色，对于色泽多、层次丰富的锈，需先用牙刷蘸一种色浆或色泥，一手拿牙刷，一手持小刀拨动牙刷，使色浆喷弹到器物上。颜色干后，再局部弹上一层黄泥，主要起分隔作用。第二遍局部喷弹上另一种色浆后，再弹上黄泥，如此不断喷弹上各色颜料。最后，用清水洗去黄泥，从而在局部形成了多层次、具有立体效果的各色锈斑。

作完地子和锈斑后，一定要仔细检查锈色不自然的"发熟"、"发肉"处，再用毛笔蘸色浆或用酒精拌和的黄土稀泥，补充着色和覆盖"发熟"处。这样，一件古铜器的修复作旧全部完成。

2. 烧古法

烧古法即是化学方法作旧，传统的工艺是将铜绿（又名锡绿或西绿，即碳酸铜）250g、胆矾（又名蓝矾，即硫酸铜）50g、硇砂（又名盐脑砂，即氯化铵）150g混合后，加入食醋750g，用文火煮至像米汤样的浓汁或将各组分充分反应后制成着色液。着色时采用涂布法，在器物表面涂施一层，干后用清水冲洗，再涂再洗，反复几次直至着上色。也可用整器浸入溶液中一段时间的浸渍法着色。为了加快着色过程还可加热，最后上一层蜡加以保护和擦亮。第二种方法是将复仿制的新铜铸件埋进浇入了上述着色液或其他一些酸碱溶液的土中，经一段时间再取出，使铜器在土中腐蚀生锈而着色。

以上的两种烧古法的作旧工艺，在北宋到明代期间已经形成。北宋《洞天清录集》，明代《格古要论》、《宣炉博论》等书籍都有记载。其中以明代万历年间高濂《遵生八笺》记载比较详细。他说："其铸伪造，铸出剔光磨净，或以刀刻纹理缺处，方用井花水调泥矾，浸一伏时，取起烘热，再浸再烘，三度为止，名作脚色。候干以硇砂、胆矾、寒水石、硼砂、金丝矾各为粉末，以青盐水化，净笔蘸刷三两度，候一二日洗去，干又洗之，全在调停颜色、水洗工夫，须三五度方定。次掘一地坑，以炭火烧红令遍，将酽醋泼下坑中，放铜器入内，仿以酽糟窨之，力口土覆实，窖藏三日取看，即生各色古斑，用蜡擦之。要色深青，用竹叶烧烟熏之。其点缀颜色，有寒媢二法，均用明乳香令人口嚼，涪味去尽，方配白蜡溶和。其色青，以石青投入蜡内，绿用四支绿，红用朱砂。媢用蜡多，寒则乳蜡相半，以此调成作点缀。"

烧古法的着色层较均匀，一般不会产生斑驳的锈斑。在传统铜器作旧的整个过程中，它是第一工序，能使新胎铜器均匀地变旧变暗，因此俗称"咬旧"或"咬黑"。处理得好，则可获得颜色深浅和着色层厚度适宜、层次和光泽自然、旧味足、能乱真的锈蚀皮壳。因此，自北宋以来使用的碳酸铜、硫酸铜、氯化铵加食醋的作旧方法延续至今，以获得青铜复制品一般性的古旧视觉效果。

在青铜器作旧方面不管是补配残缺件，还是复仿制品，一般为了做到朴实逼真，有商周铜器皮壳的神韵，必须将烧古法与冷古法相结合，即烧古法作皮壳，冷古法作锈层。其方法如下。

（1）将氨水和碳酸铜按比例90∶10配制着色液，也可按前述碳酸铜、硫酸铜、氯化铵的比例配制着色液，工艺同前，但不需擦涂蜡。一般铜器在溶液内浸泡一昼夜，表面即为黑地子，如需生蓝锈斑，绿黄、绿蓝色漆古，可用绳系着器物在容器内悬空，熏8h左右，便可自然生成蓝色锈斑。如锈斑不理想可适当延长时间，但时间不可过长，随时观察，达到满意的锈层后即取出，用清水漂洗掉浮色后晾干。

（2）用喷枪喷绘稀清喷漆或用稀虫胶漆涂抹表面，罩满为宜，但不要太厚，太厚则漆得质感太强，影响效果。

（3）将氯化铵等化学药品拌入稀泥浆内，稍放入些食盐。把器物在泥浆里浸润或涂抹一遍，放在潮湿处或用湿麻袋片捂盖一天以上，泥浆变为土绿色，晾干。器物上的浮干土刷掉，表面留下点点粉状干锈和灰黑地子，脱落地方层次感很强，而且看上去自然。

（4）再喷涂一层稀清漆或虫胶漆，漆干后用旧粗布、皮草毛面在表面反复擦磨，或用玛瑙轧子碾光，便可达到黑漆古的光泽。

（5）如修复补配，则还需对照原物做一些枣皮红、绿漆古、套色皮壳的过渡色，锈层也要连接好，使原件和补配件的锈层在同一水平上，避免出现断层或色差的感觉。

青铜器有十几种地子的色泽，这些地子色彩通常与矿化层的组织有关。其中，呈黑色的有硫化亚铜（Cu_2S）、硫化铜（CuS）、氧化铜（CuO）、硫氰化铜［$Cu(SCN)_2$］等；呈蓝色的有氢氧化铜［$Cu(OH)_2$］；呈蓝绿色的有碳酸铜（$CuCO_3$）等；呈绿蓝色的有碱式碳酸铜［$CuCO_3 \cdot Cu(OH)_2$］等；呈红色的有亚铁氰化铜｛$Cu[Fe(CN)_6]$｝等；呈红棕色的有氧化亚铜 Cu_2O 等。经现代检测仪器分析铜的色泽变化和氧化膜的厚度有关，其表面氧化膜的厚度与色彩变化情况见表4。

表4 铜表面氧化膜的厚度与色彩的变化

厚度（nm）	色泽	厚度（nm）	色泽
38	深棕色	88	灰亮绿
42	红棕色	97	草绿色
45	紫红色	98	黄色
48	紫色	110	古金色
50	深蓝色	120	棕色
80	灰湖绿	126	红色

3. 化学法着色

近十几年以来，青铜器复仿制品的各种皮壳氧化层一般均用化学试剂作基本色调，其工艺是将复制件在着色液中形成一层黑色或褐色的着色膜层，然后再经刷光、抛光处理，将复制件表面起部位的着色膜磨得薄一些或露出部分基体合金的本色，而凹陷部位表面的着色膜相对厚一些，使复仿制品从凸面至凹面呈现由浅渐深的色泽效果。对照原件文物各种皮壳的色泽要求，可另配其他化学试剂配方，交叉着色，常用的着色工艺见表5。

表5 铜合金的主要着色工艺

颜色	编号	溶液配方成分	含量(g/L)	温度(℃)	时间(min)	备注
黑色	1	硫酸铜 $CuSO_4 \cdot 5H_2O$ 氨水 $NH_3 \cdot H_2O$, 28%	25 少量	80~90	数分钟	若加入氢氧化钾 16g/L，可在室温下着色
	2	碱式碳酸铜 $CuCO_3 \cdot Cu(OH)_2$ 氨水 $NH_3 \cdot H_2O$ 25~28% 双氧水 H_2O_2, 30%	200 1000mL 100mL	室温	10~15	木工艺适用于 ZCuZn38 和 ZCuZn40Pb2 铜合金
	3	A. 碱式碳酸铜 $CuCO_3 \cdot Cu(OH)_2 \cdot H_2O$ 氨水 $NH_3 \cdot H_2O$ B. 氢氧化钠 NaOH	饱和液 少量 16	室温		先在 A 液中着成蓝黑色，水洗后再浸入 B 液，直至成黑色
	4	过硫酸钾 $K_2S_2O_3$ 氢氧化钠 NaOH	A B 40 15 120 50	A B 60 室温	A B 5 24h	A、工艺用于青铜 B、工艺用于黄铜
	5	A. 硫化钾 K_2S B. 硫酸铜 $CuSO_4 \cdot 5H_2O$ 硫酸 H_2SO_4, $\rho = 1.84g/cm^3$	10~15 5~10 数滴，使pH<7	80 室温		在 A 液中着成蓝黑色，再浸入 B 液至黑色
	6	亚砷酸 H_3AsO_3 硫酸铜 $CuSO_4 \cdot 5H_2O$	125 62	室温		溶液配制后需放 24 小时后再使用
	7	亚硫酸钠 Na_2SO_3 硝酸铁 $Fe(NO_3)_3 \cdot 9H_2O$	50 12.5	60~70	数十分钟	适用于青铜着灰黑色，着色膜耐蚀性好

（续表）

颜色	编号	溶液配方成分	含量（g/L）	温度（℃）	时间（min）	备注
褐色	1	硫酸镍铵　$NiSO_4 \cdot (NH_4)_2SO_4 \cdot 6H_2O$ 硫酸铜　$CuSO_4 \cdot 5H_2O$ 氯酸钾　$KClO_3$	25 25 34	40～70	10～20	适用于青铜、黄铜着褐色（巧克力色）
	2	硫酸铜　$CuSO_4 \cdot 5H_2O$ 高锰酸钾　$KMnO_4$	60 8	95～98	2～3	巧克力褐色
	3	硫化钡　BaS	12.5	50	数分钟	
	4	硫化钡　BaS 碳酸铵　$(NH_4)_2CO_3$	3.7 1.9	室温		着浅棕褐色。着色后刷洗，再浸入着色液中，则色泽更佳
	5	A. 硫酸铜　$CuSO_4 \cdot 5H_2O$ B. 硫代硫酸钠　$Na_2S_2O_3 \cdot 5H_2O$ 醋酸铅　$Pb(CH_3COO)_2 \cdot 3H_2O$	50 50 12.5～25	82 100	数分钟 数分钟	按A、B溶液次序浸渍着色
	6	A. 醋 硫酸铜　$CuSO_4 \cdot 5H_2O$ 醋酸铜　$Cu(CH_3COO)_2 \cdot H_2O$ 氯化钠　$NaCl$ B. 硫酸铜　$CuSO_4 \cdot 5H_2O$ 醋酸铜　$Cu(CH_3COO)_2 \cdot H_2O$	1000mL 120 65 22 42 63	40～100 100	>30 100	适用于青铜着褐色，按A、B溶液顺序浸渍着色
	7	硫化铵　$(NH_4)_2S$ 氧化铁　Fe_2O_3	0.5 12	室温		涂布后放置
淡绿褐色	1	氢氧化钠　$NaOH$ 酒石酸铜　$CuC_4H_4O_6$	50 30	室温	30	
	2	硫化钾　K_2S	12.5	80	数分钟	
	3	A. 硫化钾　K_2S 氯化铵　NH_4Cl B. 硫酸　H_2SO_4，$\rho=1.84g/cm^3$	5 20 2～3mL	室温		按A、B液顺序浸至所需着色膜
	4	五硫化锑　Sb_2S_5 氢氧化钠　$NaOH$	1 1.5	100	数分钟	
绿色	1	硫酸镍铵　$NiSO_4 \cdot (NH_4)_2SO_4 \cdot 6H_2O$ 硫代硫酸钠　$Na_2S_2O_3 \cdot 5H_2O$	55～60 55～60	60～70	数分钟	着色色泽也称为橄榄绿或古绿色
	2	碱式碳酸铜　$CuCO_3 \cdot Cu(OH)_2 \cdot H_2O$ 碳酸钠　Na_2CO_3 氨水　$NH_3 \cdot H_2O$，25%～28%	250 250 250mL	30～40	数分钟	古绿色
	3	硝酸铜　$Cu(NO_3)_2 \cdot 3H_2O$ 氯化铵　NH_4Cl 甲酸　$HCOOH$	30 30 60mL	30～40	数分钟	古绿色

（续表）

颜色	编号	溶液配方成分	工艺条件 含量（g/L）	温度（℃）	时间（min）	备注
绿色	4	硝酸铁　$Fe(NO_3)_2 \cdot 9H_2O$ 硫代硫酸钠　$Na_2S_2O_3 \cdot 5H_2O$	7.4 44.7	70	数分钟	用于黄铜着金属绿色
	5	硫酸铜　$CuSO_4 \cdot 5H_2O$ 氯化钠　$NaCl$ 硫酸铵　$(NH_4)_2SO_4$ 酒石酸钾　$K_2C_4H_4O_6$ 水　H_2O	200～210 50～53 200～210 50～53 101mL	室温		
	6	氯化钠　$NaCl$ 氨水　$NH_3 \cdot H_2O$, 28% 氯化铵　NH_4Cl	125 100mL 125	室温	24小时	
	7	硫酸铜　$CuSO_4 \cdot 5H_2O$ 氯化铵　NH_4Cl	75 12.5	100	数分钟	
金黄色	1	A. 铬酐　CrO_3溶液 B. 重铬酸钾　$K_2Cr_2O_7$ 硫酸　H_2SO_4, $\rho = 1.84g/cm^3$	25% 100 35	室温	1 2	先在A液中浸渍，取出冷风吹干30分钟，再水洗。然后浸入B液，着色后亦冷风吹干30分钟或自干2～4小时后清水冲洗。以泽相当于18～24K。用于含Cu为59%～80%，黄铜着金色
	2	重铬酸钾　K_2Cr_2O 硝酸　HNO_3, 10% 盐酸　HCl, 乙醇　C_2H_5OH 水　H_2O	150 20mL 6mL 1mL 1000mL	室温	5	青铜着微红金黄色
红色	1	亚硝酸钠　$NaNO_2$ 硝酸铁　$Fe(NO_3)_2 \cdot 9H_2O$	2 2	75	数分钟	
	2	硼砂液及硫酸铜 氯化钠　$NaCl$ 水　H_2O	32 39 少量			着色液调和后涂布于青铜体表面。用明火加热至赤红色再慢冷。热光后再浸入醋液或烟熏
橙色		氢氧化钠　$NaOH$ 碱式碳酸铜　$CuCO_3 \cdot Cu(OH)_2 \cdot H_2O$	25 50	60～75	数分钟	
蓝色	1	亚硫酸钠　Na_2SO_3 硝酸铁　$Fe(NO_3)_2 \cdot 9H_2O$	6.5 50	75	数分钟	
	2	醋酸铅　$Pb(CH_3COO)_2 \cdot 3H_2O$ 硫代硫酸钠　$Na_2S_2O_3 \cdot 5H_2O$ 醋酸　CH_3COOH, 36%	15～30 55～60 28～30mL			
	3	亚硫酸钠　$Na_2SO_3 \cdot 7H_2O$ 醋酸铅　$Pb(CH_3COO)_2 \cdot 3H_2O$	2 1	100	数分钟	
	4	醋酸铜　$Cu(CH_3COO)_2 \cdot H_2O$ 三氧化二锑　Sb_2O_3 盐酸　HCl, $\rho = 1.19g/cm^3$ 水　H_2O	20 20 250mL 250mL			着色泽称为紫罗兰色

铜合金的主要着色工艺在使用的过程中，除应根据所复仿制铜器的地子进行选择配方、交叉着色外，着色后的处理也极为重要，合理的操作可获得令人满意的着色感觉并保持其在较长时间内不变色。着色后的处理有清洗、调色、上保护膜。

（1）清洗　复仿制品在着色后，要清洗干净并及时干燥。不能有任何的着色液残留在孔隙、深凹处和卷边中，因为这些残液会使着色膜产生斑点。最好先在流动冷水中冲洗，然后再用热水冲洗，最后烘干。

（2）调色　大多数情况下，需对着色膜进行调色处理，以获得满意的色泽。调色处理，可用湿的浮石灰擦拭，或用金属丝、鬃毛、人造纤维等材料的板刷处理，以去除疏松浮灰及氧化微粒。也可用抛光轮（不用抛光膏）进行抛光，来调整黏附极苹的着色膜，或获得色泽不规则深浅变化的古旧色。但需注意不可将着色膜擦去而显露金属。

（3）上保护膜层　为使着色膜层的色泽尽可能保持长时间不变色，需对色膜进行保护性处理。复仿制品的青铜器着色后如不需作锈层则上蜡，反之上虫胶漆或其他漆类。上蜡处理的蜡液配制比例是1份蜂蜡，15份煤油，方法是将蜡用小刀削成碎片，倒入煤油内，在火上慢慢加热，蜡逐渐溶入煤油内，稍冷却倒入瓶中，冷却后的蜡液像雪花蕾。上蜡时，将蜡膏挑出，黏附于棉团上稍加揉搓均匀，用此棉团在作好色的地子上抹匀，待煤油挥发干透后，铜器上留一层白霜似的蜡，最后用粗布或纤维刷轮刷光。另外，作色后还可采用与作色层色泽相近的有色着色蜡进行后处理。这种着色蜡既能起到调色的作用，又具较好的保护能力。

地子上需作锈层的青铜器需要涂布保护涂料。涂料的选择一般根据做冷古法中锈层材料的溶剂而定，锈层溶剂是酒精类用虫胶漆，香蕉水用硝基清漆，苯则聚酯树脂类。涂布的方法有浸涂、刷涂、喷涂等。

注释：
①路甬祥主编：《中国传统工艺全集·文物修复与辨伪》，大象出版社，2007年。
②万俐：《青铜文物保护技术的发展》，《东南文化》，2000年1期。
③高英：《中国古代青铜器使统修复技术（铜器焊接）》，《中国历史博物馆馆刊》1980年2期。
④赵振茂：《青铜器的修复技术》，紫禁城出版社，1988年。

（原载路甬祥主编：《中国传统工艺全集·文物修复与辨伪》，大象出版社，2007年）

青铜文物保护技术的传承与发展

随着博物馆、考古事业的发展，青铜文物保护技术越来越显示她的重要性，一件破碎珍贵的青铜器往往要经过取样分析、化学或物理除锈、传统工艺的修复、表面缓蚀剂的保护，为了陈列的需要还得进行复制，所以青铜文物保护技术是一个多学科、交叉的产物。她集传统修复工艺、化学保护、科学分析、现代铸造技术为一体，同时她还能延伸到古代青铜器铸造工艺的研究，青铜器鉴定，现代青铜工艺品和铜质雕塑。以多学科、多种技能的中国青铜文物保护技术是经过了近一个世纪，几代人的不懈努力形成了具有中国特色、符合中国古代青铜器特点的保护技术。展望 21 世纪，作为青铜文物保护，又怎样以新的姿态来迎接新世纪的到来？

一　20 世纪青铜文物保护及相关技术的回顾

（一）1949 年以前

最初的铜器修复方法是老北京青铜器修复行业创始人——清宫造办处太监，姓于、外号"歪嘴于"年代（辛亥革命前后即 1894 ~ 1911 年），所谓修复，不过将铜器破碎处利用新铜作的锡焊法，焊接起来，再用胶水颜料和黄土涂抹成出土的样子如遇传世品即沾胶水、黄土、黑烟一涂也就行了。到了张泰思"万隆局"古铜局的时候（辛亥革命后），铜器成了赚钱的商品，破残的铜器是卖不出去的，因此必须将破铜器修理好，此时的修复技术除焊接、补配、锤铜外逐步成熟，而作锈还没有解决，仍是胶水和颜料。到了"五四"运动前后由张泰思的徒弟张文普和王德山以木器家具行业中"榆木擦漆"用的虫胶水和溶剂酒精得到启发，研究了"漆地磨光"和"点土喷锈"两种作假地子和假锈的新方法。用这种技术将残破铜器的假土地子（铜器表面的氧化层）和假锈仿制得更加逼真，为作锈技术起了革新的作用。张文普的徒弟高英（已故，中国历史博物馆研究员）、赵振茂（故宫博物院研究员）和王德山的徒弟于荣达（已故，上海博物馆研究员），在继承前人技术的基础上。完善了商周青铜器花纹雕刻方法，自制了适合商周铜器上三层花纹雕刻用的铲錾、平地錾和适合雕刻春秋铜器的挑錾、马錾、踩錾等大小一百多把雕刻工具。

在 20 世纪 30 年代初期，古玩商为了迎合外国人对铜器的鉴赏、收购标准，开始使用化学药品硝酸来清洗铜器上的锈，并且改变铜器锈下红褐色（氧化亚铜）的"漆皮红"为"绿漆古"地子。王德山结合他自己多年的经验，在伪造铜器上用进口的碳酸铵和绿色颜料交替作用在铜器上，使铜器在作绿漆古地子方面，获得了良好的效果。王荣达研究员继承了他师傅的技术，并加以完善和发展，用化学试剂在青铜表面上作多种氧化层的方法。

20 世纪三四十年代古董商和外国人对铜器的要求是：特殊的器形、精致的花纹、漂亮的皮壳、美观的锈色，使得修复手工艺发展迅速，逐步完善。青铜修复手工艺的技术是经"歪嘴于"的起始阶段，张泰思的发展阶段，王德山、张文普的革新阶段，王荣达、赵振茂、高英的完善鼎盛四个阶段，是四代人、半个世纪的努力形成了在中国民间工艺中具有特色的一枝奇葩。

（二）20 世纪 60～80 年代

1949 年至 50 年代末期，新建博物馆中的青铜器保护，主要是象赵振茂、高英、王荣达等师傅以修复手工艺为主保护青铜器。到了 60 年代初期一批具有高素质的大学生来到了文博单位，从事于青铜文物保护技术。从而揭开了以科学保护青铜器的序幕。其中有代表的有故宫博物院陆寿麟研究员、上海博物馆祝鸿范研究员等。他们利用现代科学知识，根据国外文献并结合中国古代青铜器的特点研究了去除有害锈、无害锈，表面进行缓蚀等一系列的保护方法。

1. 去锈：用柠檬酸、草酸、六偏磷酸钠、碱性酒石酸钾钠等试剂取代以前的硝酸、硫酸、冰醋酸的方法。超声波振动仪去除粉状锈，电解还原去除等方法。

2. 置换与封护：用 5% 倍半碳酸钠溶液中的 CO_3^{2-}，置换 Cl^- 氯离子以去除粉状锈的根源；用 Ag_2O 局部封闭，使 Ag_2O 在潮湿条件下遇有氯化物形成氯化银的棕褐色角银膜，从而将含有 CuCl 的病区封闭起来。缓蚀保护研究较多的是苯并三氮唑（BTA）处理。经 BAT 和 BTA 复合配方处理的青铜文物表面形成一层 CuBTA 络合物膜紧密地覆盖在青铜文物的表面上，阻止了进一步的腐蚀。

3. 分析：结合保护青铜器对出土铜器的锈层进行光谱分析、X 射线等分析法。虽然锈层达十层左右，但基本结构大致为：内层青铜金属本体、依次往外有氯化亚铜 CuCl、碱式氯化铜 $CuCl_2 \cdot 3Cu(OH)_2$、氧化亚铜 Cu_2O、碱式碳酸铜 $CuCO_2 \cdot Cu(OH)_2$。在研究铜缓蚀剂中，进行了模拟恶劣环境条件下的盐雾、湿热、盐水浸渍、电化学等耐蚀实验，从而选择保护青铜器的最佳配方。

自 1974 年以来，在中国科学院和中国工程院院士柯俊教授领导下的北京科技大学冶金史研究所（原名北京钢铁学院冶金史研究室）运用整理文献、调查研究与科学考察，多学科结合的方法，通过化学分析、X 光探伤、金相显微镜和电子显微镜、X 光结构分析、同位素源 X 荧光、质子 X 荧光、电子探针、扫描电镜等各种方法，对全国上百个省市博物馆珍藏的大量金属文物进行了科学检测，取得了大量的数据，其中包括对著名的郑州商鼎、越王勾践剑、吴王夫差剑、秦皇陵陶俑坑出土青铜兵器等文物的检测。在有色冶金、钢铁冶金、古代金属工艺发展研究方面，以翔实的史料、准确的科学数据、雄辩的论点论据写了 100 多篇上乘的佳作，这为拓宽青铜文化保护技术的领域，为提高保护技术的科学性、准确性，起了一个开拓作用。

20 世纪 80 年代前后，故宫博物院赵振茂研究员（赵振茂师傅在 1986 年被文化部聘为国家文物鉴定委员会委员）、上海博物馆王荣达研究员，先后对传世的青铜器作了大量的鉴定真伪的工作。他们均从同一个角度——修复、仿制工艺去鉴定真伪即：质量、泥范铸造的特点、锈的分布叠压规律。虽然他们对金文的内涵和青铜器历史缺乏足够的了解，但由于他们精通修复工艺和作伪技巧，经他们手鉴定的铜器真伪准确率是百分之百。

1980 年前后，上海博物馆率先用实验考古的方法，模拟并复制了汉代透光镜，汉代透光镜的复制成功，又将青铜文物修复与实验考古紧密地结合在一起。继而上海博物馆古代铸造工艺研究室在谭德睿研究员的领导下，先后研究了"古代铜镜水银沁的表现面处理"、"商代陶范的研究"，以及最近研究成功的"春秋战国菱形暗格纹的研究"课题等，不仅在全国博物馆中首屈一指，在国际上都处于领先地位。

（三）20 世纪 90 年代以来

传统的修复手工艺与化学保护、科学分析、现代机械加工技术、金属材料腐蚀与防护进行广泛地合作，相辅相成，加快了工作的进步，提高了工作的科学性，如 1991 年 10 月~1992 年 10 月陕西秦始皇兵马俑博物馆复制的"秦陵一号铜车马"（获国家文物局 1994 年科技进步三等奖）、"秦陵一号铜车马"修复工程（获国家文物局 1995 年科技进步二等奖，1996 年又获国家科技进步二等奖）、"明代浑仪、简仪的修复工程"（获 1991 年国家文物局科技进步三等奖）、"明代针灸铜人复制"（获国家文物局科技进步三等奖）和"青铜文物保护新技术的研究"（获 1998 年国家科技进步三等奖）等。

纵观 20 世纪青铜文物保护技术，修复手工艺从社会的需求到工艺逐步完善，几乎经历了半个世纪，青铜文物的化学保护技术和科学分析不到 20 年的时间就形成了一套适合我国文物保护国情的方法，两者相加使我国青铜文物的保护技术在 20 世纪达到了一个新的水平。

二　展望 21 世纪的设想

铜器传统工艺与现代科技结合在 20 世纪 90 年代成为一种趋势，那么在 21 世纪随着信息产业、高科技成果不断被青铜文物保护技术所引用，这种结合将越来越普遍，并且打破现代传统与现代技术分工的格局。该技术的结合对于提高工作效率与科学准确性无疑是件大好事，然后组成该技术的两个部分，即化学保护和修复工艺，如为了抢救出土的青铜器满足考古、陈列、保管的需要，那么要好、要快、要省钱，如果作为一种传统工艺技能，以保护和继承这种技能的观点出发，是否要在传统的技能中渗透现代的科学手段与方法。这是 21 世纪给青铜文物保护技术出的一个新课题，即一方面要不断吸取自然学科的先进技术，为及时整理考古资料，全面获取文物信息，加快考古学综合研究的步伐，妥善安全地保存好青铜文物，使其延年益寿，起到积极的保证和促进作用；另一方面要全面继承传统工艺技能，使之延展和弘扬。

目前全国博物馆青铜文物保护技术研究所分为两个部分即修复室与实验室，形成两个部分是由特定的历史条件，和其他一些人为的因素构成，到了 21 世纪这种把一种连贯的文物保护技术研究所是否还要分为两部分，这个问题随着时代的发展，高新科技的不断加盟，人员素质的不断提高，想必不难解决。笔者在这里重点想讨论一下全面继承青铜修复、仿制的传统工艺的题目。

首先让我们了解一下目前在职从事青铜器修复的技术人员掌握的技能，焊接、或黏结、配补、制模、作旧。从这四种技能中一般都把錾刻工艺遗弃，主要的原因是錾刻工艺难度大，费工，取而代之的是石膏修刻、高分子材料或铸铅锡合金补配。制模用硅橡胶制取代石膏模、用制模复制、仿制的形式完全取代了前人对着实物塑形、雕刻的真功夫。以上被修复人员淡忘的也就是修复铜器传统工艺的精髓。怎样继续和发扬传统的修复工艺，这是一个老问题，以前往往强调领导不重视，社会的冷门，其实这个问题去反向思维一下，现在有多少学修复的或从事修复的在从铜器纹饰规律、素描的透视、颜色的三原色、铜器的器物学、金文书写技法入手呢？又有多少人从铜器修复工艺的特点、古代铸造时的泥范、篆刻花纹、篆刻金文的规律去鉴定铜器呢？一个不懂艺术的人怎么能修或制作好艺术品呢？

近几年，社会上对青铜制作工艺，给予了极大的重视，如 1997 年联合国诞辰 50 周年之际，中国政府赠送了象征稳定、团结、吉祥、和平的世纪宝鼎，由上海嘉丰特艺公司制作，陕西省考古研究所青铜器厂、上海交通大学青铜公司制作的仿古青铜器，出口欧美亚洲几十个国家。1996 年江苏省轻工厅根据省八届人大常委会 1993 年公布的《江苏省传统工艺美术保护暂行条例》，授予省内第一批受保护的传统工艺美术品种有苏绣、剪刻纸、灯彩、紫砂、宋锦、扎染、工艺折扇、苏裱、仿古青铜器等 40 个，授予和保护传统工艺美术品种的工作人员有 104 位为江苏省工艺美术大师。1997 年 9 月中旬中央电视台新闻联播节目播发了李鹏总理在人民大会堂接见了全国 108 位获得中国工艺美术大师的新闻，不管是江苏省还是全国的工艺美术大师里都没有博物馆修复人员的名录。青铜修复的传人在博物馆、"夏后氏铸鼎以来，最宏伟之作"的"世纪宝鼎"的主要设计人也是博物馆工作人员，画的装裱手艺高的也可说在博物馆，但为什么社会就不认可呢？这里原因很多，不想一一说明。但有一点很明确，我们的工作还不够，还不被社会接受，当社会对青铜工艺处于热点时，博物馆中的青铜工艺走进了"冷门"。

展望 21 世纪，青铜文物保护技术应该怎样继承前辈老师传给我们的知识技术？怎样根据现代社会的发展、博物馆的要求，即科学地保护修复青铜文物，又将传统的工艺得以弘扬与延展？笔者根据青铜文物保护及相关的技术，谈一点设想，以抛砖引玉。

（一）分类　根据 21 世纪文保人员素质的普遍提高及文理兼容，掌握多种技能已是当代年轻人和择业者所必备的条件。为此将现在博物馆中青铜保护、青铜修复、青铜铸造工艺的研究三部分交叉的分为两部分，即该工作人员是青铜文物保护专业，那么他的工作范围利用现代科学技术进行修复破碎的铜器，保护腐蚀的青铜文物及相关的科学分析、检测；如是青铜工艺研究专业，那他的工作范围便是传统的修复于工艺、古代青铜铸造工艺、古代青铜表面处理技术工艺及从青铜工艺的角度鉴定青铜器及相关的科学分析。

（二）任务　①青铜文物保护专业：修复与保护考古出土的铜器、博物馆的藏品、民间交流的文物、陈列需要的展品；②青铜工艺研究：恢复传统的修复工艺，对青铜器中的古代相关技术，如器形的制作、纹的篆刻、陶范制作与分析、表面的处理和铜器制作相关的工艺等研究。根据青铜工艺研究的成果对一级文物以上的残破青铜器进行与原物合金，上艺基本相同的方法进行修复。

（三）立法　对青铜工艺研究和青铜保护技术者用法律的手段立法保护，这一点上不仿来看一下，邻国日本在昭和二十五年三月三十日即 1950 年公布的法律第 254 号《文化财保护法》第三章之二，无形文化财第五十六条之六"（重要无形文化财的保存）文化厅长官在认为有必要保存该重要无形文化财时，由国家对保持者，保持团体或地方公共团体乃至其他与保存有关的单位和个人，对该重要无形文化财纪录的做成，后继人才的培养及其他保存措施所必要的经费给予适当的补助"。所谓无形文化财，是指在日本历史，艺术等方面具有较高价值的戏剧、音乐、工艺技术及其他无形的文化载体（如陶瓷、染织、漆器、金属加工等）。日本人民认为无形文化财其发明、发展直至消失，是与国民生活、生产密切相关的，要了解人们的生活方式及随时代更迭所产生的生活方式的变迁，无形文化财是不可缺少的。第五章之三、第八十三条之十，"（所选定保存技术的保护）文化厅长官在认为所选定的保存技术有保护之必要时，可以采取必要的保护措施，如作成关于该项保护技术的记录、培养该技术的继承者等"。所谓文化财保存技术的保护，是指文化财保存所不可欠缺的用传统的技术或工艺所采取的保护措施，包括为文化财的保护所必需的材料及修理、修复技术等。

日本《文化财保护法》可分为七大类即，有形、无形、民俗文化财、史迹名胜天然纪念物、传统建筑物群、文化财保存技术、埋藏文化财。在我国《文物保护法》中是不包括日本的无形文化财和文化财保存技术等传统的工艺。21 世纪是信息产业、高新技术、城市国际化的飞速时代，那么是否将具有中国民族特点的传统青铜工艺列为我国法律的保护范围呢？

（四）实施　青铜保护技术在省级博物馆中都应设置这个岗位，编制人员可根据该省青铜器的拥有量而定；青铜工艺研究则可以按照现在该馆研究人员的结构、基础而定，在全国博物馆中选一至三个单位作为保护的范围。其经费就像日本《文化财保护法》第八十三条之十二"（关于选定保存技术的援助）国家可以对选定保存技术的保持者或保存团体或其他认为合适的对象给予指导，建议及必要的援助"。

（五）展示：随着 21 世纪的到来，中国步入现代化社会，日常生活中的人与传统的工艺接触越来越少，将青铜工艺（包括其他工艺）按古代青铜器的制作过程，传统的仿制，修复过程陈列展示出来，向广大国民提供鉴赏传统艺术和传统技能的机会，提高国民的传统修养，加深国民支持和理解，对弘扬中国民族文化具有深远的历史意义和现实意义。

20 世纪，经几代人的探索与研究，不管在青铜保护技术，还是青铜工艺研究，前辈都给我们传授了大量科学知识和技术经验，为我们全面继承青铜保护技术及青铜工艺奠定了良好的基础，相信在老师的指导和从事青铜保护技术的同仁共同努力下，21 世纪的青铜器保护事业将有新的发展。

（原载《东南文化》2000 年 1 期）

试论文物修复工艺的思维问题

　　文物修复工作的性质虽属工艺范畴，但它在工作中又与考古、历史、化工、铸造、腐蚀、美学等学科紧密相连，须臾不能分开。所以文物修复工作可以说是工艺、自然科学、社会科学的交叉学科，同时也是民间工艺领域里一个独特的分支。随着考古事业的发展，为当代及子孙万代保存悠久历史遗迹遗物的需要，它将越来越为社会所重视，成为一项重要的科学课题。这是因为"我们对于过去人类耗费岁月而残留下来的遗物，有保存的义务，也有所有的权利。即所谓'过去的权利'。同时，未来的人类也和我们一样，对过去的遗产也有所有的权利，即所谓'未来的权利'。所以，生存在过去与未来之间的现在的我们这一代人，就必须千方百计地把这么众多的历史遗物保存好"①。但是，我们对文物修复工作是比较侧重于制作的技巧、修复完善的程度等，忽视了修复工作的正确理解和理性认识。这里，我想着重讨论的是修复的工艺思维。

　　"思维即理性认识，是人们对客观事物间接的和概括的反映"②，是人的一种潜在能力，也是一种社会现象。本文所指的文物修复工艺的思维是修理、复制文物过程中对客观反映所进行的分析、推理、综合、抽象等创造心理过程。这思维过程必须在实践过程中实现，并受到修复实践的验证，进而为实践服务。所以，以修复工艺过程的范畴看，也是包含有思维和技巧两个部分的。思维是修复中的构思过程，技巧是修复中的形象体现。我们修复工作的老前辈正是把思维与技巧融为一体，互相补充、彼此交融，不断完善这一门独特的工艺。例如：明末清初，山东、苏州仿古行业创造性地使用了梨花木板模具代替"拨蜡法"的工艺；上海博物馆研究馆员王荣达创造了一套用化学试剂着色的方法；故宫博物院研究馆员赵振茂创造性地完善了青铜器的錾刻工艺；上海博物馆副研究馆员顾友楚巧妙地、创造性地用石膏模具替代梨花木板模③等。从而进一步证明了古人提出的"三分匠七分主人"④的说法是很有道理的。这里所谓的"匠"就是技巧，"人"即是人的思维。三分技巧七分思维，可见在手工艺领域里，制作者的思维是占有关键地位的。特别随着科学技术的高度发展，文物修复工艺的进一步改进和完善已开始进入与现代化工、铸造、分析、工艺美术等行业互相交叉渗透的时代，修复的科学化，逐步突破了传统模式的手工修复的局限，向"多功能"、"智能型"发展。为此，文物修复工艺的思维更显得重要。

　　"每一种社会形式和思维形式，都有它的特殊的矛盾和特殊的本质。"⑤文物修复工艺的思维不同于绘画、工艺美术等其他艺术的思维，它首先决定于文物器形的存在，并不是凭空想象、设计创造以及它的逻辑性。逻辑性重视"严谨"，要求科学合理，富有时代的特征；形象性则强调"修旧如旧"，力求还其本来面貌。两者有机的契合，才是最完整的文物修复思维的科学方法。

文物的种类不同，构成质地不同，出土时损坏程度也不同，所以要求修理者的思维也就不一样。例如：青铜鼎的腿、耳、腹部和铜镜的焊接；各种陶器和瓷器的黏结；铜器上的饕餮纹、夔纹、雷纹的凿刻和篆刻；青花瓷器中图案的绘制等都将依据不同的思维，设计出不同的方案来进行科学的修理。文物复制的思维常常是模具的设计、复制材料的思考、寻求、探索；在浩如大海的文物宝库中捕捉尽善尽美的形象来宣传祖国的文明史，它不仅以文物的造型为依托创造价值，而且根据文献资料的记载来挖掘已失去的部分，向人们展示古代劳动人民的聪明与智慧，激励人民为"四化"努力奋斗。因此，文物修复工艺思维具有丰富的内涵，它是技术、知识、审美、价值观念等的综合体。虽然它涉及的领域十分广泛，但根据修复者经思维和技巧发生作用后达到器皿被修的程度来分析，以把文物修复的思维分作一般和创造两类。

什么是一般思维呢？

文物修复技术是一门古老的传统技术，有着近九百年的历史[6]。新中国成立以来国家为了使这具有独特的民间修复工艺后继有人，多次举办了修复培训班，这一批批学员学成之后，回到自己的岗位，利用修复的一般知识，修理了大量的出土文物。这样，修复人员的思维和技巧是属一般的，其主要内涵如下。

每一个初学修复的工作人员，系统地学习修复理论和技巧，并在老师的传、帮、带等实践中，使得本来如一张白纸的大脑，次第写出。

1. 机械、化学试剂、电解、喷砂和超声波的去锈。

2. 焊接时"V"字形，"定身孔"焊缝的处理，插片、榫钉、螺钉的设计，焊接的要领及注意事项等。

3. 配缺时泥模、石膏模、硅橡胶模的制作与设计，铜铅锡铁、高分子材料的选择。

4. 花纹的绘制、篆刻、凿刻等方法。

在完成过程中，需要学习者发挥思维的记忆能力。所谓记忆，概括起来分为三个互相衔接的步骤——识记、保持、再现。识记是保持所获得的印象的过程，它是记忆的必要前提，识记又有意识识记。有意识识记主要表现在老师教学课程上，学习者通过机械识记多次重复的方法来巩固对识记对象的印象或者通过意义识记把修复中的技巧、原因以及记忆者已有知识之间的意义联系为基础。记忆的第二步骤是保持，保持是为了不遗忘，是把识记所获得记忆转变成长期的记忆，并且使它巩固下来，逐渐成为自己的知识和技能。保持的方法是不断的复习、练习和实践。再现是记忆的最后步骤，是识记和保持的结果，同时又是评判初学者成绩的标准。通过识记、保持、再现的三个阶段，学员把老师传授一般修复经验变通为自己的理性和感性知识。一旦把老师教授的东西变为自己掌握的知识以后，学习者就有了一定的修复经验，也就具备了转移经验的能力。转移经验的能力是指人们把解决修复中的一些问题所取得的经验，转用于解决修复类似器物的能力。因为经验之所以能够转移，正是由于它依赖了不同问题之间存在的相类似的共性部分。因此，初修复者在导师传授的经验化作自己知识的前提下；为了要转移经验，首先应该善于发现不同问题的类似之处。这转移经验中的发现、寻求类似问题的过程，也就是文物修复的一般思维过程。

什么是创造性思维呢？

创造性思维是人们运用自然法则，利用所掌握的科学知识，在对自然与社会进行改造的过程中，为了解决矛盾，进行创造活动所提出的新技术方案。毛泽东同志在《矛盾论》一文中指出："人的概念的每一差异，都应把它看作客观矛盾的反映。客观矛盾反映了主观思想，组成了概念的矛盾运动，推动了思维的发展，不断地解决了人们的思想问题。"再就近代心理学家的研究成果而言，创造性思维在正常人之间的差别并不是很大的。之所以在最终效果上显示出差异，主要是由于人们对自身的创造力，创造因素的利用和发挥程度不同，以及所运用和掌握的思维方法不同而形成的。也就是说，文物修复人员的创造性思维人皆有之，但其效果差异与创造性思维中的智能因素掌握的如何有关。智能因素是主要侧重于创造活动中方法方面的有关因素，它能够向我们提供为实现创造目的所依据的条件和具体途径。智能因素在文物修复上主要含有三个方面的内容。

1. 自学能力　即通过自己的学习而获得知识技能的一种能力。在自学这个"自由王国"里，要求修复人员除了记忆老师所传授的技术外，能博览群书，如：考古、历史、美学、鉴定、图案、色彩、造型、冶炼、化学、工艺美术等方面的书籍；吸取其他传统工艺的智能，如：民间铸造工艺、陶瓷工艺、玉雕工艺、治印篆刻等；重视自然科学的科研成果，拿来我用，如：与文物修复相关的新材料、新工艺、新的设备等。这是能够发挥其创造性思维的重要前提。

2. 联结的能力　所谓联结能力就是我们在知觉的时候把所感知的对象联结起来，并把这些从化工、铸造、工艺美术等领域里获得的新信息同以往的修复知识联结起来，把所感知的信息转变知识，将其转化为智能的一部分。我们不妨把这些新知觉到的信息同以前的经验结合起来，纳入已有的知识体系中的这种联结能力称之谓萌发创造力的思想准备。我们知道，任何科学的发现无一不是意味着科学知识的积累与增加，无一不是意味着人类认识客观世界和改造客观世界的进步。但是，在认识客观事物，发挥联结能力的时候，我们所感知的信息在一定程度上和以前积累的知识相对抗，注意在心理上出现"先存知识"所产生的压力。因此需要我们在知觉观察中尽量取其精华，使之"纯净化"。

3. 探索与研究能力　是在完成自学、联结能力之后，对旧的或新的工艺、方法等改进提高的能力。众所周知，对问世不久的新工艺、新材料、新事物在很大程度上受着习惯方法、感觉以及公认的观点和见解的深信不疑等因素的制约，影响着推广与应用。为此，我们就必须冲破旧观念的束缚，就必须把思维方法到实践中去验证，实践后的结果又回到思维中去总结，不断反复直至成功。在探索，研究某一个事物的同时，自己还必须具有相当的思维灵活性，因为在思路遇到困难和阻力比较大的情况下应该迅速选择另外的思路，做多途径的探索和研究，以尽快实现目标。如：在简仪龙柱的复制中，模具的设计，制作材料的探索与研究，无不渗透着以往技术和新感知的信息的结合，经几十次试验研究，最后决定针对不同的部位采用陶土泥、石膏、硅橡胶三种不同材料制作模具，以"T31"为主的树脂配方，贴敷与气囊充气的制作工艺；[7]光绪二十三年的大铁炮是吸取了南京某厂从美国引进的"793"聚酯树脂的材料，加之建筑行业中新研究成功的玻璃纤维短切、表面毡、毛毡制品，制作了在保证质量的前提下，降低成本、简化程序、提高工效的复制品。

智能因素是创造性思维的一个极为重要的部分，按创造学指出的，创造力还应有指导因素和动力因素。前者是指决定方向性意义的因素，如世界观、道德品质等；后者指推动人们运用智能作用于创造对象的力量因素，如理想、信念、热情、欲望等[8]。因此，智能因素、指导因素和动力因素都是事业成功不可缺少的创造因素，而这些因素在作用于创造对象和其自身中，是互相联系，又是互相作用的。

人类的思维形式有四种：自然思考是把头脑中有深刻印象的东西完全接受下来；理论思考可以避免错误；数学思考能最大限度地利用头脑中已系统化的知识；立体思考则是把新感知的信息同已知的知识联结，探索后推出的新思想。文物修复工艺大部分思维的形式与自然思考、立体思考相近。因为初学者的"理性认识依赖于感性认识，感性认识有待于发展到理性认识"[9]。用感性知识上升到理性知识的论理去解决类似的问题；"思维的转化就是概念的转化"[10]。修复工作人员思维的转化，一般来讲，是通过创造性思维而产生新的观念或者对问题的解决办法，都是和以往的思想联结起来的。这种联结后达到的效果是由于过去的直接实践经验及学习得到的间接经验在头脑中产生后，经探索研究证明是正确的。故文物修复工艺的思维形式前者属自然思考，后者属立体思考。

综上所述，每一位文物修复者必须在继承老一辈修复人员技术的前提下，虚心学习，努力钻研，开拓视角，奋发上进，才是名副其实的合格的文物修复人员。为此，重视文物修复工艺的思维，特别是创造性思维的诱导，培养和训练是20世纪90年代历史所赋予的使命。

注释：

① 引自比德利著，郑师泸译：《考古学研究法》，《学术世界》1935年第1卷2期。

②《辞海》，上海辞书出版社，1937年。

③ 万俐：《略谈仿古青铜器模具的发展》，《东南文化》1989年Z1期合刊。

④ 计成：《园治》，中国建筑工业出版社，1988年。

③ 毛泽东著：《矛盾论》，《毛泽东选集》，人民出版社，1964 年。

⑥ 同注③。

⑦ 丘建辉、万俐：《古代天文简仪龙柱的复制》，《工程塑料应用》1990 年 3 期。

⑧ 红波：《创造性思维导绎》，《中国工艺美术》1987 年第 2 期。

⑨ 毛泽东著：《实践论》，《毛泽东选集》，人民出版社，1964 年。

⑩ 章沛著：《思维规律论》，湖南人民出版社，1982 年。

（原载《博物馆研究》1990 年 3 期）

江苏六合程桥东周菱形纹青铜剑的修复

一　引　言

1988年1月1日，南京六合县程桥中学发现了东周时期的墓葬（简称程桥三号墓），共出土了12件文物，其中铜器就有9件，而在3件铜器里，发现63个铭文。程桥三号墓、丹徒县北山顶以及安徽寿县蔡器申墓出土的铜器铭文所反映的是：春秋后期，吴国势力日益强大先后向西、南扩张；吴国不仅攻占过楚郢都，还几乎灭掉了越国，夫差甚至北上中原称霸的历史。所以，这批铜器对研究吴文化和江、淮诸国与吴国的关系有着极其重要的意义。此外，墓中出土的青铜剑集吴越铸剑工艺的最高水平——剑身满饰菱形纹饰、剑首为同心圆、剑格部铸兽面纹并镶嵌绿松石，这是研究春秋时期的冶金科技、表面处理技术和镶嵌工艺的最好实物资料[①]。

为了抢救这批极其珍贵的吴国青铜器，南京博物院文物保护研究所承担了程桥三号墓青铜器的保护与修复工作，现将其中菱形纹青铜剑的保护修复事项总结成文。

二　菱形纹青铜剑的现状与分析

（一）现状

菱形纹青铜剑长约52、格宽处约6.5cm，质量约850g。剑做斜宽从后格式。剑身宽长，近锋处收狭，前锋尖锐，中脊隆起，两从斜弧；后格作倒凹字形，饰兽面纹并镶嵌绿松石；圆茎实心，有两道凸箍，箍上布满线刻夔龙阳纹；圆盘形首，首的正面为同心圆，反面饰麦束纹。剑身满饰珍贵的双线菱形纹，此纹饰与湖北省博物馆所藏"越王勾践剑"纹饰类似（图1、2）。但是，程桥青铜剑出土时已断为六截，剑身、剑刃、剑格处均有发锈（图3、4），剑格、剑首、剑身前锋处残缺，剑的金属芯氧化严重。

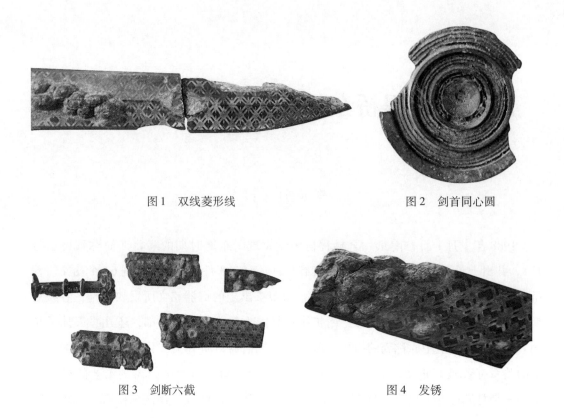

图1　双线菱形线　　　　　　　　　　　　图2　剑首同心圆

图3　剑断六截　　　　　　　　　　　　图4　发锈

（二）分析

为了将剑锈层里的有害成分及纹饰与基体的合金分辨明确，对剑表面的菱形纹、非菱形纹和剑基体部分进行扫描电镜分析；对发锈层表面、中间、里层的分析，其图谱见图5～10，成分含量见表1。

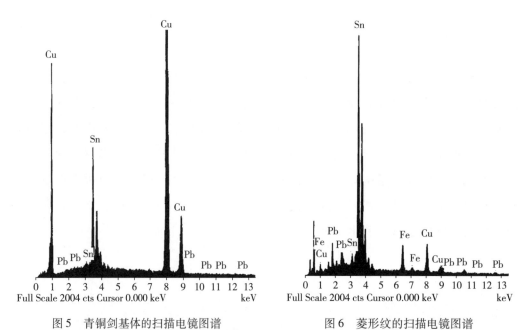

图5　青铜剑基体的扫描电镜图谱　　　　　图6　菱形纹的扫描电镜图谱

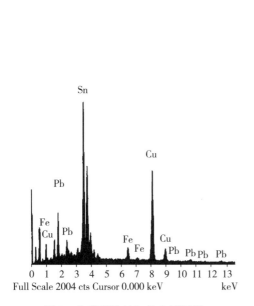

图 7　非菱形纹的扫描电镜图谱

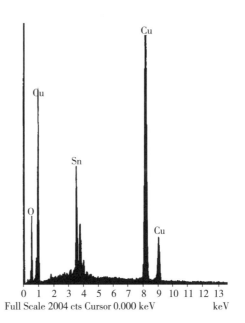

图 8　发锈层底层的扫描电镜图谱

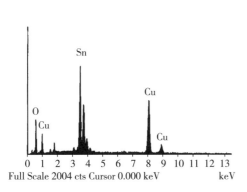

图 9　发锈层外层的扫描电镜图谱

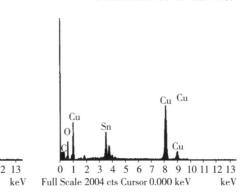

图 10　发锈层中层的扫描电镜图谱

表 1　剑成分的扫描电子显微镜分析　　　　　　（质量分数,%）

样品名称	Cu	Sn	Pb	Fe	O	C
剑的基体	78.72	20.92	0.36			
菱形纹	10.03	79.02	4.61	6.36		
非菱形纹	34.36	59.20	3.19	3.25		
锈层底层	60.32	16.11	0.23		23.35	
锈层中层	37.68	14.38			31.68	16.08
锈层上层	24.76	33.38			41.87	

三　保护与修复

（一）保护

根据仪器的分析，锈层为碳酸铜、氧化亚铜、氯化铜等。为此，首先将剑上 95%

的发锈层先用手持万向磨轮切割掉，对露出的氯化铜浸泡在 AMT 复合剂里清洗；另保留了剑上约 5% 的发锈，用氟树脂进行封护，将其处于稳定的状态。

（二）修复

1. 拼接

由于剑体锈蚀严重，无法进行铜或锡焊焊接，只能用树脂黏合。在黏合之前，对两残块的拼接处分别钻直径 0.25cm、深 1.5cm 的眼，然后用 0.2cm 的铜丝，再用快速环氧黏结时放入。

2. 加固

商品环氧胶在固化后有一定的柔性，对黏合 52cm 的长剑体易变形，所以，采取先用快速环氧固定好两残片，再用钢质环氧修补剂填充加固，达到修复后不变形的目的。

3. 纹饰

锈层去掉后，对青铜剑菱形纹饰的复原考虑了三种方案。

（1）金属膏剂涂层工艺[②]。由于六合程桥青铜剑锈蚀严重，发锈去掉后露出的剑基体是红色的氧化亚铜，而不是含金属的青铜体，所以，该涂层工艺不适宜在锈蚀体上制作菱形纹。

（2）高分子涂料绘制。如：用丙烯酸、聚氨酯、硝基清漆、虫胶水等涂料与无机颜料调制菱形纹的颜色绘制。涂料绘制菱形纹简单、方便，但涂料老化周期短易起皮掉落，更重要的是不能够复原出纹饰区与非纹饰区之间 1~1.5mm 的落差。

（3）环氧树脂与锡、铅合金粉末调和涂敷于纹饰的残缺部分，该方案的优点是环氧树脂有较强的附着力，不易掉落；室温固化不用加温；根据纹饰所需的厚度增厚。为此，最后采用第三种方案复原青铜剑的菱形纹。其工艺如下：

1）配方　剑基体：WD114 铜质修补剂[③]。A 组分 6g，B 组分 1g。

菱形纹：6101 型环氧树脂 100g，T31 固化剂 20g，二氧化硅 2g，锡合金粉末 40g，炭黑颜料适量，铬绿颜料适量，哈巴粉适量。

2）补缺与涂敷　首先将剑基体胶配方对菱形纹处残缺凹陷的部位补平，然后将菱形纹树脂的配方均匀调合并涂敷于需复原剑纹饰的地方，涂敷后的树脂（图 11）室温固化 24h 后，用 200~800 目的水砂纸进行由粗到细的对所补树脂部位打磨。

图 11　涂敷含锡合金粉末的树脂表层

3）刻划纹饰　程桥剑和东周兵器上的菱形纹一样由双线交叉构成，至锋部菱形逐渐缩小，所不同的是该剑一面的纹饰线条均匀规整，纹饰区大于非纹饰区；而另一面则线条划线偶尔出现不在一条直线上，随意性较大，非纹饰区大于纹饰区。为此，在复原残缺菱形纹的布局时，剑的一面用画线的方法，另一面随意刻划。根据环氧树脂的摩氏硬度为 4，一般的合金钢工具难以划动，但环氧的弱点是怕热，所以，将刻划工具先在酒精灯上加热至工具的刀刃部为红色，然后再在树脂上刻划菱形纹。刀具冷却了再加温，加温后继续刻划，循环直到纹饰刻划结束，刻划菱形纹后的形貌见图 12 所示。

　　4. 作旧

　　青铜器传统的作旧材料以虫胶水、硝基清漆、聚氨酯等有机溶剂性涂料为主。此次，剑的作旧采用了水性涂料④，其工艺：根据剑纹饰黑黄褐色、氧化亚铜的红色、碳酸铜的绿色、硫酸铜的靛蓝和发锈的特征，分别用水型涂料水性色浆与石膏粉等填料，调制出锈所需的颜色后，涂敷或堆积而成作旧，修复作旧后全貌见图 13、复原的菱形纹作旧后见图 14。

图 12　刻划菱形纹后

图 13　修复作旧后全貌

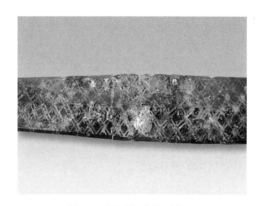

图 14　复原菱形线后作旧

四　讨　论

（一）锈层

　　程桥青铜剑上的腐蚀产物，是中国古代青铜器有害锈中典型的发锈，它的形貌特征是，随文物的表层突起，好像自然界中一层一层沉积的岩石，如图 15 是剑锋部菱形纹与剑刃处拍摄的发锈，对此锈的成分从表 1 可知是以氧化亚铜为主，并不含氯化物，但在去锈后发现发锈中每层的层面里都是一层绿色物。图 16 是万能材料显微镜在 50X 倍下对发锈的中间层拍摄的图像。图 17、18 是去发锈前后的对比。虽然在修复过程中对锈层作了初步的分析，同时也感觉到发锈层的中间绿色层是该锈不断腐蚀蔓延的产物之一。但如何进一步的分析锈层的结构与成分，科学的研究与表征发锈的腐蚀机理，还需做大量的基础性工作。

图 15　在显微镜下的发锈

图 16　在显微镜下发锈的中间层颜色

图 17　发锈去锈前

图 18　发锈去锈后

（二）菱形纹

1. 成分

表 1 中列出的程桥青铜剑菱形纹、非菱形纹和剑基体的成分与上海博物馆馆藏编号为 3175 菱形纹饰剑残断的基体成分（质量分数,%）铜 79.46，锡 19.02，铅 0.76；纹饰区（暗区）成分（质量分数,%）铜 10.84，锡 62.92；非纹饰区（暗区）成分（质量分数,%）铜 34.84，锡 44.62[⑥]的成分基本相同。基体剑的成分是"东周吴、越、楚国所产普通青铜剑成分一致，并无特殊之处"[⑤]，而两者在菱形纹和非菱形纹处的成分基本吻合，说明古人在制作纹饰时的合金配方也相同。

2. 颜色

为了便于修复作旧，仔细观察了程桥青铜剑纹饰区的颜色，它似如黑褐色釉状感，表面光洁犹如铜镜上的黑漆古。菱形纹的这种色相也与上海博物馆馆藏编号为 3175 菱形纹饰剑残断相同。

3. 模拟

复原程桥剑残缺的菱形纹是参照了东周铜兵器菱形纹饰技术研究的金属膏剂涂层的工艺，即："将高锡合金粉末混以天然黏结剂制成膏，均匀涂覆在青铜基体试样上，并在表面上依需要刻划纹饰，刻划处刮去全部合金膏，直至露出青铜基体为止，然后入炉，加热处理一定时间，磨掉表面的氧化层，此时无涂层的部位仍呈基体的黄色，而有涂层的部位，出现了白亮色表层，即得到带有黄白相间的纹饰试样"⑥。程桥青铜剑的菱形纹复原工艺，按金属膏剂涂层的工艺步骤，所不同的是需要锡合金粉末的黏结剂，用的是现代高分子材料——环氧树脂，环氧树脂可以室温固化。所以，复原采取的工艺不会像古代菱形纹表面金属膏剂中的锡向剑基体发生迁移，形成一层新的合金层。

4. 麦束纹

在修复剑的剑首同心圆时发现，在其背面有一圈似如麦束的纹饰（暂定麦束纹，也可认为是一组菱形纹），图19、20是残缺纹饰部分修复前后的照片，该图案的特点：其一，纹饰区与非纹饰区在一个平面上，与剑身菱形纹和非菱形纹高低错落有致区别明显；其二，麦束纹黄褐色与同心圆和剑柄处的黑褐色光亮呈釉状感。很显然该纹饰的形成可能不是金属膏剂涂层工艺。那么，这纹饰是用何种工艺，如何形成？有待今后进一步的研究。

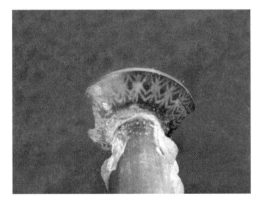 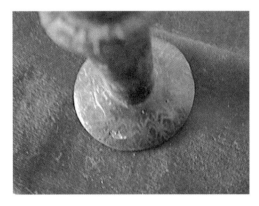

图19　剑首背面的麦束纹　　　　　　图20　修复后的剑首

五　结　论

（1）通过扫描电镜、X射线荧光和拉曼光谱仪（X射线荧光和拉曼光谱仪图谱略）对剑的基体、剑发锈表面、中间、里层的分析，根据剑含铜量少、锈蚀严重的分析结果，拟定了修复残块以粘结、发锈以机械去锈为主的方案。

（2）在对比了程桥青铜剑与其他青铜菱形纹剑的基体、菱形纹和非菱形纹的合金成分基本相同的前提下，参照了金属膏剂涂层工艺的流程，制定了复原程桥菱形纹剑残缺部分的步骤。为了方便刻划纹饰在补缺菱形纹的基体部位用刚性的WD114铜质修补剂，而纹饰区用稍微柔性的 T31 作为环氧树脂的固化剂，以便划刻时掌握纹饰的深度。

（3）通过此剑的保护修复从另一个侧面证明了金属膏剂涂层工艺就是东周吴越青铜兵器表面菱形纹饰的形成方法。但，麦束纹和菱形纹的表面结构与形貌有一定的区别，可能是两种工艺形成的结果，有待于今后进一步的研究。

（4）程桥青铜剑上发锈的分析与修复作旧水性涂料的工艺研究另文叙述。

在保护修复程桥青铜剑的工作时，承蒙国家博物馆、南京市博物馆和南京工业大学老师们的大力帮助与指导，在此表示衷心的感谢！

注释：

① 南京市博物馆：《江苏六合程桥东周三号墓》，《东南文化》1991 年 1 期。

② 谭德睿、廉海萍、徐惠康等：《吴越青铜兵器技术三绝》，见徐湖平主编《东方文明之韵——吴文化国际学术研讨会论文集》，岭南美术出版社，2000 年。

③ WD114 铜质修补剂，上海康达化工有限公司与天山新材料技术研究所共同研制。

④ 万俐：《适用于古代青铜陶、瓷器修复如旧的水性涂料》，发明专利申请号 2005 10038256.2。

⑤ 谭德睿、廉海萍、吴则嘉等：《东周铜兵器菱形纹饰技术研究》，《考古学报》2000 年 1 期。

⑥ 同注⑤。

（原载《文物保护与考古科学》2006 年第 18 卷 3 期）

明代针灸铜人复制技术的研究

一 综 述

　　针灸方法是我国劳动人民在医疗史上的光辉创造。根据考古和文献记载，远在我国秦汉（前475～220年）年间，针灸方法已经很普遍，并且受到广大人民的欢迎。宋天圣五年（1027年）为了传授针灸医术和为封建皇帝的"医官""太医"们学习、考试之用，开始铸造铜人。宋代的针灸铜人已失传，我们所复制的是明代仿宋的文物（原件现存于中国历史博物馆）。

　　文物复制技术上古可以追溯到唐代末期，有近900年的历史，它所涉及的工艺有翻砂、制模、雕刻、钳工、着色等，所以，它是一项具有民族特色的传统工艺。随着社会的发展，它又加入了科学技术的行列，并不断地吸取铸造、陶瓷、模具、腐蚀、化工、美术等行业及篆刻、雕刻工艺的成果与技巧，使得原先复制件的质地从单一的钢材发展到今天的铜、铅锡、陶瓷、环氧、聚酯树脂、石膏等多种材料。新中国成立以来，针灸铜人的复制和仿制共有四次。

图1　针灸铜人

　　第一次在20世纪60年代，中国历史博物馆复制了1:1的石膏质地的针灸铜人。

　　第二次在1987年，南京博物院技术部受南京、上海、浙江、江西、福建中医学院的委托复制了1:1大小的五尊石膏针灸铜人。

　　第三次在1988年，陕西仿制了1:2（身高在1米以下）的针灸铜人。

　　第四次我们受北京、山东中医学院的委托复制1:1铜人。

　　第一、二次铜人复制的石膏模具在强度、严紧度等方面基本上没有什么特别的要求，而第四次由于在注蜡过程中，模具要承受2个气压的压力，以此确保铜人针灸穴位字迹的清晰度，所以模具需要严紧的拼缝、合理的分块及较高的强度。这是本复制技术的第一难点。

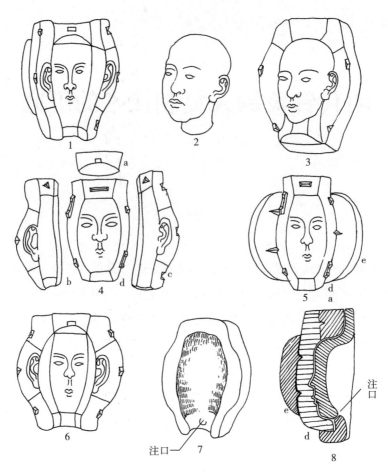

图2　面部石膏分块模具

1. 外范　2. 原型　3. 内模　4. 外范分块的组合　5. 外范d块装在范体上　6. 外范分块的组装
7. 内模背面　8. 面部横具剖面

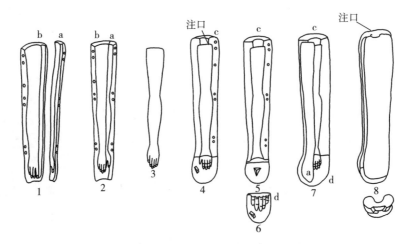

图3　左臂后面石膏分块模具

1. 外范分块的组合　2. 外范分块的组装　3. 原型　4. 内模分块的组装　5、6. 内模分块的
分解　7. 外范a装在内模上　8. 模具外观

　　第二难点：文物复制所需铸造中型壳在强度、光洁度、透气性能以及失蜡方法等问题上难度较大，要求较高。其次，在极其有限的复制经费中，为了降低成本、减少支出，

首先要想办法减薄所铸铜人的厚度，厚度越薄它的成本就越低。但是，蜡模的制作、铜液在石英砂型壳中的流动性、铸件的收缩率等问题，都给铸造时增添了许多困难。

第三难点：第一、二、三次复制都是漆类做色，以此仿古，第四次我们采用的是化学试剂着色。着色不管在博物馆还是仿古行业，都把它视为复制过程中极其重要的环节。博物馆中绝大部分的修复人员一直使用的是漆类着色，即用虫胶水、清漆、油漆、磁漆调配各种颜料，利用多种手法做出和青铜器上的各种氧化层及锈的色彩与质感等相同的效果，如：碱式氯化铜（绿色）、氧化铜（黑色）、氯化亚铜（灰白色）、氧化铜（红色、棕色）、硫化铜（靛蓝）、碱式碳酸铜（蓝色）等。但是漆有老化脱落的现象，一般室内五年、室外经紫外线照射一般不到一年就变色、老化。为此，社会上有许多仿古铜器的厂家开始用化学试剂腐蚀铜件，使之形成氧化层达到古青铜器的颜色。然而，由于这些厂家一方面不熟悉青铜器颜色的层次、锈斑的特征，另一方面对腐蚀件的氧化层不能控制，氧化层一碰就掉，为此效果很差，导致仿古品在国际市场销路大减。所以，探讨、摸索一套针对各种铜合金的比例，用化学试剂来做各种铜器上的氧化层和锈斑是当今修复、仿古行业的一大课题。

我们针对文物复制中的模具、铸造、着色三方面的难题，以我院陈列的针灸铜人为母像，做一些探讨、研究，以就教于文物复制行业的同仁。

二 工艺流程

1. 制模   A. 工艺流程：清洗原件——涂刷脱模剂——翻制外范——填泥——配制内模。

B. 分段

①头部模具：从颅顶到耳朵的侧面作为头部哈夫模的基准线。其尺寸长 34、宽 34cm，每块厚 4cm，一套模具计 12 块（见图 2）。

②上身模具：从肩部的中心向下垂直，分为前胸，后背，以此为基准线的哈夫模。其尺寸为 70×62×4cm，一套模计 10 块。

③臀部：左右两侧作为哈夫模的分界线，其大小为 54×48×3.5cm，一套模计 12 块。

④上肢：以手心手背为哈夫模的分界线，其尺寸为 82×16×3cm，一套模计 7 块（图 3）。

⑤下肢：以脚疹、脚底心为哈夫模的分界线，其尺寸为 59×31×3cm，一套模计 10 块（图 4）。

⑥发结和腰带：（略）

2. 蜡型   制作工艺：配料——注蜡——蜡型的焊接——修正——衔接榫头——连接铜液浇冒口。

3. 石英砂型壳制作工艺　配料——第一次涂料——120目精制砂——硬化——第二次涂料——120目精制砂——硬化——第三次涂料——90目精制砂——硬化——第四次涂料——围扎一道钢丝网——90目精制砂——硬化——第五次涂料——60目精制砂——硬化——第六、第七层和第五层相同，略。

4. 浇铸　失蜡——模壳焙烧——熔铜——浇铸。

5. 修正和焊接　打磨——抛光——定位——攻丝——铜焊——锉磨。

6. 着色　抛光——涂刷试剂1——干燥——涂刷试剂2——干燥——涂刷试剂3——干燥——喷涂试剂4——干燥——封护。

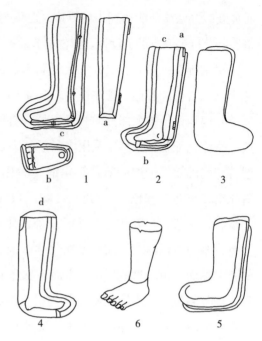

图4　左足后、内侧半片石膏分块模具

1. 外范分块的组合　2. 外范分块的组装　3. 外范背面　4. 内模　5. 内模背面　6. 原型

三　铸件氧化层的检测

（一）铸件检验

①外观质量　A. 一般精密铸造的工件约有2%的收缩率，为此，我们在铜人的脚底心加高0.5cm，腰部加1.5cm，膝盖处加1cm，颈部加0.7～1cm来弥补铸件的收缩，从而保证铜人总体长度的不变。表1～表4是铜人原件和复制件各部位之间大小尺寸的对比，单位厘米。

表1　铜人主要部位周长尺寸　　　　　　　　　　　　　　（cm）

部位 铜人	臀部 周长	胸围 周长	颈 周长	左脚三 足里处	左脚三足里处 周长	大腿，风市处 周长
原件	117	103.5	39.5	39	36.5	47.8
复制件	116.5	103	39.2	39	36	47.6

表2　铜人手脚、长、宽、高及其他尺寸　　　　　　　　　（cm）

部位 铜人	左脚 长	左脚 宽	左脚 高	左肢 长	左手 肩中–中指	右手 肩中–中指	左手 中指长
原件	29.5～30	14.5	6.2～6.5	77.5	109.5	108.3	11.7
复制件	29.8	14.3	7	77.5	109.5	109	11.9

表3　五官部分穴位之间的尺寸　　　　　　　　　　　　（cm）

部位 铜人	冲眉 －比仓	晴明 －地仓	素窌 －承浆	素窌 －听宫
原件	14.5	8.5	8	18
复制件	14.2	8.2	7.8	17.7

表4　腿部、腰部、颈部穴位之间的尺寸　　　　　　　　（cm）

部位 铜人	腰部 上窌－中窌	腿部 风市－阳关	颈部 下颚－天突	铜人 总长
原件	10	18	6	192
复制件	11.5	19	6.5～7	192

注：以上表1～4中的尺寸，由于是钢卷尺测量，所以在人体曲线部分难免有±0.5cm的误差，特此说明。

B. 表面光洁度、表面缺陷、形状偏差。经人肉眼观测，符合文物复制的要求（见图1）。

②内在质量：针灸铜人头部、手脚等部位的铸件，经南京航空学院无人机研究所无损检测室X光无损探伤检测：所探伤部件除有少量气孔之外，没有发现有裂纹、缺陷，浇铸厚度比较均匀，没有发现杂质。所发现的气孔大小，在一定范围内允许存在，数量均未超过国家规定标准[①]。其探伤的部位、大小、结果如下。

头部：面部 20×20cm、0.2mm 气孔 3 个

右脑部 20×20cm　0.2mm 气孔 3 个

手：手掌部、姆指处 0.2mm 气孔 2 个

手掌面上 0.2mm 气孔 2 个

手臂内侧　30×12cm　0.2mm 气孔 1 个

手臂外侧　30×12cm　0.5mm 左右气孔 1 个

脚：脚部 20×15cm（脚掌处）　0.5mm 气孔 2 个，0.2mm 气孔 2 个

腿部外侧：40×18cm　0.5mm 左右气孔 1 个，0.1mm 气孔 8 个

腿部内侧：40×18cm　0.2mm 气孔 1 个[②]。

"另外对部件的某些缺陷可疑处另作局部荧光和着色探伤，结果均未发现有明显缺陷"[③]。

（二）氧化层检测

为了保证针灸铜人经化学试剂腐蚀后能保持较长的时间不变颜色，我们用着色好的铜人样品放入1%的酸、碱溶液、自来水，并放在露天曝晒和室内条件下观察，其结果见表5。

表5　腐蚀后的氧化层样片在日常和恶劣条件下的检测

天数 种类	一	二	三	四	五	六	七	八	九	十
自来水	I	I	I	I	I	I	I	I	I	I
盐酸	I	I	I	I	I		I	Ⅱ	Ⅱ	V
氢氧化钠	I	I	I	I	I		I	I	Ⅱ	Ⅱ
露天曝晒	I	I	I	I	I		I	Ⅱ	Ⅱ	V
室内	I	I	I	I	I		I	Ⅱ	Ⅱ	V
备　注	I 表示基本无变化，Ⅱ局部有白斑，V 发白。									

四　结　语

针灸铜人的复制成功，使我们在复制、仿古青铜器的某些技术上，又迈进了一步，具体表现如下。

1. 模具　从铜人上翻制模具，其分段对以后的蜡型、石英砂模壳、铸件都有着重要的影响。原件是"用黄铜分二十余段铸成"，在翻模之前我们邀请了南京好几家铸造单位来讨论，其中某研究所人员提出铜人可分 17 段，即左右手 6 段、左右脚 6 段、头、上身、臂部、发结、腰带各一段。我们经研究分为 9 段，即头、上身、臀部、左右手脚、发结、腰带；考虑到铜人是空心的，故壁厚一定要控制在 5mm 以下；考虑到铸件的收缩率，制模采取的是哈夫模的办法。通过实践证明，翻制铜人的模具技术不仅为今后复制大型青铜器、铸造名人铜像、城市雕塑铜件提供了一套注蜡型完整的模具方法，而且具有较大的社会效益和经济效益。

2. 铸造　我们在浇铸针灸铜人这特定的器形时对现有的精密铸造法作了两项改进。

①精密铸造一般浇铸 10kg 以上的铸件时要涂水玻璃 9 层以上，以保证模壳的强度（模壳越厚强度越高），但是，模壳越厚透气性就越差，铸件光洁度就不能保证。为了提高模壳的强度，保证铸件的光洁度，根据石膏模和水泥船制作的原理，我们大胆试用了在第四层挂涂水玻璃石英砂的时候夹放了钢丝网，然而再涂第五、六、七层的方法。实践证明，我们的这一设想是可行的，完全达到了在不增加涂料层次的前提下，提高模壳强度 8～10 倍，保证了铸件的光洁度。这种用钢丝网加强型壳强度、保证光洁度的方法，对进一步研究精密铸造中大件的加工技术，有着十分重要的借鉴作用。

②精密铸造中的脱蜡通常有两种方法，即热水法和高压蒸气法。热水法是把已做好的型壳（石英砂模壳），放在 80～90℃ 的热水中加热，使模料熔化，熔化的蜡料以浇口处溢出。但因型壳浇口向上浸泡在水中，脏物易进入型腔中，如型壳硬化不够，会产生型壳被"煮烂"的现象；高压蒸气法由于型壳放在高压釜中，釜内通入 2～5 大气压的高压蒸气，故型壳易胀裂。鉴于以上两种方法存在的弊病，我们经

多次试验，把已失传古代铸造中的稻草失蜡法挖掘出来，其方法为：把涂好的石英砂型壳斜放 45 度，浇口部位朝下。点燃稻草把（火苗约一尺高，温度 500℃ 左右），从浇口烧起，慢慢向模壳中间移动。稻草点燃后的火焰温度能使模壳中的蜡型溶化并从浇口中流出，使之脱蜡。本方法不但能保证模壳不损坏，而且既经济又方便，便于推广。

稻草失蜡法的发掘作用，使我们进一步体会到，我国古代劳动人民在铸造方面有着许多简明实用的优秀传统技术。为此，研究和挖掘我国历代的铸造工艺，摸索一套"古为今用"的铸造方法，弘扬古代科技文化，是我们复制工作人员的新课题。

③针灸铜人用化学试剂着色的初步尝试，为进一步研究一整套针对不同合金产生不同的氧化层、锈层的化学着色方法，提供了一条新路子，打下了一个良好的基础。

本复制工作得到了南京航空学院、南京轻工机械厂、上海博物馆修复部、南京博物院办公室、技术部的大力支持与协助，在此一并表示衷心的感谢！

注释：

① 摘自南京航空学院无人机研究所无损检测定 1990 年 4 月 20 日的"X 光损探伤报告"。

② 同注①。

③ 同注①。

（原载《东南文化》1993 年 3 期）

东汉铜牛灯的复制

为纪念香港回归，笔者接受了复制东汉铜牛灯的任务。

东汉铜牛灯制作很精致，是一头昂首站立的水牛，牛背上背着一只圆筒形带把的灯盘，灯盘上有半筒形的镂孔"壁罩"，上有顶盖，作蝙蝠展翅状。铜牛灯的两角作成圆筒形的烟道，与顶盖相连。铜牛灯可以拆成铜牛、灯盘、镂孔壁罩和顶盖四个部分。

铜牛灯虽然器形不大，花纹并不繁琐，但为了做到复制件与原物在形制、花纹、重量、色泽等方面相一致。首先分析了以往复制品常见的不足。

1. 青铜文物埋藏在地下近几千年，由于埋葬环境所致，青铜器表面均遭不同程度的腐蚀，表面矿化，并略有膨胀，比重下降，而复制品没有这一过程。和文物同样大小、厚薄的复制品就比文物要重。另外古代商周青铜器都为泥模铸造，而现代为失蜡浇铸；蜡模的厚薄直接影响到成品的质量。

2. 复制品经叩击后声音清脆，而文物由于埋藏在潮湿的环境下，腐蚀较深，铜器已属矿化，所以发音浑浊。

3. 现代的复制品基本上都是精密铸造，先做蜡形，后用树脂砂涂模壳，浇注。古人由于块范拼合，在内范、外范之间垫上厚薄相似的小块铜片以此来控制器壁的厚薄均匀。这种小的方块垫片，在精密铸造的复制品中一般是没有的。

4. 复制品由于在原件上翻模后，有的就直接制作蜡模浇注，这样便引起了原件纹饰上有锈层的地方，花纹模糊，复制的纹饰的清晰度就远比不上原件。

5. 文物出土一般铜表面第一层为黑色（氧化铜），第二层为枣红色（氧化亚铜），第三层为绿色碱式碳酸铜，第四层是土锈结合的硬块。青铜文物表面颜色比较丰富、复杂，而复制品一般颜色只有第一层黑色，第三层绿色或者第一、第三、第四层中间缺少第二层的枣红色。

针对以上常见的缺陷，结合铜牛灯薄壁，烟管细而长等特点，在复制铜牛灯的整个过程中，在制模、蜡模的配料、铸造模壳的配方、表面做色等方面作了相应的改进。

1. 制模。首先，在原件上翻制外模，并浇出石膏形，在石膏的铜牛灯模型上，凡是铜牛灯有凸锈的地方全部修正，复原至古代当时的泥形模样。第二，考虑到蜡模和铜件精修、抛光后将影响纹饰的深度，为此在修正纹饰时，将花纹的深度做得比原件略深一点，然后在修正好的石膏模上翻硅橡胶注蜡模。

2. 蜡模的配料。以往复制铜器的蜡料一般为石蜡和硬脂酸各为50%的混合体，其特点成型性好，但晶粒粗、强度差、收缩率大（0.5% ~0.7%）。为了达到原件铜牛灯的重量以及牛灯烟管细而长的特点，所制蜡模的强度要求高，并要有一定的韧性，在国内生产的近十种蜡型模料中，选择了以石蜡为主体，添加乙烯—醋酸乙烯酯（EVA）专作为铜牛灯的制蜡模材料。

EVA 分子结构如下：

由于在乙烯主链中引入醋酸基团支链，使 EVA 的结晶度较高压聚乙烯为小，所以比高压聚乙烯具有更大的柔顺性、弹性和较小的收缩率。EVA 与模料基体相溶性好，并使模料表面光泽发亮。EVA 的熔点高于石蜡，凝固时它作为石蜡的结晶核心，从而使模料粒细化。此外，EVA 是乙烯与醋酸乙烯酯的共聚物，其中乙烯基团和石蜡在凝固时发生了共结晶，使石蜡与 EVA 的黏着力大大增加。EVA 的增强效果是随加入量增大，含量直线上升至 10% 时，强度可达 5.3MPa，而石蜡与硬脂酸的强度一般只有 1.2 ~2.0MPa。

配方（一）　　石蜡　50%　　　　地蜡　10 %

　　　　　　　蜂蜡　23%　　　　424 树脂　　10 %

　　　　　　　EVA 7%

配方（二）　　石蜡　50% ~60%　　地蜡　10%

　　　　　　　蜂蜡　15% ~20%　　EVA　10% ~15%

3. 制壳材料。熔模铸造的制壳材料一般用水玻璃（$Na_2O \cdot SiO_2 \cdot H_2O$）由于它价格十分低廉，操作方便，在我国熔模铸造行业中，一直是应用最普遍的一种制壳黏结剂，缺点是铸件表面质量差，型壳残留强度高。近几年，硅溶胶（SiO_2），作为制壳的黏合剂运用的较多，与水玻璃相比，其主要优点是型壳强度高，因而所得铸件表面光洁，此外它的工艺操作也方便，但硅溶胶的价格是水玻璃的 10 倍。所以，在制作牛灯制壳时，采用了复合型壳的工艺即表面层用硅溶胶，而加固层用水玻璃。

硅溶胶与水玻璃两种黏结剂复合使用，以充分发挥每一件黏结剂的长处，提高型壳质量，缩短生产周期，节约原材料，降低成本。

由于改进了蜡模的配方及制壳黏结剂，在制作铜牛灯超薄型蜡模（约 2mm 厚）时，基本上不会出现破碎和变形的现象；在涂型壳时，由于硅溶胶是水基黏结剂，水分挥发慢，只要从容、仔细地在铜牛灯、牛角型烟管蜡模里外面均匀涂刷和撒砂，不必担心用其他黏结剂涂料时，边涂边干（如硅酸乙酯）而撒不上砂子，也不必担心只有直径 1.2cm、长约 20cm 的铜牛灯、牛角烟管内涂料和砂粒附不上的问题。

4. 垫片与合金。熔模铸造由于型壳的硬度，以及在没失蜡之前，蜡与型壳为一体，不可能出现偏差和左右摆动，为此没有必要在铸造时安放垫片。但为了复制文物的需要，一定要做到有垫片的感觉，所以在修饰蜡模时，根据青铜牛灯，垫片的位置和大小，在蜡模上刻通，留出多个方孔。待浇注铜后，留出的方孔用同等大小的铜片补回去，造成一种有垫片的感觉。

古代青铜礼器一般的成分为质量分数铜 87.4%，锡 10.15%，铅 2.36%。而中国响铜的合金为铜 76.2%，锡 23.61%，不含锌，其余为铁、磷、铋、铅、锑等杂质。根据古代这两种青铜器的合金成分，铜牛灯氧化、腐蚀的程度，铜质部分矿化，局部区有多处粉状锈，敲击后发音浑浊的特点，在配制铜牛灯合金时，考虑到以上的特点，并根据湖北省随县战国早期曾侯乙墓编钟复制时的试验分析，当铜器含锡量恰当时，敲击时基音增强，音色浑厚丰满，含锡量过低时，音色单调尖锐，含锡量过高则青铜变脆，过量被击破的原理。复制铜牛灯的合金，以铅、锌代替锡，略加一点铝，这样的合金铸造冶炼后就没有青铜或其他新铜的叩击后的音色，而发一种接近于原件的声音。

5. 表面做旧。铜牛灯表面色泽为黑色—氧化铜、红色—氧化亚铜，蓝色和绿色—碱式碳酸铜、靛蓝—硫化铜、绿色—碱式氯化铜、土锈，据以上锈层的色泽采用化学试剂与高分子材料调色相结合的方案如下。

黑色用过硫酸钾、氢氧化钠，红色用亚硝酸钠、硝酸铁，绿色用硫酸铜、氯化铵。处理手法上可采用浸渍、涂刷、喷雾相结合的方法，在室温下干燥，着色膜稳定后，用虫胶漆和聚氨酯清漆调颜料交叉喷涂靛蓝和土锈。

复制的东汉铜牛灯经蜡模配方的调整、复合型壳的应用，保证了 2mm 薄壁的浇铸成功，原件质量为 3490g，而复制件的重量为 3400g，经做锈和加重处理，复制件与原件的重量基本一致，垫片的位置、表面氧化层的颜色效果也和原件基本相同，所不同的是在复制件的底腹部篆刻了"一九九七香港回归纪念　南京博物院制" 16 个篆字。

众所周知，在秦汉时期就有文字记载香港归广东番禺所辖的历史和最近香港新发现的古汉墓的年代相一致，而铜牛灯的造型恰为 1997 年香港回归丁丑年的属相。1997 年 7 月 1 日上午 8 点整南京博物院用国际特快专递赠送给香港特别行政区行政长官董建华先生一件东汉铜牛灯的铜质复制品，以表达南博全体职工欢庆香港回归的喜悦心情。

（原载国家文物局博物馆司、中国文物学会编：《第二届全国文物修复技术研讨会论文集》，民族出版社，1999 年）

贰　青铜文物保护

古代青铜文物保护研究现状及 AMT 的应用[*]

青铜病是造成青铜器文物破坏的主要原因。如何去除青铜文物表面的有害锈，抑制青铜病的蔓延，一直是困扰文物保护工作者的首要问题。经研究发现 2 - 氨基 - 5 - 巯基 - 1，3，4 - 噻二唑（2 - amino - 5 - mercapto - 1，3，4 - thiadiazole 或 2 - amino - 5 - thiol - 1，3，4 - thiadiazole，简称 AMT）可有效的应用于青铜文物保护. 本文结合我们现有研究结果，评析了 AMT 的保护机制，分析了 AMT 应用于古代青铜文物保护的优势和未来的研究方向。

一 青铜文物腐蚀及保护现状

中国青铜器主要是商周、春秋、战国时代的遗物，经历了几千年的地下埋藏。青铜器的主要成分是 Cu 和 Sn，还有少量的 Pb，在铸造过程中会产生小孔和裂纹等缺陷，这些小孔和裂纹经过长期腐蚀环境的作用，形成各种不同类型的腐蚀产物[①]。青铜器上常见的"铜斑绿锈"有：氧化铜（淡红色），硫化铜（靛蓝色），碱式碳酸铜（绿色，蓝色），碱式氯化铜（绿色）……在这些铜锈中，有一部分在青铜表面形成了一层相当稳定的、古色古香的蓝、绿色覆盖层，对青铜文物的腐蚀具有抑制作用；但也有一些被称作"青铜病"的绿色粉状锈，它的存在使青铜器的腐蚀不断地扩展，甚至穿孔，还能传染其他青铜器，这类锈被称为有害锈[②]。青铜器一旦染上粉状锈，其蔓延和发展是难以抑制的。

为了控制这一顽症，国内外学者对青铜病的腐蚀机理进行研究[②~⑥]。粉状锈的主要成分是 $Cu_2(OH)_3Cl$，最初形成的是 CuCl。氯离子的存在是形成粉状锈的关键，它的存在改变了铜的氧化途径，大大增强了铜的氧化趋势，加快了反应速度。特别是在 pH 值较低的环境中，碱性基团［OH^-］被消耗，锈化过程更容易进行，使粉状锈呈恶性循环发展。因为锈体的密度远小于合金基体，当锈体形成后，使铜器表面变疏松。此时外界的氯离子及溶解氧更容易渗入基体，造成恶性循环。

不仅如此，粉状锈还可以传染给其他青铜器。对青铜粉状锈跟踪观测发现，锈蚀首先从表面棱角处发生，初期形成的粉状锈颗粒极细，大约只有 0.8～1.2 nm，可以摆

---

* 本文由付海涛、李瑛、魏无际、朱一帆、万俐、徐飞合作写成。

脱重力场的作用而随空气流动迁移，在适当的条件下，落在其他铜器上进行化学反应[⑥]。不少博物馆馆藏的青铜文物发生过类似的情况：如果将数件青铜器同置一室，不采取隔离措施，有害锈就会传染给其他无锈的铜器。

文物保护学者进行了长达一百多年的研究，以寻求简便、完善的保护方法。文物保护可分为两类：第一类主要控制光、温度、相对湿度等外部条件，降低文物腐蚀速度；第二类从文物本身着手，除去腐蚀产物、封闭、稳定腐蚀产物。传统的处理方法有3种。

（1）去锈蚀法 包括机械去锈法，还原去锈法，化学试剂去锈法。但是经上述方法处理后，文物的外观改变了，失去了原来的特征，给考古学带来不便。

（2）置换法去除氯离子 例如用5%的倍半碳酸钠以及其他能除去 Cl^- 溶液浸泡青铜器，此方法时间长，表面变色严重。利用在 H_2、CH_4、N_2 和氩气混合物中产生辉光放电，可快速除去 Cl^-。采用特制的电蚀笔局部电蚀法消除青铜病，此方法对严重粉状锈斑块很有效，缺点是处理后的青铜器质感差。

（3）封闭和缓蚀 如果青铜病面积比较小，可用 Ag_2O 封闭法处理。近年来，为了尽量不改变青铜文物上的古斑，通常采用有机唑类缓蚀剂处理青铜，其中研究最多的是苯并三氮唑（BTA）及其复配剂[②、⑦~⑩]。经 BTA 处理的青铜文物，表面形成一层 Cu – BTA 络合物，能阻止铜的进一步腐蚀。但是 BTA 不能有效去除粉状锈和氯离子，只是将铜器封护，残余的粉状锈和氯离子会破坏覆盖层，所以 BTA 处理效果不能长期保持，且 BTA 在酸性介质中的缓蚀效率较低[⑪]。

二 AMT 在青铜文物保护中的应用及优势

在处理青铜文物时，要求处理方法不损害原器物上的考古信息、铭文、图案花纹以及表面皮壳的光泽亮度等。虽然铜缓蚀剂已逐步满足了工业生产的要求，但对于古代青铜文物尚缺乏有效的保护手段。1988 年印度学者 Ganorkar[⑫]发现 AMT 对铜表面的处理性能优于 BTA。1996 年西班牙的学者 E. OTERO[⑬]利用 AMT 对 18 和 19 世纪的铜器进行处理，证实 AMT 能有效地去除铜器上的腐蚀产物，并对文物起到保护作用。不仅如此，AMT 能抑制铜在 3.5% NaCl 溶液中的腐蚀[⑭]。南京博物院与南京化工大学联合研制以 AMT 为主要成分的青铜文物清洗缓蚀剂已成功地应用于我国古代青铜文物保护，荣获国家科技进步奖[⑮]。

AMT 是五元杂环化合物，分子式为 $C_2H_3N_3S_2$，常温下 AMT 为浅黄色针状晶体，熔点为 230~235℃。其分子为单环结构，存在 4 种互变异构体，即氨基硫赶式（a），亚氨基硫赶式（b），氨基硫酮式（c），亚氨基硫酮式（d）[⑯]。该分子几乎是平面的，其环具有芳香性[⑰⑱]。20℃时，AMT 的离解常数为 1.8×10^{-7}，水溶液呈微酸性，能与多种金属离子形成微溶盐，微溶盐的溶解度（mol/L）为：$PbL_2 = 6.25 \times 10^{-6}$；$CuL_2 =$

9.37×10^{-7}；$NiL_2 = 1.56 \times 10^{-5}$；$ZnL_2 = 1.25 \times 10^{-4}$；$AgL = 6.25 \times 10^{-6}$（其中 $L = C_2H_2N_3S_2^-$）。AMT 也能和 Cu^+，Cu^{2+} 等离子形成络合物[16][19]。AMT 二价铜络合物的稳定常数 $LgK \approx 18$[20]。

与传统的处理方式相比，AMT 用于青铜文物保护处理具有其独特的优势。

（一）AMT 可全部替换粉状锈中的氯离子

利用 AMT 对青铜表面处理时，AMT 与铜锈中的铜离子形成络合物，并在铜锈周围形成浅黄绿色的絮状物，一直深入到微孔之中，直至"青铜病"完全除去。本课题组[21]利用 XPS、AES 方法，研究用以 AMT 为主要成分的复合剂处理带粉状锈的青铜形成膜的组成和成分。结果表明，膜中含 N、S、C、O 和 Cu。将膜剥蚀前后的 AES 谱图与 Cl 的 AES 谱图比较，发现剥蚀前后均未出现 Cl 峰位，从而断定膜中不含 Cl，说明 AMT 能够完全除去粉状锈。

（二）AMT 复合剂处理后不改变青铜本色

用以 AMT 为主的复合剂（ACN）清洗战国青铜器时发现，清洗前青铜上有大量鲜绿色粉状锈、无害锈和杂质，看不到表面的铭文和花纹，影响文物考古。处理后发现，附着在青铜表面的铜锈全部去除，并且在青铜表面形成极薄的保护膜，文物上的花纹和铭文清晰可见，青铜文物的颜色基本不变，符合文物处理要求[15]。

三   AMT 保护机理研究现状

目前关于 AMT 缓蚀保护机理的研究工作并不多见。E. Otero 和 J. M. Bastidas[13][22]研究在室温时 AMT 对 Cu 的缓蚀作用，发现在盐酸，硫酸，柠檬酸中，AMT 的缓蚀效果均优于 BTA；AMT 在 Cu 表面形成保护膜，阻止 Cu 的腐蚀。但他们对 AMT 的研究局限在宏观的电化学表征上，对其组成和微观结构没有进行系统研究。此外，也没有考虑温度对成膜的影响。

鉴于上述情况，我们针对 AMT 在柠檬酸中对 Cu 及 Cu 合金的缓蚀作用以及青铜在水溶液中的成膜过程开展一系列的工作。发现在室温下，AMT 使铜的阴、阳极反应同时受到抑制[23]；在较高温度下（60℃），AMT 仍有很好的缓蚀作用，缓蚀类型为混合型。由交流阻抗可知缓蚀机理为成像膜的形成。

我们不仅利用宏观平均电化学特征探讨 AMT 保护膜的缓蚀机理，而且进一步采用光学、谱学及 STM 等表面分析技术，对 AMT 在 Cu 基合金表面形成保护膜的结构进行研究。XPS 谱发现：在中性水溶液中，AMT 与青铜形成保护膜为多层结构，最外层为 Cu(I) AMT。在 Cu 基体和 AMT 保护膜之间，还存在一层 Cu_2O。红外光谱证实：在酸性溶液中，AMT 在青铜表面形成保护膜的最外层结构也为 Cu(I) AMT。

利用扫描隧道显微镜（STM）在分子水平上观察 AMT 水溶液处理青铜形成的保护膜的分子结构特征，发现 AMT 是以多层吸附的方式覆盖在青铜表面，层与层之间交错排列，使保护膜非常致密。保护膜是由线形结构单元组成，每个小单元有 3 ~ 5 个椭圆单体[24]。

根据文献以及近期的研究工作初步总结 AMT 的缓蚀机理为：AMT 为成像膜型缓蚀剂，AMT 分子中 N、S 原子上均有孤对电子，很容易与铜离子发生物理、化学吸附，进而形成难溶的络合物 Cu(I) AMT 覆盖在金属表面，使介质中侵蚀性离子很难与金属反应。保护膜为多层结构，最外层为 Cu(I) AMT，在 Cu 基体和 AMT 保护膜之间还存在 Cu_2O 层。

四　AMT 的研究方向

目前，AMT 保护青铜的成像膜机理也被接受。AMT 保护膜不仅具有理想的防蚀效果，而且稳定性好，耐高温。这不仅使 AMT 在青铜文物保护中得到广泛应用，而且还可推广至其他工业领域。但某些方面还有待进一步研究。如在青铜文物保护领域，AMT 能够完全去除粉状锈，生成的保护膜中不含氯离子，这是传统的铜合金缓蚀剂 BTA 及其衍生物所不及的，但原因尚不清楚；对于 AMT 保护膜的生长过程以及膜在腐蚀介质中失效的行为和机理还未见报导。此外，在研究中，我们发现 AMT 单独作用在青铜上形成的保护膜导电，颜色为金黄色，而 AMT 复配剂 ACN 在青铜上形成的保护膜导电性能很差，颜色为古代青铜色，且耐腐蚀性能略好于 AMT 单独作用[15]，对于导致这种差异的原因目前还不清楚。

因此，针对上述问题，进一步利用扫描隧道显微镜等原位手段观察 AMT 的成膜过程，利用表面增强激光拉曼原位分析成膜过程中物种物态的变化，以揭示物质的结构与其耐蚀性能的关系，膜中有机物分子的排布方式与膜的物理化学性质的关系，可进一步澄清 AMT 的缓蚀作用机制，对提高 AMT 的保护效果具有直接的促进作用。

注释：

① 祝鸿范：《文物保护与考古科学》1998 年第 10 卷 1 期。

② 陆寿麟、李化元：《文物保护技术》1982 年 2 期。

③ 范崇正、胡克良、王昌燧等：《高等学校化学学报》1992 年第 10 卷 1 期。

④ 王昌燧、范崇正、王胜君等：《中国科学 B 辑》1990 年 6 期。

⑤ 范崇正、王昌燧、王胜君等：《中国科学 B 辑》1991 年 3 期。

⑥ 范崇正、胡克良、邢锦云等：《文物保护与考古科学》1997 年第 9 卷 1 期。

⑦ Robert Walker. J. Chem. *Educ.* 1980, 57 (11)：789.

⑧ S Gonzalez, M M Laz, R M Souto, et al. *Corrosion*, 1993, 49 (6)：450.

⑨ Y C Wu, P Zhang, H W Pickering et al. J. *Electrochem.* Soc., 1993, 140 (10)：2791.

⑩ Ian Donald MacLeod. *Studies in Conservation* 1987，32：25.

⑪ H J Rother，D Kuron，S Storp. Proceedings of the 6th European Symposium on Corrosion Inhibitors

　（6SEIC）Ferrara，Italy，*Universita Degli Studi di Ferrara*，1985：951.

⑫ M C Ganorkar，V Pandit Rao，P Gayathri，et al. *Studies in Conservation*，1988，33（2）：97.

⑬ E Otero，J M Bastidas. *Materials and Corrosion*，1996，47：133.

⑭ F Zucchi，M Fonsati，G Trabanelli. *Corrosion Science*，1998，40（11）：1927.

⑮ 李大刚：《硕士学位论文》，南京化工大学，1996 年。

⑯ M R Gajendragad，U Agrawala. Indian J. *Chem.*，1975，13：1331.

⑰ 俞君、叶挺镐：《化学通报》1985 年 11 期。

⑱ 俞君、叶挺镐：《化学学报》1987 年 45 期。

⑲ M R Gajendragad，U Agrawala，*Bulletin of the chemical society of JAPAN*，1975，48（3）：1024.

⑳ E Domaglina，L Przyborowski. Z. Anal. *Chem.*，1965，207：411.

㉑ 朱一帆、李大刚、施兵兵等：《腐蚀科学与防护技术》2000 年第 12 卷 1 期。

㉒ J M Bastidas，E Otero. *Materials and Corrosion*，1996，47：333.

㉓ 万小山、朱一帆、施兵兵等：《材料保护》2000 年第 33 卷 6 期。

㉔ 李瑛、曹楚南、林海潮等：《物理化学学报》1998 年第 14 卷 4 期。

（江苏省自然科学基金项目，金属腐蚀与防护国家重点实验室基金资助项目，原载《腐
蚀科学与防护技术》2002 年第 14 卷 1 期）

AMT 复合剂与 CuCl 的反应研究*

一 引 言

青铜文物的粉状锈俗称"青铜病"，主要成分是碱式氯化铜，其形成与氯化亚铜的存在密切相关，而 CuCl 被称为青铜病的根源[①②]。

CuCl 是铜和铜合金的主要腐蚀产物之一，它极不稳定，化学反应式如下：

$$2CuCl + H_2O \rightarrow Cu_2O + 2HCl$$

Cu_2O 层靠近点蚀孔，遇氧气，加上 H_2O、盐酸可转为碱式氯化铜：

$$2Cu_2O + 2HCl + 2H_2O + O_2 \rightarrow CuCl_2 \cdot 3Cu(OH)_2$$

CuCl 层本身是可以直接转化为碱式氯化铜，可形成新的盐酸，使 CuCl 层进一步扩展，化学反应式如下：

$$4CuCl + 4H_2O + O_2 \rightarrow CuCl_2 \cdot 3Cu(OH)_2 + 2HCl$$

AMT 复合剂 ACN1 可方便快捷有效地去除粉状锈和氯离子，同时可在基体上形成致密的保护膜，是清洗粉状锈保护青铜器的有效的方法之一。在青铜文物的清洗与保护过程中，ACN1 渗透到青铜文物锈层并与锈层内的氯化物，快捷充分地起反应，涌析出絮状物而提取出氯离子。有关 AMT 复合剂与青铜器粉状锈的反应，生成的絮状物及形貌，文献[③④]已有详细阐述，在此不一一赘述。本工作将进一步研究 ACN1 与青铜病的根源——CuCl 的化学反应，这对有效地提取青铜文物内部锈层的 CuCl，解决青铜文物保护的疑难问题有着一定的意义。

二 实验方法

在 3 只烧杯中，分别配制 1L 溶液 ACN1，加热至 60℃，各加入分析纯 CuCl 1.0000g($1^{\#}$)、2.0000g($2^{\#}$) 和 10.0000g($3^{\#}$)。可见立即形成浅黄带绿的絮状物，其形貌与清洗青铜文物过程中析出的絮状物相同[⑤]。絮状物经多次蒸馏水洗涤、离心机分离后，经烘干呈浅黄带绿的粉末。对絮状物进行 EDS、IR 和 XRD 分析，原始反应液及清

* 本文由万俐、徐飞、朱一帆、李大刚合作写成。

洗絮状物最后一次所得洗液中 Cl⁻ 采用离子色谱法（IC）分析；原始反应液中的阳离子采用电感耦合等离子光谱直读仪（ICP）分析。

三　结果与讨论

（一）絮状物的分析

1. 电子能谱（EDS）分析

分析仪器为 Kevev Analyst 能谱仪（日本），形貌分析用 H－800 用分析电镜。

1#、3# 絮状物的 EDS 分析结果见表 1，絮状物的扫描电镜形貌见图 1 和图 2。

表 1　絮状物的 EDS 分析结果

试样		元素			
		Cu	Fe	Cl	S
1#	/wt%	85.64		4.49	9.88
	/at%	75.62		7.10	17.28
3#	/wt%	87.44	2.26	8.04	2.26
	/at%	80.29	2.36	13.23	4.12

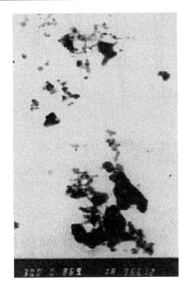 

图 1　1#絮状物扫描电镜形貌　　　图 2　3#絮状物扫描电镜形貌

由图 1 和图 2 可见，1# 絮状物中非晶态物质较多，而 3# 絮状物中晶态物质较多。且由 EDS 分析结果表明了 3# 絮状物中 Cu、Cl 的相对含量较多，而 S 的相对含量较少，表明了 3# 絮状物中吸附了大量的 CuCl 晶体，这是因为 3# 溶液中 CuCl 大大过量的缘故。而 1# 絮状物中晶态物质较少，表明 AMT 复合剂与 CuCl 反应基本完全。

2. 红外光谱（IR）分析

分析仪器为 75 IR 红外分光光度计（德国），1# 絮状物的 IR 分析结果见图 3，AMT

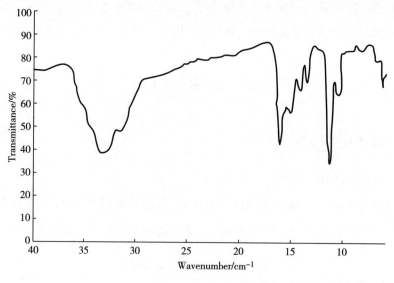

图3　1#红外光谱图

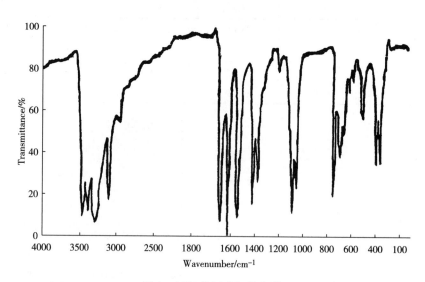

图4　AMT 的标准红外光谱

的标准红外光谱见图4。图4由南京大学分析中心提供。

由图3和图4比较可见，AMT 标准红外光谱图中，2520cm⁻¹处有一条弱的 γ_{S-H} 吸收峰，而絮状物在红外光谱图中无此峰，说明 AMT 中的 –SH 脱去了质子，S 原子与金属成键。AMT 标准红外光谱中1620cm⁻¹、1070cm⁻¹和1560cm⁻¹处的吸收峰分别为 $\gamma_{C=N}$、γ_{C-N} 和 γ_{N-H} 的吸收峰，絮状物红外光谱中，这三峰分别移至 1590cm⁻¹、1045cm⁻¹、1490cm⁻¹处。γ_{N-H} 对称与反对称伸缩的多重吸收峰移至 3350 – 3150cm⁻¹处。

文献[6][7]报道，Cu(Ⅰ) AMT 络合物在 350cm⁻¹处有 γ_{cu-s} 吸收峰，因受 IR 测定范围限制，图3中未见 350cm⁻¹处 γ_{cu-s} 吸收峰。

由图3可见，3350cm⁻¹、3150cm⁻¹处有宽的吸收峰，这是 Cu(Ⅰ) AMT 与 Cu(Ⅱ) AMT 相区别的地方[7][8]，是 Cu(Ⅰ) AMT 络合物的典型特征，而 1320cm⁻¹处的弱吸收峰为 Cu(Ⅱ) AMT 的特征。由于 CuCl 不稳定，容易水解和氧化，形成的 Cu(Ⅰ) AMT 络合物也会被氧化，故 1# 絮状物的主要成分为 Cu(Ⅰ) AMT 结合物及少量 Cu(Ⅱ) AMT 结合物。

Cu(Ⅰ) AMT 结合物的分子式为 Cu(C₂H₂N₃S₂)，结构式为：

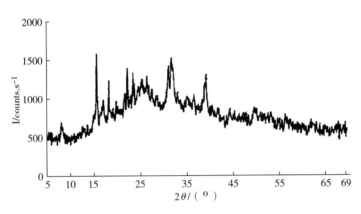

3. XRD 分析

1# 和 3# 絮状物经 D/MAX – rA 转靶 X 射线衍射仪测得谱图分别见图 5 和图 6。

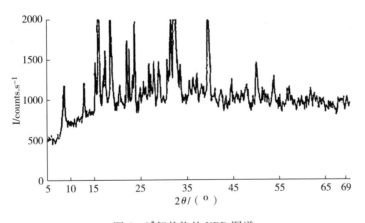

图 5 1# 絮状物的 XRD 图谱

图 6 3# 絮状物的 XRD 图谱

由图 5 及图 6 比较可见，1# 和 3# 絮状物的主要成分结构相同，而 3# 絮状物中晶态成分较多，即含有少量 CuCl 晶体，因为 3# 反应液中的 CuCl 大大过量而吸附在絮状物中的缘故。1# 反应液中 CuCl 为量少，不存在 CuCl 晶体，表明 CuCl 已完全反应。

(二) 溶液中离子含量分析

1. Cl⁻ 分析

Cl⁻ 含量测定采用离子色谱法（IC），原始反应液及洗涤絮状物离心分离后所得洗液中 Cl⁻ 含量分析结果见表2。

表2　反应液及洗液中的 Cl⁻ 含量　　　　　　　　　　（mg/L）

样品号	样品条件	Cl⁻ 含量
1 – A	1# 原始反应液	131
2 – D	1# 絮状物经多次洗涤后，离心分离所得洗液	13.5
3 – A	2# 原始反应液	179
2 – D	2# 絮状物经多次洗涤后，离心分离所得洗液	23.5
3 – A	3# 原始反应液	952
3 – D	3# 絮状物经多次洗涤后，离心分离所得洗液	273

由表2可见，絮状物中吸附了大量的 Cl⁻ 离子，因絮状物结构疏松，比表面积很大，故容易吸附。特别是3#，因反应液中 CuCl 大大过量，故吸附的 Cl⁻ 很多，虽经蒸馏水多次洗涤，Cl⁻ 含量仍然较大。

由表2还可见，随着反应液中加入的 CuCl 量的增加，反应液中的 Cl⁻ 含量逐渐增加，表明 AMT 复合剂对 CuCl 有着较强的反应能力。

2. 阳离子含量分析

阳离子含量测定采用电感耦合等离子直接光读仪（ICP）分析（仪器型号为 Jarrell-Ash1100 + 2000 美国），1#、3# 原始反应液的 ICP 分析结果见表3。

表3　原始反应液的 ICP 分析结果　　　　　　　　　　（mg/L）

样品号	元素							
	Al	Ba	Be	Ca	Cd	Cr	Cu	Fe
1 – A	0.85	0.027	ND	1.65	ND	ND	3.75	1.08
3 – A	1.20	0.19	未检出	14.0	未检出	未检出	629	1.20

样品号	元素							
	K	Li	Mg	Mn	Mo	Na	Ni	P
1 – A	5.25	ND	0.40	ND	ND	4.55	ND	ND
3 – A	/	未检出	1.70	0.08	0.06	3.80	未检出	4.81

样品号	元素							
	Pb	Si	Sc	Sr	Ti	V	Zn	Pb
1 – A	ND	1.62	/	ND	/	ND	0.33	ND
3 – A	1.23	/	0.01	0.06	0.11	未检出	3.10	1.23

注：ND 为样品稀释5倍，含量低于仪器检测下限

由表3可见，1 – A 中加入 CuCl 为少量，而 AMT 复合剂过量，溶液中 Cu 的含量极低，表明 CuCl 已完全反应，形成了絮状物，浸出氯离子。3 – A 中加入 CuCl 大大过量，CuCl 不可能完全反应完，絮状物中吸附了一定的 CuCl，溶液中含有一定量的铜离子。

由 IC、ICP 分析表明 ACN1 可迅速有效地与 CuCl 反应，生成絮状物（Cu(Ⅱ)AMT 络合物），浸出 Cl⁻。CuCl 与 AMT 的化学反应式如下：

$$CuCl + H_2N{-}\underset{S}{\overset{N{-}N}{\diagup}}{-}SH \longrightarrow HN{=}\underset{\underset{Cu}{\mid}}{\underset{S}{\overset{HN{-}N}{\diagup}}}{-}S{-}Cu + H^+ + Cl^-$$

　　上述反应速度较快，尤其在 pH 值较低时反应更快、为此在 AMT 中加入弱酸助剂后，降低了溶液的 pH 值，加快了 AMT 与 CuCl 的反应速度，其清洗增效作用十分明显。

四　结　论

　　（1）AMT 复合剂能方便快捷有效地与 CuCl 充分反应，生成絮状物（Cu（Ⅱ）AMT 络合物），清洗出 Cl^-。

　　（2）AMT 复合剂与 CuCl 反应，生成的絮状物与清洗青铜文物过程中析出的絮状物形貌相同，说明 AMT 复合剂可能渗入到青铜文物锈层内并与锈层内的 CuCl 充分反应，提取出 Cl^-。

　　（3）AMT 复合剂为有效地提取和消除青铜文物锈层的 CuCl 提供了一种有效的新材料，对消除青铜病，保护青铜文物具有重要意义。

注释：

① 程德润、赵明仁、刘成等：《古代青铜器粉状锈锈蚀机理新探》，《西北大学学报》1989 年第 19 卷 1 期。

② 陆寿麟、李化元：《腐蚀青铜器的保护》，《文物保护技术》1982 年 2 期。

③ 万俐、徐飞等：《保护青铜文物的一种新材料》，《生物与环境材料》，化学工业出版社，1997 年。

④ 万俐、徐飞等：《AMT 复合剂保护青铜文物的研究》，《东南文化》2002 年 1 期。

⑤ 万俐、徐飞：《徐州九女墩春秋战国青铜编钟的保护处理》，《文物修复与研究》（第 3 期），民族出版社，2003 年。

⑥ Ganorkar MC, Pandit Rao V, Gayathri P , et al. A novel methods, for conservation of copper and copper – based artifacts ［J］. *Stud Conserv*, 1988, 33（2）：97 – 101.

⑦ jendrayed M Rga, Agarwala U. Complexing behavior of 5 – amino – 2 – thiol – 1, 3, 4 – thiadiazaole：Part – Ⅲ, complexes of Cu（Ⅰ）, Zn（Ⅱ）, Ag（Ⅰ）, Cd（Ⅱ）, Tl（Ⅰ）, Pb（Ⅱ）, Pd（0）and Pt（0）［J］. *Indian J Chem*, 1975, 13（12）：1331 – 1334.

⑧ Rgajendrayed M, Agarwala U. Complexing behavior of 5 – amino – 2 – thiol – 1, 3, 4 – thiadiazaole：Part – Ⅱ, complexes of Ni（Ⅱ）, Rh（Ⅰ）, Pd（Ⅱ）, Pt（Ⅱ）, Au（Ⅲ）and Cu（Ⅱ）［J］. *Bull Chem Soc Jpn*, 1975, 48（3）：1024 – 1029.

（国家文物局科研项目，原载《文物保护与考古科学》2005 年第 17 卷 3 期）

2 - 氨基 - 5 - 巯基 - 1，3，4 - 噻二唑的
性质及其应用*

2 - 氨基 - 5 - 巯基 - 1，3，4 - 噻二唑（AMT）常用作分析试剂、医药和农药中间体以及感光材料[①~④]。作为医药中间体，它可与金属离子、有机物合成，获得含有氨基 - 噻二唑环的有机物，能有效抑制碳酸羧水酶的形成和发展。AMT 具有抑制肿瘤生长的作用。作为农药中间体，AMT 可以合成叶青双等高效农药。近年来，AMT 作为铜的缓蚀剂，在古代青铜器文物保护研究中，可与公认铜缓蚀剂 BTA 相媲美。1998 年英国伦敦大学考古学院 Robert B. Faltermeier[⑤]研究开发适合于铜文物保护的缓蚀剂的兴趣，AMT 被推荐用于铜器保护的新型的缓蚀剂，并可作为其他金属的缓蚀剂。为此，本文综述 AMT 的性质和缓蚀剂应用的研究工作。

一　AMT 的性质

2 - 氨基 - 5 - 巯基 - 1，3，4 - 噻二唑（2 - amino - 5 - mercapto - 1，3，4 - thiadiazole；5 - amino - 1，3，4 - thiadiazole - 2 - thiol；1，3，4 - thiadiazole - 2(3H) - thione - 5 - amino；2 - amino - 1，3，4 - thiadiazole - 5 - thiol 或 2 - mercapto - 5 - amino - 1，3，4 - thiadiazole 简称 AMT）是五元杂环化合物，分子式为 $C_2H_3N_3S_2$，相对分子量 133.19，其分子为单环结构，存在 4 种互变异构体（见图 1），即氨基 - 硫赶式（a），亚氨基 - 硫赶式（b），氨基 - 硫酮式（c），亚氨基 - 硫酮式（d）。X 衍射研究表明，该分子几乎是平面的，其环具有芳香性，氨基 - 硫酮式（c）占优势[⑥~⑦]。

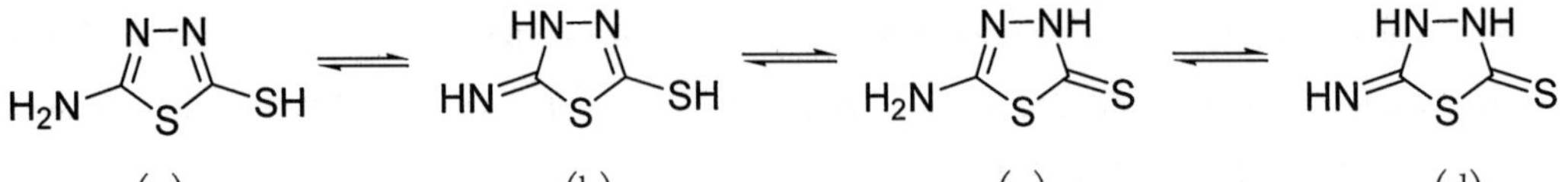

图 1　AMT 的互变异构体

2003 年武海顺[⑧]等采用密度泛函理论（DFT）和二级微扰理论（MP2），对 AMT 异构体的几何构型、电子结构、振动光谱、化学键性质和异构体互变机理进行理论研究，

---

*　本文由万俐、徐飞、朱一帆合作写成。

提出 AMT 异构体的互变途径。进一步完成了对 AMT 异构体成键方式的自然键轨道（NBO）分析。

常温下 AMT 为浅黄色针状晶体，含杂质硫时呈黄色。熔点温度为 235℃，其分解温度为 245℃，分解产物为有害的游离 SO_x 和 NO_x 的气体。在水中溶解度较小，在酒精中溶解度为 $9 g \cdot L^{-1}$（20℃），他们随温度增加而增加。AMT 水溶液的 pH = 3.9，AMT 酒精溶液的 pH = 4.6，呈微酸性。

有文献报道[⑨]，AMT 分子巯基上的质子可以电离，并测得其电离常数为 $K_\alpha = 1.8 \times 10^{-7}$，其溶液呈微酸性，能与 Ag, Tl, Hg, Pb, Cu, Cd, Bi, Ni, Co, Zn, Fe 形成微溶盐，其部分微溶盐的溶解度为（$mol \cdot L^{-1}$）（其中 $L = C_2H_2N_3S_2^-$）列于表1。

表1　AMT 与金属元素形成微溶盐的溶度积常数

Slightly soluble salt of AMT	solubility constants
PbL_2	6.25×10^{-6}
CuL_2	9.37×10^{-7}
NiL_2	1.56×10^{-5}
ZnL_2	1.25×10^{-4}
AgL	6.25×10^{-6}
BiL_3	9.75×10^{-8}
FeL_2	4.20×10^{-6}
PbL^{2*}	8.44×10^{-6}

＊系 50% 乙醇溶液

AMT 具有强的络合性能，它能与多种金属离子形成螯合物[⑩~⑪]。如：Pd（0），Pt（0），Cu（I），Rh（I），Tl（I），Ag（I），Cu（Ⅱ），Cd（Ⅱ），Ni（Ⅱ），Ru（Ⅱ），Zn（Ⅱ），Co（Ⅱ），Pd（Ⅱ），Pb（Ⅱ），Pt（Ⅱ），Fe（Ⅱ），Hg（Ⅱ），Rh（Ⅲ），Ir（Ⅲ），Au（Ⅲ），Ru（Ⅲ），Pd（Ⅳ），Pt（Ⅳ）。根据红外光谱测定 AMT 与一些金属离子形成螯合物的结构：如 Cu（I）和 Cu（Ⅱ）分别与 AMT 螯合物的结构为图2和图3。

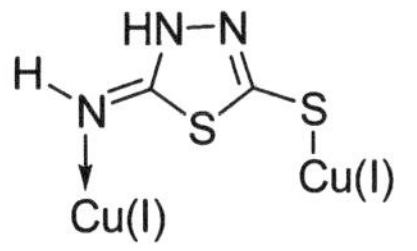

图2　Cu（I）与 AMT 螯合物的结构 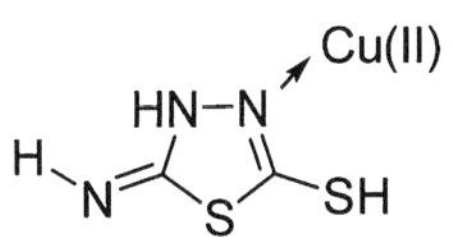　　图3　Cu（Ⅱ）与 AMT 螯合物的结构

二　AMT 在金属缓蚀保护上的应用

（一）AMT 对碳钢、不锈钢的缓蚀作用

（1）碳钢-硫酸体系中 AMT 的缓蚀作用

1994 年 M. M. Osman 等人[⑫]用容量法、重量法和动电位极化曲线法研究了 AMT 对

碳钢在 3.0 mol·L^{-1}硫酸（30℃）中的缓蚀作用，研究表明 AMT 属混合型缓蚀剂，其缓蚀效率达 97.7%，并发现腐蚀速度与 AMT 的浓度之间满足如下的关系式：

$$R = K \cdot C^{-0.46}$$

其中，K 为常数，R 为腐蚀速度，C 为缓蚀剂浓度。碳钢 – 硫酸体系中，AMT 在碳钢表面的吸附符合 Flory-Huggins 吸附等温式，吸附自由能为 – 30.0kJ/mol，平均每个 AMT 分子在吸附过程中排挤 2.1 个碳钢表面的水分子。

（2）碳钢 – 5% 盐酸体系中 AMT 的缓蚀作用

1978 年 B. Donnelly 等人[13]研究 AMT 对碳钢在 1.0mol·L^{-1}盐酸（20℃）中的缓蚀作用，表明缓蚀性能随 AMT 浓度增加而增加直至一最佳值（AMT 浓度为 5mmol·L^{-1}），其缓蚀效率为 91%，属阴极型缓蚀剂。1997 年南京工业大学研究 AMT 对碳钢在 5% 盐酸中缓蚀作用[14]，由极化曲线（见图 4）可知，AMT 是同时以抑制阳、阴过程的混合型缓蚀剂。由失重法测定缓蚀效率达 90% 以上，AMT 对碳钢 – 5% 盐酸体系具有良好的缓蚀性能，其缓蚀作用是由于 AMT 在碳钢表面上形成化学吸附层的覆盖效应所致。

（3）碳钢 – 盐水体系中 AMT 的缓蚀作用

1994 年，M. M. Osman[15]研究 AMT 在 35% 盐水中对碳钢的缓蚀作用以及 AMT 添加在涂层中对碳钢的保护作用。由极化曲线（图 5）和其电化学参数（表 2）可知。AMT 是阳极型缓蚀剂，AMT 的加入不改变其腐蚀过程的阳极反应机理。在中性环境中，AMT 在碳钢表面的吸附符合 Flory – Huggins 吸附等温式，吸附自由能为 – 30.4kJ/mol，平均每个 AMT 分子在吸附过程中排挤 1.4 个碳钢表面的水分子，将 AMT 添加在涂层中对碳钢同样具有优良的缓蚀作用。对于反应机理，他认为 AMT 巯基上的 S 原子和氨基上的 N 原子与金属在活性点上的配位成键。

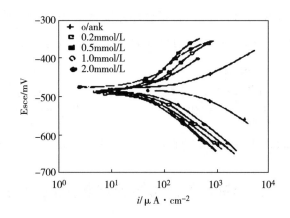

图 4　碳钢在含不同浓度 AMT 的 5% HCl 中的极化曲线

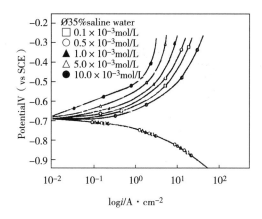

图 5   碳钢在含不同浓度 AMT 的 35% 盐水中的极化曲线

表 2   碳钢在 35% 盐水中极化曲线（30℃）的电化学参数

AMTconcentration /10^{-3} mol · L^{-1}	$-E_{coor}$/V	β_a V/decade	i_{coor} /$\mu A · cm^{-2}$	Inhibition efficiency/%
blank	0.7	0.11	350	
0.1	0.7	0.11	230	34.4
0.5	0.7	0.11	150	57.1
1.0	0.7	0.11	90	74.3
5.0	0.7	0.11	40	88.6
10.0	0.7	0.11	20	94.3

（4）AMT 对不锈钢局部腐蚀的缓蚀作用

1995 年 N. Rajendran[16] 报道了在模拟烟道气脱硫（Flue gas desulphurization 简称 FGD）环境中，即在含氯化物 500ppm，氟化物 500ppm，亚硫酸盐 1000ppm，pH = 5.0，温度在 50 ± 2℃ 的条件下，加入不同量的 AMT 对 316L 不锈钢在模拟烟道气脱硫环境中的阳极循环极化曲线的影响（图 6）。由图 6 可见，100ppmAMT 的加入，使击破电位和保护电位分别正移 250mV 和 210mV，表明 AMT 对局部腐蚀有良好的抑制效果。

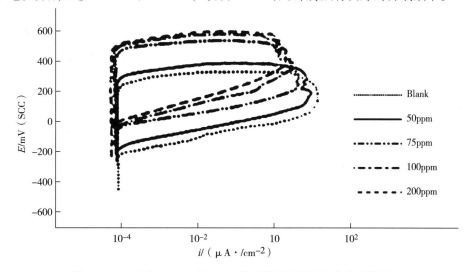

图 6   AMT 浓度对 316L 钢/GFD 体系的循环阳极极化曲线的影响

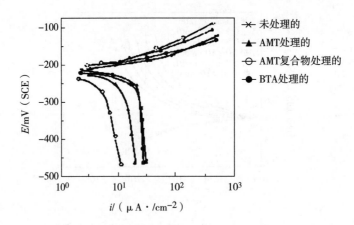

图 7　青铜和不同溶液处理的青铜在 5% NaCl 溶液极化曲线

（二）铜及铜合金中 AMT 的缓蚀作用

（1）AMT 对铜在中性介质的缓蚀作用

1998 年 Fabrizio Zucchi 等[17]报道 AMT 能抑制铜在 3.5% NaCl 溶液（35℃）中的腐蚀作用，表明 AMT 浓度为 10^{-3} mol·L^{-1} 时，由极化阻力法测定其缓蚀率为 99.8%，以阳极型为主的混合型缓蚀剂。

1994 年南京工业大学和南京博物院[18]采用 BTA、AMT 和 AMT 复合物的水溶液处理的青铜试片，置于 5% NaCl 溶液中测定极化曲线（图 7），由图 7 可知 AMT 复合物处理的青铜的耐蚀性最好。

（2）AMT 对铜及铜合金在酸性介质中的缓蚀作用

1996 年西班牙学者 E. Otero 和 J. M. Bastidast[19]发表了 AMT 与 BTA 在 5% 柠檬酸、5% 硫酸、5% 盐酸中作为铜缓蚀剂的比较。他所用铜的化学组成（质量分数，%）：< 0.01 As；< 0.011 Pb；< 0.011 Sb；< 0.02 Sn；< 0.01 Ni；< 0.01 Fe；< 0.01 Zn；余量为铜。BTA 和 AMT 的加入浓度为 1 g·L^{-1}。在室温下，通过失重法测定，铜的失重和缓蚀率列于表 3 中，结果表明在 5% 柠檬酸中 AMT 与 BTA 都具有优异的缓蚀性能，AMT 在 5% 柠檬酸中为阴极型缓蚀剂，而 BTA 为阳极型缓蚀剂；AMT 和 BTA 在 5% 硫酸中均为阳极型缓蚀剂；AMT 和 BTA 在 5% 盐酸中均为阴极型缓蚀剂；在 5% 硫酸和 5% 盐酸中 AMT 的缓蚀性能比 BTA 好。

对三种酸的研究表明，有或没有 BTA 对铜的自腐蚀电位是没有什么影响的，但 AMT 的存在与否，对三种酸的自腐蚀电位是有影响的。在柠檬酸和硫酸系统中，加缓蚀剂比不加缓蚀剂的自腐蚀电位要高；在盐酸系统中加缓蚀剂比不加缓蚀剂的自腐蚀电位要低。

表 3   铜在不同介质中的失重和缓蚀率（室温）

Acid (5%)	Inhibitor	12h	24h (mg·dm^{-2})	48h	Inhibition efficiency /%
柠檬酸	blank	10.8	14.9	37.4	
	BTA	0.4	1.4	2.2	94
	AMT	0	1.0	0.4	100
硫酸	blank	13.8	22.1	49.4	
	BTA	7	7	27.2	58
	AMT	0.2	1.6	2.4	96
盐酸	blank	34.8	62	508	
	BTA	18	39.6	51	42
	AMT	11.6	20.6	30.8	66

（三）青铜在柠檬酸中 AMT 的缓蚀作用

南京博物院和南京工业大学所研究 AMT 复合物保护青铜文物，较详细地研究了 AMT 对青铜在柠檬酸中的缓蚀作用。研究使用青铜的化学组成（质量分数，%）：Cu = 87.4；Sn = 10.15；Pb = 2.36。主要研究方法是电化学极化曲线法和交流阻抗法[20]。

（1）青铜 -5% 柠檬酸体系中腐蚀电流密度的测量

腐蚀电流实时监测采用 CMB - 1510B 便携式瞬间腐蚀速度测量仪进行，弱极化幅度为 40mV，采样点时间间隔为 10min，测试温度为室温。图 8 是青铜 -5% 柠檬酸体系中室温时的腐蚀电流密度随时间变化曲线。由图 8 可见，在不加 AMT 的柠檬酸中，自腐蚀电流密度开始是急剧下降，而后比较平稳，但腐蚀进行 5h 后，腐蚀电流迅速上升，最后稳定在 $15\mu A \cdot cm^{-2}$ 左右。在加有 AMT 的柠檬酸中，青铜的腐蚀电流密度（i_{corr}）在 2h 内迅速降低，并保持稳定。

图 9 是青铜 -5% 柠檬酸体系中 60℃ 时的极化曲线，其极化曲线的电化学参数拟合结果见表 4。

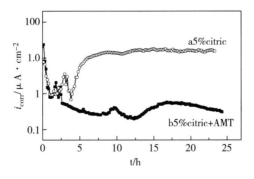

图 8   青铜 -5% 柠檬酸中的腐蚀电流密度随时间变化曲线

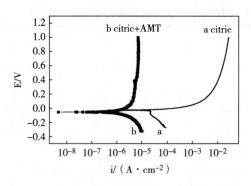

图9　青铜–5%柠檬酸体系的极化曲线（60℃）

表4　青铜–5%柠檬酸体系的电化学参数（60℃）

Medium	b_a/mV · cm^{-2}	$-b_c$/mV · cm^{-2}	E_{corr}/V	i_{corr}/μA · cm^{-2}	η/%
Blank	29	290	−0.0308	13.9	
With AMT	373	321	−0.0423	1.71	87.7

已有研究表明，在不除氧的柠檬酸中，青铜表面有氧化膜生成，使初期腐蚀电流密度降低；但随着浸泡时间的增加，氧化膜穿孔破裂，腐蚀介质从破裂处向界面传输，青铜腐蚀加剧，腐蚀电流密度增大。而在柠檬酸中加入AMT后，青铜与AMT迅速反应生成致密、均一的表面膜，这层膜的存在阻止了青铜与柠檬酸的进一步反应，使腐蚀电流密度降低。

根据图8计算，AMT的缓蚀效率为97%。由表4可以看出，AMT的加入使青铜的腐蚀电流密度（i_{corr}）降低一个数量级。青铜–5%柠檬酸体系中，腐蚀电位E_{corr}基本不变，阴、阳极的Tafel斜率发生了变化，阳极的Tafel斜率变化比较明显，说明青铜腐蚀的阳极过程受到的抑制作用较强。因此，AMT是以抑制阳极为主的混合型缓蚀剂，且具有自修复能力。因此，AMT是抑制柠檬酸对青铜腐蚀的优良缓蚀剂。

（2）青铜–5%柠檬酸体系中的交流阻抗谱（EIS）

青铜–5%柠檬酸体系自腐蚀电位下的交流阻抗谱如图10所示。由图10可见，青铜在无AMT的柠檬酸和有AMT的柠檬酸中都出现表面有膜覆盖的特征，即阻抗谱的Nyquist图有两个容抗弧。其中高频部分容抗弧反映膜层的信息，低频部分容抗弧主要反映基体金属的腐蚀过程。在柠檬酸中加入AMT后，谱图形状虽然没有明显变化，但阻抗谱中圆弧的曲率半径增大。图10阻抗谱由等效电路（图11）拟合结果列于表5。表5中R_s为溶液电阻；R_p为电解质渗入膜层而引起的微孔电阻，反映膜中离子在电场的作用下迁移时受到的阻力大小；C_p为膜层电容，与膜的表面粗糙度成正比；R_{ct}为界面电荷转移电阻，反映金属基体腐蚀速度的大小；C_{dl}为界面区的双电层电容；p_1，p_2为弥散系数。

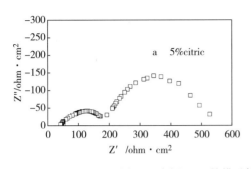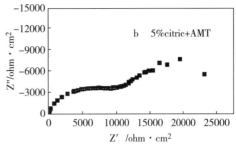

图 10　青铜 -5% 柠檬酸体系 60℃ 时的交流阻抗谱

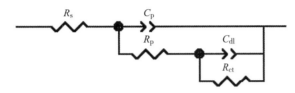

图 11　青铜 -5% 柠檬酸体系的等效电路

表5　青铜 -5% 柠檬酸体系的交流阻抗谱拟合参数（60℃）

Fitted element	R_s /$\Omega \cdot cm^2$	R_p /$\Omega \cdot cm^2$	C_p /$F \cdot cm^{-2}$	p_1	R_{ct} /$\Omega \cdot cm^2$	C_{dl} /$F \cdot cm^{-2}$	p_2
a blank	42.4	1.57E2	1.02E-3	0.59	3.28E2	3.17E-2	0.86
b with AMT	20.9	7.58E3	4.19E-6	0.84	1.94E4	8.11E-5	0.70

从表5可以看出，在不加 AMT 的柠檬酸中，R_p、R_t 比较小。C_p、C_{dl} 比较大，说明膜的表面粗糙度大，膜中离子在电场作用下迁移受到的阻力小，青铜基体的腐蚀速率比较大。这是因为在含氧的柠檬酸中，青铜表面形成多孔的 Cu^+ 氧化膜，溶液中的侵蚀性离子容易穿透膜层与青铜基体发生反应。加入 AMT 后，R_p、R_{ct} 分别提高了一到两个数量级，C_p、C_{dl} 各降低了三个数量级，说明 AMT 在青铜表面形成致密的保护膜，溶液中的侵蚀性离子通过膜层的阻力增大，青铜的阳极溶解速率大幅下降，这与极化曲线结果一致。

三　AMT 在古代青铜文物保护中的应用

1988 年印度学者 Ganorkar[21]用 0.01mol·L^{-1} AMT 水溶液和加几滴硝酸对铜器进行处理，表明 AMT 能去除"青病铜"，并在青铜表面上形成浅黄绿色的络合聚合物膜，对青铜器文物起到保护作用。发现 AMT 对铜表面的处理性能优于 BTA。但其表面上膜呈浅绿色，这与中国文物保护法是不相容的。

1994 年南京博物院与南京工业大学[22]联合研制以 AMT 为主要成分的复合物，采用清洗、置换氯离子、缓蚀和封护保护合而为一的一步法的新技术，对战国时期的青铜编

　　a. 清洗与保护前　　　　　　b. 清洗与保护后　　　　　　c. 历经9年

图12　使用 AMT 保护处理前后的战国青铜编镈

镈进行保护。该青铜编镈一步法保护前后的形貌，以及历经9年观察的形貌如图12所示。这与我国《文物保护法》要求"修旧如旧"、"不改变原貌"和文物保护及考古界的要求是相容的。

注释：

① Claudiu T. Supuran, Costinel i. Lepadatu, Rodica Olar et al. 1, 3, 4 – Thiadiazole Derivatives Part 4. *Revue Roumaine de Chimie*, 1993, 38（12）：1509 – 1517.

② Claudiu T. Supuran, Costinel i. Lepadatu, Rodica Olar et al. 1, 3, 4 – Thiadiazole Derivatives Part 5. *Revue Roumaine de Chimie*, 1996, 41（1 – 2）：103 – 107.

③ Rodica Olar, Dana Marinescu, Codrina Popescu et al. 1, 3, 4 – Thiadiazole Derivatives Part 7. *Revue Roumaine de Chimie*, 1997, 42（2）：111 – 114.

④ Maria Brezeanu, Dana Marinescu, Mihaela Badea et al. 1, 3, 4 – Thiadiazole Derivatives Part 8. *Revue Roumaine de Chimi*, 1996, 41（1 – 2）：103 – 107.

⑤ Robert B. Flatermeier. A Corrosion Inhibitor Test for Copper – Based Artitacts. *Studies in Conservation*, 1998, 44：121 – 128.

⑥ 俞君、叶挺镐：《N，N'–甲撑–双（2–氨基–5–硫酮–1，3，4–噻二唑）及其有关化合物的^{15}N 核磁共振研究》，《化学通报》1985 年 11 期。

⑦ 俞君、叶挺镐：《氨基噻唑类化合物的^{15}N 核磁共振研究》，《化学学报》1987 年第 45 卷 10 期。

⑧ 武海顺、许小红、马文谨等：《AMT 异构体的互变极力的理论研究》，《物理化学学报》2003 年第 19 卷 5 期。

⑨ Domaglina, L. Przyborowski. Uber die Verwendbarkeit von 2 – Amino – 1, 3, 4 – thiadiazol – 5 – thiol in der Analyse. *Z. Anal. Chem.* , 1965, 207：411 – 414.

⑩ M. R. Gajendragad, U. Agarwala. Completing behavior of 1, 3, 4. – thiadiazole 2 – thiol – 5 – amino – I:

Complexes of Fe（Ⅱ），Co（Ⅱ），Ru（Ⅲ），Ru（Ⅰ），Rh（Ⅲ），Pd（Ⅳ），Ir（Ⅲ），Pt（Ⅳ），*J. Inorg. nucl. Chem.*，1975，37：2429 - 2434.

⑪ S. R. Joshi，C. B. Gupta，S. N. Tandon. 2 - amino - 5 - mercapto - 1，3，4 - thiadiazole as an analytical reagent for the gravimetric determination and extraction of mercury（Ⅱ）. *Acta Chimica Academiae Scientiarum Hungaricae*，1973，77（2）：147 - 153.

⑫ M. M. Osman，E. Khamis and A. Michael. The influence of triazolidines on the acidic corrosion of steel. *Corrosion Prevention & Control*，1994，41（3）：60 - 65.

⑬ B. Donnelly，T. C. Downiet and R. Grzeskowiak. The effect of electronic delocalization in organic groups R in substituted thiocarbamoyl R - CS - NH₂ and related compounds on inhibition efficiency. *Corrosion Science*，1978，18（2）：109 - 116.

⑭ 万小山：《AMT 在碳钢/盐酸和铜/柠檬酸体系的缓蚀行为及其机理研究的研究》，南京化工大学硕士学位论文，1997 年。

⑮ M. M. Osman，E. Khamis，A. F. Hefny et al. Corrosion inhibition of steel by triazolidines in saline water. *Anti - Corrosion Methods and Materials*，1994，41（2）：3 - 7.

⑯ N. Rajendran，K. Ravichandran and Rajeswari. Influence of constituents in thiadiazole on the localized corrosion of 316L strainless steel in simulated flue gas desulphurization environment. *Anti - Corrosion Methods and Materials*，1995，42（1）：8 - 10.

⑰ F. Zucchi，M. Fonsati，G. Trabanelli. Influence of the heat exchange on the inhibiting efficiency of some heterocyclic derivatives against copper corrosion in 3.5% NaCl solutions. *Corrosion Science*，1998，40（11）：1927 - 1937.

⑱ 朱一帆、李大刚、施兵兵等：《AMT 及其复合物在青铜表面形成保护膜的耐蚀性研究》，《南京化工大学学报》1999 年第 21 卷 2 期。

⑲ M. Bastidas，E. Otero. A comparative study of benzotriazole and 2 - amino - 5 - mercapto - 1，3，4 - thiadiazole as copper corrosion inhibitors in acid media. *Werkstoffe und Korrosion（Materials and Corrosion）*，1996，47：333 - 337.

⑳ 付海涛：《AMT 对青铜缓蚀作用的研究》，南京工业大学硕士学位论文，2001 年。

㉑ M. C. Ganorkar，V. Pandit Rao，P. Gayathri et al. A novel method for conservation of copper - based artifacts. *Stud. In Cons.*，1988，33（2）：97 - 101.

㉒ 南京博物院、南京化工大学：《青铜文物保护新技术研究》鉴定材料，国家文物局，1996 年。

（原载《文物科技研究》2005 年 3 期）

AMT 复合剂保护青铜文物的研究[*]

一 前 言

古代文物的保护中，青铜文物的保护处理是一个重要的部分。青铜文物中的粉状锈被称为"青铜病"（$Cu_2(OH)_3Cl$），为防止青铜文物的腐蚀，国内外文物保护人员进行长达 100 多年的研究。以往针对青铜器中的粉状锈，一般采用机械方法剔除和酸碱性化学试剂处理，处理后的文物再用苯并三氮唑（BTA）缓蚀保护。1988 年印度卡罗尔等人发现一种有机化合物 5 - 氨基 - 2 - 巯基 - 1，3，4 - 噻二唑（AMT）是一种很好的金属缓蚀剂，它能除去青铜病，同时在金属表面形成抗腐蚀的聚合物保护层[①]。但是，单一 AMT 处理青铜文物，去除粉状锈速度较慢，且使文物表现呈浅黄色。这种处理的结果达不到我国《文物保护法》规定的"修旧如旧"、"不改变原貌"和文物保护和考古界的要求。为了解决 AMT 处理青铜文物变色的难题，我们研究了 AMT 复合配方即 ACNl。用 AMT 复合剂保护处理了一批腐蚀的青铜文物，得到了较为满意的效果。

表1 带粉状锈的青铜试片经 AMT 和 ACNl 处理后的现象

情况 处理剂	溶液中现象	去粉状锈情况	成膜情况
ACNl	立即形成浅黄带绿的絮状物	1min 内完全去除粉状锈	较快的形成无色透明、致密的、无光泽的保护膜
AMT	有少量浅黄带绿的絮状物	剩余少量粉状锈，去除速度较慢	形成金黄带红色的保护膜

二 实验与应用

为了证明 AMT 复合剂去除粉状锈的能力，将单一的 AMT 和 AMT 复合剂对带粉状锈的青铜试片进行处理。

1. 青铜试片尺寸：$50 \times 25 \times 2.5$mm，化学组成按古代青铜合金成分（质量分数）：

---

* 本文由万俐、徐飞、陶保成、朱一帆、李大刚、施兵兵合作写成。

Cu87.4%，Sn10.15%，Pb2.36%[②]。

2. 试片磨至 240 目，经蒸馏水冲洗，无水乙醇脱脂后，在青铜试片上滴加一定量的 0.1mol/L HCl + 2mol/L H_2O_2 混合溶液，经 18h 后形成鲜绿色（$Cu_2(OH)_3Cl$），即制得带粉状锈的青铜试片[③]。

3. 将带粉状锈的青铜试片分别浸入 AMT 复合剂 ACNl 和单一的 AMT 两种溶液中，经 60℃，6h 处理。

4. 带粉状锈的青铜试片经 AMT 处理后的现象如表 1。

根据 AMT 复合剂处理带粉状锈青铜试片实验的现象，我们将一件距今 2000 多年的战国时期患有粉状锈的青铜编镈进行处理。

5. 工艺流程

机械清除

↓

水冲洗可溶物及杂质→ 粉状锈清洗 → 无害锈清洗→ 粉状锈清洗及成膜→ 漂洗及最后成膜→ 蒸馏水冲洗→ 烘干保存

6. 粉状锈的清洗：清洗液为 ACNl 复合剂，pH 值 2~2.5，清洗温度为 60~70℃。将青铜文物全浸入清洗液中，立即可见粉状锈的区域迅速形成浅黄带绿的絮状物，并不断地由该区域或缝处涌向溶液中，而无粉状锈的区域基本不发生反应。清洗一定时间后取出，用水冲洗并用软毛刷洗刷表面吸附的絮状物。这样反复多次清洗后，需更换新鲜的溶液再进行清洗，直至物絮状物形成，表明粉状锈已清除干净。

表 2　清洗液中 Cl^- 含量及 Cl^- 浸出速度

样品号	样品条件	Cl^-（mg/L）	浸出 Cl^- 的速度（mg/L）
0	蒸馏水	0.087	—
1 – A	ACNl 原始清洗液	—	—
1 – B	第一次清洗 1h 后取出液	3.71	44.52
1 – C	第一次清洗 4h 后取出液	6.67	20.28
2 – B	第二次清洗 2h 后取出液	2.98	17.88
2 – C	第二次清洗 6h 后取出液	7.59	15.18
2 – D	第二次清洗 6h 后，取出絮状物用 80℃蒸馏水多次洗涤，经离心分离所得洗液	3.80	—
3 – C	第三次清洗 4h 后取出液	6.08	18.24
4 – C	第四次清洗 3h 后取出液	3.68	14.72
5 – C	第五次清洗 1h 后取出液	0.84	10.08

7. 粉状锈的漂洗及成膜

AMT 复合剂即能清洗粉状锈，又能在清洗干净的或无锈层的青铜文物表面成膜，所以对尚含有少量粉状锈的地方继续漂洗，没有粉状锈的大部分区域可逐渐在表面上形成膜，当粉状锈去除完毕后，可最终完全成膜。

三　结果与讨论

1. AMT 与粉状锈（$Cu_2(OH)_2Cl$）的反应为：

（絮状物）

上述反应较为迅速，尤其 pH 低时反应更快。为此在 AMT 中加入 C 和 N 助剂后，降低了溶液的 pH 值。加快了 AMT 与粉状锈的反应速度，其清洗增效作用十分明显。

2. 在清洗青铜文物编镈粉状锈的过程中，将 ACNl 复合剂清洗的次数、时间、取样、其氯离子含量的测定采用离子色谱法（IC），分析结果列于表 2。

从表 2 中可以看出：

①清洗液中 Cl^- 来自 AMT 与粉状锈反应的生成物，所以溶液中 Cl^- 含量很少时，即可表明青铜文物粉状锈已被去除大部分，当溶液中无 Cl^- 时，则表明粉状锈已全部去除。

②清洗液中 Cl^- 含量和浸出 Cl^- 的速度随着清洗次数增加而减少，这是因为经多次清洗后粉状锈含量减少的缘故。

③洗出液中 Cl^- 量在同时清洗中随着清洗时间的增加而提高，而浸出 Cl^- 的速度在同次清洗中随着清洗时间的增加而降低，这是由于受絮状物吸附的缘故。

3. 带有粉状锈青铜试片经 AMT 复合剂处理后，在完全除去粉状锈同时，又能在铜表面上形成保护膜，经 X 光电子能谱分析测得谱图中无 Cl^- 峰位，表明膜的稳定性[④]。

4. 带有粉状锈青铜试片经 AMT 复合剂处理后的耐湿热和盐雾老化实验，证明 AMT 复合剂形成的保护膜耐蚀性优于单一的 AMT[⑤]。

四　结　论

1. AMT 复合剂 ACNl 能方便、快捷、有效地去除粉状锈，这是因为 AMT 复合剂有选择地与粉状锈反应，形成 Cu(Ⅱ) AMT 絮状物，这一过程一直进行到将粉状锈完全从腐蚀产物的微缝隙和下面的金属中去除为止。

2. ACNl 复合剂在清洗粉状锈或在最终成膜时，可在青铜文物基本上形成致密的、无色透明的、无光泽的保护膜，保持青铜文物的外观、特征、颜色基本不变，达到文物保护和考古、鉴赏的要求，避免了单一 AMT 处理青铜文物表面是浅黄色的现象，保护膜同时具备较好的耐蚀性能。

3. ACNl 复合剂保护腐蚀的青铜文物，将传统除粉状锈、置换氯离子、缓蚀保护三步工艺，简化为一种工艺，不但方法简单便于推广，且节省大量的人力和物力，这种以 AMT 复合剂处理保护腐蚀青铜器的方法为更好、更快地保护青铜文物提供了一种途径。

注释：

① M. C Gamorkar，V・Pandit Rao、P・Gayathoi、et al. A new method for protecting bronze stud，in Cons. 1988，33（2）：97 – 101.

② 上海仪表铸锻厂：《锡青铜化学分析报告》，1995 年。

③ 王昌燧、范崇正、王胜君等：《青铜器粉状锈生成机理研究》，《中国科学 B 辑》，1991 年 3 期。

④ 朱一帆、李大刚等：《AMT 保护青铜的研究》，《材料保护》1998 年第 31 卷 5 期。

⑤ 万俐、徐飞等：《AMT 复合剂的耐腐蚀试验》，第十届金属缓蚀剂学术讨论会论文，1997 年。

（国家文物局科研项目，原载《东南文化》2002 年 1 期）

青铜戈上泡锈腐蚀形貌及其组成研究[*]

青铜器文物的锈蚀物按危害类型可分为两类：一类是无害锈，主要是指在青铜器表面上的古斑、皮壳等，特点是锈层坚硬、结构致密（例如碱式碳酸铜等）；另一类是有害锈，形同粉状，通常称为粉状锈[①]（例如碱式氯化铜）。泡锈（发锈）腐蚀是青铜器中有害锈中较为典型的一种腐蚀形态（图1），其形貌特征随文物的表面层突起、互不相连的、孤立的，似自然界中沉积的岩石。

1. 青铜剑

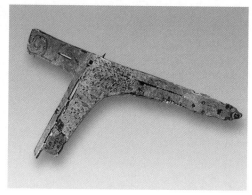

2. 青铜戈

3. 青铜尊

4. 青铜壶

图1 古代青铜器文物上泡锈（发锈）

关于古代青铜器上泡锈（发锈）的报道甚少。本文就1985年江苏镇江地区出土的东周青铜戈泡锈（发锈）进行研究。拟通过泡锈（发锈）形貌观察、泡锈（发锈）区

---

* 本文由万俐、徐飞、陈步荣、朱一帆合作写成。

域逐层 EDS 分析、青铜戈基体的金相显微组织分析，并对青铜戈泡锈（发锈）的形成过程腐蚀机理作粗浅的探讨。

一　实验方法

1. 取样

青铜戈上泡锈和基体金属的取样部位和所取试样（图 2）。

2. 泡锈形貌观察

泡锈表面、背面和泡锈蚀坑形貌观察用 HIROX – KH3000 型三维视频显微镜。

3. 泡锈和基体金属 EDS 分析

日本 JSM –5610LV 扫描电镜（SEM）附 JSM –5900 型电子能谱仪（EDS）分析测定泡锈（发锈）（ZB –9 –1、和 ZB –9 –1F）和附着锈的基体金属（ZB –9 –4）组成元素。

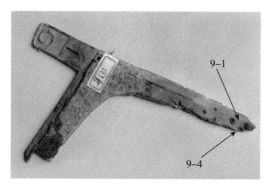

1. 取样部位（9 –1，9 –4）

2. 附锈的青铜试样（ZB –9 –4）

3. 泡锈（发锈）（表面，ZB –9 –1）

4. 泡锈（发锈）（ZB –9 –1F，背面）

图 2　青铜戈取样区域及试样

4. 基体金属金相显微组织分析

金相显微镜分析青铜戈基体金属（ZB –9 –4）的金相显微组织。

二　实验结果与讨论

1. 青铜戈泡锈和蚀坑的形貌观察

(1) 青铜戈泡锈取出前后形貌对比

青铜戈泡锈取出前后形貌对照（图3）。泡锈取出前，已有几处泡锈（发锈）自然脱落，泡锈自然脱落后留下的蚀坑呈锅底状，其颜色为褐红色的锈蚀物，边缘为绿色锈蚀物。取下的泡锈向上凸起，呈褐红色、绿色和浅绿色的锈蚀物；与其底部连接部位呈凹下蚀坑，也可见褐红色锈蚀物和绿色、浅绿色的锈蚀物。

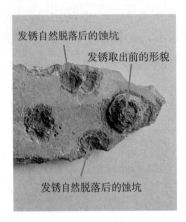

1. 前　　　　　　　　　2. 后

图3　泡锈形貌

(2) 用三维视频显微镜对泡锈及其蚀坑进行动态观察形貌

由图4-1可见，泡锈表面形成一圈一圈向上凸起的宝塔形的形貌，好像自然界中沉积的岩石。由图4-2可见，泡锈背面稍为向下微凸的形貌。由图4-3可见，取出泡锈（发锈）后的蚀坑呈倒塔形的形貌。

综上所述，泡锈（发锈）腐蚀形貌是一种类似自然界沉积的岩石，由于金属腐蚀形成锈蚀物时使体积膨胀，并因其锈蚀物膨胀系数不同，所以，泡锈（发锈）与蚀坑连接面处形成一层疏松的锈蚀物，故泡锈（发锈）会自动脱落或很易人工将其取下。并留下附着锈蚀物的锅底状蚀坑，其形貌为稍向下的宝塔形。

2. 泡锈（发锈）组成元素的分析

(1) 泡锈表面（ZB-9-1）组成元素的EDS分析

因泡锈系似沉积的岩石向上凸起的层状宝塔结构，为了解凸起的层状锈蚀物的组成元素，故对泡锈（发锈）表面由最高点向底部区域进行逐层EDS分析。泡锈（发锈）表面组成元素分析部位见图5。EDS分析测定的结果谱图见图6，对应区域所测定泡锈（发锈）组成元素的质量百分数列于表1。

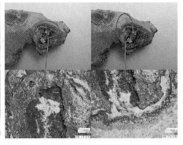

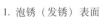
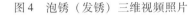

1. 泡锈（发锈）表面　　　　2. 泡锈（发锈）背面　　　　3. 泡锈（发锈）取出后凹坑

图 4　泡锈（发锈）三维视频照片

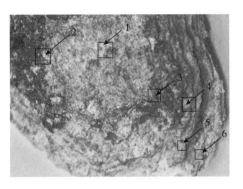

图 5　泡锈（发锈）外表面（ZB-9-1）EDS 分析部位

由泡锈外表面的 EDS 分析结果，其组成中含有 Cu、Sn、Cl、Ca、Mg、O 等元素，其中 Ca、Mg 元素含量稳定，可知形成泡锈（发锈）过程的腐蚀环境中含有 Ca、Mg 的水（即为硬水），且含有可溶性氯化物和氧等，这就具有铜合金发生孔蚀（点蚀）的环境条件。泡锈（发锈）最高层铜元素的含量 37.29%，以下各层铜元素的含量逐级减小，最低层铜元素的含量为 49.75%。最高层氯元素含量为 1.68%，中间层氯元素含量很低，其中最低的为 0.06%，底层氯元素含量最高（4.5%）。这是由于腐蚀初期溶液中氯离子流动较为自然，随着腐蚀的进行，氯离子有所减少，继续腐蚀使氯离子增加很快，在底层的氯离子浓度大于中间层（2~5 层）的氯离子浓度约为 13~75 倍。底层锡含量最低，远小于其他层的锡含量，可能与锡的析出有关。

表 1　泡锈表面（ZB-9-1）元素组成的 EDS 分析表

检测区域	元素组成（质量分数,%）													
	Cu	Fe	Ca	Sn	Cl	K	Pb	S	P	Si	Al	Mg	O	C
ZB-9-1-1	36.29	0.76	1.98	29.79	1.68	0.76			0.39		1.43	0.53	22.98	
ZB-9-1-2	10.27	3.43	1.44	40.27	0.07			0.85	1.48	7.01	3.40	1.03	30.73	
ZB-9-1-3	10.99	2.64	2.92	43.04	0.36		3.22	0.94	1.71	4.32	1.72	1.25	26.89	
ZB-9-1-4	23.68	2.57	1.91	29.52	0.22		3.68	0.55	0.90	5.50	2.18	0.75	28.54	
ZB-9-1-5	25.43	3.04	1.81	26.55	0.06		0.65	0.66	0.76	7.35	3.90	0.74	29.03	
ZB-9-1-6	49.75	1.05	1.80	2.35	4.50	0.51	2.14	3.07	0.23	4.45	2.72	1.15	26.28	

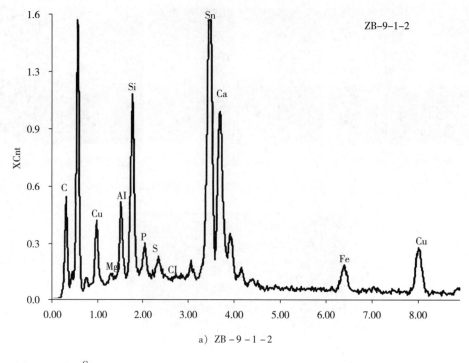

a）ZB－9－1－2

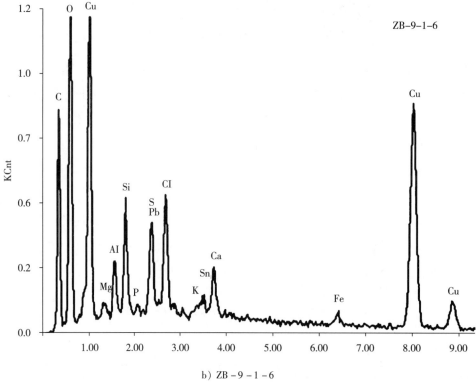

b）ZB－9－1－6

图6　泡锈（发锈）表面区域 EDS 分析谱

（2）泡锈背面（ZB－9－1F）组成元素的 EDS 分析

泡锈背面即为泡锈底部分为 3 个区域（图7）进行 EDS 分析，其中区域 1 为褐红色的锈蚀物区；区域 2 为淡绿色锈蚀物区；区域 3 为绿色的锈蚀物区。EDS 所测定的 3 个区域锈蚀物组成元素的质量百分数列于表2。

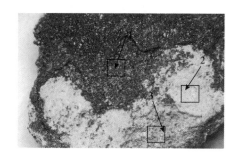

图7　泡锈背面（ZB－9－1F）EDS分析区域

表2　泡锈背面（ZB－9－1F）元素组成的 EDS 分析表

检测部位	元素组成（质量分数,%）								
	Cu	Ca	Sn	Cl	S	Si	Al	C	O
ZB－9－1F－1	84.89	0.67	11.88	1.51	0.55	0.25	0.25		
ZB－9－1F－2	60.85	0.64	26.67	10.95	0.60	0.41	0.24		
ZB－9－1F－3	41.30	1.61	50.09	4.66	0.99	0.95	0.40		

　　根据表2所列各区域锈蚀物的主要组成元素及其含量，可以推测各区域的主要腐蚀产物的组成。区域1中Cu含量是各区域中最高的，与其相反的是Cl元素为各区域中最低。因此，区域1的主要腐蚀产物是Cu_2O和极少量铜的氯化物，故该区域锈蚀物呈现褐红色为主。区域2中Cl元素含量远高于其他区域中Cl元素，依据Cu和Cl元素的原子百分数比约为3∶1，而氯铜矿和副氯铜矿中Cu和Cl元素的原子百分数比为2∶1，故腐蚀产物是氯铜矿或副氯铜矿为主，因该区域锈蚀物为淡绿色，所以副氯铜矿是区域2的主要腐蚀产物，即含有害的粉状锈。在区域3中Cu和Cl元素的原子百分数比约为5∶1，除少量的铜的氯化物外，其锈蚀物主要组成是铜的碳酸盐化合物（如碱式碳酸铜），该区域锈蚀物显示为绿色。

　　3. 附着锈蚀物的基体金属（ZB－9－4）组成元素和其上锈蚀物的 EDS 分析

　　为测定基体金属的组成元素，需将附着锈蚀物的基体金属试样（图8）中区域3用砂纸打磨至呈现铜质，EDS分析谱见图9。同时对腐蚀产物进行分析。EDS分析结果列于表3。

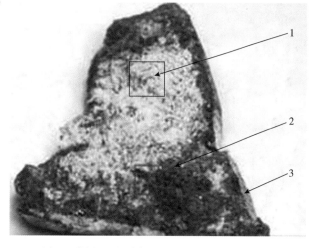

图8　附锈金属试样（ZB－9－4）分析部位

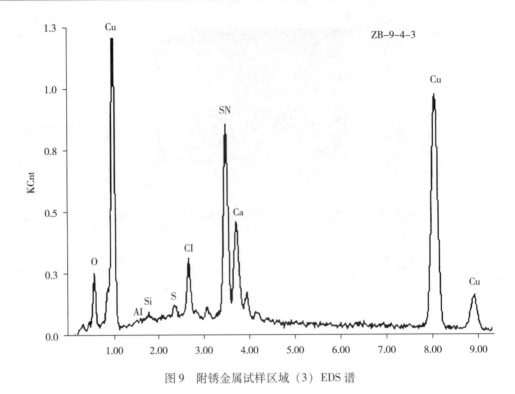

图 9　附锈金属试样区域（3）EDS 谱

表 3　附锈的基体金属试样（ZB - 9 - 4）元素组成的 EDS 分析表

检测部位	元素组成（质量分数,%）									
	Cu	Ca	Sn	Cl	S	Si	Al	Fe	O	C
ZB - 9 - 4 - 1	75.60	0.37	4.53	15.40	0.52	1.61	1.16	0.82		
ZB - 9 - 4 - 2	80.17	0.32	5.46	11.15	0.52	0.71	0.92	0.75		
ZB - 9 - 4 - 3	66.64	0.99	28.49	2.59	0.63	0.35	0.31			

　　由附着锈蚀物的基体金属试样（ZB - 9 - 4）元素组成的 EDS 分析结果，可知区域
1 和区域 2 中 Cu 和 Cl 元素含量稍有差异。区域 3 尚含有 Cl 元素，这是由于未将青铜表
面上锈蚀物刮除干净。由区域 3 的组成元素分析表明青铜戈基体金属为高锡青铜合金。

　　4. 青铜戈基体金属的金相显微组织分析

　　青铜戈基体金属的金相显微组织见图 10。

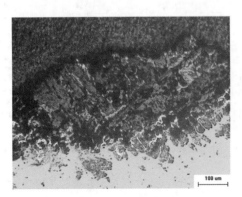

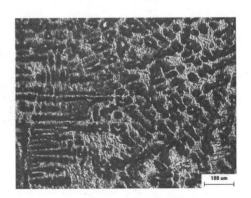

1. 未侵蚀试样的金相显微组织　　　　　　　2. 经过侵蚀的金相显微组织

图 10　青铜戈基体金属的金相显微组织

未侵蚀试样的金相显微组织照片（图 10 - 1）分为三部分，白色区域为青铜组织，白色区域外面部分为腐蚀产物，最上面黑色部分为镶嵌塑料。可以看出基体与腐蚀产物有一定的过渡区域。

经过侵蚀的金相显微组织（图 10 - 2）可见基体为呈树枝状偏析的 α 固溶体，树枝间隙为（α + δ）共析体。所以，通过对青铜戈基体金属的 EDS 分析和金相显微组织观察，表明青铜戈的基体金属为高锡青铜合金。

三　泡锈形成过程机理讨论

通过青铜戈上泡锈的 EDS 分析，可知泡锈（发锈）的组成元素中含有 Cu、Sn、Cl、Ca、Mg、O 等元素；并对青铜戈上泡锈腐蚀形貌和去除泡锈后留下蚀坑形貌的观察，可见泡锈和相应的蚀坑形貌是相对各自孤立存在的点状和点状蚀坑。由此，拟用 Lucey 提出的电子导电隔膜理论解释泡锈形成过程。孔蚀模型如图 11 所示。

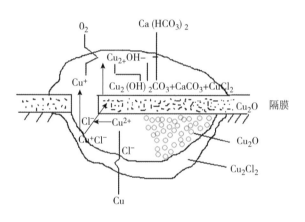

图 11　孔蚀模型

横跨蚀坑口一层为带孔隙的可导电的 Cu_2O 隔膜，作为腐蚀电池的阴阳极，其上面是进行阴极反应的区域，其下面是进行阳极反应区域，模型所示孔蚀坑内底部是 Cu_2Cl_2，其上是 Cu_2O，孔蚀坑外覆盖着 $Cu_2(OH)_2CO_3$、$CuCl_2$、$CaCO_3$ 等沉积物。

泡锈（发锈）形成过程是在青铜铸件缺陷处先诱发形成孔蚀核[④]，随着腐蚀进行，逐渐形成闭塞腐蚀电池，导致自催化酸化作用，使蚀孔内铜加快溶解，同时使孔内溶液的氯离子富集和 pH 值降低。

四　结　论

（1）青铜戈基体是高锡青铜合金。

（2）青铜器上泡锈（发锈）的组成中含有有害的粉状锈，其形成过程可用小孔腐蚀机理进行讨论。

注释：

① 参见周浩、祝鸿范、蔡兰坤：《青铜器锈蚀物结构组成及形态的比较研究》，载《文物保护与考古科学》2005 年 3 期。

② 中国国家博物馆、上海博物馆、南京博物院等：《国家科技攻关计划课题：金属类文物的病害及其防治的研究》，课题编号：2001BA805801，2005 年 。

③ 祝鸿范：《青铜病的发生与小孔腐蚀的关系》，《文物保护与考古科学》1998 年 1 期。

④ 万俐：《江苏六合程桥东周菱形纹青铜剑的修复》，《文物保护与考古科学》2006 年第 18 卷 3 期。

⑤ Lucey V. F. Developments leading to the present understanding of the mechanism of pitting corrosion of copper. *Brit. Corros. J*, 1972, （7）：36 –41.

（原载中国文物学会修复专业委员会、国家文物局博物馆与社会文物司：《文物修复研究·6》，民族出版社，2012 年）

AMT 及其复合物在青铜表面
形成保护膜的耐蚀性研究[*]

AMT（2 - 氨基 - 5 - 巯基 - 1，3，4，- 噻二唑）是五元杂环化合物，其分子结构中巯基上的质子可以电离，电离常数 $K_\alpha = 1.8 \times 10^{-7}$，其水溶液呈微酸性，能与多种金属离子形成微溶性盐或螯合物[①,②]。AMT 多用于医药、农药中间体、感光材料和分析试剂。近年来作为铜的缓蚀剂已用于古铜质工艺品保护[③]和化学清洗[④]，并经 AMT 处理后的铜表面可提高抗盐雾、湿热性能[⑤]。但由于 AMT 处理后的青铜文物表面略带黄色，不能达到文物法"不改变文物原貌"的要求。为此，作者用 AMT 与其他两种有机物质复合成 AMT 复合物，已成功地用于青铜文物保护，使青铜器文物达到文物法不改变文物原貌的要求。但 AMT 及其复合物在青铜上膜的耐蚀性研究，前者报道甚少，后者未见报道。本文拟通过电化学方法、盐雾试验、湿热试验、盐水浸渍试验和 AMT 复合物保护的青铜文物实时观察，研究 AMT 复合物在青铜上形成膜的耐蚀性，并与 AMT、BTA 处理的青铜上形成膜的耐蚀性进行比较，并拟通过 XPS、AES 和 STM（扫描隧道显微镜）观察分析 AMT 及其复合物在青铜上形成保护膜的组成和膜的微观结构特征，以揭示青铜上形成膜的耐蚀性的缘由。

一　实验试样制备

实验试样用材料系按古代青铜的合金成分，采用精密铸造得到青铜试片其质量分数（%）为：Cu87.40，Sn 10.15，Pb 2.36。

1. 青铜试片

青铜试片用砂纸依次磨至 240 目，经蒸馏水冲洗，无水乙醇脱脂后，置于干燥器待用。

2. 带有粉状锈（$Cu_2(OH)_3Cl$）青铜试片

在取 1.1 所得到青铜试片上，滴加一定量 0.1mol/L HCl + 2mol/L H_2O_2 的混合水溶液，在 28℃空气中保持 18 h，形成鲜绿色的、干燥的粉状锈（$Cu_2(OH)_3Cl$）沉积在青铜试片上，即得到带有粉状锈（$Cu_2(OH)_3Cl$）青铜试片[⑥]。

* 本文由朱一帆、施兵兵、李大刚、万俐、徐飞、陶保成合作写成。

3. 试片成膜处理

将试片分别放入一定浓度的 AMT、AMT 复合物和 BTA 的 60℃的水溶液中，浸泡 6 h 后，取出试片，用蒸馏水冲洗，吹干后置于干燥器中供各项实验用。

二　动电位扫描法测定极化曲线

极化曲线测定采用三电极系统，即研究电极为青铜试片或成膜处理的青铜试片，辅助电极为铂金，参比电极采用饱和甘汞电极。动电位扫描速度为 10 mV/min。测试温度为 25℃，介质为 pH = 7 的质量分数为 5% NaCl 溶液，所得极化曲线见图 1。由极化曲线图 1 可见，经 AMT 等不同溶液处理过的青铜试片，由于在其表面上形成的膜，致使阳极过程和阴极过程均受到抑制，均为混合型缓蚀剂，其中 AMT 复合物对阴极过程抑制更显著，其缓蚀保护效果最佳。

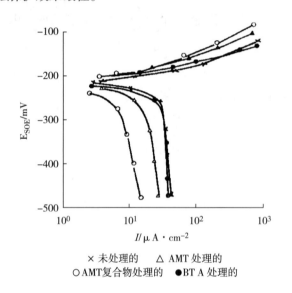

× 未处理的　　△ AMT 处理的
○ AMT复合物处理的　　● BT A 处理的

图 1　青铜和不同溶液处理的青铜在 5% NaCl 溶液中极化曲线

三　盐雾、湿热和盐水浸渍试验

盐雾、湿热试验用仪器型号分别为 DF - 27 型盐雾试验箱和 DL320 调温调湿箱。方法和锈蚀度评定均按标准方法进行[⑦~⑩]。青铜试片及经 AMT、AMT 复合物和 BTA 处理的青铜试样进行盐雾、湿热和盐水浸渍试验结果列于表 1、2、3。带有粉状锈（$Cu_2(OH)_3Cl$）青铜试样及经 AMT、AMT 复合物处理的带有粉状锈（$Cu_2(OH)_3Cl$）青铜试样的盐雾、湿热试验结果列于表 4 和表 5。

表 1 青铜试样盐雾试验结果

试样	试验后表面状况	锈蚀度 / %
青铜	中度变黄带红	51
AMT 处理的青铜	轻度变黄带红	17
AMT 复合物处理的青铜	微度变黄带红	6
BTA 处理的青铜	局部变黄变暗	41

表 2 青铜试样湿热试验结果

试样	试验后表面状况	锈蚀度 / %
青铜	轻度变黄,较多白色腐蚀产物	21
AMT 处理的青铜	微度变红,少量白色腐蚀产物	7
AMT 复合物处理的青铜	基本不变	1.7
BTA 处理的青铜	基本不变	2.7

表 3 青铜试样盐水浸渍试验结果

试样	试验后表面状况	锈蚀度 / %
青铜	严重变浅黄或带红	94
AMT 处理的青铜	轻度变红	15
AMT 复合物处理的青铜	微度变绿	4
BTA 处理的青铜	轻度变红	13

表 4 带有粉状锈青铜试样盐雾试验结果

试样	试验后表面状况	锈蚀度 / %
青铜	严重变红带黄	94
AMT 处理的青铜	中度变红	53
AMT 复合物处理的青铜	微度变红	9

表 5 带有粉状锈青铜试样湿热试验结果

试样	试验后表面状况	锈蚀度 / %
青铜	几乎全部变红,严重腐蚀	97
AMT 处理的青铜	微度变红	6
AMT 复合物处理的青铜	基本不变	1

由表 1 至表 5 可知,AMT 复合物处理的青铜试样和带有粉状锈青铜试样耐盐雾、湿热和盐水浸渍性能最好,表明 AMT 复合物处理的青铜试样上形成膜的耐蚀性最高,同时表明 AMT 复合物去除粉状锈效果最佳,使其在青铜表面上形成优良的保护膜。

四 含有粉状锈青铜文物经 AMT 复合物去除粉状锈和保护后实时观察

如图 2 所示,AMT 复合物处理前后的青铜编镈(战国时期),系采用 AMT 复合物去除粉状锈并同时在表面上形成一层良好保护膜的青铜文物保护新技术,使青铜文物达到文物法"不改变文物原貌"的要求,并将用 AMT 复合物处理的青铜编镈置于冷热和干湿的环境中,历经 4 a 实时观察,未见有任何变化,这就进而说明保护膜具有优良的耐蚀性。

1. 处理前　　　　　　　　　　　2. 处理后

图 2　AMT 复合物处理前后的青铜编镈

五　AMT 及 AMT 复合物在青铜上形成膜的组成与结构

1. XPS、AES 分析膜的组成

AMT 及其复合物在青铜上形成膜经 XPS 全扫描所得谱图,并采用 Ar^+ 溅射结合高分辨的 XAES 谱图,所得 $Cu_2P3/2$ 结合能和 CuL3VV 俄歇线的峰位值与标准的 Cu_2O 的 $Cu_2P3/2$ 和 CuL3VV 相一致,膜中含有一定量 C、N、S 和 O 元素,且 S 相对原子百分比浓度高于 C 和 N,故青铜上形成膜的组成与结构为 $Cu \mid Cu_2O \mid Cu^+ - AMT$[11]。

2. STM 观察研究分析膜的微观形貌特征

STM 可以在大气、真空及液体环境中获得材料表面微观、亚微观形貌特征,可获得材料/溶液界面状态变化的分子和原子水平的信息[12]。STM 采用美国 Topometrix 公司的 TMX2000 Discoverer 扫描探针显微镜测试系统,计算机采集数据并经相应软件处理绘图和打印输出。STM 观察得到经 AMT 处理后青铜表面的原子级形貌见图 3。

1. 扫描范围 50.4 nm×50.4 nm　　　　　　　　2. 扫描范围 10.2 nm×10.2 nm

图 3　经 AMT 处理后青铜表面原子级形貌图（STM）

　　由图 3 微观形貌特征可见，在青铜上形成的保护膜是以线性结构单元组成，各线型结构单元之间是相互平行或呈一定角度的无序排列在青铜表面上，由 Z 轴数据表明膜的厚度远大于单分子层厚度。同时由微观形貌特征可见每一线型结构单元是又有 3～5 个椭圆状基元构成的。此外，在图 3 中沿水平方向线扫描获得 STM 线分析结果（图4），可见图 4 中显示水平方向上高度存在两个峰值，且有相同的周期，约为 3.8 nm，可说明膜中层与层之间是交错排列的。所以，通过 STM 观察分析在青铜表面上形成膜的微观形貌特征，表明在青铜表面上形成多层交叉网状的有机络合聚合物膜，膜的结构致密，致使有效地抑制腐蚀介质的侵蚀，具有高耐蚀性的保护膜，揭示该膜具有高耐蚀性的机制。此外，在 XPS 和 STM 测试过程中，发现 AMT 复合物处理青铜后，其表面上形成保护膜的电阻较高（约为几 MΩ），所以其耐蚀性比 AMT 处理的要好。

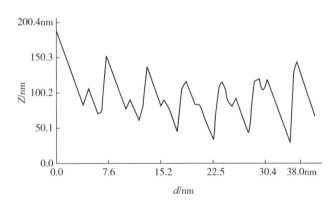

图 4　AMT 处理后青铜表面 STM 线扫描结果

六　结　论

　　（1）经 AMT、AMT 复合物和 BTA 处理的青铜在质量分数为 5% NaCl 溶液中测得极化曲线可知，均为混合型缓蚀剂，其中 AMT 复合物对阴极过程抑制更显著，其缓蚀保护效果最佳。

（2）经 AMT、AMT 复合物和 BTA 处理的青铜的耐盐雾、湿热和盐水浸渍性能比较，以 AMT 复合物处理的青铜耐蚀性最好。

（3）经 AMT、AMT 复合物处理含有粉状锈青铜耐盐雾、湿热性能比较。以 AMT 复合物处理的含有粉状锈青铜耐蚀性更好，表明 AMT 复合物去除粉状锈效果最佳。

（4）由 XPS、AES 和 STM 分析青铜表面上保护膜是由 Cu｜Cu$_2$O｜Cu$^+$AMT 形成多层交叉网状的致密的有机络合聚合物膜，致使有效地抑制腐蚀介质的侵蚀作用，揭示该膜具有高耐蚀性的机制。

注释：

① Gajendragad M R, Agarwala V. Complexing Behavior of 5 – Amino – 2 – thiol – 1, 3, 4 – thiadiazaole：Part – Ⅲ, Complexes of Cu(Ⅰ), Zn(Ⅱ), Ag(Ⅰ), Cd(Ⅱ), Tl(Ⅰ), Pb(Ⅱ), Pd(0) and Pt(0) . *Indian J Chem*, 1975, 13 (2)：1331 – 1334.

② Gajendragad M R, Agarwala V. Complexing Behavior of 5 – Amino – 2 – thiol – 1, 3, 4 – thiadiazaole：Part – Ⅱ, Complexes of Ni(Ⅱ), Rh(Ⅰ), Pd(Ⅱ), Pt(Ⅱ), Au(Ⅲ) and Cu(Ⅱ) . *Bulletin of the chemical society of Japan*, 1975, 48 (3)：1024 – 1029.

③ Ganorkar M C, Pandit Rao v, Gayathri P, et al. A novel method for conservation of copper – based artifacts. *Stud in Cons*, 1988, 33 (2)：97 – 101.

④ Bastidas J M, Otero E. A comparative study of benzotriazole and 2 – Amino – 5 – mercapta – 1, 3, 4 – thiadiazole as copper corrosion inhibitors in acid media. *Werkst u korros*. (Mater & corrs), 1996, 47 (6)：333 – 337.

⑤ Pandit Rao V, Sreenirasa Rao T A, Ganorkar M C. Some heterocyclic chelating agentsas corrosion inhibitors for copper. Trans SAEST, 1992, 7 (4)：222 – 226.

⑥ 王昌燧、范崇正、王胜君等：《青铜器粉状锈生成机理研究》，《中国科学 B 辑》1991 年 3 期。

⑦《中华人民共和国石油化工行业标准. SH/T 0081》，《防锈油盐雾试验法》，中国石油化工总公司发布，1991 年。

⑧《中华人民共和国国家标准. GB/T 2361》，《防锈油湿热试验法》，国家技术监督局发布，1992 年。

⑨《中华人民共和国石油化工行业标准. SH/T 0025》，《防锈油盐水浸渍试验法》，中国石油化工总公司发布，1991 年。

⑩《中华人民共和国石油化工行业标准. SH/T 0217》，《防锈油脂试验试片锈蚀度试验法》，中国石油化工总公司发布，1992 年。

⑪ 朱一帆、李大刚、施兵兵等：《AMT 保护青铜研究》，《材料保护》1998 年第 31 卷 5 期。

⑫ 白春礼：《扫描隧道显微术及其应用》，上海科学技术出版社，1992 年。

（江苏省自然科学基金资助项目，金属腐蚀与防护国家重点实验基金资助项目，国家文物局科研项目，原载《南京化工大学学报》1999 年第 21 卷 2 期）

AMT 在铜/柠檬酸体系中的缓蚀作用研究*

一 前 言

2 - 氨基 - 5 - 疏基 - 1，3，4 - 噻二唑（$C_2H_3N_3S_2$，简称 AMT）是五元杂环化合物，存在 4 种互变异构体，即氨基 - 疏赶式（a），亚氨基 - 疏赶式（b），氨基 - 疏酮式（c），亚氨基 - 疏酮式（d）[①,②]：

研究表明，该分子几乎是平面的，具有芳香性，且氨基 - 疏酮式（c）占有很大的优势[③~⑥]。AMT 常用于医药和农药中间体、感光材料以及分析试剂等。作为缓蚀剂只有有限的几篇文献报道其用于碳钢在强酸性体系中以及对铜、铜合金和对青铜文物保护。本文通过极化曲线、EIS、XPS、STM 等方法系统地研究了 AMT 在 5% 柠檬酸/紫铜体系中的缓蚀行为和机理。

二 实 验

极化曲线和 EIS 测试均采用三电极体系，研究电极为紫铜，且所有电极均具有相同工作面积，参比电极为饱和甘汞电极，辅助电极为 Pt 片。柠檬酸溶液用分析纯柠檬酸和蒸馏水配制而成，AMT 由南京博物院合成。极化曲线测试由 HDV - 7 恒电位仪和 DCG - 1 程序给定器组成的动电位扫描系统进行，扫描速度为 20 mV/min。交流阻抗测试采用 PG&G 公司 M378 阻抗测试系统，实验结果用 Backamp 编写的 EQUIVCRT. PAS 软件进行解析。XPS 测试用 PHI - 5300SCA 型多功能电子能谱仪进行。STM 测试采用 TM×2 000 扫描隧道显微镜进行。实验温度为室温。

---

* 本文由万小山、朱一帆、李大刚、施兵兵、万俐、徐飞合作写成。

三　结果与讨论

1. 极化曲线

图 1 是紫铜在 5% 柠檬酸中的极化曲线图，为了便于比较也作出了加有 0.2mmol/L 苯骈三氮唑（BTA）的极化曲线。从图 1 中可以看出，一定量的 AMT 使铜的自腐蚀电位正移，对铜有很好的缓蚀作用，甚至优于同等浓度的 BTA。但当 AMT 加入量较多（5.0mmol/L）时，其缓蚀作用又有所下降。AMT 对阴、阳极过程都有良好的抑制作用。值得注意的是阴极过程在极化几百毫伏后才进入扩散控制区，这表明在开路状态下，即自腐蚀电位下，该体系的控制步骤不是扩散过程，而是阴极的电化学极化控制过程。从加入 AMT 后阴极极化曲线的斜率变化可以发现，AMT 的加入使得阴极电化学极化控制的电位区间增大了。在实验过程中，加入一定量 AMT 后，紫铜电极浸泡 1～2h 后在其表面可观察到一层暗黄色的沉积膜。研究表明，AMT 可与 Cu(I) 和 Cu(（) 分别形成黄色和绿色不溶性螯合物[②,⑦]，结合实验中观察到的现象可以认为，AMT 在铜/柠檬酸体系中的缓蚀作用，一方面是改变了体系的阴极过程，另一方面是在电极表面形成了一层络合物沉积膜起着保护作用。

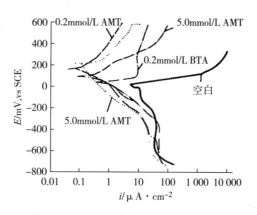

图 1　紫铜在 5% 柠檬酸中的极化曲线

2. 自腐蚀电位下的电化学阻抗谱

图 2 是紫铜在 5% 柠檬酸体系中自腐蚀电位下不加和分别加 0.2mmol/L 和 5.0mmol/L AMT 的阻抗谱图。不加 AMT 时（图 2a）只有一个时间常数，加入 AMT 后（图 2b）体系出现了两个时间常数，但当 AMT 添加量较大时（图 2c），两个时间常数的分离反而不如加入量较小时清楚。不加 AMT 时，并无 Warburg 阻抗出现，说明在自腐蚀电位下，其动力学步骤的阻力为电化学极化控制过程，这一点与阴极极化曲线上极化 200 多毫伏才进入扩散控制区的结果是相一致的。

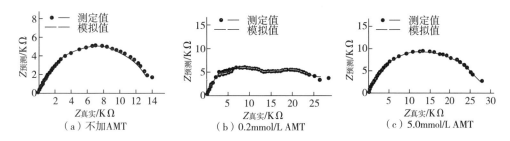

图 2   紫铜/5% 柠檬酸体系的电化学阻抗谱

图 2 中不加 AMT 的体系，其等效电路可由传递电阻并联界面双层电容后串接溶液电阻的简单电路表示，加入 AMT 后其等效电路见图 3。其中 R_s 为溶液电阻，R_{film} 和 C_{film} 为在 Cu 表面形成的膜层的电阻和电容，R_t、C_d 是界面反应传递电阻和界面双层电容。据相应等效电路用 EQUIVCRT. PAS 软件对各阻抗谱进行拟合，结果见表 1。从表中可以发现，AMT 的加入除了在电极表面形成电阻较高的膜层外，也使界面反应传递电阻 R_t 增大，都起着缓蚀保护作用。对比加入 0.2mmol/L 和 5.0mmol/L 两种不同浓度 AMT 的结果，AMT 浓度较高时，虽然可以形成更厚的膜层，但膜层增厚可导致界面反应的传递电阻比低浓度时有所降低，如极化曲线所反应的那样，使得保护作用有所降低。

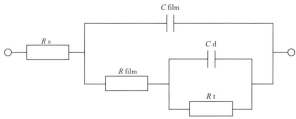

图 3   加入 AMT 体系的等效电路图

表 1   紫铜/5% 柠檬酸体系的交流阻抗谱拟合参数

拟合参数	空白	0.2mmol/L AMT	5.0 mmol/L AMT
R_s/Ω	70.23	52.68	60.60
R_{film}/Ω	–	15626.7	15535.0
$C_{film}/\mu F$	–	0.76902	0.56128
R_t/Ω	22352.7	36747.8	28890.0
$C_d/\mu F$	4.9685	5.6280	2.9318

3. XPS 测试

为了进一步研究 AMT 在紫铜表面形成的膜层的性能和组成，对在含 0.1mmol/LAMT 的 5% 柠檬酸体系中浸泡 24h 的铜试片作了 XPS 分析。表 2 是在 Ar^+ 溅射前和溅射不同时间后，根据相应的峰计算出的各元素的原子百分含量。从表中数据可以发现，在 Ar^+ 溅射 15min 后仍然有相当的 C、N、S 含量，说明 AMT 在 Cu 表面形成的膜有相当的厚度。尤其值得注意的是溅射 6min 后，膜层中氧元素含量下降为零，表明表面膜层中铜不可能以氧化物的形式存在。

表2　膜中各组成元素的相对原子百分含量随刻蚀时间的变化（%）

元素	N_{1s}	S_{1s}	O_{1s}	C_{1s}	$Cu_{2p3/2}$
溅射前	25.17	13.83	11.15	40.31	9.53
溅射 3min	17.95	14.59	2.35	24.36	40.75
溅射 6min	12.54	13.42	0	23.03	52.01
溅射 10min	8.32	14.83	0	16.41	60.44
溅射 15min	8.95	13.05	0	14.91	63.08

由实验测出 AMT 晶体中 N_{1s}、S_{1s} 的结合能为 379.8eV 和 162.0eV，而从铜表面膜层中所测的结合能分别为 398.8eV 和 163.2eV，二者均有所升高，这说明 N、S 均作为活性中心参与了成键。图4 是用 AMT 处理过的紫铜表面的高分辨谱图，对照文献⑧中二价铜的特征峰，清楚地显示出膜层没有二价铜的特征。所以膜层中的铜不是以二价的形式存在，由上所知 N_{1s}、S_{1s} 结合能的变化，可以认定膜层是由 Cu(I) 与 AMT 上的 S、N 原子分别形成共价键和配位健相互交错沉积而成。

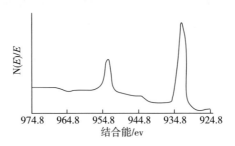

图4　紫铜试片膜 XPS 谱图

4. STM 分析结果

利用 STM 的高分辨率可以研究表面纳米级的形貌。从紫铜试片在含 1.0mmol/L AMT 的 5% 柠檬酸中处理 24 h 时的试片不同扫描范围的形貌图可以看出，膜层较厚并且有龟裂，说明膜层中存在较大内应力。极化曲线图中 AMT 浓度较高时其缓蚀作用反而下降，也可能是由于 AMT 浓度越高，形成的膜层生长变厚，内应力变大，导致膜层出现龟裂，从而使其保护性能下降。另外，还可以发现表面膜层在纳米级上存在着有规律的起伏和凹坑，由于其尺寸已至分子乃至原子级别，故它们只能是 AMT 在 Cu 表面形成的膜中 AMT 分子层与层之间相互周期性交错重叠而形成的，也就是说试片表面形成的 Cu(I) 与 AMT 螯合膜至少存在着短程的有序结构。

四　结　论

（1）AMT 在柠檬酸中在铜表面形成络合物沉积膜，对阴阳极有显著抑制作用，当 AMT 浓度较高时，其抑制作用反而有所下降。

（2）Cu/柠檬酸体系中以阴极动力学过程控制为主，AMT 的加入使这一过程的阻力增大。

（3）Cu/柠檬酸体系中自腐蚀电位下，不加 AMT 时呈现单一时间常数特征，加入 AMT 后出现低频时间常数。

（4）AMT 在 Cu 表面形成的膜是由 AMT 中的 N、S 与 Cu(Ⅰ) 相互交错成键而成，并且至少存在着短程的有序结构，但膜层较厚时，内应力增大，容易形成龟裂。

注释：

① Belaj F. Crystal structure of 5 – amino – 3H – ［1，3，4］thiadiazole – 2 – thione, C2H3N3S2 ［J］. *Z Kistallogr*, 1994, 209（4）：375.

② GajendragadMR, AgarwalaU. Complexingbehavior of 5 – amino – 2 – thiol – 1, 3, 4 – thiadiazole（part Ⅲ）：Complexes of Cu(Ⅰ), Zn(Ⅱ), Ag(Ⅰ), Cd(Ⅱ), Tl(Ⅰ), Pb(Ⅱ), Pd(0) ［J］. *Indian J Chem*, 1975, 13：1 331.

③ Downie T C, Harrison W. Crystal and molecular structure of 5 – amino – 2 – mercapto – 1, 3, 4 – thiadiazole ［J］. *Acta Crystallogr Sec B*, 1972, 28（5）：1 584.

④ 俞君、叶挺镐：《N，N'–甲撑–双（2–氨基–5–硫酮–1，3，4–噻唑）及其有关化合物的 15N 核磁共振研究》，《化学通报》1985 年 11 期。

⑤ 俞君、叶挺镐：《氨基噻唑类化合物的 15N 核磁共振研究》，《化学学报》1987 年 45 期。

⑥ EdwardsHGM, Jahanson A F, Lawson E E. Structural determination ofsubstituted mercaptothiadiazole using FT – Raman and FT – IR Spectroscopy ［J］. *Mol Struct*, 1995, 351：51.

⑦ Gajendragad M R, Agarwalw U. Complexing behavior of 5 – amino – 2 – thiol – 1, 3, 4, – thiadiazole（part Ⅱ）. Complexes of Ni(Ⅱ), Rh(Ⅰ), Pd(Ⅱ), Au(Ⅲ) and Cu(Ⅱ) ［J］. *Bulletin of the Chemical Society of Japan*, 1975, 48（3）：1024.

⑧ Anon. Handbook of X – Ray Photoelectron Spectroscopy ［M］. *Minesota*：*PERKIN ELEMER Physical Electronics Division*, 1987.

（本文为江苏省自然科学基金项目，金属腐蚀与防护国家重点实验室基金资助项目，原载《材料保护》2000 年第 33 卷 6 期）

AMT 在铜表面形成保护膜的 STM 研究[*]

5 - 氨基 - 2 - 巯基 - 1, 3, 4 - 噻二唑（AMT）不仅是一种有效的感光材料和分析试剂，同时作为重要的中间体被广泛应用于农药、医药生产中[①]，但作为铜腐蚀抑制剂的应用还远不如苯并三氮唑。实验表明[②~④]，AMT 在酸性、中性及碱性介质中对铜及其合金均具有较好的缓蚀作用，经 AMT 处理后的铜及其合金表面还能够耐大气腐蚀，但对 AMT 在铜表面作用机制的研究尚不多见。扫描隧道显微镜（STM）可以在大气、真空及液体环境中获得材料表面微观、亚微观形貌特征，为从分子和原子水平研究腐蚀过程中材料/溶液界面状态的变化提供了有力武器[⑤]。今利用 STM 观察 AMT 在铜表面形成保护膜的微观形貌特征，结合谱学测量技术，从分子水平上分析膜的组成、结构，探讨成膜机制，为 AMT 在铜腐蚀抑制作用方面的应用奠定理论基础。

一　实验方法

所用金属材料为青铜，成分为 Cu - 87.4%（质量分数，下同），Sn - 10.15%，Pb - 2.36%，试片经金相砂纸打磨，无水乙醇脱脂后，将试片置于一定温度的 AMT 溶液中浸泡一定时间，取出，滤纸吸干水分，置于干燥器中待用。

STM 采用美国 Topometrix 公司生产的 TMX 2000Discoverer 扫描探针显微镜测试系统，数据经计算机采集，由相应的软件处理并绘制成图，激光打印机输出；实验参数选择如下：隧道偏压 5mV，初始点 2nA，图像分辨率 300。同时对试样进行了扫描电镜（SEM）、光电子能谱（XPS）、俄歇光电子能谱（XAES）表面形貌及能谱分析。

二　实验结果及讨论

（一）经 AMT 处理后青铜表面的微观形貌特征

青铜经 AMT 处理前后表面颜色基本不变，且有金属光泽。利用 SEM、STM 观察表面形貌特征，结果见图 1。

---

* 本文由李瑛、曹楚南、林海潮、朱一帆、李大钢、施兵兵、万俐、徐飞、陶保成合作写成。

比较经 AMT 处理前后青铜的表面形貌可以看出，经 AMT 处理后青铜表面被细小的颗粒物覆盖。而在 SEM 测试过程中，放大倍数增加，电子束的能量增加，在放大倍数为 2000 倍时，材料表面变黑，说明材料表面存在不耐高速电子轰击的有机物。

STM 所获经 AMT 处理后青铜表面的原子级形貌见图 2。

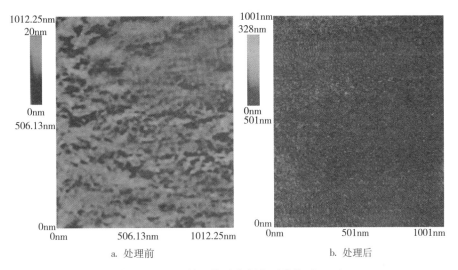

a. 处理前   b. 处理后

图 1   经 AMT 处理前后青铜表面形貌（SEM）

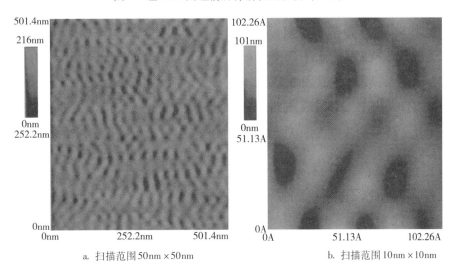

a. 扫描范围 50nm × 50nm   b. 扫描范围 10nm × 10nm

图 2   经 AMT 处理后青铜表面原子级形貌图（STM）

从 STM 所获材料表面的形貌图可以看出，经 AMT 处理后，金属铜表面形成了一种致密的保护膜，在 $50 \times 50\,nm$ 尺度上（见图 2a）观察保护膜特征可知，此时保护膜以线性结构单元构成，各线型结构单元之间或平行或相互呈一定角度无序地排列在材料表面；从 $10 \times 10\,nm$ 尺度上（见图 2b）观察保护膜可知，图 2a 中每个线状小结构单元是由 $3 \sim 5$ 个椭圆状单体组成，线状单元之间以这种椭圆形单体相连接，Z 轴高度数据表明，表面膜的厚度远超过单分子层厚度，说明 AMT 是以多层吸附的方式覆盖在金属铜表面，线分析结果（见图 3）表明层与层之间交错排列，从而使 AMT 在金属铜表面形成的保护膜非常致密。

（二）AMT 在金属铜表面形成的有机物膜的分子构型

AMT 分子具有芳香性，存在四种互变异构体，四种互变异构体皆为平面式结构：

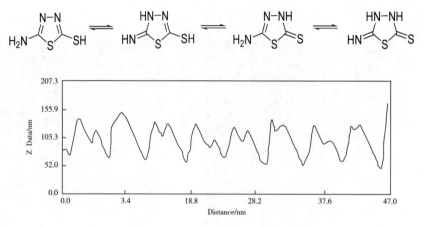

图 3　经 AMT 处理后材料表面，STM 线分析结果

Gajendraged 等[2][4]对 AMT 与包括铜在内的多种金属的络合性能，形成络合物的组成，分子结构等进行了系统的研究，结果表明，溶液中的二价铜离子可与 AMT 配体发生键合，由于 Cu 的最外层 sp 轨道为空轨道，可形成 sp^3 杂化，与多个 AMT 配体成键，进一步形成如下的有机络合物（AMT 以带一个负电荷的阴离子形式存在）：

以上的结构式可推知络合物的立体构型（图 4），即每个铜与 AMT 配体形成四面体结构。

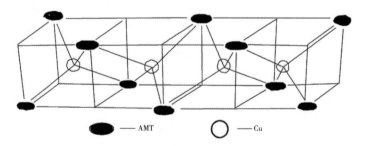

图 4　AMT 与铜络合后的立体构型

而采用 Ar^+ 溅射结合高分辨 XPS 所得的青铜上 AMT 膜的 CuL_3VV、$Cu(2p)$ 高分辨 XAES 谱图表明，所测表面膜中 $Cu2p_{3/2}$ 结合能和 CuL_3VV 俄歇线峰值与标准的 Cu_2O 相一致，结合 STM、XPS 及 XAES 等表面形貌和能谱分析结果，可以断定 AMT 与实验所用的青铜也是以上述方式形成络合物膜起到保护作用，由于实验所用的铜合金存在结

构缺陷，表面物理、化学性质不均匀，加之 AMT 与铜络合过程中各种因素的影响，AMT 与铜不形成连续、规则的有机络合物膜，但从图 2b 中仍可找到部分与图 4 类似的结构。

（三）AMT 在青铜表面的成膜机制

综上所述，对 AMT 在铜表面的成膜机制做如下分析：浸在含 AMT 介质中的金属铜，表面最活泼的原子首先发生腐蚀反应生成一价铜离子，一价铜离子再与 AMT 分子形成有机络合物，随后次活泼的原子也发生同样的反应，最后反应波及整个金属铜表面，但由于金属铜表面缺陷的存在，已形成的单层有机络合物膜不能够将铜表面完全覆盖，基体中未被覆盖的金属铜将通过有机络合物膜的孔隙进一步发生反应，如此反复多次，最后形成多层交错网状构型的无序有机络合物保护膜，对铜腐蚀起到抑制作用。

三　结　论

（1）STM 的形貌分析结果表明，经 AMT 处理后，金属铜表面将形成一种致密、多层网状形式的有机物膜，从而对铜的腐蚀起到抑制作用。

（2）保护膜的形貌及能谱分析结果表明，AMT 是与青铜的腐蚀产物铜一价离子发生络合反应形成有机络合物，但由于青铜表面物理化学性质不均匀，形成的有机络合物只能以无序的方式吸附在金属铜表面。

（3）对 AMT 在铜表面形成的有机络合聚合膜的分子构型，成膜机制的研究，说明可以利用 STM，结合其他表面分析技术，在分子水平上对材料表面反应过程进行研究。

注释：

① Domaglina E，Przyborowski L. Z. *Anal Chem.*，1965，207：411.

② Gajendraged M R，Agarwala U. *Indian J. Chem.*，1975，13（12）：1331.

③ Pandit Rao V，Sreewivasa Rao T A，Ganorkar M C. Trans. *SAEST*，1992，27（4）：222.

④ Gajendraged M R.，Agarwala U. Bull. Chem. *Soc. Jpn.*，1975，48（3）：1024.

⑤ 白春礼：《扫描隧道显微术及其应用》，上海科学技术出版社，1992 年。

（国家自然科学基金项目，江苏省自然科学基金项目及百人计划资助项目，原载《物理化学学报》1998 年第 4 卷 4 期）

南宋鎏金铜佛像的修复与保护

　　1998 年，南京博物院文物保护研究所受宁波天一阁博物馆的委托，对该馆收藏的宁波市天封塔地宫出土的南宋（1127～1279 年）一批青铜器进行修复与保护处理。在这一批铜器中，阿弥陀佛鎏金铜像①有镂孔的盘形背光，中央为圆形顶光，顶光与背光间镶嵌珠饰，佛像面部丰满，头发施以有机材料后加工成形，衣饰流畅，底为莲花座，造型端庄，极为精美，故在整个天封塔出土的铜器中可谓上乘之作。

　　但由于佛像当时的铸造工艺以及地宫埋葬环境所致，铜器出土时就锈蚀严重，有害锈层累叠，剥蚀垢迹斑斑，更为严重的是该件器物的金属本体基本上全部矿化，失去了金属芯，质地疏松，给修复保护带来难以想象的困难（图1）。

　　为了保护、修复阿弥陀佛鎏金铜像，南京博物院副院长奚三彩教授从化学保护的方案，到修复工艺都逐一审核，确保修复工作万无一失，现叙述如下。

化学保护前的防水处理

　　阿弥陀佛铜像，由于表面有镶嵌珍珠、发髻系有机材料，以及底座的背面（即无鎏金处）和残块的断面，经酸性去锈剂去锈会造成损坏，为此在化学去锈前，对佛像无鎏金处如背面、断面、珍珠和发髻进行加固和防酸处理。加固剂使用氰基丙烯酸酯黏合剂（502 黏合剂）、NJ－2 加固剂、NJ－1 防水剂②、AAA 超能胶（双组分环氧胶），其工艺：先将佛像上的浮灰用软刷去除，再用蒸馏水清洗佛像上的泥，然后加热至 60℃烘干。用小号狼毫毛笔，沾 NJ－2 加固剂涂刷于珍珠和发髻之处；针对莲花座残块和有凹陷处，经 502 黏合剂加固后，再用环氧胶加固。用 NJ－1 防水剂，刷涂于 502 黏

图 1　宁波阿弥陀佛鎏金铜像修复前

合剂和环氧加固处，目的在防酸和耐高温。

AMT 复合剂的保护处理

AMT 复合剂[③]即 5 - 氨基 - 2 巯基 - 1，3，4 - 噻二唑的复合物，是南京博物院研制的青铜保护试剂，它能完全除去粉状锈，而且能在铜表面形成抗腐蚀的聚合物保护层。

AMT 与粉状锈（$Cu_2(OH)_3Cl$）的反应如下：

$$Cu_2(OH)_3Cl + 4 \ \text{(H}_2\text{N-} \ \text{SH)} \longrightarrow \text{(絮状物)} + HCl + 3H_2O$$

（絮状物）

其工艺为：去除粉状锈为 AMT 复合剂，pH 值为 2 ~ 2.5，温度 60 ~ 70℃。将佛像全浸入试剂中，此时可见在佛像的莲花座，佛像的衣饰、背光等有粉状锈的区域迅速形成絮状物，并不断由该区域涌向溶液中，而无粉状锈的地方并不发生反应。约 1h 后取出，用水冲洗并用软毛刷洗刷表面吸附的絮状物，再浸入溶液中。试剂经多次清洗后，需要换新鲜的溶液，再进行清洗，直至无絮状物形成，表明佛像有害锈已去除干净[④]。

佛像上的无害锈由于遮盖了鎏金部分，影响了鉴赏和研究，为此必须全部去除。

其工艺为：5% 柠檬酸，并加入缓蚀剂 AMT。柠檬酸与无害锈的反应为：

$$Cu_2(OH)_2CO_3 + 3H_3L \uparrow \longrightarrow 2CuHCit + CO_2 \uparrow + 3H_2O$$

反应式中 H_3L 是柠檬酸，即为 $HO(CH_2COOH)_2COOH$，AMT 能抑制柠檬酸对青铜的腐蚀，具有较高的缓蚀效率[⑤]。在室温条件下，将铜佛全浸入含有 AMT 的 5% 柠檬酸溶液中，经一定时间后取出，用清水冲洗并刷去表面的浮锈和杂质，并辅以机械去锈，除去覆盖在佛像上的无害锈，这样重复操作，直到鎏金全部露出。

超声波清洗：佛像经 5% 的柠檬酸去除无害锈后，为了清洗佛像表面及凹陷处的酸液残留，用超声波清洗器清洗。

其工艺为：先将蒸馏水放入超声波的清洗槽内，然后将佛像放进超声波清洗网上，开启清洗定时器，定时时间设置十分，清洗完毕，用试纸测一下 pH 值，如清洗液仍有酸性，需换蒸馏水后继续清洗，直至清洗液为中性为止。

佛像的残缺主要在莲花座上，由于残片的断面呈赤红色（氧化亚铜，全无金属光泽，图 2），故不能采取传统的锡焊工艺，拼接只能用树脂黏结，残缺部位用树脂复原。

其工艺为：首先将黏结面用丙酮溶液擦去 NJ - 1 防水剂，阴干。按 1∶1 的比例调和环氧，进行碎片间的黏合，树脂 1 小时初凝后，12 小时达到最高强度[⑥]。莲花座残缺约五分之二（见图 2），佛像的左腿后跟部、左手的四指和后衣饰（2 × 3cm）需要补缺，补缺的材料为美国快速固化环氧和 AAA 超能胶。其程序先将硅橡胶翻下原莲花座的模样，用 AAA 胶在硅橡胶模板中涂敷成形，然后将树脂材料制作的莲花座残缺部分黏结于原物上，对于小部分（约 0.5×0.5cm）的残缺部，如手指等用快速固化树脂直接在残缺的部位雕塑成形。

图2　阿弥陀佛鎏金铜像莲花底座残缺五分之二　　　　图3　阿弥陀佛鎏金铜像的发髻

发髻的复原：佛像的发髻表面疏松，遇水溶解，直径约 1.5mm 的球体（图3）。经显微镜观察和元素定性分析，有 Fe、Si、Ca、Ag、Cu、Na、Mg、Pb、Al 等元素。这种发髻材料的装饰形式在以往的铜佛像中很少见，初步观察也许是香制作而成。为了做到与原物发髻相匹配，取宁波普陀寺庙中开过光的香，对香作了显微镜观察和元素定性分析，有 Fe、Si、Ca、Ag、Al、Na、Mg 等元素。佛像的发髻和现代的香所含元素大致相同，表面色泽及物理性能二者也相同，所不同的是发髻中没有观察到现代香的木屑和香料的组织结构。为此，复原佛像的残缺发髻，暂决定用宁波普陀寺庙的香。

其工艺：①将香剪成 2mm 的颗粒，然而在 400 目的水砂纸上，用手磨成 1.5mm 直径的球体，共制作了 66 粒新发髻；②按佛像发髻原来排列的形式，用树脂将新的发髻黏合在佛像头部。

佛像残缺部分复原后，表面应贴金。原件为鎏金，修复中使用贴金箔工艺。在贴金箔的过程中，没有采用唐宋时期的鱼鳔胶水和明清时期生漆黏金箔的方法，而是用现代的调和漆作为黏金箔胶黏剂，其方法是在补配的莲花座上刷涂一层调和漆，1h 后，将金箔用竹钳子夹起，贴在有黏性的补配处，再用玛瑙轧子压平金箔。

贴上的金箔与原来的鎏金处由于采用的工艺不同，金的颜色有新旧之差，为统一色泽。用虫胶水调无机颜料，做氧化铜、硫酸铜、碳酸铜、氯化铜的锈层在补配上，使黏结的缝隙、补缺处与原来佛像的色泽一致。

佛像经以上四个保护修复工艺，使通高 31cm 的面相丰腴，表情端庄温煦的一尊阿弥陀佛鎏金铜佛像恢复原貌（图4、5）。

　　另笔者是从事于文物保护工作，对佛教学缺乏研究，在修复宁波天封塔地宫的鎏金佛像中，有两个问题尚未得到解决，想通过本文的发表，求助于诸位学者，以妥善保护这件珍贵的文物。

　　图4　阿弥陀佛鎏金铜像修复后正面　　　图5　阿弥陀佛鎏金铜像修复后背面

图6　鎏金铜像发髻处的半圆凹陷

　　第一，铜、石佛像以螺旋或半球作为发髻，从北魏开始就有，到唐代盛行，而像宁波的这件佛像的发髻不是铜体，而是有机材料制成，不知这种工艺从什么时候开始？

　　第二，图6中的发髻中央一处有半圆的凹陷，推测可能是镶嵌物遗落。不知是一枚珍珠，还是以珍珠为材料的万象佛教图案，还是其他种类的镶嵌物？

注释：

① 阿弥陀佛鎏金铜像的定名是依据1996年11月华夏出版社出版的《宁波文物集粹》图九八。

② NJ-1和NJ-2是笔者正在承担国家文物局下达的"脆弱青铜器的加固"课题研究中新型的加固剂，NJ-1不但能防水，而且能耐酸耐高温。

③ AMT复合剂是"青铜文物保护新技术"课题中研制的新工艺，该研究成果获1998年国家科技进步三等奖。

④ AMT复合剂去除粉状锈和抗腐蚀能力，详见《青铜文物保护新技术的研究》，《第四届国际冶金史学术讲座会论文集》（日本），1998年，145页。

⑤ Otero E. , Lopez \ \ . Escudero M. L. , Scand. corros. Congr. *EURRCORR* 92. 12*th*, 1992. 2：583-592.

⑥ 同注③。

　　　　　　　　　　　　　　　　　　　　　　　（原载［台北］《文化视窗》2000年15期）

一种检查粉状锈的简易方法*

一 前 言

中国是一个有着悠久历史的国家，古代的中国有着很强的生产能力，尤其在铸造业方面，因此遗留给我们后人许多精美别致的青铜器。然而有相当多的青铜器或多或少患了青铜病，因此，准确地识别并去除青铜病成了当务之急。

在环境的作用下，青铜器会遭受到不同程度的腐蚀，产生各种各样的腐蚀产物，其中有相当多的腐蚀产物古色古香，对青铜器无害，通常称为无害锈，如孔雀绿、黑漆古等，在不影响铭文的情况下对这类腐蚀产物必须进行保护。腐蚀产物中还有一种被称为"青铜病"的绿色粉状锈，它是一种能够恶性膨胀的铜锈，主要成分为碱式氯化铜——$Cu_2(OH)_3Cl$，它能够使青铜器的腐蚀蔓延扩大，穿洞鼓泡，对青铜器危害极大，被称为青铜文物的"癌症"[1]，对这种有害锈必须做到及时尽快地根除。

粉状锈呈淡绿色，若其表面吸水则呈亮绿色，用肉眼能观察到。目前检查粉状锈的普遍使用方法是目测法、湿热法、仪器分析法。用眼睛能够观察到的用目测法，用眼睛不能观察到的则可将器物放到湿热箱内，在高温高湿的条件下让粉状锈发出来，这个方法称作湿热法，如果表面粉状锈很少，有条件的单位可以采用 X 荧光光度仪、电子探针等微损或无损设备检测。以上三种方法都有着很大的局限性，用眼睛能够观察到毕竟是器物表面的粉状锈，在缝隙中或其他锈层的覆盖层下的粉状锈及氯化亚铜肯定观察不到，用湿热法也只能一定程度上弥补目测法的不足，但其本质上依然属于目测法的范畴，用仪器分析随机性较强，对粉状锈的检查不具备更加普遍的特点，而且费用较高不符合我国的国情。下面介绍一种用化学试剂浸泡快速准确检查粉状锈的方法。

5 - 氨基 - 2 - 巯基 - 1，3，4 - 噻二唑（AMT）对消除青铜病、抑制青铜腐蚀有较好的效果[2]，AMT 复合剂 ACN1 可以更好更快地清洗去除粉状锈、保护青铜文物[3]，用 ACN1 复合配方可以很快地发现粉状锈。

二 实验方法

粉状锈的检查采用 ACN1 复合剂，pH 值为 2 ~ 2.5，溶液温度为 60℃，将战国青铜

---

* 本文由徐飞、万俐、陶保成、朱一帆、李大刚合作写成。

编镈全浸入12L清洗液，立即可见在含有粉状锈的区域迅速形成浅黄带绿的絮状物，而无粉状锈的区域基本不发生反应。有裂隙的地方聚集着大量絮状物，会发现有絮状物紧紧吸附的地方就有粉状锈的存在，因此基本可确定粉状锈的分布区域。

三　结果与讨论

（一）絮状物的分析

絮状物的分析采用电子能谱法红外光谱法和X衍射法。检查过程中析出的絮状物为浅黄带绿色，它非常疏散，悬浮在清洗液中，吸附在青铜文物表面上，比表面积很大。

1. 电子能谱（EDS）分析

分析仪器为Kevex Analyst能谱仪（日本），分析试样为1#絮状物（未经热蒸馏水洗涤）和2#絮状物（经热蒸馏水多次洗涤、离心、分离所得产物）。分析结果见表1。

表1　絮状物电子能谱分析结果

试样	元素				
	Cu	Fe	Ca	Al	S
1#	17.29	0.37	0.35	0.23	30.82
2#	18.25			0.47	30.55

由表1可见：絮状物中不含Cl，而Cu和S的含量很高，且经洗涤后含量基本不变，由质量比可知二者原子比约为1∶4，这与Cu(Ⅱ)AMT络合物的Cu、S原子比相吻合。

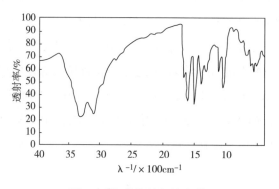

图1　2#絮状物的红外光谱

2. 红外光谱（IR）分析

分析仪器为75 – IR红外分光光度计（德国），2#絮状物的红外光谱分析结果见图1。AMT的标准红外光谱见图2。

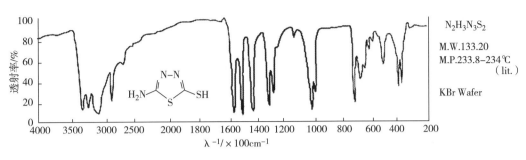

图 2 AMT 的标准红外光谱

由图 1 与 AMT 的标准红外光谱[⑤]比较可见，AMT 红外光谱中，$2520cm^{-1}$ 处有一条弱的 γ_{S-H} 吸收峰，而絮状物在红外光谱中无此峰，说明 AMT 中的 $-SH$ 脱去了质子，S 原子与金属成键。AMT 红外光谱中 $1620cm^{-1}$、$1070cm^{-1}$ 和 $1560cm^{-1}$ 处的吸收峰分别为 $\gamma_{C=N}$、γ_{C-N} 和 γ_{N-H} 的吸收峰，絮状物红外光谱中这三峰分别移至 $1600cm^{-1}$、$1045cm^{-1}$、$1510cm^{-1}$ 处，γ_{N-H} 对称和反对称的多重吸收峰移至 $3080cm^{-1}$ – $3280cm^{-1}$ 处，根据文献[②④]Cu(Ⅱ) AMT 络合物在 $450cm^{-1}$ 处有 γ_{Cu-S} 吸收峰，说明 $-SH$ 中 S 原子及 $-NH_2$ 中的 N 原子参与了配位作用，因受 IR 测定频率范围限制，图 1 中未见 $350cm^{-1}$ 和 $450cm^{-1}$ 处的吸收峰。

由图 1 可见，$3080cm^{-1}$、$3280cm^{-1}$ 处有较强的吸收峰，$1310cm^{-1}$ 处有一弱的吸收峰是 Cu(Ⅱ) AMT 络合物与 Cu(Ⅰ) AMT 络合物相区别的地方[④⑥]，为 Cu(Ⅱ) AMT 络合物的典型峰值。

3. X 射线衍射（XRD）分析

分析仪器为 D/MAX – NB 转靶 X 射线仪（日本），2# 絮状物的 XRD 分析结果见图 3。

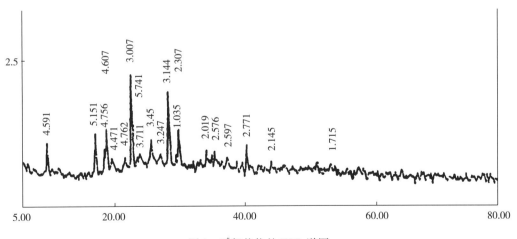

图 3 2# 絮状物的 XRD 谱图

由图 3 与 AMT 的 XRD 谱图[③]及 AMT 的转靶 X 衍射标准卡片[⑦]相比较可知，絮状物由非晶态物质组成，AMT 的杂环结构没有破坏，这与红外分析结果一致。

分析结论：由絮状物的形貌 EDS、IR 及 XRD 分析结果表明，絮状物为 Cu(Ⅱ)

AMT 络合物，分子式为 $Cu(C_2H_2N_3S_2)_2$，其结构式如下：

（二）浸泡溶液的分析

浸泡溶液中的氯离子含量采用离子色谱法（IC）测定，所用谱仪为美国 Dionex 2110i。

测试条件如下：

（1）柱子 AS4A + AG4A；（2）抑制柱 AMMS（微膜抑制柱）；（3）检测器电导；（4）淋洗液 0.0018mol/L Na_2CO_3/0.0017mol/L $NaHCO_3$；（5）流速：2.0ml/min

浸泡战国青铜编镈的清洗液中氯离子分析结果见表2。

表2　浸泡液中 Cl^- 含量和 Cl^- 浸出速度

样品号	样品条件	Cl^-含量/mg·l^{-1}	浸出 Cl^- 的速度/mg·h^{-1}
1 - A	第一次浸泡 ACN1 原始液	0.087	—
1 - B	第一次浸泡 1 小时后溶液	3.71	44.52
1 - C	第一次浸泡 4 小时后溶液	6.76	20.28
2 - B	第二次浸泡 2 小时后溶液	2.98	17.88
2 - C	第二次浸泡 6 小时后溶液	7.57	15.18
3 - C	第三次浸泡 4 小时后溶液	6.08	18.24
4 - C	第四次浸泡 3 小时后溶液	3.68	14.72
5 - C	第五次浸泡 1 小时后溶液	0.84	10.08

（三）讨论

清洗液中含氯离子是由于粉状锈 $Cu_2(OH)_3Cl$ 与 ACN1 中 AMT 的反应结果，AMT 可与粉状锈快速反应中生成絮状物和 Cl^-，故浸泡一定时间后，溶液中 Cl^- 含量较原始溶液大大增加。由此可见，ACN1 中的 AMT 与粉状锈可快速反应。浸泡以后，Cl^- 浸出速度有递减趋势，可以推断出活性粉状锈及 Cl^- 含量逐渐减少，由此可见 AMT 与粉状锈反应的有效性。

ACN1 与粉状锈的反应机理：通过对絮状物和清洗液的分析可知，ACN1 中 AMT 有选择地与粉状锈起反应，生成絮状物（Cu(Ⅱ) AMT 络合物），清洗出氯离子。AMT 与粉状锈 $Cu_2(OH)_3Cl$ 的反应式为：

$$Cu_2(OH)_3Cl + 4\ H_2N\text{-(2-amino-1,3,4-thiadiazole-5-thiol)} \longrightarrow (\text{络合物}) + HCl + 3\ H_2O$$

（絮状物）

上述反应较为迅速，尤其是 pH 值较低时反应更快，在 AMT 中加入助剂后，降低了溶液的 pH 值，加快了 AMT 与粉状锈的反应速度，ACN1 对无害锈没有侵蚀作用，反应具有明显的选择性。因此用 AMT 溶液或 ACN1 复合配方可以快速准确的发现粉状锈分布区域，为最大限度地去除粉状锈创造了必要条件，所以用 AMT 溶液或 ACN1 复合配方浸泡法是一种简便易行、非常适用的检查粉状锈的方法，值得推广。

注释：

① 陆寿麟、李化元：《文物保护技术》1982 年 2 期。

② M. C. Ganorkar, V. Pandit Rao, P. Gayathri, et al, *Stud. in cons.*, 1988, 33（2）：97～101.

③ 南京博物院、南京化工大学：《"青铜文物保护新技术的研究"鉴定材料》，1996 年。

④ M. R. Gajerdraged, U. Agarwala, Bull . *Chem. Soc.* Jpn., 1975, 48（3）. 1024 – 1029.

⑤ *Sadlter Research*, Laboratories Inc, 1966, 4997.

⑥ M. R. Gajendraged, V. Agarwala, *Indian J. Chem.*. 1975 13（12）：1331 – 1334.

⑦ Hinch, R Walter C, Mccrone Associater, Inc., Chicago, Illinoits, USA, *JCPDS Grant – in – aid report*, 1985.

（原载《文物保护与考古科学》2001 年第 13 卷 2 期）

氟橡胶成膜物封护青铜试片的研究[*]

一 引 言

对于文物保护要求最小的干预，这是文物保护的基本原则。因此，国内外文物保护专家主张在严格控制环境条件下保存青铜文物，尽可能保留文物原始形貌和成分。但是在中国的现有国情下，许多博物馆对青铜文物的保存环境不能有效地控制，在这种情况下，高分子封护是青铜文物保护的重要有效手段。由于其保护效果比较突出，操作手段比较简单，近年来被越来越广泛地运用。

青铜封护的材料目前用得比较多的材料有 B72[①]、三甲树脂、聚乙烯醇缩丁醛、硅丙树脂[②]等，近年来也有用氟碳等含氟材料[③]封护的趋势。南京博物院在1996年开始有机氟橡胶在青铜封护方面的研究，在实际的保护过程中，取得了不错的效果。1999年南京博物院新展厅铜器馆的一百多件铜器，用有机氟橡胶封护后，到现在为止还没有发现明显变化，没有发现粉状锈蔓延的现象。本文将重点阐述氟橡胶封护青铜效果的实验室研究。

二 实验材料和方法

（一）试验材料

实验所用材料为青铜，参照古代容器类青铜合金成分铸造，其组成为 Cu 87.4%、Sn10.24%、Pb2.36%。试片用砂纸逐级打磨至600#，经去离子水冲洗，丙酮脱脂和冷风吹干以后，置于干燥器中备用。

封护剂主要成分为氟橡胶，并在氟橡胶中添加 B72 和单组分氟碳（以下称 KL，为日本旭肖子公司产品，有可逆性），此外还使用常用的封护剂有机硅玻璃丙烯酸树脂（以下称硅丙）。用这些材料配成以下 10 种溶液（溶剂用乙酸丁酯。由于在实际操作中发现3%以上的氟橡胶溶液的流挂性不强，成膜不均匀；3%以上的 B72 有一定的光亮度，因此溶液中这两种物质的单一浓度不宜超过3%）。

---

* 本文由徐飞、万俐、陈步荣、陈强合作写成。

（1）氟橡胶 3%，（2）氟橡胶 3% + B72 3%，（3）氟橡胶 3% + B72 1.5%，（4）氟橡胶 1.5% + B72 3%，（5）B72 3%，（6）氟橡胶 3% + KL 3%，（7）氟橡胶 3% + KL 1.5%，（8）氟橡胶 1.5% + KL 3%，（9）硅丙 3%，（10）KL 3%。

（二）实验方法

（1）盐雾腐蚀试验　实验在 FQY025 型盐雾腐蚀箱中进行，工作温度 35℃，介质为中性，5% NaCl，pH 值为 6.9，盐雾沉降量为 1.2ml/（h·80cm^2），喷雾方式采用连续喷雾。

用打磨好的备用试片（尺寸 5cm × 2.5cm × 0.15cm）经上述 10 种配方封护剂封护，为了保证涂层厚度一致，采用浸涂方式，并在涂刷前后称量试片的质量，确保其质量差基本一致。每种封护剂做两片以测试其平行性，并加两片空白试片做对比实验。

（2）二氧化硫腐蚀实验　实验采用改进型的启普发生器，以浓硫酸（分析纯）与去离子水 1∶85 的比例配制硫酸溶液加入滴液漏斗中，再在启普发生器的反应室中加入亚硫酸钠打开活塞，可放出气体 SO$_2$ 气体（浓度为 1%），进行实验。

（3）耐湿热实验　实验采用上海实验仪器总厂生产的 302A 型调温调湿箱，工作电压 220V，周率 50Hz，功率 2.3kW。实验参数为温度 40℃，湿度 95%。

（4）紫外光老化实验　实验采用紫外光老化实验装置，包括：紫外老化：波长范围：290 ~ 400nm，主波长：365nm。强紫外灯 UV 灯管变压器，型号 KD$_3$ 紫外灯灯管，容量 3kW、频率 50Hz，波长范围：290 ~ 400nm，主波长：365nm，工作频率 730Hz、工作电流 5A。

（5）接触角　实验采用德国 Kruss 公司生产的 DSA600 表面接触角测定仪，介质为蒸馏水，取四次平均值。

（6）极化曲线研究　实验采用上海辰华仪器公司生产的电化学工作站（CHI），辅助电极为石墨电极，参比电极为饱和甘汞电极，整个电化学测试数据的采集与处理均由计算机完成。加热装置采用恒温水浴加热，主要由电热恒温水浴、变压器、电触点温度计和继电器组成，实验温度为 30℃，介质为 3% NaCl 溶液。

（7）交流阻抗　实验采用上海辰华仪器公司生产的电化学工作站（CHI），辅助电极为铂电极，参比电极为饱和甘汞电极，整个电化学测试数据的采集与处理均有计算机完成。加热装置采用恒温水浴加热，主要由电热恒温水浴、变压器、触点温度器和继电器组成，实验温度为 30℃。介质为 3% NaCl 溶液。

（8）试件抗压强度测试　实验试样：用分析纯铜粉、氯化亚铜粉、碳酸铜、氧化亚铜、氧化铜粉按 4∶1∶1∶1∶1 的质量比例混合均匀。用 3628 型台式压片机，以 4MPa 压力压成高度 1cm、直径 1cm 的试片。试验过程：试件制成后，用上述的十种溶液浸泡一个小时，待 48 个小时实干以后，采用 WDW3100 万能实验机测试其抗压强度。每组做三片，取平均值。实验速率为 1.000mm/min。

三　结果与讨论

（一）盐雾腐蚀试验

经观察，在实验开始以后的半个小时内，未经封护的试片已明显发生腐蚀，整个表面变绿，而其他的无明显变化；在一个半小时以后，经单独 B72 封护的试片也开始出现绿色粉状锈，单独硅丙封护的试片出现少量绿斑；两个小时以后单独的氟橡胶封护的试片有少量脱落，在脱落部位出现绿斑，氟橡胶 3% + B72 1.5% 封护试片也在边缘部位出现绿斑，氟橡胶 3% + KL 3%、氟橡胶 3% + KL 1.5% 和氟橡胶 1.5% + KL 3% 封护试片出现绿斑，KL 3% 封护试片出现较多绿斑；三个小时以后，氟橡胶 1.5% + B72 3% 封护试片也开始出现绿斑；四个小时以后，氟橡胶 3% + B72 1.5% 封护试片开始出现绿斑。所有试片的绿斑均逐渐扩大并出现粉状锈蚀。实验结果见表 1 所示。

表 1　实验前后各组试片表面光泽度变化情况（盐雾实验）

序号	原光泽（60°）/%	试验后光泽（60°）/%	失光率/%	失光程度	生锈程度
1	73.9	44.2	40	中等	严重
2	23.0	18.5	19	轻微	轻微
3	37.6	21.1	43	中等	中等
4	49.1	27.7	43	中等	中等
5	87.9	31.8	63	严重	严重
6	143.0	23.0	83	严重	中等
7	92.3	22.6	75	严重	中等
8	87.2	48.3	44	中等	中等
9	106.0	33.3	68	严重	严重
10	101.0	38.1	62	严重	严重

（二）二氧化硫腐蚀实验

由于青铜的电位较正，所以一般在大气中具有较好的耐蚀性，这是因为青铜在大气中形成了致密的氧化膜。但在有氨及硫化物存在的环境中，由于不能形成这种致密连续的氧化膜，青铜会发生很严重的腐蚀。在实验开始 4h 以后，观察发现，空白试片表面已经形成了淡蓝色的晶状腐蚀产物，单独的硅丙封护试片有少量白色晶体生成，KL 封护试片也有大量的白色晶体产生并有部分区域变黑。4 天以后，实验停止，此时，

B72 封护试片腐蚀已经较为严重，表面有许多蓝色粉状锈蚀产生，有极少的表面情况较为完好；氟橡胶和 B72 组合的三组封护试片腐蚀情况大体一致，表面较暗，有极少的粉状锈蚀产生；氟橡胶情况较 B72 封护试片好一些，但也有不少锈蚀物生成；氟橡胶和 KL 组合的三种封护试片除了氟橡胶 3% 和 KL3% 仅有少量红色锈蚀产生以外，其他腐蚀均很严重，都有大量的粉状锈蚀生成；硅丙与 KL 的封护试片同样腐蚀严重，大量粉状锈蚀；空白试片腐蚀最为严重，在表面有很厚的一层粉状锈蚀。实验结果见表 2 所示。

从表 2 数据可以得出在二氧化硫的环境中，试片腐蚀均比较严重，但相对来说，氟橡胶的一些组合的封护试片腐蚀比其他试片轻微，氟橡胶的添加物组分在实验中对试片的影响不大。

表 2　实验前后试片光泽度对比

序号	原光泽（60°）/%	试验后光泽（60°）/%	失光率/%	失光程度	生锈程度
1	95.8	7.0	92	严重	严重
2	89.7	4.8	94	严重	严重
3	71.4	5.7	92	严重	严重
4	90.7	4.9	93	严重	严重
5	41.5	7.7	81	严重	严重
6	59.3	9.9	83	严重	严重
7	66.0	8.7	86	严重	严重
8	69.2	5.0	92	严重	严重
9	61.8	4.8	92	严重	严重
10	40.7	4.8	88	严重	严重

（三）耐湿热实验

实验在湿热环境中进行，每隔一天观察一次，发现试片的耐蚀性较好。实验开始一天以后，空白试片已经出现少量的红色，其他的无明显变化，5 天以后，空白试片红色面积明显变大。一个月以后，氟橡胶封护试片在边缘部位出现少量绿色斑点，氟橡胶 3% 和 B72 1.5% 封护试片表面出现红褐色斑点，氟橡胶 1.5% 和 B72 1.5% 封护试片出现少量暗斑，B72 封护试片出现较多暗斑，氟橡胶 3% 和 KL1.5% 的封护试片出现暗斑并有微量白色产物，氟橡胶 1.5 和 KL1.5% 封护试片出现较多暗斑，在暗斑部位有白色产物，硅丙封护试片出现较多绿色与褐色斑点并有轻微点蚀，KL 封护试片较多暗斑，在暗斑部位有绿色粉状锈，空白试片整个表面均被绿色、褐色和白色斑点覆盖。实验结果见表 3 所示。

表3 实验前后试片光泽度对比

序号	原光泽（60°）/%	试验后光泽（60°）/%	失光率/%	失光程度	生锈程度
1	98.2	95.8	2	轻微	中等
2	94.0	89.7	4	轻微	轻微
3	41.6	18.2	56	中等	轻微
4	45.8	26.5	42	中等	轻微
5	90.2	71.4	20	中等	中等
6	84.6	59.3	29	中等	中等
7	85.2	61.8	27	中等	中等
8	94.7	69.2	26	中等	中等
9	87.6	41.8	52	中等	中等
10	64.0	39.8	37	中等	中等

从表3可以得出，在湿热环境中各组试片腐蚀均比较轻微，但总的来说，含有氟橡胶的一些封护剂防腐性能优于硅丙、B72和KL等单一的封护剂，而氟橡胶和B72的组合比氟橡胶和KL组合稍微好一点。

（四）紫外光老化实验

实验开始8h以后观察，氟橡胶3%和B72 3%涂层整体变暗，氟橡胶3%和B72 1.5%涂层大面积的暗斑，氟橡胶1.5%和B72 1.5%涂层少量暗斑，B72涂层整个表面泛黄，氟橡胶3%和KL 3%涂层结皮严重，氟橡胶3%和KL 1.5%涂层整个表面结皮，氟橡胶1.5%和KL 1.5%涂层结皮并有彩色亮斑，硅丙涂层表面出现大量的亮斑，KL涂层整个表面出现彩色亮斑。24h以后停止实验。此时，氟橡胶涂层有些轻微变暗，氟橡胶3%和B72 3%涂层整体泛黄并且变脆，氟橡胶3%和B72 1.5%涂层泛黄且更脆，氟橡胶1.5%和B72 1.5%涂层泛黄严重变脆，B72涂层严重泛黄，氟橡胶3%和KL 3%涂层泛黄并有结皮现象，氟橡胶3%和KL 1.5%涂层泛黄结较重，氟橡胶1.5%和KL 1.5%涂层泛黄结皮严重，硅丙涂层彩色亮斑且轻微泛黄，KL涂层整体泛黄部分面积变绿。实验前后试片光泽度对比结果见表4所示。

表4 实验前后试片光泽度对比

序号	原光泽（60°）/%	试验后光泽（60°）/%	失光率/%	失光程度	老化程度
1	92.8	79.8	14	轻微	轻微
2	64.0	7.1	88	严重	中等
3	57.6	7.5	86	严重	中等
4	49.8	11.4	77	严重	轻微
5	152.0	103.4	32	中等	中等
6	89.1	19.7	77	严重	中等
7	78.4	17.0	78	严重	严重
8	84.0	24.9	70	严重	严重
9	76.2	28.6	62	严重	轻微
10	81.0	36.3	44.7	中等	中等

从表4数据可以知道，氟橡胶的耐老化性能较好，B72加入后容易变黄，不结皮但涂层变脆，老化以后与基材结合力明显下降。氟橡胶和KL组合较易结皮，但其与青铜基材的结合力较强。在紫外老化过程中变绿，从单一的KL涂层老化情况来看，可以知道这是其中的KL老化变质的结果。

（五）接触角

涂层表面静态接触角测试结果见表5所示。

表5　涂层表面静态接触角

封护剂溶液	接触角/°	疏水效果	封护剂溶液	接触角/°	疏水效果
1	105	好	7	97.75	较好
2	90.25	较好	8	93.25	较好
3	97	较好	9	89.25	一般
4	91	较好	10	96	较好
5	95	较好	空白	77	差
6	94	较好 –	–	–	–

从表5可以看出，单一的氟橡胶防水性能最好，添加物加入后防水性降低，添加物成分差异对防水性影响不大。

（六）极化曲线研究

图1~图3是青铜电极在NaCl 3%中的极化曲线图。由图1可以看出，曲线4所表示的氟橡胶3%+B72 3%涂层在阳极极化区，腐蚀电流密度最小，基底青铜没有出现钝化区，说明在此涂层下，青铜并未发生变化，封护性能较好。曲线3所表示的氟橡胶3%+B72 1.5%涂层腐蚀电流密度介于单一氟橡胶与氟橡胶3%+B72 3%之间，在阳极极化区同样出现一个钝化区，过渡过程较短，基底金属在涂层的作用下，很快地进入钝化区。曲线2所表示的单一的氟橡胶腐蚀电流密度比氟橡胶3%+B72 1.5%略大，在钝化过程中过渡过程也较长。

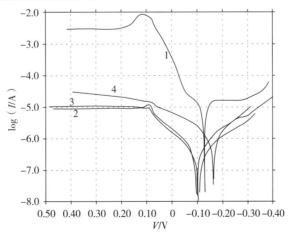

图1　不同涂层的青铜电极在3%NaCl溶液中的极化曲线图

1. 空白　2. 氟橡胶3%　3. 氟橡胶3%+B72 1.5%　4. 氟橡胶3%+B72 3%

　　由图 2 可以看出，曲线 4 所表示的氟橡胶 3% + KL3% 的涂层在阳极极化区腐蚀电流密度最小，继续极化时出现钝化现象，并很快地进入钝化区，维钝电流最小。曲线 3 所表示的氟橡胶 3% + KL1.5% 涂层在阳极极化时腐蚀电流密度比空白试样小，在经历一个简短的过渡区以后，很快进入钝化区。

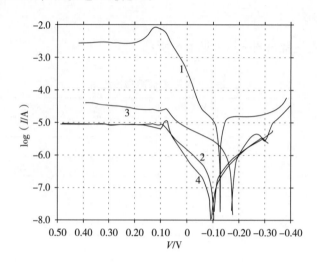

图 2　不同涂层的青铜电极在 3% NaCl 溶液中的极化曲线图

1. 空白　2. 氟橡胶 3%　3. 氟橡胶 3% + KL 1.5%　4. 氟橡胶 3% + KL 3%

　　图 3 几组比较突出的电极极化曲线。从图中可以看出，在封护剂中添加氟橡胶以后，腐蚀电流密度明显变小，除了氟橡胶 3% + B72 3% 涂层以外，所有的电极试样均出现钝化过程，基底青铜表面状况均发生变化。氟橡胶 3% + B72 3% 腐蚀电流密度比氟橡胶 3% + KL3% 略大。

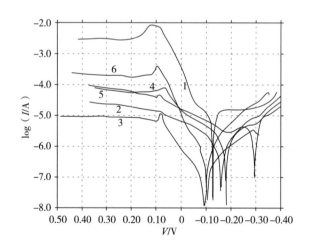

图 3　不同涂层的青铜电极在 3% NaCl 溶液中的极化曲线图

1. 空白　2. 氟橡胶 3% + B72 3%　3. 氟橡胶 3% + KL 3%　4. 硅丙 3%　5. B72 3%　6. KL 3%

　　综上可以看出，经过封护的试样腐蚀电流密度明显比未经封护的试样小，单一氟橡胶涂层的电流密度明显小于其他几种单一涂层的电流密度，B72 与氟橡胶的组合以及 Kl 与氟橡胶组合的电流密度与单一氟橡胶涂层的电流密度接近。这与前面所做的腐蚀实验结果一致，所以我们可以得出：氟橡胶的一些封护剂防腐性能优于硅丙、B72 和 KL 等单一的封护剂。

（七）交流阻抗

图 4 ～ 图 6 为不同涂层的青铜电极在 NaCl 溶液中的交流阻抗图谱。

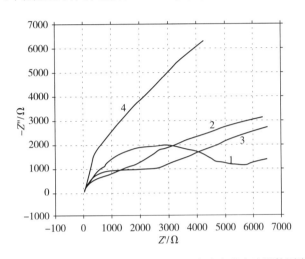

图 4　不同涂层的青铜电极在 3% NaCl 溶液中的交流阻抗图谱

1. 空白　2. 氟橡胶 3%　3. 氟橡胶 3% + B72 1.5%　4. 氟橡胶 3% + B72 3%

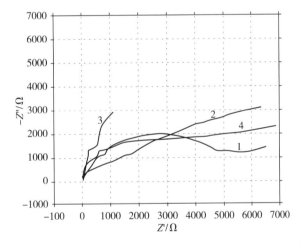

图 5　不同涂层的青铜电极在 3% NaCl 溶液中的交流阻抗图谱

1. 空白　2. 氟橡胶 3%　3. 氟橡胶 3% + KL 3%　4. 氟橡胶 3% + KL 1.5%

由图 4 可以看出，曲线 4 所表示的氟橡胶 3% + B72 3% 涂层阻抗图谱为一个时间常数，具有很好的电容性质，在高频区容抗最大，涂层防腐性最好。其次为 3% 氟橡胶和 3% 氟橡胶 + 1.5% B72；空白为最差。

由图 5 可以看出，曲线 3 所表示的氟橡胶 3% + KL 3% 涂层阻抗图谱只有一个时间常数，在高频区容抗很大，涂层防腐性能很好，基底金属没有发生腐蚀。

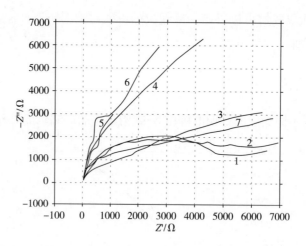

图 6　不同涂层的青铜电极在 3% NaCl 溶液中的交流阻抗图谱

1. 空白　2. B72 3%　3. 氟橡胶 3%　4. 氟橡胶 3% + B72 3%

5. 氟橡胶 3% + KL 3%　6. KL 3%　7. 硅丙 3%

由图 6 可以看出，4、5、6 的封护性能较好；其次是 3、7、2；1 最差。

综合以上阻抗图谱，可以看出从图中整体的来看，在封护剂中加入氟橡胶以后，防腐性能都有所增高，氟橡胶 3% + KL3% 的封护性能比氟橡胶 3% + B72 3% 略好，与前面的极化曲线法测试的结果基本一致。

（八）试件抗压强度测试

表 6 为试件抗压强度测试结果。从表 6 可以看出，单一的氟橡胶在加固方面最好，加入其他组分以后，加固性能下降。与相同质量分数的 KL 相比，B72 有较好的加固性能。经过加固以后的试件，其抗压强度比未加固试件明显增大。

表 6　试件抗压强度

封护剂溶液	抗压强度/kN	等级	封护剂溶液	抗压强度/kN	等级
1	4.372	好	7	4.208	好
2	4.214	好	8	4.044	好
3	4.082	好	9	3.532	中等
4	4.141	好	10	3.481	中等
5	4.146	好	空白	2.552	差
6	4.130	好	—	—	—

四　结　论

（1）单一组分氟橡胶有较好的耐紫外光老化性能，添加其他的高分子材料，耐紫外光的能力都有减弱的趋势。这与有机氟高分子材料的普遍共性相一致，有机氟高分子材料由于 C－F 键长很短、键能很大，因此普遍具有耐老化性能强的特点。

（2）单一组分的氟橡胶有较好的耐湿热性能，与其他几种材料相比有较明显的优势。这与氟橡胶有较大的接触角憎水性能强有一定关系，同时与氟橡胶的抗热老化性能好有关。B72 也有不错的耐湿热性能，但是与氟橡胶相比还是有一定的差距。

（3）氟橡胶 3% + B72 3% 表现出相对较好的耐盐雾性能，这说明这种配方成膜以后，表面小孔较少，对原子半径非常小的 Cl^-，有一定的抵御能力。氟橡胶与其他的几种材料相比稍好一些。

（4）总体来说，具有可逆性、较低浓度的文物封护剂抗二氧化硫性能是非常有限的，与工业上用的高分子涂层差距颇大，这与线性分子结构（可逆性高分子基本都是这样的结构），表面有微孔、不致密有一定关系。因此研究可逆性的表面致密的高分子材料，是馆藏青铜文物保护的一个研究方向。

（5）极化曲线说明有机氟橡胶的耐盐水能力是最好的，比较突出；这与前面几个实验结果是一致的，说明单一氟橡胶的一些封护剂防腐性能优于硅丙、B72 和 KL 等单一的封护剂。

（6）KL 表现出了很好的交流阻抗性能，氟橡胶的一些组和配方性能表现优异，明显强于单一组分氟橡胶，这与极化曲线结果有一些不一致，其原因还需再研究（交流阻抗性能是评价高分子封护性能的重要指标，因此性能评价以交流阻抗结果为主要参考）。总体来说，有机氟橡胶对青铜的封护效果比常规高分子材料好。

（7）氟橡胶表现出了相对较好的抗压能力，这很可能与其具有一定的弹性和柔韧性有关。加固性能较好，在加固脆弱青铜器方面，是值得考虑的一个材料。

（8）实际操作中发现，氟橡胶具有低光泽、无色、透明的特点。封护高光度青铜表面没有明显的眩光现象；封护带锈青铜表面，没有明显的光泽。封护既可以采取涂刷方式，也可以采取浸泡方式，是文物保护中的较为安全的材料。

注释：

① Domenech-carbo M T. Evaluation of the phase inversion process as an application method for synthetic polymers in conservation work ［J］. *in Stud Con.*, 1999, 44: 19 – 28.

② Furukawa H. Cure mechanism and properties of acrylosilane coating ［J］. *Prog. Org Coat*, 1994, 24: 81 – 99. acrylic resin.

③ 和玲、梁国正、吴彦军：《含氟聚合物保护及加固古代砖质类建筑的研究》，《涂料工业》2003 年 11 期。

（原载《文物保护与考古科学》2009 年 21 期）

叁　青铜文物的铸造研究

吴越、晋楚青铜器制作技术的对比研究

中国青铜器"按照青铜器艺术发展的历史，大致可以划分为五个时期，即育成期、鼎盛期、转变期、更新期、衰退期"①。从青铜器的形制、铭文，尤其是纹饰的表现方法，如平雕、浮雕、高浮雕兽面纹的美术考古角度，商代晚期至西周是它的鼎盛期，而从它的冶炼制作技术的科技角度来分析，随着单一的传统范铸技术逐步被浑铸、分铸、铸铆焊、失蜡法、锡焊、铜焊、锻打、铆接、镶嵌、错金银等多种成形、装饰技术的新的制作工艺所替，青铜器科技含量的鼎盛期在春秋。根据考古资料，在春秋时期，位于我国东南地区的长江下游三角洲地带的吴越两国，雄踞长江中游地区的楚国以及在黄河、汾河之东的晋国，出土了大量的青铜器。这些青铜器在形制结构、表面装饰艺术等所表现的制作技术，代表了古代青铜器铸造艺术的高峰，使青铜器铸作技术最辉煌的一页诞生在春秋的吴越、晋楚四个地区。

一

（一）吴越青铜器

棘刺纹尊（图1）　棘刺纹在吴越青铜器中具有典型性，如上海松江凤凰山出土的镶嵌棘刺纹尊，江苏武进淹城、丹阳、安徽屯溪、浙江绍兴均有出土。南京博物院收藏的棘刺纹尊，有一定的代表性，其造型与纹饰为：圆筒头、扁鼓腹、高圈足；腹部满饰蟠蛇纹，上有细密的棘刺，转角点刺较长，上下边缘各有一周联珠纹，作为腹部的界纹；腹部、颈下和足根部饰锯齿纹和几何纹，使整器浑然一体。

图 1　春秋晚期棘刺纹尊

青铜剑（图2、3）　吴越青铜剑中的剑首同心圆、剑身菱形纹、剑脊与剑从为复合金属的三大特征，无疑是中国古代青铜科技发展史上的重要部分。其代表作是湖北省博物馆藏越王勾践剑，剑长55.7、宽4.6、柄长8.4cm，剑首向外翻卷作箍形，内铸有十一道圆圈，剑格正面以蓝色琉璃、背面以绿松石镶嵌花纹，剑身满饰黑色的菱形暗纹。复合剑为越王州句剑（越王州句是越王勾践的曾孙，前448～412年，为继越王勾践灭吴王夫差后国势最强，武功最显赫之君王）。剑脊及两剑从系不同成分的青铜嵌铸。剑脊含锡量较低，剑从含锡量高，所以前者硬度低而韧性高，提高砍杀实战时的硬度，不易折断，后者硬度高而较脆，提高剑刃的锋利。

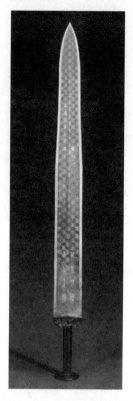 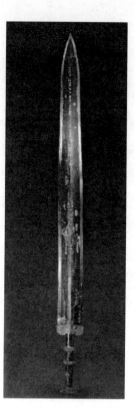

图2　春秋晚期越王勾践剑　　　　图3　战国早期越王州句剑

（二）晋国青铜器

鸟尊（图4）、牺尊（图5）　　晋国青铜器物造型及纹饰主题清新秀逸、不同凡响与各种先进工艺技术相继出现，率先进入了中国青铜器发展的更新期。山西省文物考古研究所收藏的太原赵卿墓出土的鸟尊和保存在美国弗利尔美术馆的子乍弄鸟尊，均作成昂首挺立的鸟形，头上有冠，双目圆睁，尖嘴，可开合，双腿直立，足掌上有蹼，羽毛丰满，高浮雕、造型生动、栩栩如生。浑源李小谷村出土的牺尊与太原金胜村出土的铜匏壶上的蟠龙纹和蟠蛇纹，是以一种由两条以上的小龙和小蛇相纠结不断重复出现的新兴纹样，是晋国青铜器的主要纹样。

图4　春秋晚期子乍弄鸟尊　　　　　图5　春秋晚期牺尊

候马陶范　1960年起发现的山西候马晋国铸铜作坊遗址，出土了陶范约5万余件，能辨认器形的约4千余件，成组配套又能复原器形者二百余套。其中具有代表分范拼合组装的陶范为113F13，尺寸为11.5×8cm，跪式武士陶范一套七块，人物形象为齐耳披发，似乎没穿上衣，身上花纹当为纹身，穿半腿紧裤，背后佩剑一柄（图6~8）[②]。

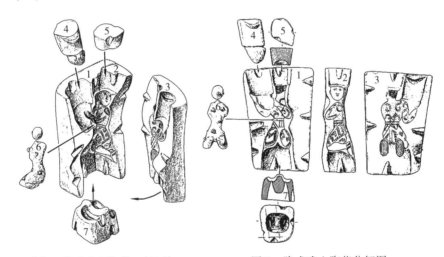

图6　跪式武士陶范一套七块　　　　图7　跪式武士陶范分解图

（三）楚国青铜器

透雕云纹禁　楚国的青铜器在安徽、江苏、河南均有发现，在铸造技术上有代表性的是河南淅川下寺二墓出土的透雕云纹禁，高28.8、长131、宽67cm，长方体。禁面中间为一长方形平面，禁面四边及四个侧面由三层粗细不等的铜梗相互套结成透雕的云纹。禁的四周攀附有12个踞伏的怪兽为器足。"禁系用失蜡法铸造而成，为目前所知我国失蜡铸造工艺最早的铸品之一"[③]（图9）。

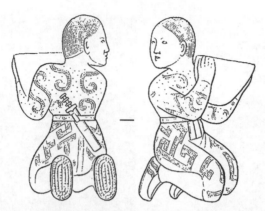

图 8　用陶范浇铸成型的武士模

图 9　春秋晚期透雕云纹禁

图 10　战国早期曾侯乙尊与盘

图 11　战国早期曾侯乙尊

曾侯乙尊盘　1978 年湖北随州擂鼓墩出土的曾侯乙尊盘，通高 41.6cm，"由尊盘两件器物组成，可以分开置放。出土时，尊置盘中。尊盘造型优美纹饰繁缛，口沿处细密的变形蟠蛇纹镂空附饰是以失蜡制造的。尊盘是先秦时期青铜铸造工艺的优秀范例，由 72 个部件组成，铸、焊共一百处，分铸、熔模、焊铆、圆雕、透雕几乎均在此得到了完美的体现"④（图 10～12）。

图12　战国早期曾侯乙尊盘

二

以上列举了春秋时期的 10 件青铜器，代表了吴越、晋楚诸侯国争霸的同时发展自己的科技，形成了不同于商周青铜器铸作技术，这是对商周传统工艺路线的扬弃和发展。其主要体现在吴越的兵器与棘刺纹制作、晋国分范拼合组装陶范与纹饰印模技术，楚国的透雕、镂空制作技术。

（一）兵器制作

吴越在兵器上的科学技术，诸如青铜合金及其组织、剑身、茎、格、箍、首的成形技术，其中尤以菱形暗格纹，剑首同心圆和复合剑的制作技术，堪称吴越青铜兵器三绝。近十年来，在上海博物馆等单位的努力研究下，已破解了三绝技术，并模拟古法复制成功。第一，研究者发现此剑表面之所以能呈现菱形纹，是由于剑的表面有规则地分布一层不同于基体组织、锡含量高的组分熔化而成的细晶层，该层与基体为非机械镶嵌组合。在模拟实验中用锡基合金粉末覆于青铜剑表面，经加热使合金成分扩散到青铜基体之中，上涂料部分即呈白色，未上涂料部分仍然呈黄色，形成黄白相间，闪闪发光的菱形纹。它揭示了我国早在 2500 年前，已掌握了金属膏剂涂层扩散工艺，这种特殊而精湛的青铜器表面合金化技术⑤。第二，剑首薄壁同心圆凸棱的槽底有凸出的绳纹，表明剑首同心圆应是铸造成形，不可能由青铜车削制成；剑首与剑茎表面色泽不同，相互间有铸造的痕迹，表明剑首系单独铸成；薄壁同心圆凸棱的同心度相当高，表明其陶模或陶范的制造可能应用了类似轮制法成形工艺。为此，研究者首先按商周时期陶范范料，经精炼、陈腐处理后，用剑首车板（图13），先车出陶范粗坯，缓慢阴干，再用水将范料调成稀泥浆状，通过剑首车板敷于粗坯之上，缓慢阴干并经焙烧，然后刻下凹绳纹，即制成剑首内范。另和车板制一剑首外范合于其上，外敷草拌泥，浇注出剑首同心圆。第三，依据对复合剑残段的横断面作 X–射线荧光光谱仪无损的半定量分析，得知吴越铸剑匠已充分认识到锡含量对青铜强度和韧性的影响。利用含锡量相对较低的青铜铸成韧性好的剑脊，用高锡青铜铸成硬度高的剑从。复合剑的制作是铸成带榫头的剑脊，再将其置于铸造剑从的陶范中（图14），此陶范需经 800℃ ~850℃ 左右高温焙烧，剑脊因经过了高温均匀化退火处理，于是，剑脊在铸态下形成的树枝晶中的锡偏析得以减少，δ 脆性相亦得以减少，使剑脊合金的韧性得到明显提高，而铸造剑从时，剑脊对剑从合金起到激冷作用，因而剑从结晶细小，也提高了剑从的强度和硬度。

（二）棘刺纹

其纹饰布满在纹饰峻深、其薄如纸，主干为突起的细绳纹。棘刺纹一般两侧有刀刃状凸起之线条，其间宽仅 0.8mm，高仅 1mm 左右的细绳纹。刀刃线凸起约 2mm 不等。棘刺纹是在陶范上手工刻就，虽纹饰细密满布，却未使用印模，纹饰未经磨砺，均保持铸造状态。其工艺为：第一，先制绳纹，在器腹外范内壁划几何纹图案，在待埋绳索处，用工具挖出凹槽。依据凹槽长度埋入浸满范料泥浆的绳索，阴干后升温 850℃，此时埋绳索处已焚火。范上留下绳索的痕迹；第二，沿绳纹周边用薄刀刃刻出细而深的几何纹，在双线 Z 字形几何纹的八个点和绳纹的起、终端用针尖的刀椎刺垂直线条，以此布局棘刺纹。

（三）陶范拼合组装

候马陶范的分块，首先按浇铸铜器工序的需要和器物大小、差异，将范分割成若干块，如鼎的腹部三块，足、耳二至三块，而器物纹饰、由于大小与形状的不同，范的块数也不一，"大型编钟一般用九十六块范拼合而成"⑦。2000 多年前，候马陶范范块大小的分型、榫卯扣的结合、块与块的组合，均有一定的科学性，对今天的制模技术仍有现实意义。如图6、7、8所示，从图6陶范的翻制件和图7、8武士分解图、组合图分析，该陶范大小分块的原则是取决于外范从模上取下不被损坏为原则，其陶范的翻制先后的程序（以分解图的序号排列），应是第 5、第 7、第 2、第 3、第 4、第 1，组合的叠压关系为第 2 压第 5、第 7，第 3 又套住了第 2、5、7 块，第 4 的一边紧靠第 5 块，最后用第 1 压第 4、第 5、第 7，整个武士形陶范外模是用第 3、第 1 两大块套压第 5、4、7、2、3，在每块陶范上采用了三角形的榫卯相套合的办法，使外范之间大块和小块，块块相扣，不易松动。图 6 中程序号 6 是内芯，浇注时用锭铜连接于范上，悬在外范的中间。

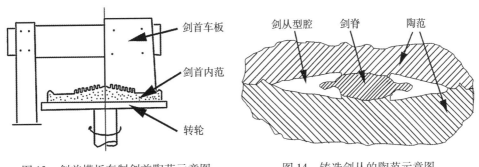

图 13　剑首模板车制剑首陶范示意图　　　　图 14　铸造剑从的陶范示意图

（四）纹饰的印模技术

其方法是在器物各个部位相同的纹饰模子里按捺出一段花纹泥片，拼装到外范底托上面、合成一件完整的青铜器外范。牺尊（图 5）就是一个典型的例子。牺尊全器的纹饰，除牛角上和浮雕在牺尊颈部及中央一穴的伏兽外，其他各处的花纹都相同于牺尊腹部的饕餮蟠龙纹所代表的纹饰单元的某一部分。显然，同一单元的纹饰被复制 23 次，然后，根据牺尊的各部位的形状、大小，裁剪、弯曲，共同组成了现在所看到的图案[7]。为此，推测其工艺为：①塑一尊没有任何纹饰的泥牺尊；②泥牺尊阴干后焙烧，增加其的强度与硬度，以便制范；③翻制范块，用于以后组装铸型的外范；④刻饰一组饕餮蟠龙纹，经焙烧后制成模板；⑤在饕餮蟠龙纹模板上敷贴约 0.2～0.4cm 左右的柔软泥，按捺出其纹饰；⑥剥下带有阴纹的泥片，按牺尊的各个部位的需要，进行裁剪、弯曲，并拼装到外范上；⑦重复敷贴、按捺饕餮蟠龙纹泥片，最少 23 次。

（五）镂空铜器制作工艺

楚国镂空铜器，最多的是河南淅州一、二号墓中出土的镂空器有铜禁、铜鼎附兽、铜壶的盖冠、铜盏附件等，而最精致的为曾侯乙盘尊。关于曾侯乙盘尊的制作工艺，1979 年 6 月，中国机械工程学会铸造学会在武汉召开传统精密铸造工艺鉴定会上，与会的 40 多名专家达成一致共识，并形成了鉴定意见，"盘旋重叠的云纹，其内表面用多条铜梗连接，梗面光滑，截面略呈圆形，连接处接口适中，接面圆滑。铜梗形状弯曲，既起到对云纹支撑连接的作用，亦为云纹艺术形象增色，更重要的是它构成了熔模铸造的浇铸系统。云纹向外表面，花纹纤细，以局部表面而论，虽亦可用泥型形成，但尊、盘附饰的表面呈凸凹状，其交界边缘且有个别铜梗盘旋，泥型无法形成。而附饰的角接缝近似于蜡模熔接痕迹，没有泥型分型面特征。……青铜尊、盘之附饰镂空花纹系由熔模铸造法成形"⑧。

20 世纪 80 年代初，就曾侯乙尊盘制造工艺，有人拟文谈及曾侯乙尊盘并非是失蜡法，而是泥质合范，《东南文化》2002 年第 1 期发表了"中国最早'失镴法'春秋中期蛇网盖冠龙虎方壶的铸法论证"和"谈曾侯乙尊盘的铸造工艺"两篇论文。前文的结论是"这些铜器上复杂的镂空精致附饰，都可能不是'失蜡法'或'失铅法'所制，却有可能是'失镴法'的精心杰作"，后文的观点仍是泥质合范。泥质合范观点的作者还作了试验——"根据镂空纹饰的设计需要，用工具挖通上下之间的小孔，孔的深度，将是铸造后纹饰上下镂空的程度"。笔者认真拜读了有关镂空制作方面的文章，并仔细观察了南京博物院藏镂空青铜瓿、镂空青铜盖、错金银镂空铜壶，发现形成镂空的上下二条蛇纹的蛇背脊上有两条从头到尾的阴线，游动的蛇很自然，有明显用手扭曲的痕迹（在错金镂空铜壶上尤为清楚），所以，用泥质合范来处理蛇背脊上的长阴线，如用工具挖通上下之间小孔来做蛇纹，再在小孔洞上刻一阳线条是几乎不可能的，再次，工具挖通的孔穴规整、呆板与文物的蛇纹自由游动不相符。失蜡法和失镴法是比较适合镂空铜器所留下关于古人制作工艺的信息，究竟是何法？要么等有一天出土了新的考古资料，让大家茅塞顿开，要么用科技考古、模拟实验的方法破译它。

三　结　语

综上所述，吴越青铜器制作工艺在仿造中原器物的同时，紧密结合和体现本地民族文化与习俗的特点，创造性发明了复合剑、菱形暗格花纹剑、用车板轮制加工细如发丝的剑首同心圆、在陶范上制作棘刺纹。这些浓厚的地方特色，为中国青铜器的制作工艺史，增添了辉煌。晋国铜器纹饰的印模技术是受了商代印纹硬陶纹饰技法的影响，并根据铸铜范的要求加以改进；分范拼合组装技术是对商周以来陶范铸造中陶范制作技术的发展。从而形成了制作模具技术中，分块原则、模缝、模的榫卯的处理、模具块与块之间的叠压关系，拼合组装程序等一套与现代模具制作理论相吻合的技术，对现代石膏制模，硅橡胶制模，钢模制作技术人员的培养具有指导意义，这是晋国人对中国青铜器制作工艺中陶范制作的贡献。晋国制范技术比欧洲文艺复兴时期的石膏制模技术早了1500 多年，这是对世界模具技术的一大贡献。楚国的铜器不管在模的成型方法与手段、冶炼技巧，还是铜器后期的加工技术都超于吴越、晋地区，成为春秋时期礼器制作技术的高峰。铜器镂空附件的装饰物证明了楚国人在商周单一陶模上制范，发展到在蜡或镴模上制范，这是铸造史上的一次革命。吴越、晋楚青铜器制作技术，善于师夷夏之长而力求创新，并在制作技术融合中保持自己的特色，好比三朵鲜艳的奇葩开放在黄河、长江的沿岸。

注释：

① 上海博物馆编：《上海博物馆藏青铜器》，上海人民美术出版社，1964 年。

② 山西省考古研究所：《候马陶艺技术》，美国普林斯顿大学出版社，1996 年。

③ 中国青铜器全集编辑委员会：《中国青铜器全集·10》，文物出版社，1997 年。

④ 谭德睿等：《东周铜兵器菱形纹饰技术研究》，《考古学报》2000 年 12 期。

⑤ 谭德睿等：《吴越青铜兵器技术三绝》，《东方文明之韵、吴文化国际学术研讨会论文集》，岭南出版社，2000 年。

⑥ 中国青铜器全集偏辑委员会：《中国青铜器具全集·8》，文物出版社，1997 年。

⑦ Robert W. Bagley：《从浑源铜器看侯马铸铜作坊》，《文物保护与考古科学》1998 年第 10 卷 1 期。

⑧ 华觉明：《中国古代金属技术——铜和铁造就的文明》，大象出版社，1979 年。

（原载《东南文化》2003 年 10 期）

吴越晋人形铜器铸造技术中
相关问题的探索

吴越地区土墩墓中，江苏丹徒北山顶春秋墓出土的青铜鸠杖和悬鼓环座、浙江湖州棣溪出土的青铜镦底端和绍兴306号墓出土铜插座、绍兴漓渚出土青铜鸠杖的人形与山西长治分水岭出土的牺背立人擎盘、山西闻喜上郭村出土的刖人守囿挽车以及山西侯马（古称新田）遗址出土的陶模和陶范的人形，它们之间在铸造技术中是否存在某种联系，这些吴越人形铜器是否所谓"吴地化的中原青铜器"还是"紧密结合和体现本地民族文化特点"的"创新精神"？[①]笔者在观察了吴越地区人形铜器，跟随谭德睿教授参观了山西考古所侯马工作站收藏的部分陶范，并认真学习了从谭老师处借阅的《侯马陶范艺术》这部有关古代冶铸技术的巨著，有一点体会，以求教于各位专家学者。

一

吴越、晋三地区出土的有关人形铜器（含铜器铸造工艺中的陶模、陶范）可分为纹身和无纹身两类，简述如下。

（一）纹身人形

1. 江苏丹徒北山顶墓出土的鸠杖和悬鼓环座（图1、2、3、4）　鸠杖分为杖首和杖镦，杖镦分三部分，上部上饰细云雷纹一圈，有锯齿纹边，下饰细云雷纹一圈；中部上饰卷云纹一圈，下饰细云纹，并有锯齿纹边，扁圆形箍上满饰蟠虺纹；下部饰两圈云纹，云纹底端为一跪坐的人形。人形高4.4cm，双手并放膝上，耳有短发，脑后两个发髻，中部辫纹，躯干和身上饰云纹，似为衣饰纹样。悬鼓环座分为环箍和环座两个部分。人形位于环座的四角，每脚有一处跪坐的人形。人形通高4.2cm，头部比例特大，几近通高之半，"耳垂有饰孔，额前短发如刘海，身上及腿上饰云纹"[②]。

2. 浙江绍兴漓渚中庄村和湖州棣溪出土的鸠杖　中庄村和棣溪的鸠杖的杖镦与北山顶的杖镦大体相同，亦有三角形箍和三角形箍分割三部分。人形体比北山顶的仗镦人形高大，中庄村的高8.8、棣溪高为5.8cm；两件杖镦的人形均为跪坐，梳髻，双手扶膝，挺胸收腹，神态逼真，它们的发型和身上的刻纹，是"古越国断发纹身习俗的反映"[③]（图5、6）。

图1　丹徒北山顶鸠杖　　　图2　丹徒北山顶山出土的　　　图3　丹徒北山顶悬鼓环座
　　　　　　　　　　　　　　立鸟形杖首及人形杖镦

3. 浙江绍兴306号墓出土铜插垫角（共四具）

人形高4厘米，头部未现发痕而前测有翅角的冠状物，亦可认作竖起的短发，后侧有一斜向高突之物，应为髻，四肢躯干清楚，两手看地作俯伏状④（图12）。

4. 山西长治分水岭出土的牺背立人擎盘和铜俑

牺背立人擎盘通高14.5、牺长18cm，盘为镂空，下承圆形立柱，插入环和牺背孔内，牺背上有小铜人，双手执立柱，立人长发，身着长袍，袍上饰线纹；铜俑高13.7、肩宽4.7cm，站式，双手似握某种柱形器，头顶部有冠状物，短发，身着短袍，袍上饰点线纹⑤（图13、14）。

5. 山西侯马遗址出土的人形陶范

在出土的数万块陶范中含人形的陶范是屈指可数的，具有代表可配套的人形范为IIT3F13，尺寸为11.5×8cm，跪姿式武士陶范一套七件，人物形象为齐耳披发，似乎没穿上衣，身上花纹当为纹身，穿半腿紧裤，背后佩剑一柄⑥（图7～9）。

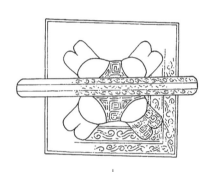
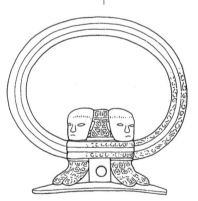

图4　丹徒北山顶出土的
匹人形悬鼓环座

（二）无纹身人形

1. 浙江绍兴306号墓鸠杖房屋模型：屋内跪坐六人，其中二人双手交置于腹部，似为歌者，其余四人为击鼓、吹笙、抚琴状，当为乐师。六人形通体光素无纹、不见衣衫痕迹。四肢躯干明确，仅两人形胸前有乳突标识，而每个人形后之臀部，都有明显的臀沟，虽然未见性器官，亦应视为裸体形，头部发痕清晰⑦（图

10、11、17）。

2. 山西闻喜上郭村出土的刵人守囿挽车和铜方鼎：刵人守囿挽车通高8.9、通长13.7、宽11.3cm，该器制作最精美的是车厢后门上嵌有一赤裸全身的守门刵人，他左手拄拐，右手夹门闩，门可开启；铜方鼎，通高8、长9、宽5.3cm，人形位于鼎的四角，作腿用，人形为蹲式脸部朝外，手反托于鼎的底部，造型生动有力。人形赤裸："胸前有乳突标识"（图15、16）。

二

以上两类共八件吴越、晋人形文物。其中有纹身的五件，无纹身的三件，"断发纹身，裸以为饰"和"以椎髻为俗"一直被认为是古代吴人形象之一，但在晋地区也出现了类似纹身的陶范和裸体铜器。这说明位于东南沿海的吴越地区和晋虽然相隔千里之遥，而经济往来、文化交流从周代起已非常广泛，尤其是到了春秋时期，由于政治上相互勾结，经济上相互依赖，促进吴晋之间的合作，从人形器物中的铸造技术中可见一斑。

纹身的人形中，江苏丹徒北山顶悬鼓环座，浙江绍兴漓渚中庄村的鸠杖镦端人形、绍兴306号墓铜插座垫角的人形和山西长治分水岭出土的牺背立人擎盘中的立人及铜俑的制作工艺，就像侯马ⅡT3F13陶范一样，正是一脉相承，其工艺流程如下。

1　　　　　　　　2　　　　　　　　3

图5　绍兴漓渚中庄村鸠杖

1. 绍兴漓渚中庄村鸠杖　2. 人形正面　3. 人形背面

图 6　湖州棣溪鸠杖杖镦人形

1. 湖州棣溪鸠杖杖镦人形正面　2. 人形背面　3. 人形侧面

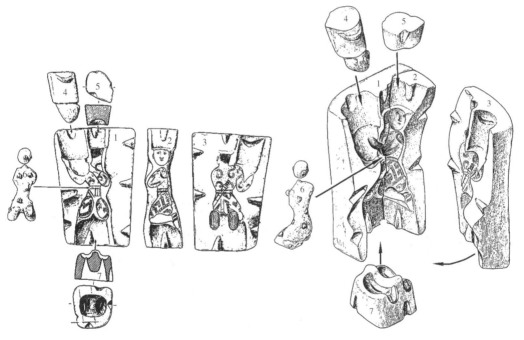

图 7　侯马武士陶范 ⅡT31F13 分解图　　　　　图 8　侯马武士陶范 ⅡT31F13 组合图

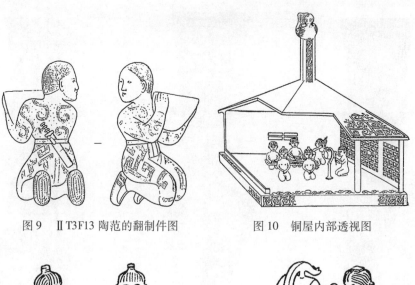

图9　ⅡT3F13 陶范的翻制件图　　　　图10　铜屋内部透视图

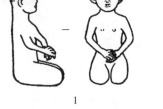

1　　　　　　　　　　2

图11　铜屋里面人物

1. 前排西一人　2. 前排东一人正视

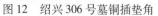

图12　绍兴 306 号墓铜插垫角　　　　图13　长治分水岭牺背立人擎盘

　　第一，泥塑人形　泥塑一般采用河湾的澄泥，经过淘洗，去除杂质，使之人形的模料细腻，便于雕刻。

　　第二，刻纹　待人形泥阴干后，在成形的泥模上面用红颜料（朱砂）周密地画出云纹和三角纹，并精工细雕这部分花纹。模上的云纹为阴文，即凹形，铸出铜件的云纹也为阴文。

图14　长治分水岭铜俑

第三，制范　制范的泥不同于泥塑做模的泥，这里还需掺加一定比例的细砂和草木灰，保证制成的范透气性能良好，不易爆裂。制范泥料准备好以后，将人形泥模分成若干块，如图7的人形被制成外范六块，范块的大小取决于外范从模上取下不被损坏为原则，在分块时，还要考虑到范与范衔接的合度，因而广泛采用榫卯相套合的办法，使外范之间大块扣小块，块块相扣，不易松动。外范制好后取下，制内芯。浇铸时，为保证人形铸件厚薄均匀，纹饰饱满，在内芯与外范间还采用三角支钉支撑，以促进内芯与外范紧密结合，防止滑动。从图7陶范可以清晰地看到制范要求严格，分范间榫卯结合和分范系统设计合理，分型面之十分平整，合范严密，因而能保证铸件的质量。

第四，烘烤　无论制模和制范后都得经过烘烤工序。即先将雕刻成的模子或陶范放在窑洞式的地窖中晾干，然后再放入烘范窑，用火烘烤，使之脱水定型，烘烤使模、范均变为红砖色。

1. 刖人守囿挽车全貌

2. 刖人守囿挽车人形局部

图15　闻喜上郭村刖人守囿挽车

第五，浇铸　人形铸件仍是采用传统的一次性浑铸法。

无纹身的人形中，浙江绍兴306号墓鸠杖房屋模型中的跪坐6人，山西闻喜上郭村出土的铜方鼎和刖人守囿挽车上的赤裸人，它们之间的铸造工艺是相同的，即取以上纹身人形制作工艺中的第一、第三、第四、第五，省略了第二雕刻纹饰的工序，此外，在模上分块时，纹身人形为七块，无纹身人形则需5块即可。这是因为纹身处为凹，无纹身处为平面，外范从模上取下时不易损坏。省略了ⅡT3F13陶范中二侧的小块范（图7中，2和4小块）。

在吴越人形铜器中，江苏丹徒北山顶出土的鸠杖镦和浙江湖州棣溪出土的鸠杖底端的人形，纹身云纹为"刀形线条"，即肩、颈、腹、背、臀、上臂及大腿，布满高于体表的阳纹装饰，这些凸形云纹和前提及的纹身器物上的凹形云纹，一凹一凸两种不同的表现手法，展示了几种不同的制作工艺。第二，北山顶杖镦人形纹身的地方，没有发现范线，当时观察该器时感到很不可思议。经观察了侯马陶范，尤其是见到许多表面见不到拼缝，只有剖面才分辨出是印模技术制成的模和大块陶范套小块范表面范没有缝隙后，推测吴越区人是否也掌握了合范中修正范线的技术，即：

第一，泥塑人形。

第二，制范　由于泥形上素面，光滑，跪坐人只需从耳至手臂的中线分二大块即现称哈夫模，着落地的脚及臀部处分一块，合计三块模。

第三，刻花纹　范制好后，在两块人体要布置云纹和三角纹处用尖锥刻刀直接在范上刻纹花纹。纹饰雕刻完毕，合上两块哈夫模，并在合脚及臀部底块之前，从该洞口处修饰哈夫模所造成的范线（以洞口向下能修饰到最大的限度），形成人体范块之间没有分型面，成一个整体。人体的内芯固定在第三块脚及臀部的小范块上，与大块之间用榫卯合紧。

第四、第五同前。

三

在吴越、晋人形的器物中，浙江绍兴306号墓的铜插座和山西闻喜上郭村墓铜方鼎的人形在造型功能上均为器物装饰用的附属品，即前者是方形插座的垫角，后者是方鼎的腿，二者均作支撑用，工艺上铜插座与牺背立人擎盘、武士陶范相同——塑形、在人形上雕刻纹饰、最后制范浇铸；鸠杖房屋模型中二人歌者，四人乐师的娱乐场面与刖人守囿挽车中将人作为门的门闩，这种将生活中的凡人小事淋漓尽致的通过造型艺术表现出来，充分说明了古代吴越，晋地区在文化与技术上进行广泛的交流。江苏丹陡北山顶春秋墓的鸠杖和浙江湖州棣溪鸠杖杖镦的造型艺术摆脱了以上着重功能和生活的两种表现技法，而是将作者的思想、人的追求与向往溶于艺术品中。据邹厚本在《青铜鸠杖辨析》一文中阐述："鸠形'沿鸟'为'越祝之祖'，'罗平鸟'越人悉图其形以祷祸福"，跪坐"人像当是土著，其著纹饰华丽，胸前璜形饰物，身份尚属高贵。整个形象面部表情安详平稳，双手平放，一副虔诚的神态。如果将此与鸠鸟的性质联系起来，跪坐人应是祈求神鸠使之战争中获胜的祈祷者，或许即是巫祝一类的人物"，鸠杖的杖首和杖镦是一种完整思想的体现。在工艺上鸠杖的纹身以陶范上刻替代中原地区流行的陶模上刻云纹的方法，使得北山顶和棣溪的跪坐人身的装饰纹样出现了晋地区从未见过的阳纹"刀形线条"。这种纹饰的表现手法在鸠杖杖首上部顶端立一只鸠、鸠上的羽纹以及杖镦上和杖首上同样的细云雷纹、半圆形凸棱上部顶端的蟠列纹也出现为阳纹，而鸠杖上的粗云雷纹和锯齿纹，从云雷纹的凹形和锯齿纹的排列整齐，可以推测是在模上成形，也就是说鸠杖铸造工艺中的纹饰成型技术，一部分在模上，而另一部分在范上，为什么不全部在范上将纹饰雕刻，而是把一件小形的器物，分为两种不同的制作纹饰的工艺？

图 16　闻喜上郭村铜方鼎

马承源先生对吴越地区土墩墓出土青铜器的分类，按 B_1、B_2 和 C 类器阐述[⑧]，所谓 B_1 类器，指仿铸中原西周时期青铜器的形式和纹饰而比较形似者；B_2 类器形制的某种程度还有西周青铜器遗痕，经吴越

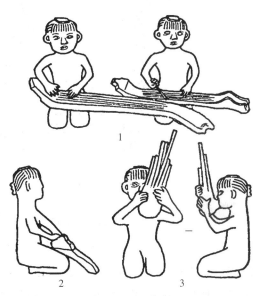

图 17　铜屋里面人物
1. 后排西、中两人正视
2. 后排中一人侧视
3. 后排东一人

匠师仿铸，纹饰和形制有明显的土著风格，或者两者兼而有之；C 类器的形制则已完全与中原器不同者。这一精辟的论述，可用来说明纹身人形及吴越地区"刀形线条"铸造技术发展的过程；吴越地区无纹身和凹形纹身人形属 B_1 类器物的技术，凸形纹身人属 B_2 类器物的技术，其中北山顶的鸠杖青铜器既有凸形纹饰的特点，又有中原棣溪在模上刻凹形纹饰的遗痕，正是两者"兼面有之"。鸠杖上的锯齿纹和"刀形线条"纹饰的制作技法，在长江以南出土青铜尊上较多，如江苏武进淹城（图18）、吴江九里湖、浙江绍兴、安徽屯溪出土的尊。纹饰种类从云纹发展到草绳纹、几何纹、不规则的雷纹、圈点纹等。

图18　武进淹城棘刺纹尊

　　总之，吴越人形铜器的铸造技术，不管是从塑形时的立意，还是到制作陶范的手法上，采取了在仿造中原器物的同时，紧密结合和体现本地民族文化，习俗特点的艺术风格和富有创新精神的工艺，这是吴越青铜器的突出特点和优秀传统，也是古代吴越人杰地灵的佐证。

注释：

① 肖梦龙：《试论吴越古铜器的断代分期问题》，《吴越地区青铜器研究论文集》，（香港）两木出版社，1997年。牟永抗：《断发纹身小议》，《吴越地区青铜器研究论文集》，（香港）两木出版社，1997年。

② 丹徒考古队：《江苏丹徒北山顶春秋墓发掘报告》，《东南文化》1988年3、4期合刊。

③ 中国青铜器全集编辑委员会：《中国青铜器全集》，文物出版社，1997年。

④ 同注①。

⑤ 山西文物管理委员会：《山西出土文物》，1980年。

⑥ 山西省考古研究所：《侯马陶范艺术》，美国普林斯顿大学出版社，1996年。

⑦ 浙江省文物管理委员会等：《绍兴306号战国墓发掘简报》，《文物》1984年1期。

⑧ 马承源：《长江下游土墩墓出土青铜器的研究》，《上海博物馆馆刊》第4期。

　　　　（原载徐湖平：《东方文明之韵——吴文化国际学术研讨会论文集》，岭南美术出版社，2000年）

吴越青铜技术考察报告[*]

（之一）

近年来，吴越文化系青铜器以其高度突出的纤细纹与中原器迥然不同的高难度装饰技术，引起学者们重视。关于吴越青铜器技术，列为专门研究并已发表成果者，目前仅限于对苏南地区青铜合金成分的研究[①]。开展吴越青铜技术的研究，有助于阐明先秦时期吴越地区的科技水平，有助于解开某些现代尚未被超越的青铜技术奥秘，有助于辨别吴越青铜器的某些特征。这项研究无疑是吴越文化研究和中国科技史研究的一个重要组成部分。

笔者近两年来对部分吴越青铜器进行了外观考察，现将考察结果整理如下。有关青铜器的 X 射线透视、化学成分和金相分析等的考察将陆续进行。

一　技术特征

所谓技术特征，是指吴越青铜器多见的或仅有的技术现象。

据已发表的材料统计，目前出土的吴越青铜器总共超过二千件[②]，笔者仅考察了皖南、淮南、苏南、浙江和湖南出土的部分吴越青铜器，包括部分百越器。现就考察所见简述其技术特征，并根据马承源对土墩墓出土青铜器的分类，按 B_1、B_2 和 C 类器阐述[③]。所谓 B_1 类器，指仿铸中原西周时期青铜器的形式和纹饰而比较肖似者；B_2 类器形制的某种程度还有西周铜器遗痕，经过当地仿铸，形体已有相当大的改变或有根本的改变者；C 类器的形体则已完全与中原器件不同者。

1. 熔铸质量　指是否有因铜合金熔炼质量或浇注质量不良，或因内外范质量不良而在青铜器上形成夹渣、轮廓不清或表面气孔等缺陷，或因操作水平低下而在青铜器上形成器形不规整、范线不规则、范线不修整或纹饰粗糙不清等现象。

B_1 类器的熔铸质量分两类：一类的水平与同时期中原器相近、器形规整，器壁匀称，纹饰清晰，例如江苏仪征烟墩山出土的蟠虺纹尊和江苏丹徒大港母子墩出土的尊、鸟盖扁壶等。然而为数不少的器熔铸质量低劣，例如江苏溧水乌山出土的方鼎，纹饰粗糙不清，表面多气孔，范线宽处竟达 4～5mm，且不修整，器底局部补铸后的凸出部

　＊　本文由谭德睿、黄龙、万俐合作写成。

分以及补铸的鼎足，均不修整，双耳大小相差悬殊，鼎身四角的扉棱为素面，四足截面不同，有圆形、三角形或近三角形；江苏丹阳司徒出土的大鼎和浅腹鼎，表面粗糙，局部有表面气孔，纹饰不清；皖南繁昌孙村两件圆鼎，多渣孔，双弦纹圆鼎一件，有孔洞、冷隔等缺陷；江苏江宁陶吴出土的两件钟、一件匜，多夹渣和冷隔，纹饰粗糙，器壁厚实。这些仿中原西周时期器物，都不同程度反映出吴越各地早期铸造技术的不稳定或不平衡，与中原器比较，在技术上尚有一段差距。

在 B2 和 C 类器上，上述缺陷已少见，熔铸质量明显提高。

2. 器底特征　容器类底部未见中原器常有的网格线［◈］，即所谓卡尔贝克（Karlbeck）线。器底常见凸起约 1～2mm 的各种三角形面（多见于鼎类三足器）（见表 1）。

凡有三角形凸起之鼎，器壁一般较厚，在该处未见垫片。估计制作这类鼎时，因陶范变形而使底范无法到位所致，反映出陶范技术尚较原始和粗糙。

3. 浇注系统　鼎一类带足的器物，浇注系统设于器足底部的较少，常见在器底中轴线部位设一狭长条浇口，且多未磨磋。个别带足容器在底范边缘设浇注系统。圈足器则在器底正中有一狭长条浇口，或也在圈足上设浇注系统，与中原器类似（见表 2）。

这种狭长条浇口痕迹，实为楔形浇口［冂］或刀形浇口［▽］留下的根部。这两种浇口，不仅有挡渣作用，并且可使铜液充型迅速，简单实用。

4. 垫片　厚壁器中未发现。薄壁容器中，例如浙江绍兴 306 号墓出土的镳盉底部、湖南衡山霞流市出土的蛇纹尊等，均见有垫片，其形状、分布位置与中原器类似。然而有些容器，虽壁薄且均匀，例如江苏丹徒大港母子墩出土的鸟盖壶、浙江绍兴 306 号墓出土的尊（图 1）等，竟未见垫片，其技术内涵应予足够重视。

图 1　306 号墓尊 X 光透视图

5. 连接技术　中原之各种分铸、铸接、铸焊、镴焊等连接技术，在吴越青铜技术中多有应用，且种类繁多。铸件之间既相连接又保持活动的分铸技术：已达到中原器的水平，且更有超过中原器水平之实例（见表 3）。

6. 铸造纹饰技术　铸造形成的纹饰，诸如范纹、模纹，模范结合纹和模印纹等技法，吴越青铜器中均有所见，而以手工刻制的范纹居多。器物多有纹饰上表面与器表相平的纹饰带，例如江苏无锡县北固乡出土的盘（J，278）、江苏苏州相门出土的瓶等。这种纹饰带需在翻制外范时翻制出一条按要求高度的突出环带（在母模上事先应有一条相应之下凹环带），然后在环带上刻范纹，方有此效果。

又见一些奇特的纹饰技术，例如有倒斜度的凹纹，薄如刀、间距窄如缝的剑首同心圆，纹饰纤细、繁密复杂的几何棘刺纹等（见表4）。

7. 复合范技术　吴越器的复合范技术，已达极高水平。以湖南衡山霞流市出土的蛇纹尊（图2）为例：尊口沿上有翘出口沿的蛇首共20组41条（其中一组为3条，其余均为2条），每组蛇之蛇首相对。蛇体翘起部分的背纹与紧贴尊口沿部分的背纹无任何错位或范线、断截等痕迹，可知蛇的翘起部分应与尊体浑铸而成。对应于翘起部分的尊口沿处，有与尊口沿表面相连的纹饰，却无范线痕迹，因此有人误认此器为失蜡法铸成，或对铸造工艺无法理解。

图2　湖南衡山霞流市出土的蛇纹尊

经仔细观察发现，蛇体翘起部分两侧有极细之范线，由此可知，此器应属极为高超的复合陶范法铸造的作品。方法大致如下：此尊的内范不仅形成尊的内腹，亦形成尊的口沿。在形成尊口沿的内范部位，在其上先挖出20组翘首蛇体的空间，然后置入20块小内范，此小内范共有四个表面；一对表面与尊口沿翘首蛇体空间两侧的斜面紧密黏合；另一表面形成一组翘首蛇腹，此处有范线；最后一表面与尊口沿旧范表面齐平，此处拼缝用范料精心抹去后，在其上刻纹饰，并与尊口沿内范表面的纹饰连贯，铸成后即可在该处既无范线，又无纹饰不连贯的痕迹（图3）。

8. 双金属技术　除有铁芯的青铜器物之外，铜兵器的双金属技术似不止一种，其原理均为运用改变锡青铜中含锡量而改变青铜的硬度和韧性，相当科学，且双金属铸造水平相当高超（见表5）。

9. 锤锻技术和线刻技术　浙江长兴出土多件戈和锄草器（一说为犁沟器），器表有长条形錾痕，又残留有浇口痕迹。一般认为这些兵器和农具是先铸后锻，以增加其使用寿命（见图4）。

江苏六合程桥1号墓出土的铜盘残片，江苏镇江谏壁王家山墓出土的匜、盘、舟，江苏宜兴收购的杯（现藏于南京博物院）等，均有刻纹纹饰，器壁均极薄。一般认为线刻铜器由捶揲成形，再以铁制工具施以錾或刻，在器壁上即形成由点、线段、线条形成的图形。

按现代金属学原理，可锤锻加上的锡青铜，其含锡量一般不超过8%，否则因δ脆性相过多塑性变差而无法成形④。吴越青铜器的锤锻技术及其合金成分、金相组织以及薄胎铜器上的线刻技术，尚须翔实的考察研究。

表1　吴越青铜鼎形器底部常见范线和凸起面

底部形状	说明，器物举例
	尖足朝内一侧省去，底部呈"△"状突起。 长沙越人墓尖足鼎，长沙金井尖足鼎。
	尖足外侈，朝内一侧省去，底部呈"△"形突起。 屯溪1号墓鼎（M1:80）。
	圆环形足朝内一侧省去，底部呈"△"形突起。 屯溪3号墓圆鼎，丹阳司徒庙圆鼎，长沙金井圆鼎。
	圆柱形足实心或空心，底部呈"☆"形突起。 丹徒大港雷纹鬲，丹阳司徒庙大鼎，肥西小八里三足圆鼎，屯溪1号墓圆鼎，青阳圆鼎。
	垂直范线不在器足上，底部形状同上。 苏州新苏丝厂圆鼎，南京浦口圆鼎，丹徒粮山圆鼎。

表 2　吴越青铜器常见浇口位置

底部形状	说明，器物举例
	圆足器，楔形（刀形）浇口，在底范中央。 苏州新苏丝厂圆鼎，丹阳司徒庙大鼎，青阳圆鼎，绍兴 306 号墓镦盉，丹徒粮山圆鼎。
	圆足器，浇口 1 只及排气口 2 只设于底范边缘。 长沙金井尖足鼎，屯溪 1 号墓鼎（M1∶80）。
	圈足类薄壁器，楔形（刀形）浇口设于底范中央。 绍兴 306 号墓簋（M306∶20）、盘（M306∶采 5）。
	薄壁容器，楔形（刀形）浇口贯穿底范中轴线。 苏州新苏丝厂桮。
	楔形（刀形）浇口，浇口区器底加厚约 2mm。 绍兴 306 号墓云纹铜屋。
	圈足类薄壁器，楔形（刀形）浇口，浇口区器底加厚 1～2mm。 绍兴 306 号墓棘刺纹尊，湖南衡山霞流市蛇纹尊。
	圆足类薄壁器，楔形（刀形）浇口、排气口分别设于圈足两侧。 无锡北固乡簋 23 件，丹徒大港青铜鸟纽盖壶，武进淹城棘刺纹尊。

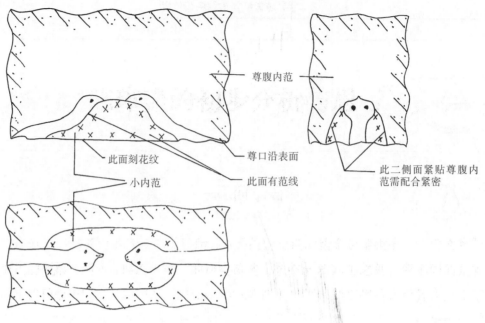

图3　蛇纹尊的蛇首翘起处复合范组合

表3　吴越青铜器连接技术举例

连接技术	说明（器物举例）
器身 分铸件 凸榫 内范	在铸成的分铸件之内范中挖一卯孔，内大外小，然后将分铸件置于器身的外范中，铸器身时，铜液流入卯孔中，使分铸件与器身接合。此法简便，但分铸件易脱落。 绍兴306号墓镶盉之足，镇江谏壁粮山带盖圆鼎之耳、足。
附件 器壁 凸起	附件与器壁相连处有圆丘状凸起，似预先铸成的附件与器壁铸合后，再锤锻成此凸起，即先铸接后铆接。此推测是否正确，须对凸起部分作金相检测后确定。 肥西井王圆鼎之盖环，江宁陶吴觥之錾，苏州虎丘山铜鉴之环耳。
器身 附件 凸起	附件与器壁相接处有平面凸起，似预先铸成的附件即有此凸起，附件与器壁铸合后，即不脱落。附件被器壁包围的部分是否有"〲〲〲〲"或"ШШ"类设计，俟作X-光透视后确定。 绍兴306号墓镶盉之流与器身，苏州何山东周墓提梁盉之盖纽。
附件 内凸 器壁 外凸	分铸的附件置于外范中，在对应附件的铸接部位，挖去一块内范或外范，使铸合牢固，即不脱落。器壁在该处即凸起，附件铸接部位的具体形状，俟作X-光透视后确定。 绍兴306号墓镶盉的扉棱与器身，丹徒北山顶虎錞于之虎纽。

（续表 3）

连接技术	说明，器物举例
低熔点合金 附件 器身	器身上铸有蘑菇状凸起，附件置于该处，浇入铅－锡类低熔点合金，凝固后附件与器身即合而为一。但是有些附件之内范未全部清理，致使附件接合不牢。张家港河阳山出土盘之足。
器身 附件	附件与器身铸接，在铸合处未见任何上述痕迹，但可从附件与器身纹饰之不连贯、颜色各异等可知为分铸而成。如何铸接牢固，须 X－光透视后确定。 绍兴 306 号墓镳盉之龙形附饰与流、壁之间，盉盖上翘首龙与龙与壁之间，盖纽上龙与盖纽之间。
附件 器壁	附件与器身靠方形榫卯铸接，如何不致脱落，须 X－光透视后确定。 绍兴 306 号墓镳盉盖上动物与盖之间，云纹铜屋乐俑与铜屋之间。
缩孔 器壁 合金液 附件 内范	附件与器壁间用铜液或铅－锡类低熔点合金浇合于一处，有时在器壁上留下缩孔。浇入的合金需作成分分析确定。 青阳龙耳尊之龙耳与器身，屯溪方足器之方足与器身，绍兴 306 号墓云纹铜屋之云纹柱与屋顶。
工艺孔 内范 附件 低熔点合金 器壁	运用铅－锡一类熔点较低合金，浇入器壁与附件之间，并设工艺孔使之咬合。 绍兴 306 号墓镳盉之提梁与器身之间，苏州何山东周墓提梁盉之提梁与器身之间。
环 间隙~1.25 间隙~0.5 间隙~0.5 环座	铸件之间既相连接、不可拆卸，又可相互转动的分铸技术，以丹徒背山顶之悬鼓环水平最高。整个环与环座之间有一周向间隙仅约 1.25mm（单面），垂直方向间隙仅约 0.5mm（单面）的可转动环。环与环座均分别铸造，又保持很小间隙。 其他如绍兴 306 号墓以及苏州何山东周墓提梁盉之提梁与盖之间的三节链环等，均属此例。

表 4 吴越青铜器特殊铸造纹饰技术

纹饰形态	说明·器物举例
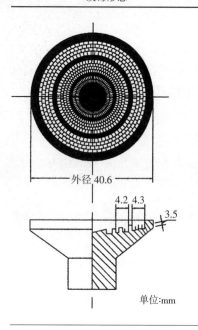 外径 40.6 单位:mm	剑首同心圆装饰由多道凸起之同心圆环构成。以六合程桥出土之剑为例，在宽仅 4.2mm 或 4.4mm 的距离内，竟有四圈同心圆环，圆环厚 0.3~0.8mm，高 0.2~1.5mm，间距仅 0.3~1mm，极规整。底部有细密之轴向凸起绳纹，由此可肯定其必然是铸造成形。剑首连带一段剑茎单独铸出。带有此类剑首的铜剑，已有多件传世或出土，著名者如越王勾践剑等。无铭文者，吴江市文物管理委员会、吴县文物管理委员会、南京市博物馆和上海博物馆等均有收藏。
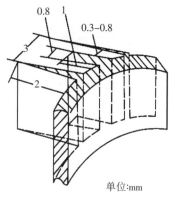 单位:mm	几何棘刺纹尊和盘上常见此种纹饰的基本线条结构。以绍兴 306 号墓棘刺纹尊为例，两侧有刀刃状凸起之线条，其间有宽仅 0.8、高仅 1mm 左右的细绳纹，刀刃线条凸起约 2mm。三线条间距仅约 0.3~0.8mm。此种基本线条结构在器身上虽大面积分布，却无重复，且铸成后不经任何磨磋修整，纹饰清晰。 另有屯溪 1 号墓之棘刺纹尊、盉（M1:89，M1:94 和 M1:95），提梁卣、乳丁簋（M1:96），丹徒Ⅳ式尊，武进淹城棘刺纹尊等，均属此类基本线条结构。
 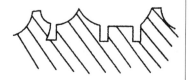	纹饰的凹槽内大外小，且底部高低不平、不规则。器物通体均有此种倒钩纹饰。仅见于长兴出土龟纹簋和云纹铙上。

表5 吴越双金属技术选例

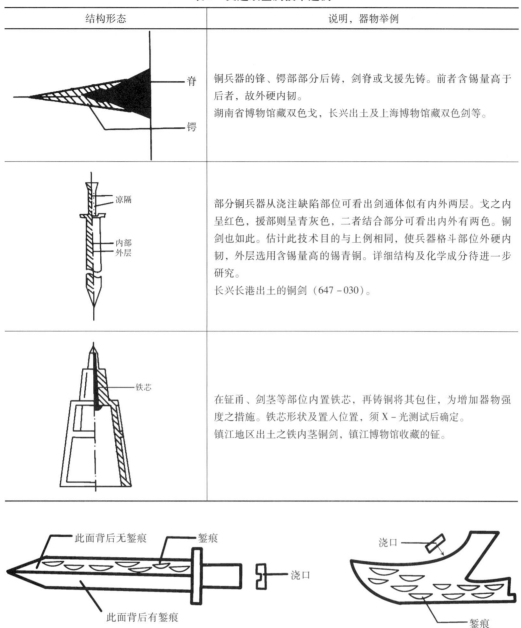

结构形态	说明，器物举例
	铜兵器的锋、锷部部分后铸，剑脊或戈援先铸。前者含锡量高于后者，故外硬内韧。 湖南省博物馆藏双色戈，长兴出土及上海博物馆藏双色剑等。
	部分铜兵器从浇注缺陷部位可看出剑通体似有内外两层。戈之内呈红色，援部则呈青灰色，二者结合部分可看出内外有两色。铜剑也如此。估计此技术目的与上例相同，使兵器格斗部位外硬内韧，外层选用含锡量高的锡青铜。详细结构及化学成分待进一步研究。 长兴长港出土的铜剑（647-030）。
	在铤甬、剑茎等部位内置铁芯，再铸铜将其包住，为增加器物强度之措施。铁芯形状及置入位置，须 X-光测试后确定。 镇江地区出土之铁内茎铜剑，镇江博物馆收藏的铤。

图4 浙江长兴出土带有錾痕的戈和锄草器

10. 装饰技术 除上述铸造附件、铸造纹饰和线刻纹和线刻纹饰等装饰之外，镶嵌绿松石、嵌琉璃、错金银以及非机械镶嵌的几何菱形纹饰（或火焰纹）等技术在铜兵器上，尤其在少数剑、戈、矛上有集中表现。越王勾践剑上即集中了铸造成形的剑首同心圆环、镶嵌蓝色琉璃和绿松石、剑身遍饰菱形纹饰，在剑身上衬出错金铭文等多种装饰技术（图5）。

这次考察所见，计有江苏六合程桥出土铜剑一柄，浙江博物馆藏残矛一件，江苏镇江出土戈、矛多件均有菱形纹饰。各地所出的菱形图形并不一致，但均相当规整，与同地区出土的青铜容器上的铸造纹饰虽精细繁密而随意性很大截然不同。

以六合程桥出土的剑为例，腊上有菱形纹，近锋部趋于紧密。剑首与茎相接之圆锥面上也有形状不同的几何纹。剑通体呈"黑漆古"状态，腊上有纹饰处呈无光泽的灰白色（局部表层剥落后呈银白色），首上纹饰呈青灰色。有些铜兵器的菱形纹饰线条与铜兵器基体之间有"过渡层"，可见绝非机械镶嵌。

美国弗利尔美术馆的齐思（M. T. Chase）和加拿大多伦多大学材料系的弗兰克林（U. M. Franklin）曾对有类似纹饰的矛作过化学成分分析，发现剑的基体与同时期的普通铜剑相同，纹饰部分则富含锡、铁和硅，过渡层的锡、铁和矽也比基体为高[5]。关于纹饰究竟是什么材料，其制作工艺是怎样的等等一系列饶有兴趣的问题，尚待深入系统地进行研究，特别需要在实验室条件下，依据分析检测结果，模拟当时的制作工艺，复制出相同效果的菱形纹饰铜兵器，以解开吴越菱形纹饰铜兵器的技术奥秘。

二 几点初步认识

现就上述初步考察谈几点认识。

（一）吴越文化系青铜技术应予高度重视

吴越青铜技术，自从出现 B_1 类器开始，即充满革新精神，并形成自己的特色。其中最引人注目的当属铜剑装饰技术和以几何棘刺纹薄壁器为代表的铸造技术。

吴越之剑，无论是几何菱形纹饰，还是剑首精致繁多的同心圆环，即使在现代，亦属尚未被超越的精湛技艺。《考工记》所述"……吴越之剑，迁乎其地而弗能为良"，是实际情况的反映。开展吴越之剑的技术研究，无疑是中国科技史中的一项重要课题。

目前所见的吴越青铜器虽宏大者不多，但精巧者不少。在这些器物中，中原的浑铸、分铸、铸接、镴焊等技术均已应用。特别应当指出的是，湖南衡山霞流市出土的蛇纹尊，其口沿上翘起的蛇身竟然未采用分铸法或失蜡法，而是沿用了古老的复合陶范法使之成形的技术；江苏丹徒背山顶出土的悬鼓环，其环与环座之间精密配合的技术（见表3）；浙江绍兴306号墓的棘刺纹尊竟然未使用垫片；以浙江绍兴306号墓的棘刺纹尊和湖北江陵出土的越王勾践剑的剑首同心圆环为代表的薄壁器技术，以及精细繁密的铸造纹饰技术。这些无与伦比的技术，均反映出吴越的陶范材料配料及处理、陶范制作和组合技艺以及熔铸技术，已达到极为高超的水平。

可以认为，细致、精确、薄壁以及特殊的装饰技术，是吴越青铜器的技术特色，其技术已达到甚至超过同时期中原器的水平。

图5 越王勾践剑

多种装饰技术

吴越文化系青铜技术非同一般，应予高度评价和重视。

（二）关于铸范材料

吴越青铜器中的薄壁器和精细繁密的铸造纹饰，以及悬鼓环的精密配合，反映出极为高超的制范技术。

器物表面极为纤细的分范线以及薄壁器不用垫片（以浙江绍兴 306 号墓的棘刺纹尊为代表）表明，分块范之间的拼合极为紧密。拼合间隙之小，除了工艺技巧之外，范料必须具有变形和收缩趋于极限小的优良性能。要做到这种程度，必须对范料各组分的特性有深刻的认识。这对于以泥料为主成分的范料而言，是十分不容易的。

以棘刺纹器和剑首同心圆为代表的排列密集、线条尖挺、高度突出的纤细纹饰表明，范料必须十分细腻、强度相当高、可塑性和可雕性极佳、充型性能优良，再配合合适的刻范工具及极为高超的技艺，方可达到如此惊人的成就。

以悬鼓环为代表的不可拆卸的精密配合铸件，反映出构件之间必先涂有一层极薄的范料。这层范料不仅形成了铸物之间的极小间隙，并成为待铸器物的铸范。因此，这层范料不仅需有足够小的干燥收缩率，并且需有足够高的强度。

由以上各例可见，吴越青铜器用的范料，包含着相当丰富的科技内涵，它是形成上述惊人成就的技术基础。欲解开吴越青铜技术的奥秘，范料的研究是必需的。然而，吴越地区内迄今未发现像中原那么大规模的铸造遗址，只是零星出土一些石范或陶范残片等[⑥]，并且未见代表性的陶范，这为研究范料技术带来了困难。

（三）关于青铜原料

据考古发掘报道和古文献记载[⑦]，先秦时期的吴越地区铜矿冶业相当发达，这奠定了该地区在春秋战国时期具有发达的青铜工业的物质基础。所产铜锭与当地所产铅锭或铜铅共生矿所产铜铅锭，作为当地青铜器的原料，所以多铅青铜。

至于铜锭是否运往中原，何时开始提供等问题，必须对中原青铜器和吴越的青铜原料作铅同位素比值的比较研究后，方可确定。同样，吴越青铜器的锡是何时从何地而来，也是有待解决的问题。

关于安徽贵池所出铜锭含铁量高达 40% 左右并带磁性的原因，是因为铜矿中含有大量铁，冶炼时未经精炼，所出铜锭实为铜铁混合物之故。含铁量过高，将降低铜的塑性，不能直接铸造器物，必须经重熔精炼，以去除铜锭中的铁、硫，方可应用。贵池徽家冲窑藏出土的铜锭，其平均含铁量达 34.35%，而同时出土的铜镈残片，含铁量仅 0.19% 可以佐证[⑧]。有的学者把贵池出土的高铁铜锭与吴地一些铜器内植入铁芯联系起来，认为吴国在铜、铁混合使用方面进行过大胆的试验，开创了战国时期流行的铜铁合制器物的先道，这种见解是需要纠正的。

（四）关于双金属技术

吴越铜兵器中，青铜双金属技术的应用，亦是一大创造。

为使兵器既锋利又不易折断，吴越工匠通过双金属技术，充分运用了改变锡含量可调节锡青铜硬度和韧性此一特性，使兵器刃部锋利，非刃部柔韧。在钢铁未获普遍应用的青铜时代，这种使铜兵器刚柔相济的技术，实为一大创造。双金属铜兵器的问世，必然大为改善铜兵器的实战能力。

从出土的双金属铜兵器质量观察，含锡量不同的两种锡青铜的结合面质量极佳，界面处无结合不良、冷隔、气孔、夹渣等双金铸件常见的缺陷（图6），技术水平极高。

开展吴越铜兵器双金属技术的研究，应是一项有意义的课题。

（五）关于浇注工具

考察中见南京博物院收藏的一件陶勺，出土于南京北阴阳营。这是一件中国青铜时代仅见的浇注工具，对于了解当时的浇注技术十分重要。这件用于浇注小型青铜器物的"浇包"，设计相当合理：底有一狭长平面，可使陶勺搁置时不致因倾斜而溢出铜液；有銎，插入杆棒（当时条件下应为铜棒），便于从固定的坩埚中舀取铜液和浇注，并且陶勺使用前必须置于火中预热，有銎即可使杆棒不会过热；容室有流，便于准确浇注（图7）。

制作陶勺应和制坩埚的材料近似，类似夹砂陶，使其有足够的高温荷重软化点，不致在舀取或浇注铜液时软化破损。但是由含石英量高的砂粒和普通黏土混合烧制而成的材料，高温荷载能力不高，所以器壁设计得相当厚。

这件实物，补充了先秦时期中小型青铜器浇注工具的缺环。

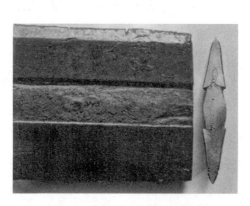
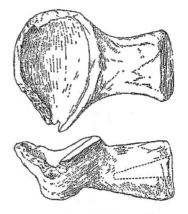

图6　"双色剑"残件及其断面　　　图7　南京北阴阳营出土陶勺

（六）关于失蜡法起源的思考

迄今公认中国最早的失蜡铸件之一，是河南淅川下寺楚令尹子庚墓出土的铜禁[⑨]，此为楚器。然而，从技术发展规律思考，失蜡法不可能一出现就能制作像淅川铜禁那么复杂的器物，它应该有一个由简单到复杂，由低级到高级的过程。可是，在此之前比较简单的失蜡铸件，迄今尚未发现，这是笔者多年来一直关心的问题。

这次考察发现，有一些吴越青铜器的成型方法，无法用陶范铸造的各种技术作解释，例如表4中第3例的倒钩纹饰，无论是模纹或范纹均难以实现，这类凸起用陶范法是难以形成的。此外，中原常见的提梁呈绞股绳索状造型的提梁卣，在提梁部分无范线，仅在双环处见范线（图8），这种现象用陶范法也是无法解释的。

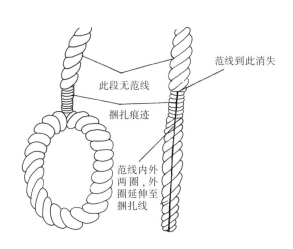

图8　中原地区出土提梁卣及提梁示图

上述这些特殊纹饰或附件，若用失蜡法成形，则是容易实现的。但是带有这些特殊附饰或附件的器物上，又都有陶范法的范线，令人迷惑不解。

我们认为，这些无法用陶范法铸成，却又带范线的青铜器，其制作技术很可能是完全无范线失蜡法的初级阶段。这是基于如下推测：当器物的纹饰或附件已难于用陶范法成形时，先秦匠师们寻找了一些既可塑造或雕刻，又可须焚毁即可脱范的材料作为制模材料，例如淀粉、纤维等材料。这些材料不能像蜡料那样受热后可流淌失去，焚烧后在范腔内尚留有相当多的灰烬，所以必须全部或局部分范，以便于灰烬的清除。这种工艺姑且称之为"焚失法"。

当创造既可塑造雕刻，又可受热熔失的蜡料之后，当然不再需要分范，于是焚失法逐渐淘汰，代之而起的是更进步的失蜡法。焚失法是失蜡法的滥觞。这种推测，将会有更多的实例佐证。

从初步考察即可发现，吴越青铜技术具有丰富的内涵。开展以铜兵器技术和青铜器纹饰成形技术代为代表的吴越青铜技术的研究，无疑具有重要的学术价值和现实意义。

注释：

① 曾琳等：《苏南地区古代青铜器合金成分的测定》，《文物》1990 年 9 期。商志䕫：《苏南地区古代青铜器合金成分的特色及相关问题》，《文物》1990 年 9 期。

② 李国梁：《皖南出土的青铜器》，《文物研究》1988 年 4 期。肖梦龙：《试论江南吴国青铜器》，《东南文化》1986 年 1 期。

③ 马承源：《长江下游土墩墓出土青铜器的研究》，《上海博物馆集刊》第 4 期，上海古籍出版社，1987 年。

④ 编写组编：《重有色金属材料加工手册》（第一分册），冶金工业出版社，1979 年。

⑤ W. T. Chase and U. M. Franklin："Early Chinese black mirrors and patten – etched weapons". *Arts orientalis* Vol. 11. 1979.

⑥ 萧梦龙：《试论江南吴国青铜器》，《东南文化》1986 年 1 期。邹厚本、宋建、吴绵吉：《丹徒断山墩遗址发掘纪要》，《东南文化》1980 年 5 期。

⑦ 彭适凡：《论杨越、干越和干越的青铜文化成就》，《东南文化》1991 年 5 期。杨立新：《皖南古铜矿初步考察与研究》，《文物研究》3 期，黄山书社，1988 年。夏鼐：《三十年来的中国考古学》，《考古》1979 年 5 期。中国社会科学院考古研究所：《新中国的考古发现和研究》，文物出版社，1984 年。裘士京：《江南铜材和"金道锡行"初探》，《中国史研究》1992 年 4 期。杨立新：《皖南古代铜矿的发现及其历史价值》，《东南文化》1991 年 2 期。

⑧ 张敬国等：《贵池东周铜锭的分析研究》，《自然科学史研究》1985 年第 4 卷 2 期。

⑨ 谭德睿：《灿烂的中国古代失蜡铸造》，上海科技文献出版社，1989 年。

（原载马承源主编：《吴越地区青铜器研究论文集》，[香港] 两木出版社，1997 年）

从陈璋壶看春秋战国的冶铸技术

"从二里头、二里岗时期具有中国自身特点的复合陶范铸造技术开始形成起，到小屯时期，由于分铸普遍使用以及其他社会因素的促使，出现了商代青铜器铸造的高峰，影响整个西周时期。"[①]春秋中期以后的青铜器铸造工艺，出现了包括分铸、铸焊、锻打、铆接、红铜镶嵌、错金银、鎏金等多种成形、装饰技术在内的新技术，如河南省博物馆藏莲鹤方尊、河南淅川楚墓出土的大型铜禁、安徽寿县蔡侯墓青铜群、湖北随州曾侯乙墓的青铜群、江苏盱眙出土的陈璋壶等等。这些青铜器的出现，表明春秋战国的青铜冶铸技术进入了新的发展与转变期。

在以上列举的青铜器里，不管是在造型艺术、铸造工艺、表面装饰技术，还是鉴赏与实用、史料价值等方面，都应该首推南京博物院院藏青铜器——陈璋壶。陈璋壶，1982 年 2 月，在盱眙县南窖庄出土。它制作精良、构思巧妙，纹饰新颖独特，造型玲珑别透，华美精巧。陈璋壶的铸造工艺，将我国古代青铜器的冶铸技术推向了第二个高峰，是综合研究春秋战国青铜铸造的典型器。

一 陈璋壶

（一）形制

铜壶通高 24、口径 12.8、腹径 22.2、圈足径 13.8cm，重量为 5590g。全器造型由 7 个部分、19 个构件组成（图 1、2）。

图 1 铜壶

图 2 铜壶

侈口，束颈，弧肩，平底颈部较肩部高出一层，形成一周凸面。外露的颈部饰错金银云纹图案（图3、4），镂空网络罩的肩部饰错银斜方格云纹图案。

（二）铜龙网络

分肩、腹两组，由卷曲起伏的长龙和梅花钉交错、叠压形成镂空纹饰。

图3　颈部饰错金银云纹　　　　　　　　　　图4　颈部饰错金银云纹

肩部的网络由48条龙组成，龙身上下起伏卷曲，每条龙上下起伏卷曲三次。相邻的两龙头尾相对，形成一组，相间的两龙卷曲相接。龙与龙之间皆以梅花钉缀连，每条长龙缀连6枚梅花钉。肩部网络的梅花钉为48竖行，24组，每组6枚，共144枚。

腹部的网络是每条龙上下起伏卷曲9次。两龙在卷曲处相接，亦以梅花钉缀连，每条龙两侧缀连18枚梅花钉。腹部网络梅花钉是48竖行，24组，每行9枚（下部锈饰脱落4、5枚），每组18枚，共432枚。整个网络由96条长龙、576枚梅花钉组成（图5、6）。

图5　透雕长龙、梅花网络　　　　　　　　　图6　透雕长龙、梅花网络

（三）箍带

肩腹之间有一圈衔接肩腹两组网络的箍带，由4根环接连而成，上饰错金云纹饰（图7、8）。

图7　错金箍带纹饰一　　　　　　　　　　图8　错金箍带纹饰二

（四）立兽

连接箍带的立兽形竖环耳4个，作奔虎形，虎头向下，张口弓背，四肢鳞爪状，通体错金银重环饰纹（图9、10）。

图9　错金银重环饰纹立兽　　　　　图10　错金银重环饰纹立兽

（五）铺首

每条箍带中间有一兽面，共4个。宽额、竖耳、弯眉、杏眼、钩鼻、兽面额上镶嵌绿松石（皆已脱落），两侧细刻卷曲双龙。龙头为角，龙尾为须（图11）。

（六）衔环

每1铺首与龙鼻套接，共4个。饰有细如发丝的错金云纹饰（图11、12）。

（七）圈足

座缘与铜龙网络相连，底部饰镂空花纹，外缘饰错金斜方格云纹。

图 11　镶嵌绿松石铺首　　　　　　　　　图 12　铺首的钩鼻套衔环

图 13　壶口内沿铭文

（八）铭文

壶口内沿刻篆 1 行 11 字，容积的计量单位。铜壶实测容量为 3000ml（图 13）。

铜壶圈足外缘镌刻 29 字，这与美国费城宾夕法尼亚大学博物馆收藏的陈璋壶的铭文几乎全同。铭文说明，铜壶原是燕国铜器，后被齐国将领陈璋所获（图 14）。

二　陈璋壶的冶铸技术

春秋战国出现新的冶铸技术，主要有以下几点。

器物的造型艺术，一改商周青铜器以鼎、簋、鬲、爵、角等礼器为主的造型，而将造型的指导思想以适用与欣赏、造型与审美有机结合、纹饰以动物造型为主题。

在铸造技术上出现了镂空青铜器。

在表面装饰出现了错金银等。

图 14　圈足

改变了铜器铭文在商周时期以铸造成形使用了篆刻的新方法。

普遍运用铸接、焊接等综合装配工艺的特种技术。

多种合金在一件器物上运用。

以上列举的六点，在陈璋壶上表现得淋漓尽致。

（一）造型艺术

铜壶系由 19 个构件组成，即壶身、圈足、镂空网络、4 个箍带、4 个衔环、4 个铺首、4 只立兽。箍带、衔环、铺首、立兽的 16 个附件分别摆置在肩腹之间的同一条圆圈上。布局相当对称，显得均衡协调，稳重自然，丝毫没有呆板之感。铜龙网络的构思，外层是取之自然界中的植物——梅花，里层由神话中的动物——龙巧妙构成（即龙穿梅花）。这种源于生活却高于生活的写法，含义深刻，耐人寻味。错金银的纹饰，长龙、兽面、立兽和梅花都是静物，然而古人造就静中有动、动中有静的表现手法。壶身的纹饰设计由向上或向下浮动的斜方格纹，梅花为带，花蕊 5 瓣花，花朵与花朵层叠相错；长龙穿于鲜花丛中起伏，兽面铺首中的双龙两头向上做游动，倒立的兽向下跳跃，一上一下，错落有致的艺术造型，给铜壶增添了强烈的美感。铜壶不仅有错金银平面装饰，且配有长龙、梅花、兽面、立兽等套饰，同时在错金银暖色的基础上，用翠绿的绿松石镶嵌，暖色、冷色交相辉映形成了明显对比，给人以强烈的视觉效果。

该铜壶实测容量为 3000ml，与壶口内沿刻篆 1 行 11 字所描述的容积相吻合，可谓中国古代器皿中把实用与欣赏、造型与审美有机结合的典型例证。

（二）铜龙网络的镂空技术

春秋战国时期出现了镂空的青铜器，著名的有曾侯乙盘尊。它的镂空是由 19 种变体蟠螭纹组成 12 种花纹单元，再按一定排列方式和层次汇合成一个主体花环，每个花纹彼此脱空，互不连接，全靠其下的铜梗支撑而保持其独立性，形成镂空。

陈璋壶是以龙与龙之间皆以梅花钉缀连，肩部每条长龙缀连 6 枚梅花钉，腹部每条龙两侧缀连 18 枚梅花钉，分外（梅花）、中（长龙起处）、内（长龙伏处）3 个层次，形成镂空。显然，陈璋壶的镂空比曾侯乙尊盘要复杂。

（三）表面装饰技术——错金银

战国时期的错金银铜器是铜器中的珍品，如河南洛阳文物工作队藏错金银卷云四瓣纹鼎、山西省博物馆藏错金蟠兽纹盖豆、南京博物院藏错金云纹牺尊[②]。但在镂空青铜器上错金银纹饰，陈璋壶是唯一的一件。陈璋壶的壶颈、壶身、4 个立兽、4 个衔环、4 条箍带都镶嵌了金银，可谓是珍品的瑰宝。

（四）刻纹青铜器

最早的刻纹青铜器，应该是四川成都金沙遗址出土的青铜有领璧，然后是江苏六合程桥春秋晚期墓出土的铜盘残片。显然，细如毫发、技法纯熟的刻纹技术的青铜器，在收藏中正可谓凤毛麟角。但在陈璋壶上，古人就直接刻了 30 个铭文，以此阐明陈璋壶的用途与意义。

（五）铸接、焊接等

春秋战国时期，在青铜器冶铸技术的制造中，机械装配工艺开始被运用，并逐渐成熟。如曾侯乙盘尊，"尊由尊体以及尊颈、尊腹、圈足各部分的附件组成。尊腹事先铸出 4 处共八个接榫，上焊八件分铸的龙身，组成双身四条龙，龙首焊接在尊颈豹形兽的尾部。至此，由 34 部件通过 6 处铸焊连接成一体的铜尊，完成了它的制作全过程"[③]。

陈璋壶的造型由 7 部分、19 个构件组成，其组合的过程，通过表面初步观察，推测如下。先分别铸出壶肩和腹的铜龙网络、4 个衔环、4 个铺首、4 根箍带和 4 个立兽等，在肩、腹铜龙网络的衔接处设计并分别铸出 4 处共 8 个接榫，有 4 个铺首通过箍带铸焊连接成一体。它绝妙的精心设计在于肩、腹铜龙网络的衔接处的衔接缝，用 4 根箍带遮挡，使人感觉壶的肩与腹为一体。此外，陈璋壶的壶颈与肩铜龙网络的连接处，在外观察有一道分界线（图 15、16），在内用手摸，壶颈与肩铜龙网络有一个台阶，据此推测，可能是壶颈与肩铜龙网络连接时采取的榫接或套接的机械装配工艺。当然，要证明这一推测要做很多的科学检测，尤其是用工业 CT 检测和 X 光透视。

（六）多种合金的运用

在春秋战国时期，青铜器的成形与装配工艺运用了多种合金。如山西省博物馆藏

图15　壶颈与肩铜龙网络的连接处，　　　　图16　壶颈与肩铜龙网络的连接处，
　　　　有一道分界线　　　　　　　　　　　　　　有一道分界线

错金蟠兽纹盖豆，使用了金、青铜两种金属；河南洛阳文物工作队藏错金银卷云四瓣纹鼎，使用了金、银和青铜三种金属；曾侯乙墓里出土建鼓等铜器，为了装配使用了锡铅合金的焊料；陈璋壶，使用了金、银、青铜、铺首与铜龙网络铸接时的低熔点合金（锡铅合金），此外，陈璋壶的兽面铺首氧化层的颜色与壶的其他构件不同，呈灰黑色，并且铺首的龙头有韧性。铺首的合金与壶本体的合金有很大的差异，据此现象观察，铺首的合金可能是锡铅合金铸造。当然，要证明这一推测只要做金相、能谱仪或CT的科学检测即可。

从以上列举的春秋战国时期在冶铸方面的新技术，陈璋壶基本涵盖了，而且，陈璋壶在成形与表面装饰方面，如造型设计生动、活泼，铸造复杂程度高，装饰工艺精细、优美，静动结合，它将古代人在器物设计时的完美与人性化、实用与欣赏、造型与审美有机结合，不容置疑，剖析陈璋壶的制作工艺，就能基本看出古代春秋战国时期的冶铸技术。

三　陈璋壶的镂空技术

最近一年来，从事古代青铜器铸造工艺的研究人员对古代先秦时代是否失蜡法铸造，镂空青铜器的制作采用何种方法展开了热烈的讨论，这对研究古代科技，探明中国古代的发明创造，有着极其重要的作用。笔者从事与文物保护与修复工作34年，对古代的冶铸技术没有专门的研究，对现代铸造技术也缺乏经验，但对古代青铜器上留下的冶铸技术信息，一直在思考。现根据陈璋壶上所反映的镂空铸造信息及相关的资料，提几个关于镂空铜器的技术问题，供展开讨论的研究人员参考。

陈璋壶的铜龙网络分外（梅花）、中（长龙起处）、内（长龙伏处）3个层次，与河南淅川的春秋晚期楚国双层镂空云纹禁、湖北随州战国早期曾国的镂空曾侯乙尊盘，应同属一种铸造工艺。镂空或称透空铜器的铸造技术，在已发表的研究青铜器工艺的文章中，基本上有四种观点：

1. 熔模铸造法④（失蜡法）；

2. 失镴法⑤；

3. 范铸技术＋焊接⑥；

4. 泥质合范⑦。

首先将以上四种观点，从工艺成形的原理归纳为两类，即失蜡法和失镴法的成形工艺中的模为可熔性，所不同的是使用的熔模材料不同，一是蜡，一是镴，故将这两种观点归为一类；第二类成形工艺中的模都是泥，不可熔性，故将 3、4 观点归为一类。

其次，我们暂不从春秋战国是否有失蜡法等方面去讨论，而是从现在复制的实际出发来思考，如用失蜡、失镴法或用失蜡、失镴法与范铸法相结合的工艺复制陈璋壶，从铸造技术的理论和操作的工艺角度分析，也许可以达到我们设计或者克隆出与原物基本相同的复制品；如用范铸技术或泥质合范法复制陈璋壶可能存在一些问题，现将这些问题提出，尚祈方家不吝赐教。

1. 范铸技术＋焊接

"尊侯乙尊盘的尊口及盘口，是由大大小小数千个分别铸造的小纹饰焊接成一组组的组件装配而成"⑧。据此方法制作陈璋壶，也就是将 576 多梅花焊接在 96 条交叉的长龙上，形成镂空。那么，梅花与长龙之间焊口的设计是对接，还是搭接、丁字接（正交接）和角接？

用熔焊、压焊还是钎焊？

如用熔焊类法，那么怎样防止大气中的氮、水蒸气等进入熔池，使焊缝在冷却过程中不形成气孔、夹渣、裂纹等缺陷？

如用熔焊法，在焊第二朵梅花时如何保护距离只有 1 厘米的第一朵梅花不被熔化？

焊缝与本体的再做色时，如用同样的化学试剂，同样的温度与时间，焊缝处与陈璋壶本体的腐蚀产物，颜色会一致吗？

2. 泥质合范法

"①把镂空纹饰制成一块不镂空的泥质纹饰板，用它制作外范，它可作铸造时的内范使用。②在内范上削去铜器实际需要的厚度。③挖去内范上所有的纹饰，注意没有纹饰的地方不能挖，因为这些纹饰的地方是和外范紧密的拼合，铸造后才能形成镂空。④根据镂空纹饰的设计需要，用工具挖通上下之间的小孔，孔的深度，将是铸造后纹饰上下镂空的程度。"⑨据该文章文字介绍和图片展示，泥质合范法制作的镂空形状，都是很有规律的半圆形叠压镂空，那么，怎样保证陈璋壶肩部的铜龙网络每条龙上下起伏卷曲三次、腹部铜龙网络每条龙上下起伏卷曲 9 次、这种上下不规则起伏龙的造型呢？

铜龙网络中每条龙的脊背上都有一条刻纹（图 5、6、15、16），是如何形成的呢？

南京博物院藏陈璋壶，在时代上比河南淅川的春秋晚期楚国双层镂空云纹禁、湖北随县战国早期曾国的镂空曾侯乙尊盘晚，采用的制作种类和工艺精度也就要比云纹禁、曾侯乙尊盘齐全且复杂，堪称汇集我国春秋战国时期新的冶铸技术的典型器。

然而，陈璋壶究竟用何种冶铸技术成形，需要对其进行科学的分析和检测，并进行模拟试验。笔者深信，在今天百家争鸣的学术领域里，在利用 21 世纪最先进的分析仪器，模拟古人冶铸时的思维、材料与工艺，从理论与实践上论证与挖掘，重现以陈璋壶等为代表的我国春秋战国时期出现的镂空青铜器的冶铸技术是能办到的。

注释：

① 华觉明：《中国古代金属技术——铜和铁造就的文明》，大象出版社，1999 年。

② 国家文物局主编：《中国文物精华大辞典·青铜卷》，上海辞书出版社，1995 年。

③ 同注①。

④ 华觉民等：《曾侯乙尊、盘和失蜡法的起源》，《自然科学史研究》1983 年 4 期。

⑤ 张光远：《中国最早"失镴法"春秋中期"蛇网盖冠龙虎方壶"的铸法论证》，《东南文化》2002 年 1 期。

⑥ 周卫荣、董亚巍、万全文、王昌遂：《中国青铜时代不存在失蜡法铸造工艺》，《江汉考古》2006 年 2 期。

⑦ 王金潮：《谈曾侯乙尊盘的铸造工艺》，《东南文化》2002 年 1 期。

⑧ 董亚巍：《范铸青铜》，北京艺术与科学电子出版社，2006 年。

⑨ 同注⑦。

（原载《文物鉴赏与鉴定》2010 年创刊号）

陈璋壶的初步分析与思考[*]

一 前 言

陈璋壶于 1982 年出土于江苏盱眙县，是战国晚期的错金透雕铜壶，该件文物与河南淅川的铜禁、湖北曾侯乙盘尊上的镂空铸造工艺有异曲同工之处，所不同的是陈璋壶的年代稍晚于以上两件铜器，陈璋壶镂空铸造工艺更精细更规范，而且还出现了淅川铜禁、曾侯乙盘尊上没有的错金银和镶嵌绿松石表面处理技术等。该壶集中国战国时代青铜工艺之大成，在铸造、错金银、镶嵌的综合技术方面，在欣赏与实用的设计方面，达到登峰造极的境地。无论从形制、铭文、铸造技术、造型艺术等方面看，均无愧于中国青铜工艺瑰宝的美称，于 2001 年被国家文物局评为国宝级文物。

图 1　陈璋壶（侧面）

陈障壶通高 24、口径 12.8、肩径 22.2、圈足径 13.8cm，质量为 5590g（图 1）。全器造型有 7 部分、19 个构件合成即：壶身、铜龙网络、4 个箍带、4 只立兽、4 个铺首、4 衔环、圈足。值得提及的是铜壶上的铜龙网络由卷曲起伏的 96 条长龙和 576 枚

　＊　本文由范陶峰、万俐合作撰写。

图 2　铜龙网络

梅花钉交错、叠压，从而形成镂空装饰，整个网络剔透玲珑，华丽精巧。

二　分析检测与观察

为了抢救这件珍贵的文物，做好保护修复与研究的方案，在南京博物院领导和社会各界专家的指导与支持下，到 2011 年 4 月 10 日为止，先后作了 X 荧光分析、内窥镜、三维扫描与打印、超景深三维显微观察、CT 检测等，现介绍如下：

（一）X 荧光元素分析

对陈璋壶的各个部位进行了 X 荧光元素分析，不但对壶体已经锈蚀部位进行了分析，对露出的铜胎和一些断面也进行了分析。各部件的成分及含量都不相同。

（二）内窥镜观察

仪器：欧加华 EWV – 3000 电子工业内窥镜

利用镜头深入壶身内部观察，并可以 360°全面观察。

观察点在陈璋壶的颈部与肩部的位置，有一条明显的凸出台阶，此台阶的高度约 4 ~ 6mm，而且是有规律的呈 360°圆形。据目测：铜壶内部的圆形台阶和颈部与铜龙网络处有一道明显的凹线基本在一个水平线上。

（三）超景深三维显微观察

用型号：VHX – 1000 超景深三维显微对铜壶的梅花、蟠龙、铺首、立兽等处进行观察（图 2）。

（四）三维扫描与打印

南京谧思商贸公司为陈璋壶作了三维立体扫描，可以确切知道陈璋壶各组成部件的尺寸。

（五）CT 检测分析

工业 CT 能在对陈璋壶无损伤条件下，以二维断层图像或三维立体图像的形式，清晰、准确、直观地展示被检测物体内部的结构、组成、材质及缺损状况，这是最佳无损检测技术。共检测了 62 个断层。

三　思考与讨论

通过以上系列的检测分析与观察，对陈璋壶又多了几分思考。

（1）合金成分　铜壶的口沿、颈和肩、梅花、铺首和立兽的合金成分都不相同，显然铜壶的 19 各构件分多次铸造。

（2）凸起台阶　陈璋壶的颈部与铜龙网络肩部的连接处，在外观察有一道规则的圆凹线，在壶的内部观察有一道凸起的台阶。这凹与凸的特征是否告诉我们——铜龙网络与壶体是分开铸造，然后用焊接或铸接或机械铆接或也许有其他方法？

（3）梅花纹饰　梅花有五瓣花叶和花芯组成，每片花叶上都用变形的回纹来装饰，从回纹纹饰的构成来思考，梅花的形成可能是有模具或也许有其他方法？

（4）铜龙网络　铜龙网络上的蟠龙，经初步观察几乎每条蟠龙都有龙眼、龙角和龙背上有一条阴线的纹饰。这三种纹饰的形成，由于龙的造型不规则和纹饰不在同一个面，所以可能是用模具制作还是其他方法？铜龙网络上的蟠龙背上的阴线纹饰，每次都在两龙相接在或起伏卷曲处停止，这个特征引出了一个问题——每条蟠龙是否分段制作或还是其他方法？

（5）铺首造型　铺首造型生动，纹饰清楚。从正面观察，用模具法就能制作后铸造。但，在蟠龙的头部，发现了龙的嘴部是张开露出 12 颗牙齿（图 3），嘴的咽喉部位还有舌头的根部。在约 3～4mm 的龙口腔内，要将长约 4～5mm 的悬空舌头用模具法制作是一件很不容易的事，哪会采用什么工艺呢？

（6）立兽　错金银纹饰为金在表层，银在里层，为何采用这种工艺呢？

（7）CT 检测　从 CT 图像（图 4）很容易看到壶体的结构已经不是很坚实，出现很多的细孔状，并且有裂痕。从保护文物的角度看，是否该对文物进行整体加固，还是保存现状？

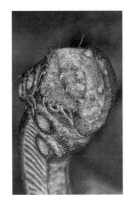

图 3　铺首蟠龙断的舌头　　　　图 4　陈璋壶整体 CT 检测图

四　小　结

　　以上一系列的分析和观察，只是陈璋壶保护修复与研究分析检测中的前奏，在研究的初期往往都会有很多很多的思考问题，但随着科学仪器的进一步分析与检测，随着试验与反复论证，随着人们对事物的不断认识，这些思考问题，有的可能成为结论，有的可能成为观点的反面旁证材料，有的可能还是永远停留在思考之中。

　　（原载亚洲铸造技术史学会编：《亚洲铸造技术史学会论文集》，日本奈良，2011 年）

殷墟青铜器纹饰铸型构成问题的探讨

一 引 言

南京博物院收藏的"殷墟商代王陵出土的虎形花土"和台北历史语言研究所收藏的花土，均为 1935 年春，进行第十一次发掘时出土。这次发掘的地点，是位于殷墟西北恒河北岸的侯家庄西北冈一带的商代陵墓区，花土均出自编号为 1001 号的大墓。该墓除出土了大量青铜器以外，还有数以万计的玉石器和花土。笔者暂将 1001 墓出土的文物与铸型相关的分为三种：（1）玉石镶嵌片，（2）工具，（3）花土。从以上三种文物，不妨先可以认定：（1）玉石镶嵌片——能够为类似与夏代镶嵌绿松石兽面纹铜牌和商代夔鋬象牙杯镶嵌上作的装饰物，同时也可给花土做纹饰的主线条纹；（2）工具——能够制作、雕刻花土、陶器、骨器、陶范；（3）花土究竟是何物？有什么用途？众说不一：有"木器印痕"、"送殡行列的仪仗，如棋牌贡之类的痕迹"、"木椁顶盖上填土上的一种装饰"、"铸造青铜器用的模具"等说法[①]。这里暂不对花土的用途作下定义和评论，但是花土给人一种新颖的启发——研究殷墟镶嵌工艺的珍贵案例，同时对殷墟纹饰的铸型构成有着极其重要的参考价值（图 1、2）。

图 1　侯家庄 1001 墓出土的花土

（南京博物院收藏）

图 2　侯家庄 1001 大墓

(引自李济等:《侯家庄 1001 大墓》, 台北史语所, 1962 年)

二　纹饰的种类

中国的考古学家将殷墟的青铜礼器分为三期, 即第一期与郑州二里岗青铜器相似, 第二期铜器以殷墟出土的礼器为代表, 第三期则与西周初年的铜器相仿[②]。

1984 年, 上海博物馆以馆藏青铜器为主, 编辑出版《商周青铜器纹饰》一书, 将兽面纹分为: 外卷角、内卷角、分枝角、曲折角、长颈鹿角、虎头角、牛头角、变形兽面纹等八型, 每型又分为展体、分解、无躯等共 36 式; 1986 年, 日本林巳奈夫先生著《殷周青铜器纹饰之研究》一书, 将饕餮纹的分类为: 无角饕餮、T 字形羊角饕餮、羊角饕餮、大耳饕餮、牛角饕餮、几字形羽冠饕餮、水牛角饕餮、茸形角饕餮、尖叶角饕餮、羊角形二段角饕餮、大眉饕餮、两尖大耳饕餮等共 13 类。

殷墟第一期青铜容器上的兽面纹还保存了较多的二里岗期的特征, 但连体兽面纹数量增加, 而且出现了分解兽面纹等新的纹样。殷墟第二期的兽面纹有很大的发展, 大量使用浮雕的方式, 普遍用云雷纹作为兽面纹的地纹。兽面纹的式样也极富于变化, 独立的兽面纹和连体兽面纹还通过分解、融合、相互渗透、转化, 演变出多种新的型式, 俗称“三层花纹”。殷墟第三期的兽面纹, 其型式几乎都是前一时期已经出现过的, 没有大的发展和创新, 似乎是进入了一个停滞的时期[③]。

研究青铜器的中日专家均将殷墟纹饰的图案, 以角来分类, 这与青铜器纹饰的造型所决定。纹饰造型的设计, 并铸造为青铜器, 必定要有成熟的铸型技术来支撑, 那么, 侯家庄 1001 墓出土的成千上万的玉石片, 能否在铸型工艺上有所帮助? 花土制作能否对青铜器纹饰的铸型构成有所启迪?

三 铸型构成的讨论

一种新工艺或技术的形成，必定建立在原工艺的基础上或吸收同种工艺成熟的经验后，不断实践发展而来。殷墟早期正是青铜器铸造工艺的初级阶段，青铜器纹饰铸型工艺的构成，一定会运用或借助正处于鼎盛辉煌时期的雕刻与镶嵌技术的技巧与方法，从而完善本工艺。根据侯家庄1001大墓出土大量玉石片以及用镶嵌绿松石的形式来布局兽面纹的车饰和象牙的文物，并在前辈老师们研究论述的基础上，笔者初步认为，殷墟青铜器纹饰铸型的构成有两种方法或有两个发展阶段。

（一）刻划与模印

时间范围——郑州二里岗、殷墟青铜器第一期。

纹饰特征——郑州二里岗与殷墟一期的兽面纹有宽细、凸凹纹饰之分，又有乳丁纹和圆圈纹等。

工艺特点——吸收了陶器、玉器刻划的经验，凡是宽线条在模上划刻，细线条在范上划刻，并受玉器磨制圆圈纹或兽面纹眼睛工具影响，圆圈和乳丁纹均采用在陶范上模印。

制作流程——塑模（将器物表面制成素面）→制范→刻划（铜器表面细线条纹饰均在范上刻划，而宽的兽面纹则在模上刻划）→模印（凡是乳丁纹、圆圈纹，均用事先准备好的管状或半圆物进行在范上印制）。

代表器物——河南郑州张寨岭出土的商早期鼎上的凸线型兽面纹均采用范上刻划，乳丁纹也在范上用模印方法。

（二）镶嵌与雕刻

时间范围——殷墟青铜器第二、三期。

纹饰特征——"殷墟第二期的兽面纹有很大的发展，在范上刻划兽面纹和刻划模纹的制作技法几乎完全被抛弃，同时，兽面纹极富于变化——独立的兽面纹和连体兽面纹还通过分解、融合、相互渗透、转化，演变出多种新的型式。"为此，出现了眼睛、眉纹为第一层纹饰，身体牙和足为第二层纹饰，地纹云纹（云雷纹）为第三层纹饰的半浮雕与浮雕的兽面纹。

工艺特点——延续小件玉器的雕刻工艺，制作扉棱和兽面纹中的眼睛、眉纹和身躯部分，即兽面纹的第一、二层纹饰在制模时，用玉石片来代替，第三层云雷纹在范上雕刻。

制作流程——塑模（将器物表面制成素面）→镶嵌兽面纹玉石片→制范→取下玉石片→雕刻云纹（模上的素面部分为范上的突出部位，雕刻或刻划云纹非常简便）。

关于殷墟二期以后为何用镶嵌技术来制范，这是由于青铜器范型的分块所决定的。"鼎的范型为三块外范，三范拼合于三足处，并汇合于底部中央，在器底形成 Y 形范线"，并且由于鼎耳与足的关系，殷墟二期的范有"四点配列式"、"五点配列式"的 Y 形外范④。也就是说，圆鼎上的饕餮纹是三组纹饰，对应三块陶范（方鼎四块），而且殷墟二期铜器上有时会出现二方连续带状图案，如戍革鼎，鼎腹中的纹饰为园窝和葵纹组成的带状二方连续图案，即三组分别六个圆涡和葵纹，地纹为云纹。象戍革鼎这样高低不平，二方连续图案也是 Y 形范，象司母戊大鼎和司马辛大方鼎腹部与足部的纹饰处为四块大范。其纹饰的构成工艺如下。

1. 戍革鼎　在殷墟苗圃北地铸铜遗址中发现两块鼎的外范与戍革鼎有相识之处，"范面上的鼎为立耳圆底，圆柱形足。通耳、足均在一块范上，口下有一周漩涡纹和四瓣花纹，通耳高 9.3、口径 6.9cm"⑤。由此可知，戍革鼎纹饰是有三块范组成，其制作流程可以推断为——塑模（鼎模塑好后，划出二方连续带状纹饰大小的位置）→镶嵌（将加工好的漩涡和葵纹（四瓣花纹）的 12 个玉石片，按耳为界，均匀贴附在鼎泥模的带状纹饰处，组成二方连续图案）→制范（鼎腹与鼎足的外侧范均在足上，形成一块范的弧度约在 120°左右）→雕刻（取下三块外范，并取出漩涡和葵纹的玉石片。在玉石片印出纹饰的周围刻上云雷纹，从而连接主纹与地纹。该理由如下。

第一，现代制模人员在用硬质材料制作分块模式的准则——翻制圆形器，模块的弧度不能超过 180°；翻制平面获 180°弧形以下的模，不能出现有倒扣现象，否则均取不下。戍革鼎漩涡和葵纹上的阴线条，位于模块两个弧边的边缘处，形成两个明显的倒扣，这倒扣已超出 180°，给制范取范时带来问题。利用镶嵌物制范，凡是在模上出现的倒扣，取范时拿不出来的纹饰，镶嵌物就随泥范一起带下，然后在范面再取下玉石片，漩涡和葵纹就此形成。

第二，殷墟铜器上的云雷纹和陶器上的云雷纹有截然不同的地方，前者阴纹凹势的形状呈马蹄状即像燕尾式，后者阴纹的凹势呈半圆形即 V 字形。这是两种凹势的形状实质上是两种工艺所致。前者的纹饰在范上刻制，此时从范面上看呈半圆或 V 字形，待浇铸铜器后即为马蹄形，有着 V 字形的云雷纹是在陶器上直接刻划的。

2. 司母戊大鼎　鼎腹、鼎足四面有饕餮纹、夔龙纹共 24 组，对其的陶范分块有三种说法，一说"鼎腹 8 块，即每面腹 2 块（不包括鼎足），二说鼎腹、鼎足一整块，但内嵌 6 小块，即四面 28 块范，三说方鼎腹部用范 6 块，每足三块"⑥，根据司母戊大鼎腹和足的纹饰即鼎腹和鼎足四角上下均有扉棱的特征，笔者认为，鼎腹、鼎足的纹饰每面只需一整块范。这里值得提及的是殷墟青铜器里扉棱铸型的制作，扉棱大致可分为两种即线刻 T 形和镂空 T 形。在翻制 T 形或镂空 T 形时可在扉棱上分形也可不必分块，其原因是在取下翻制好的泥范时，扉棱的玉石片一起带下，即便是镂空的 T 形扉棱，在泥范没有干透前，湿泥的可塑性大，所以镂空或分布在纹饰中间的扉棱，只要在泥上做轻微的左右摆动、增大空间后慢慢取出。为此，司母戊鼎鼎腹、鼎足纹饰的铸形工艺如下：塑模（塑一个素面的四方鼎，并倒立在芯和底范上）→镶嵌玉石片（将加工好的饕餮纹、夔龙纹和扉棱玉石片镶嵌在模中）→制范（鼎腹、鼎足的纹饰需四大块范）→雕刻（在范面上雕刻云雷纹、刻划足上的横线条，用特制的骨或玉石半圆体，在范上印制乳丁纹）。

四　结　语

1. 侯家庄 1001 大墓出土的大量花土、大量的制作工具和数以万计与青铜纹饰相同造型的玉石片，同时还有 140 具之多的陪葬人骨，可以推测该商王身前对制作青铜工艺有浓厚的兴趣，这 140 人骨可能也许是青铜器铸型制作的匠人。

2. 殷墟青铜器纹饰的铸型构成的要素，吸收了新石器、夏代时期的陶器制作、玉石雕刻、绿松石镶嵌的技法，结合青铜器纹饰铸型工艺的特点，经殷墟一期刻划与模印、殷墟二期镶嵌与雕刻的方法，铸造了数以万计、令后人赞叹不绝的青铜艺术品。

3. 殷墟小屯村出土过一个方彝的陶模、山西侯马出土了大量的陶范，其中有不少是礼器附件的陶模。关于这些陶模可以认为是殷墟二期镶嵌玉石片工艺的延续——比玉石容易雕刻的泥型完成后镶嵌到泥模上，从而将复杂的铸型工艺简单化；也可以认为这些"堆雕模纹"、"堆塑技术"纹样或附件掉落后的残件。

4. 殷墟青铜器流行的凸出与器表的三层饕餮纹是用镶嵌玉石片、堆雕成形，还是其他的方法，最终还需通过用古代原始材料、工具和原始思维来模拟殷墟青铜器纹饰的铸型构成，进行对比研究后作出科学的结论。

注释：

① 古兵：《殷墟商代王陵出土的虎纹花土》，《南京博物院藏宝录》，上海文艺出版社、香港三联书店，1992 年。

② 中国社会科学院考古研究所：《殷墟发掘报告》，文物出版社，1987 年。

③ 陈公柔等：《殷周青铜容器上兽面纹的断代研究》，《考古学报》1990 年 2 期。

④ 同注③。

⑤ 同注②。

⑥ 冯富根等：《司母戊鼎铸造工艺的再研究》，《考古》1981 年 2 期。

（原载亚洲铸造技术史学会编：《亚洲铸造史国际学术会论文集》，日本爱媛县爱媛大学，2012 年）

肆　彩陶与彩画保护

紫金庵泥塑保护修复材料选择的探讨

一　前　言

紫金庵罗汉塑像，位于苏州市吴中区东山西卯坞的紫金庵大殿内，大殿正面莲座上端的"释迦三世"和左右两壁内的十六罗汉，相传是南宋民间雕塑名手雷潮夫妇的作品，而大殿后壁的八尊塑像与四大天王像，相传是明末艺人邱弥陀所塑。罗汉群像装饰精工，彩色汉装、衣褶线条流转自如，层次分明。十六罗汉与二十诸天像中的三个三指轻轻托起一块泥塑的二层稠质经盖和具有唐塑"吴带当风"之势的望海观音被誉为"金庵三绝"、"天下二堂半"，具有重大的历史、宗教、科学价值，是江苏省重点文物保护单位。

金庵泥塑制作至今，历经 800 多年的风风雨雨，虽在历史上也经过几次修复；如明末在对金庵大殿重装后，对罗汉失去的手进行修补；清初用矿物颜料对 24 尊塑像进行装銮、沥粉泥金；明国时期对罗汉头部的某些装饰、"释迦三世"的底座又加以修复。第一，历史上的这些修复只是局部恢复性和表面装饰性的修复，未对泥塑的整体进行加固与保护。第二，自 1972 年大殿整修后开放，1984 年大殿漏雨、雨水严重侵蚀了泥塑表面的彩绘；第三，紫金庵处于四面环山、山道绿荫、果林遍野、群鸟争鸣的幽静之地，江南气候适中，雨水众多，使微生物和昆虫大量衍生与繁殖，自然界的这种破坏严重影响了泥塑的整体强度和表面彩绘的附着力。1984 年大殿漏雨后，二次较大的古建抢修，并增加了防护措施，这对保护泥塑再次受到雨水的侵蚀和住址观众触摸文物，起到了积极地保护作用。但是，由于保护技术及其他的一些原因，二次维修都未直接地对泥塑进行有效的保护措施，现在我们见到的泥塑表面彩绘起甲、龟裂、脱落，部分罗汉的手、脚、衣衫残缺，壁塑残破与剥落，尤其是泥塑内部起骨架作用的木结构、棕、麻丝等有机物受到微生物和昆虫的侵蚀，致使泥塑结构部分老化、酥解，这对泥塑的安全存在构成了严重的威胁。为此，金庵大殿内泥塑的抢救性综合保护工作，已刻不容缓。

受苏州市吴中区旅游局和文管会的委托，我院承担了紫金庵泥塑抢救性保护方案的制订。经 2001 年 7 月 17 日和 11 月 12 日二次现场实地勘察、测量、拍摄和室内整理、分析、计算，制定出紫金庵泥塑抢救性保护修复方案。文物保护技术由科学分析、保护材料和修复工艺三部分组成，缺一不可。现将泥塑破损成因所对应的保护修复的材料提出来供大家讨论，以抛砖引玉。

二　泥塑的破损成因

紫金庵泥塑主要由四个部分：即泥塑和壁塑的支撑物木结构、泥土层、棉纸（塑像的脸部、手部无棉纸）和颜料层。其中任何一部分发生病变都将影响到泥塑的整体。因此，泥塑破损的原因是一个相当复杂的过程，影响病变的因素也很多，主要有以下几个方面。

（一）木结构材料对泥塑的影响

从泥塑破损的剖面发现，泥塑的四肢和身体、塑壁的墙体的支撑结构均为木材，这些木结构部分已遭到白蚁和黄蜂的侵蚀，引起大量空洞，如释迦三世左边西方极乐世界阿弥陀佛的背部和罗汉的十七个牌位都不同程度地被白蚁和黄蜂蛀空，从而降低了木结构的物理性能，致使泥层崩塌，泥塑残断。如南墙东上角壁塑的残损等。

泥塑颜料层胶结构的老化，引起空鼓、起甲、变色等病变。起甲通常也称龟裂，主要表现为颜料层碎裂，状似鳞甲、卷翘，稍有震动就会成片的脱落，如望海观音满身碎裂纹，以及释迦三世尊佛左右臂卷翘的颜料层等。

（二）潮湿对泥塑的影响

在泥塑损坏的诸原因中，潮湿是损坏泥塑最主要的因素之一，因为构成泥塑的材料，如泥土、棕、麻、胶结物、颜料等，对水都很敏感，泥塑长期处于潮湿的环境下，不仅有机物会分解变质，同时潮湿还将促使许多化学反应产生。例如在潮湿环境下，铅白（碱式碳酸铅）和铅丹（红色氧化铅）会局部地转变为棕色的二氧化铅，蓝色的石青因潮湿而转化成绿色的碱式碳酸铜等。

（三）微生物对泥塑的破坏

紫金庵泥塑中有丝、棕、麻、纸等材料，这些高纤维物质日久天长，在微生物的作用下发酵、腐烂、分解，导致泥塑发霉、起甲、脱落。

（四）灰尘和昆虫的危害

紫金庵罗汉的平面上聚积着许多灰尘（也称灰粒），灰尘会在空气中吸收有害物质或有害气体，为破坏性的热化学反应物质、催化剂和酸性或碱性的介质环境；为光化学反应提供光氧化剂、光还原剂、光敏化剂；为微生物反应提供悬浮、运移和沉积的载体以及培养基。根据文物保护学理论分析得出，没有什么病变因素可以像灰尘那样全方位的参与文物的劣变过程。因此罗汉表面酥解、起甲、水解变质、褪色，最终脱落都与灰尘有关。

在释迦三世中间的阿南有一处和沉思罗汉上部的二十诸天有四处虫卵壳，也就是说，泥塑上有昆虫所需的营养基，使得昆虫频繁地活动于泥塑上。这些昆虫的卵壳和活动的痕迹玷污了泥塑表面的彩绘。有些污物具有酸性或碱性对泥塑起腐蚀作用，即使泥塑表面清洗处理后，仍能留下被腐蚀的明显痕迹。

（五）光对泥塑的影响

光也是使泥塑褪色的重要原因之一，紫外光的辐射不仅能破坏有机颜料的结构和组成，使之变色或褪色，而且在紫外光的作用下，颜料的颜色也会发生变化。紫外光还破坏胶结材料。由于泥塑颜料层中的各种颜色和胶结构材料之间的热膨胀性能不同，使泥塑的颜料层在热胀冷缩变化中龟裂、起皮、剥落。

三 泥塑保护、修复

（一）保护、修复内容

1. 分析 对泥塑表面的颜料、棉纸、泥土等进行科学分析。

2. 清洗 对泥塑表面的灰尘、结晶物、昆虫卵壳、微生物斑痕等做清洗。

3. 加固 对已酥松、变质的泥塑骨架和泥土进行加固。

4. 防虫防霉：对释迦三世上的背光和望海观音壁塑的木结构、罗汉牌位等进行防虫防霉处理。

5. 修复 对起皮、龟裂、脱落的颜料进行回贴、黏合；对残缺罗汉的手指、衣衫，在有根据的前提下进行补缺；对补缺部分进行作旧处理。

6. 封护 对泥塑和壁塑的表面进行封护，防止微生物、昆虫、灰尘和潮湿空气的侵蚀，延长其寿命。

（二）保护、修复材料的选择

1. 清洗剂 第一，泥塑在机械除去存积的灰层以后，必然留下灰层吸收空气中有害物质或有害气体以致进行化学反应的痕迹。第二，昆虫活动后留下的痕迹，如卵壳分泌物。第三，烟熏玷污等。在清洗这些污迹时，遵循以下基本的原则：

（1）清洗前必须了解泥塑表面的组织结构，破坏程度和颜料的成分。

（2）清洗泥塑污迹所用的化学药品，必须对人和文物的结构和色彩的无副作用减小到最低。

根据以上清洗原则，首先将在用于文物的清洗剂作了一个排列，如 EDTA、六偏磷酸钠、30%过氧化氢、氮酸、硫酸铵、氨水、过氧乙酸、乙醇、丙酮等，这些用于石质和纺织品文物的清洗，在清洗泥塑污迹时如用湿法清洗，将很有可能在清洗的过程中，损伤泥塑；如用干洗，由于泥塑表面有彩绘，溶剂将溶解彩绘的漆层。为此，我们配制了混合溶液清洗剂：

乙醇：18

醋酸乙酯：12

丙酮：3

三氯乙烯：5

TDS：20

蒸馏水：42

该种清洗剂不仅可以清洗掉罗汉泥塑虫卵分泌物和其他一些污迹，而且要保持泥塑、色彩、图案没有溶解，将清洗过程中的损伤降低至最小。

（三）软化剂

是泥塑加固前的预处理步骤，是对起甲、龟裂的颜料层起到软化、固定和不易剥落的作用。软化剂的配方为：

甘油：70

水：30

（四）加固剂

加固对象分：泥塑彩绘起甲、龟裂；泥质疏松、酥解；泥塑骨架侵蚀、虫蛀；彩绘的载体棉纸和泥塑中的麻丝和棕丝的纤维断裂，失去了其物理性能。为此在选择加固材料时应当满足以下条件：

1. 泥塑疏松的泥塑具有怕水的弱点，采用溶剂性树脂为好。

2. 加固泥塑的材料应当无色、无光泽、渗透力强、初凝快等优点。

3. 腐朽木材的加固剂，不但能提高木结构的物理性能，还将使泥塑、木支架形成一个整体，恢复原来木材在泥塑之间的支撑作用和亲和性。

4. 棉纸、麻和棕丝的加固剂，应有一定的弹性，即处理的效果不能出现脆、硬，要保持原来棉纸、麻和棕丝的纤维特点。

5. 加固后能长期耐气候、紫外线和耐湿热老化。

为了满足以上条件，首先回顾了常用的文物加固材料如聚醋酸乙烯酯乳液、聚乙烯醇、聚乙烯醇缩丁醛、聚甲基丙烯酸甲酯、有机硅树脂、硅丙树脂、B—72 树脂等等。以上这些的加固剂虽然保护了大量的文物，但在保护工作中存在着一定的缺陷，如表面不产生光泽的聚乙烯醇、聚乙醋酸乙烯酯乳液，渗透力差、黏附强度低，而聚甲基丙烯酸甲脂（丁脂、乙脂）、聚乙二醇缩丁醛、B—72 树脂，虽然透明度好，黏附强度大，但成膜后表面有光泽，即改变了原来出土的面貌，另外还易老化，不符合文物保护修旧如旧的原则。为此，根据"脆弱青铜加固"的科研工作和对完全矿化、粉质的青铜器、彩绘陶、风化砖画、漆器等保护实例，并针对紫金庵泥塑朽木、彩绘、棉纸与麻丝四类的特点，选择了三种加固剂即：

Nb-1加固剂，主要加固泥塑的疏松泥土。

Nb-2加固剂，主要加固朽木。

Nb-3加固剂，主要加固棉纸、彩绘、麻丝、棕丝。

Nb-1为硅丙树脂和氟的混合物，它的优点是渗透强、附着力强；Nb-2为环氧有机硅树脂（它是由环氧树脂和含活性基团甲基苯基硅氧烷在有机溶剂中化学改性而成）、树脂甲乙组份；Nb-3为含氟树脂，技术性能见表。

性能 ＼ 名称	硅丙氟树脂	含氟树脂	环氧有机硅树脂
外观	淡黄色透明黏稠液体	透明黏稠液体	黄色透明黏稠液体
包装	单组分	单组分	甲乙双组分
干燥时间	表干0.5h 实干48h	表干0.5h 实干24h	表干1h 实干48h
稀释剂	二甲苯、丙酮、乙酸丁酯	丙酮、乙酸丁酯	二甲苯、醋酸丁酯
耐冲击	$50kg/cm^2$		$50kg/cm^2$
附着力	一级		一级
耐水性	25℃，48h 无变化	25℃，30 天无变化	25℃，10 天无变化
耐冷热稳定性		-40℃~250℃性能良好	150℃性能良好
耐 10% H_2SO_4	常温7 天无变化	常温15 天无变化	常温10 天无变化
耐 10% NaOH	常温7 天无变化	常温15 天无变化	常温10 天无变化

（五）防霉、防虫材料

选用我院防霉与防虫的科研成果即"NMF-1是一种气相防霉剂，抗菌谱广、抗霉效果显著，有效期长，使用时配成乳剂喷洒在霉菌生长处，对人安全，无令人不适气味"[③]；对有虫卵和白蚁出没的地方选用我院的灭蚁净，该防治剂是以"有机磷杀虫剂为主体，将其与中草药杀虫剂提取液进行复配后有较强的协同增效作用，具有触杀和熏杀的双重作用"[④]。

（六）配缺材料

罗汉泥塑和壁塑部分残缺，泥塑表层与里层分别由泥、麻、棕丝搅和合一体。为了给残缺修复的材料提供科学的依据，我们分析了泥塑的成分，同时还对吴中区东山紫金庵北山顶上的泥（距地层50cm），紫金庵下山东面碧螺村的泥、西面南村的泥，做了能谱分析，为了便于和其他地区的泥作比较，还取了山西太原、河南新郑、江苏无锡惠山泥，也用了能谱分析，对泥塑观音麻丝及棕丝微观形貌作了偏光、扫描电子显微镜和电子能谱的分析（图谱另文阐述）。根据分析结果和保护文物的要求，我们拟采取两种配缺的材料。

1. 修旧如旧　参照泥塑本身的材料特点，选与文物相近的泥、麻和棕丝，根据古代泥塑三者特定的比例制成配缺材料，该材料的优点符合有关文物保护的条例，但缺点是泥土质量重，尤其是修补手指、衣衫等悬挂的残缺部位由于太重损伤文物。

2. 复合材料　鉴于第一种配缺材料的不足，选择容易和残缺的界面连接，不易脱落，修饰简便，能够达到对罗汉泥塑制作的风格，便于描绘图案和作旧处理，并耐老化对文物无任何副作用的改性不饱和聚酯树脂。

（七）彩绘和作旧材料

泥塑和壁塑的残缺补配的部分、起甲龟裂的颜料层裂纹处、掉落的彩绘应分别进行描绘和作旧处理，力求做到修旧如旧、色调和谐、其材料应具有以下特点。

1. 附着力强、调色容易、方便。

2. 无光泽、耐老化、长期不褪色、变黄。

3. 配色应与原色相匹配、协调、和谐。

4. 配色颜料是无机、超细粉料。

依据以上四个特点，拟选择丙烯颜料、硅丙颜料、苯丙颜料、硝基树脂、虫胶水、水溶水硅丙树脂、丙氨树脂、"博古"牌古建专用油料等材料进行筛选，扬长避短，交叉替换使用。

（八）表面封护材料

罗汉泥塑的表面进行封护是保护工作的一项重要内容，是对前面清洗、加固、修复补配、作旧工作保持长久性的处理保护，防止空气中有害气体或有害物质及空气中的水分侵蚀文物，起到一个相对有利于文物保存的一个小环境。

自 1996 年，我们在工作中偶然发现了含氟树脂作为金属等文物的封护材料以来，针对木质、砖刻、石质、漆器、纸张等文物的特点，在操作工艺中作适当调整，都获得了令人满意的效果。2001 年，我们对紫金庵取回来的泥塑残片试样作了封护试验，其效果：表面固结、吸附良好，改变了没有处理前泥塑表层有一层疏松的粉层的现象；无光泽、憎水、防霉、耐候性都达到了修复方案的设计要求。此外，该封护剂是可逆的，也就是说若干年后，随着科技和化工材料工业的发展，如有更好的封护材料，即可除掉。经多年保护观察，该封护剂有耐沾污性和自洁功能，如用聚醋酸乙烯乳液或其他的树脂作为封护剂，时间一长被封护层表面容易粘尘，文物在大庭之下给人一种灰蒙蒙的感觉，而含氟封护剂就可以排除以上缺陷，始终保持既没有任何光泽，同时又像才处理一样不沾灰尘。

四　结　语

文物保护技术由三部分组成，即科学分析、材料选择、修复工艺。紫金庵泥塑保护与修复，涉及第一，泥塑表层、支架、纤维、彩绘颜料、漆片的分析与观察，这些工作对保护修复所用的材料与工艺将提供科学的依据。文物不可再生，不能在文物上做试验，必须在对文物各类部位、质地取样分析的基础上，用相同物质做对比试验，求得在保护修复过程中最低限度的损伤文物或零损伤。第二，保护材料的选择又是承上启下，它是对科学分析后所作判断修复方案的一个中间环节，同时还将考虑修复工艺实施的可操作性。保护与修复材料的选择直接影响到保护初期的竣工效果和延年益寿的最终效果，责任重大。为此，借本次学术交流的机会，提出来供同仁们讨论，以抛砖引玉。

注释：

① 南京博物院：《紫金庵泥塑保护修复方案》，2001 年。

② 张承志著：《保藏学原理》，北京科学技术出版社，1999 年。

③ 奚三彩等：《NMF－1，"防霉剂的应用研究"》，《文物保护与考古科学》1990 年第 2 卷 2 期。

④ 奚三彩等：《新型古建筑白蚁防治剂的研究》，《文物科技研究》（第一辑），2004 年。

（原载《第二届石窟遗址保护国际学术讨论会论文集》，敦煌，2003 年）

徐州狮子山汉楚王陵彩绘陶俑的保护研究*

一 引 言

江苏省考古发现的彩绘陶，从时代上可以分成两类：一是以邳州青莲岗文化遗址出土为代表的新石器时代的彩绘陶，其器物之多、之大，彩绘的纹饰与颜料的种类等均可以和黄河以北的马家窑文化的彩陶相比美；二是以徐州狮子山楚王陵墓出土的彩绘陶俑，其出土时的阵容、数量，以及陶俑的造型，都充分说明了楚王陵兵马俑是继秦王陵墓后的又一重要发现。以上两类彩绘陶，出土后同样存在三大问题：（1）由于地面环境的诸多因素，彩陶对失水非常敏感，加上在干燥过程中彩绘层与陶体的收缩应力不一，引起彩绘层起翘、卷曲、龟裂，并造成彩绘层脱离陶体等现象；（2）在潮湿的环境下，彩绘陶吸收了空气中的水分后，引起鼓胀、起泡，表面颜料层附着力降低，产生粉化、并一层一层的掉落；（3）不管是彩绘陶，还是彩绘陶俑，由于文物的造型所需，古人在制作时采取了不同的泥料与烧结工艺，这些不同的制作工艺所成形的文物，在相同的湿度与温度的环境下，有的彩陶表面出现粉状、疏解，有的俑体出现合模处开裂，导致陶俑裂成两半等现状。

以上彩陶出土后存在的三大问题[①]，一直是我省文物保护工作中的难题之一。1996年4月，应徐州兵马俑博物馆的邀请，1984年12月，我所用自己研发的氟橡胶保护剂对狮子山楚王陵墓出土的一尊彩绘陶俑进行了保护加固试验。其保护效果：经1998年10月、2002年4月和2007年10月三次观察，陶俑的表面色泽、防水与接触角、颜料表面的固结强度等状态保持良好。为此，我们于2007年12月～2008年7月，对徐州楚王陵出土的未保护的残损陶俑和保护材料进行了初步的实验分析。

二 实验分析

（一）陶俑性能测试[②]

1. 物理性能

外观　主要呈青灰色，少数呈淡黄色，较致密，表面少量分布着大小不等的气孔，

---

* 本文由万俐、徐飞、范陶峰、陈步荣合作撰写。

直径约 0.5～2mm。样品编号见表 1。

表 1 试验用样品

样品名称	编 号
陶俑	1#
陶俑头	2#
陶俑	3#
陶俑	4#
陶俑脚	5#
陶俑	6#
陶俑	7#
陶俑	8#
泥土	9#
1 号坑东返潮	10#
YD2－1 颜料层	YD2－1

研磨试验：取少量残块样品烘干，在研钵中研磨，发现大多样品易磨，但少量（约 10%）坚硬难磨，粒径大于 120μm。

参照 GB/T 9966.3－2001《天然饰面石材试验方法第 3 部分：体积密度、真密度、真气孔率、吸水率试验方法》对相关物理性能进行测试，结果见表 2。

表 2 物理性能测试结果

样品编号	水分（%）	真密度（g/cm³）	吸水率（24h）（△W/W%）	体积密度（g/cm³）	真气孔率（%）
陶俑 1#	3.48	2.64	13.16	1.89	28.57
陶俑 3#	4.24	2.62	13.57	1.88	28.83
陶俑 6#	0.63	2.66	12.59	1.90	28.21
陶俑 8#	0.53	2.64	11.25	1.92	27.09

由此可见，陶俑是一种多孔结构的烧结体，其体积密度约为 $1.90g/cm^3$，气孔率接近 30%，青灰色为在强还原气氛下烧成，少数呈淡黄色为弱还原气氛下烧成。

2. 化学成分

将陶俑本体残块和周围黏土样品磨细烘干后用 X 射线荧光光谱仪（XRF）分析化学成分。

仪器型号：ADVANTXP；

生产厂家：美国热电集团瑞士 ARL 公司。

分析结果见表 3。

表3　陶俑和泥土的化学成分　　　　　　　（质量分数，%）

成分%	SiO_2	Al_2O_3	K_2O	CaO	Fe_2O_3	Na_2O	MgO	TiO_2
陶俑（TY－1）	59.61	24.05	2.04	1.41	6.23	0.89	2.57	0.77
泥土（NT）	50.19	24.89	1.92	0.97	6.52	0.24	1.75	0.68

从分析结果可知，陶俑（TY－1）与泥土（NT）化学成分在 SiO_2 含量有差别，陶俑明显偏高，其余成分较接近，主要成分为 SiO_2 和 Al_2O_3，其次为 Fe_2O_3、K_2O、MgO、CaO 等。

3. 矿物成分

（1）X射线衍射（XRD）分析

将陶俑本体材料和附近土壤样品磨细后用 X 衍射线光谱仪分析矿物成分。

分析仪器：X 射线衍射仪；

仪器型号：ARL XTRA；

生产厂家：美国热电公司。

分析结果见图1、图2。

对各个样品的 XRD 图谱和数据分别进行分析和比较，有关特征 d 值见表4。

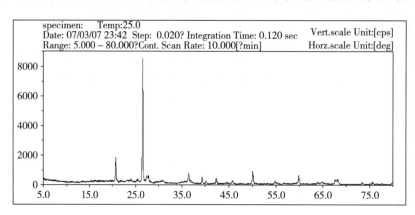

图1　陶俑（TY）本体材料 XRD 图谱

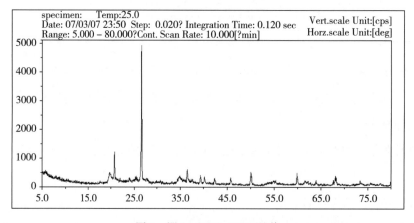

图2　泥土（NT）XRD 图谱

表 4　XRD 图谱的识别峰值

衍射角 2theta（Deg.）	d	对应矿物	衍射角 2theta（Deg.）	d	对应矿物
19.84	4.47	高岭石，长石	35.04	2.56	/
20.90	4.25	石英	36.58	2.45	石英，高岭石
23.04	3.86	方解石	39.50	2.28	石英，方解石
23.38	3.80	/	42.44	2.13	/
25.48	3.48	a－Al$_2$O$_3$	45.8	1.98	a－Al$_2$O$_3$
26.66	3.34	石英，云母	50.16	1.82	石英
27.26	3.27	长石	54.86	1.67	/
27.48	3.24	长石	60	1.54	石英
27.56	3.23	长石	62.34	1.49	蒙脱石

通过对比分析可知：

两个样品的主要衍射峰相同，矿物组成主要为石英，次相为长石，云母，高岭石，另标注泥土的样品可能还含有蒙脱石，两个样品的峰值的高低略有差别，说明组成样品的矿物种类是相同的，含量有所差别。

（2）岩相分析

岩相分析对分析陶俑的矿物组成，烧成温度，有着十分重要的作用，通过岩相分析，结合 XRD 分析，可鉴别出样品中的矿物品种，数量等情况，从而推测烧成温度。本次选取代表性的陶俑样品 4 个，按岩相分析的要求制备样片，用偏光显微镜观察检验。

分析仪器：BH－2 型数码视频显微镜，OLYMPUS 公司

岩相照片见图 3。

在岩相图中，可发现以下三部分。

A. 晶体　主晶相为石英，次晶相为长石，云母。石英晶体为棱角形，晶体较粗约为 50~150μm，长石，云母晶体较细约 50μm，部分在烧结中破坏，部分保留较完整的晶型。

B. 基质　为黏土质点和玻璃体，玻璃体由烧结中形成的多元低共溶混合物组成，并掺杂未反应的黏土质点、石英、长石、云母等矿物。黏土质点颗粒细小，直径约为 5μm。

C. 气孔　陶俑系手工制作，基质气孔差异较大。气孔多且小，一般小气孔为 0.1~10μm，大气孔为 10~200μm，个别气孔达 400μm；小气孔多且密，为闭孔，大气孔相比数量少，大多为开口孔，有的体积较大，形成空气层，个别呈长条形气夹层，长度较长。

4. 微观形貌－扫描电镜分析（SEM）

仪器名称：扫描电子显微镜，型号：JSM－5900；生产厂家：日本电子公司。

微观形貌分析结果见图 4。

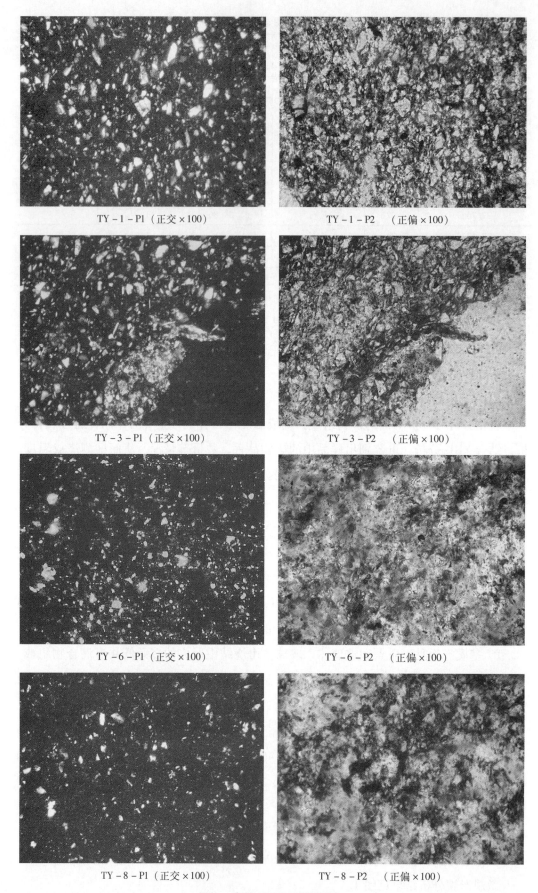

图 3 陶俑（TY）岩相照片

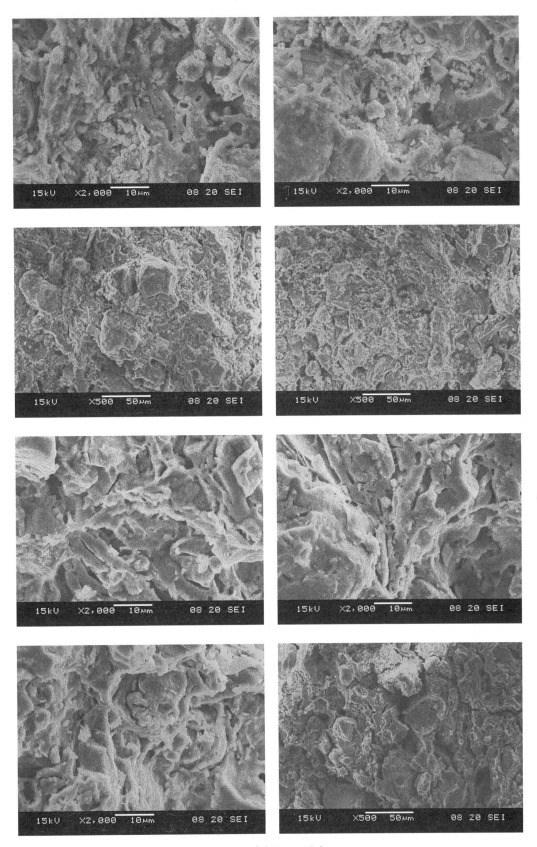

图 4　陶俑 SEM 照片

由图 4 可见，陶俑为多孔结构，气孔多且差异较大，应为人工烧成时泥坯内部水分（自由水和结构水）蒸发和夹杂空气形成。

5. 热重和差示热分析（TG – DSC）

操作参数：氮气气氛，升温速率 20℃/min。

结果见图 5。

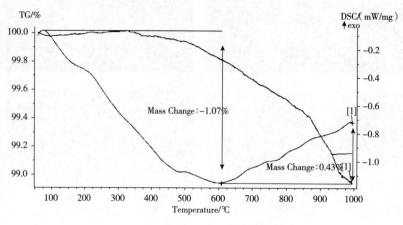

图 5   陶俑本体 TG – DSC（20℃/min）

从 TG 曲线可知：样品失重很小，最大为 1.07%，可能为样品少量残留水分，因此推测原样品烧结较完全。

从 DSC 曲线可知：样品在 350℃ 开始有 1 个放热峰，推测为高岭石晶体变型形成。

6. 陶俑表面彩绘颜料的成分分析 – EDS

仪器名称：电子能谱仪；型号：JSM – 6360L；生产厂家：日本理学公司。

元素成分分析结果见表 5。

表 5   能谱（EDS）元素分析结果（%）   （C，O 未计算）

样品编号	Mg	Al	Si	S	K	Ca	Fe	Na	底料	颜料
1#红色	3.61	18.00	47.75	8.49	2.9	6.64	12.61		白粉（白云石），石膏	铁红
	5.79	16.69	49.36	8.47		5.47	14.21			
2#白色	3.75	20.36	68.70		7.20				白粉	白粉
	4.00	23.3	64.4			8.30				
2#红色	15.29	10.66	55.85				18.20		白粉	铁红
	2.70	17.45	57.64		2.84	3.96	15.41			
3#白色	13.82	13.22	56.44			16.52			白粉	白粉
3#红色	6.01	14.65	50.19		5.00	4.89	18.75		白粉	铁红
10#		13.88	43.00	4.18	24.04	11.83		3.05	白粉，石膏	
		4.37	14.64		41.69	34.3		5.00		
YD2 – 1 白色		17.11	73.62		9.27				白土（高岭土）	
YD2 – 1 棕色	1.93	20.65	53.56		5.23	2.18	16.46		白土，白粉	铁红
		19.3	54.67		7.22		18.83		白土（高岭土）	铁红

(二）保护剂的研究与实验

1. 保护剂的主体材料

保护剂选用氟橡胶2311，它是偏2氟乙烯和三氟氯乙烯的共聚物，它具有优良的耐高低温，拉伸强度和伸长率较高，能在200℃下长期使用，耐化学品腐蚀耐强氧化剂如发烟硝酸等。对无机酸、碱、过氧化物、油类和某些溶剂也稳定，是航空、航天、汽车、石油、石油化工、工业污染控制等方面必不可少的特种橡胶，工业上用于制造耐高温、耐油、耐化学腐蚀的垫片、密封圈等密封件，还用于制作胶管、浸渍制品和防护用品等。

经过试验与探索，针对彩绘陶，研究了以氟橡胶为主体的配方，并申请了发明专利，并获得发明专利证书（证书号：ZL200410041244.0）。

氟橡胶的结构式为：

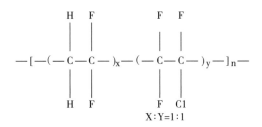

X：Y=1：1

2. 加固试验

（1）实验的材料

材料的名称、代号及主要成分见表6。

表6 试验用加固材料

代 号	名 称	物态，纯度
B72	丙烯酸酯	固体
F	氟橡胶	固体
T28	正硅酸乙酯	液体，浓度28%
P	PELICOAT（派力克）	液体，溶剂型
S	S－130 石材养护剂	液体，溶剂型

（2）试验方案和步骤

A. 试块加工 按测试的项目要求，将陶俑加工成长方体试块，试块边角要完整，加工方法为金刚砂轮切割，表面磨光。加工好的试块在110℃烘箱里烘干冷却后备用，将试块照相，此试块用于测定接触角和物理性能。压汞法测定空隙率和扫描电镜，试样为颗粒状。

B. 封护材料配制 在查阅材料使用说明、保护工程施工实例的基础上，为便于性能对比，溶剂采用 1∶1 丙酮 – 乙酸丁酯混合溶剂，已加溶剂的保护材料直接使用，不再另行加入混合溶剂，详细的保护材料编号与配比见表 7。

表 7　保护材料编号与配比

材料编号	材料名称	浓度与配制
B（空白）	（不刷涂）	/
B72	丙烯酸酯	5%，溶剂为混合溶剂。
F	氟橡胶	3%，溶剂为混合溶剂。
T14	正硅酸乙酯	将 T28 加等体积混合溶剂，浓度 14%。
TF	正硅酸乙酯 + 氟橡胶	先 14% 正硅酸乙酯浸涂再 3% 氟橡胶浸涂
P	PELICOAT（派力克）	直接使用，不另加溶剂。
S	S – 130 多功能石材养护剂	直接使用，不另加溶剂。

C. 封护操作：将试样表面清理干净，用记号笔编号，记号完全干燥后称量每个试块的重量；试块的封护采用刷涂的方法，本次实验分 3 遍刷涂，总用量为了 200mL/M²，每 1 遍干后再涂刷下一遍（个别配方为 2 种材料，需浸涂 6 次），浸涂完的试块放在不锈钢网架上室温晾干固化。

3. 仪器分析

（1）外观，颜色，光泽变化

用肉眼观察封护前后试块的外观，颜色变化，用光泽仪测定光泽度变化，每样做 2 块，结果取平均值。

仪器名称：多角度光泽度测定仪，生产厂家：德国 BYK 公司，试验结果见表 8。

表 8　封护前后外观、颜色和光泽度变化

材料编号	封护前后光泽度（85°）	外观颜色变化
B（空白）	0.4	/
B72	0.5	无明显变化
F	0.6	无明显变化
T14	0.5	无明显变化
TF	0.5	无明显变化
P	0.6	无明显变化
S	0.4	无明显变化

（2）微观形貌——扫描电镜分析（SEM）

由图 6 可知：B72 封护后，并没有改变陶俑的多孔结构。B72 部分吸附在气孔周围，或者进入大孔，填补空隙。由于 B72 的憎水性，陶俑的吸水率将降低，但仍具有透气功能，从而达到透气不透水的要求。

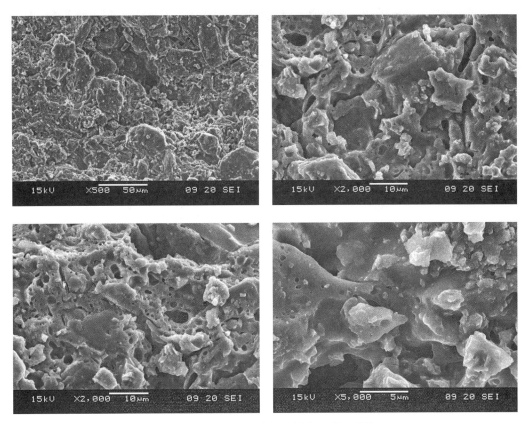

图6 B72 封护后的陶俑试样表面微观形貌

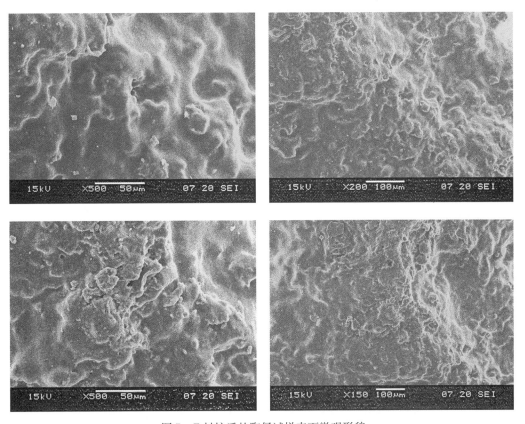

图7 F 封护后的陶俑试样表面微观形貌

由图 7 可知：F 封护后，在陶俑表面能够较均匀成膜，基本看不到表面孔隙，F 并没有渗透进入内部气孔，因此陶俑的吸水率和透气功能都将降低，但如果局部破损或封闭不完全，水分将会通过此处空隙进入，造成对陶俑的破坏。

（3）固化物形成期

固化物形成期指材料固化成膜所需的时间，测定方法是浸涂前和浸涂后每隔一定时间称量试块质量的变化，直到稳定为至。

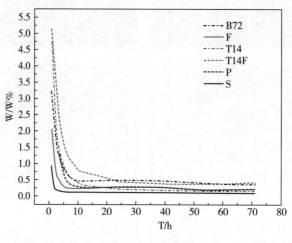

图 8　固化物形成期

图 8 中横坐标为固化时间（h），纵坐标为质量变化率（%），从结果可看出，封护后各种保护材料的固化速度是不一样的，从快到慢依次为 S、F、P、B72、T14、T14F。固化时间从 1h 到 24h 不等，修复施工时要注意保证在封护固化后再进行下一步操作。

（4）接触角测定

接触角的大小用以反映封护后陶俑的憎水能力，接触角越大，表示憎水性能越好。当接触角为零时，水滴在表面完全铺展，表示材料完全亲水。采用接触角测定仪测定封护后试块的接触角，每块做 5 点，每点用水量 $2\mu L$，30s 读数，结果取平均值。

仪器名称：DSA100 型接触角测定仪；

生产厂家：KRUSS 公司。

试验结果见表 9。

表 9　接触角

样品编号	接触角
陶俑 1	0
5% B72	121
3% F	124
14% T14	109
14% T14 + 3% F	115
P	139
S	143

从结果可知：各种材料封护后均有不同程度的憎水作用，其中S，P的接触角最大，5%B72和3%F中等，从而使陶俑具有明显憎水作用。

（5）吸湿等温线

吸湿等温线用于考察试块吸收水蒸气的能力，良好的保护材料，既要阻止外界水分的进入，又能使陶俑具有一定的透气性。吸湿等温线的测定是将试块置于一定湿度下和温度下的密闭容器中，测量试块质量的变化，不同的相对湿度可用不同种盐的饱和溶液调整。本次实验选用饱和的磷酸氢二钠溶液，25℃时相对湿度为97%。每组2块，取平均值，测定结果见图9。

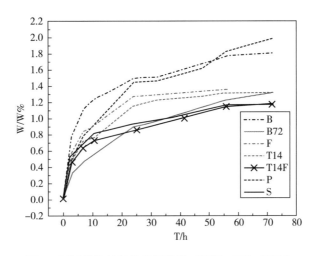

图9　不同保护材料的吸湿性能（25℃，RH：97%）

封护不同的保护材料后，试块均具有吸收水蒸气的能力，吸收率相差不大，说明几种材料都有一定的透气性。

（6）吸水率

参照 GB/T 9966.3 - 2001《天然饰面石材试验方法第3部分：体积密度、真密度、真气孔率、吸水率试验方法》对相关物理性能进行测试，结果见表10。

从结果可知，封护后，S的吸水率大幅度减小，说明S的加入，使陶俑具有明显憎水作用。

表10　物理性能测试结果

样品编号	吸水率（24h）（△W/W%）
B	13.57
5%B72	12.31
3%F	12.20
14%T14	12.39
14%T14 + 3%F	12.28
P	11.17
S	11.58

（7）抗压强度

保护材料除了起封护防渗透作用外，对脆弱的表层还有加固作用，我们对试块加固前后的抗压强度进行了对比测试，结果表明各试块的强度数值离散性较大，同一封护材料和不同封护材料试块的强度值有时差别较小，分析原因可能是本身具有较高强度，保护材料的加固作用难以发挥，增强效果并不明显。为便于考查和比较各个材料的加固增强作用，我们在试验室人工制作模拟脆弱试块，方法是将试验及残片磨细成粉，用粉末压片机在模具中加压成型，制作成低强度的圆柱形试块，每只试块的质量和尺寸保持一致，然后进行封护，测定抗压强度。

A. 试块制作

仪器型号：769YP-15A 粉末压片机

生产厂家：天津市科器高新技术公司

陶俑粉末细度：120 目

成型压力：1.5MPa，试块尺寸：直径15、高15mm

B. 强度测定

试块封护干燥后抗压强度的测定。

试验仪器：WDW-100 型电子万能材料试验机

生产厂家：中科院长春试验机研究所

加压速率：1mm/min，测定结果见表11。

表11　试块加固强度测定结果

材料编号	强度（N）	强度平均值（N）	强度（MPa）	结果评定
陶俑B	24.11，24.33，23.21，40.18，37.95，25.10	27.87	0.158	差
5%B72 封护	68.53，57.81，69.87，76.56，129.7，57.37	68.19	0.386	较好
3%F 封护	83.04，111.4，62.28，97.32，81.92，54.24	81.14	0.457	好
14%T14	54.69，46.65，44.20，77.01，64.06，41.52	52.4	0.297	一般
14%T14+3%F	22.77，32.59，60.94，77.90，43.75，68.75	51.51	0.2921	一般
P 封护	25.89，37.50，58.48，38.62，34.82，92.19	42.36	0.240	一般
S 封护	28.35，21.21，63.39，29.02，44.20，16.52	30.70	0.174	差

由表11可见，3%F封护剂的加固作用最强，其次为5%B72。

（8）渗透量试验

封护材料需渗透到文物内部才能更好地起到加固封护作用，因此，渗透量是一项重要指标。本项测定采用浸泡法间接测定渗透速率，将陶俑试件浸泡在保护液中，时间均为5min，取出后淋干0.5h后测定质量变化，待溶剂完全挥发质量恒定后再称重。结果取平均值，结果见表12。

表 12　渗透量试验结果

材料编号	渗透量（含溶剂）（△W/W%）	渗透量（不含溶剂）（△W/W%）
5% B72	3.24	0.42
3% F	2.07	0.4
14% T14	4.88	0.17
14% T14 + 3% F	5.15	0.38
P	4.31	0.24
S	1.08	0.18

B72 和氟橡胶渗透量较好，这说明 B72 和氟橡胶是比较适合渗透加固的材料。

4. 老化试验

（1）试验材料

由于老化实验的条件所限以及结合青铜课题的实验，所以实验材料为青铜，按古代青铜合金成分铸造，其组成为 Cu 87.4%、Sn 10.15%、Pb 2.36%。试片用砂纸逐级打磨至 600$^#$，经去离子水冲洗，丙酮脱脂和冷风吹干以后，置于干燥器中备用。

封护剂主要成分为氟橡胶，并在氟橡胶（以下称 FA）中添加 B72 和单组份氟碳（以下称 KL，为日本旭肖子公司产品，有可逆性），此外还使用常用的封护剂有机硅玻璃丙烯酸树脂（以下称硅丙）。用这些材料配成以下溶液：

（1）FA 3%

（2）FA 3% + B72 3%

（3）FA 3% + B72 1.5%

（4）FA 1.5% + B72 3%

（5）B72 3%

（6）FA 3% + KL 3%

（7）FA3% + KL 1.5%

（8）FA 1.5% + KL 3%

（9）硅丙 3%

（10）KL 3%

（2）紫外光老化实验

实验条件：紫外光老化实验装置，包括强紫外灯 UV 灯管变压器，型号 KD3 紫外灯灯管，容量 3KW、频率 50Hz、工作电压 730Hz、工作电流 5A。

实验过程现象：实验开始 8h 以后观察，氟橡胶 3% 和 B72 3% 涂层整体变暗，氟橡胶 3% 和 B72 1.5% 涂层大面积的暗斑，氟橡胶 1.5% 和 B72 1.5% 涂层少量暗斑，B72涂层整个表面泛黄，氟橡胶 3% 和 KL3% 涂层结皮严重，氟橡胶 3% 和 KL 1.5% 涂层整个表面结皮，氟橡胶 1.5% 和 KL1.5% 涂层结皮并有彩色亮斑，硅丙涂层表面出现大量的亮斑，KL 涂层整个表面出现彩色亮斑。24h 以后停止实验。此时，氟橡胶涂层有些轻微变暗，氟橡胶 3% 和 B72 3% 涂层整体泛黄并且变脆，氟橡胶 3% 和 B72 1.5% 涂层泛黄且更脆，氟橡胶 1.5% 和 B72 1.5% 涂层泛黄严重变脆，B72 涂层严重泛黄，氟橡胶 3% 和 KL3% 涂层泛黄并有结皮现象，氟橡胶 3% 和 KL 1.5% 涂层泛黄结较重，氟橡胶 1.5% 和 KL1.5% 涂层泛黄结皮严重，硅丙涂层彩色亮斑且轻微泛黄，KL 涂层整体泛黄部分面积变绿。

实验现象与讨论（表 13）：

表 13　实验前后试片光泽度对比

序号	原光泽（60）%	试验后光泽（60）%	失光率%	失光程度	老化程度
1	92.8	79.8	14	轻微	轻微
2	64.0	7.1	88	严重	中等
3	57.6	7.5	86	严重	中等
4	49.8	11.4	77	严重	轻微
5	152	103.4	32	中等	中等
6	89.1	19.7	77	严重	中等
7	78.4	17	78	严重	严重
8	84.0	24.9	70	严重	严重
9	76.2	28.6	62	严重	轻微
10	81.0	36.3	44.7	中等	中等

综合以上各种实验现象，可以知道氟橡胶的耐老化性能较好，B72 加入后容易变黄，不结皮但涂层变脆，老化以后与基材结合力明显下降，从外边看变化情况变化不大，但其内部组织已发生变化。

氟橡胶和 KL 组合较易结皮，但其与青铜基材的结合力较强。在紫外老化过程中变绿，从单一的 KL 涂层老化情况来看，可以知道这是其中的 KL 老化变质的结果。

三　结果讨论

根据上述试验和分析，初步结论如下。

（1）陶俑原料组成　陶俑原料为含砂灰质泥岩，灰质泥岩为基本黏接材料，主要矿物成分为黏土矿物如石英、长石、云母、高岭石、蒙脱石等，砂质原料如砂岩或细砂等可能是为防止烧结过程中出现裂纹而加入的。

（2）烧结工艺　根据 TG - DSC、XRD、SEM 等结果认为，烧结温度约为 1000℃ 左右，烧结较完全，气孔率接近 30%，空隙主要为微孔。主要原因为 1000℃ 以下无明显失重，矿物组成中无莫来石和方石英（1200℃ 以上形成），而有玻璃体，高岭石和 $a - Al_2O_3$ 矿物形成（900℃ 以上形成），根据外观和化学组成，铁元素含量达 4.56%，铁元素成低价态存在，烧成应为还原气氛下进行。

（3）**陶俑结构**　是一种多孔结构的烧结体，其体积密度约为 $1.90g/cm^3$，气孔率接近 30%，孔隙大小分布不均。

（4）由于氟橡胶封护后，在陶俑表面能够较均匀成膜，基本看不到表面孔隙，所以防水性能好、接触角高。

（5）单一组分氟橡胶有较好的耐紫外光，添加其他的高分子材料，耐紫外光的能力都有减弱的趋势。这与有机氟高分子材料的普遍共性相一致，有机氟高分子材料由于 C–F 键长很短、键能很大，因此普遍具有耐老化性能强的特点。

（6）氟橡胶保护剂有较好的渗透速率。3% 的氟橡胶封护剂的加固作用最强，其次为 5% B72，这很可能与其具有一定的弹性和柔韧性有关。所以，在保护徐州兵马俑博物馆藏的彩绘陶时该材料是值得考虑的。

注释：

① 邱国彬：《彩绘陶器保护方法综述》，《北方文物》1995 年 4 期。

② 王丽琴、郑利平、党高潮：《汉阳陵陶俑彩绘的光谱分析》，《光谱学与光谱分析》2000 年第 20 卷 3 期。

（原载《文博》2009 年 6 期）

杭州文庙彩绘现场保护研究[*]

一 引 言

杭州孔庙位于西湖一侧，吴山脚下劳动路 65 号。劳动路宋时称转运桥街，清代称运司河下，民国时期填河改为劳动路。孔庙有梁枋及天花彩绘 416m²，彩绘图案造型优美、栩栩如生，有龙、凤、麒麟、仙鹤、松树、人物等图案；色泽古朴，主要有红色、白色、黑色、金色四种颜色，同时还配有少量绿色、褐色、鹅黄色，使得整个彩绘画面更加生动富有层次感。

然而，由于氧气、酸性气体、湿气、盐分、微生物、灰尘等危害元素年复一年、日复一日的不断侵蚀，孔庙彩绘残缺、剥落、起甲、粉化、龟裂、断裂等现象也日趋严重。1988 年，在修缮大成殿过程之中，由于施工队缺乏文物保护基本知识，在彩绘的表面罩了一层清漆，这样做的出发点是为了保护彩绘，但好心办坏事，由于这层清漆有很大的光亮、有一些色彩（透明之中略带浅黄），这样就比较严重地影响到彩绘原有的色泽，使古色古香的彩绘变得面目全非，不伦不类。更严重的是这层清漆早已到了老化时期，已经有褪色、变黄、鼓泡、发脆、脱落、剥落的趋势，由于清漆和彩绘颜料长时间的接触，清漆分子和颜料分子之间长期相互融合、相互渗透，一旦漆皮脱落、剥落、变黄等现象出现，漆皮中的颜料也跟着出现脱落、剥落、变黄等现象。因此，采用现代科学的手段，巧妙的分离漆皮和颜料，最大限度的保护彩绘颜料成为当务之急。

二 取样分析

油漆覆盖下的彩绘取样不易，为了减少对于彩绘本体的破坏，对彩绘颜料的分析主要采用 EDS 能谱，EDS 对于样品的需求量非常少，虽然分析准确性差一些，但是对于彩绘的本体破坏非常小。

从东次间天花接缝处，取即将脱落的清漆膜作为分析样品；

从西边第三根横梁向西一面中间偏北的地方取红色颜料样品；

从西边第二根横梁向西一面中间偏北的地方取红色颜料样品；

* 本文由徐飞、万俐、王勉、范陶峰、刘慧云合作撰写。

从西边第二根横梁向东一面中间部位的地方取白色样品；

从西边第三根横梁向西一面靠近南面斗栱处取黑色颜料样品；

从西边第二根横梁向东一面靠近南面斗栱处取金色颜料样品。

三　分析结果

①白色颜料表层分析：分别采用 EDS 定性和半定量分析，主要元素为 Si、Ca 及少量 Al 等，推测白色颜料为高岭土 + $CaCO_3$ 或石灰（高岭土常见成分为：SiO_2 70%，Al_2O_3 30% 左右）。

②白色颜料里层分析：采用 X 荧光分析仪作定性和半定量分析，结果发现样品主要成分是碳酸钙，原始灰浆应为石灰或者石粉。

③黑色颜料分析：采用 EDS 光电子能谱对样品进行定性和半定量分析，结果发现黑色颜料的主要成分是碳，原始物应该为炭黑，很可能就是墨汁。

④红色颜料分析：采用 EDS 对样品进行定性和半定量分析，结果发现主要元素成分是 Pb，推测红色颜料为铅丹 Pb_3O_4。

⑤金色颜料分析：采用 EDS 对样品进行定性和半定量分析，结果很出我们的预料，元素成分中没有 Au，也没有 Cu，主要成分为锶盐或钛酸锶、和少量钛白粉，这很可能是仿金的新工艺。

⑥彩绘表面清漆分析：采用红外光谱对样品的光能团进行定性分析，结果发现含有羟基官能团和羧基官能团，最后对照标准红外图谱，在 3414CM^{-1} 处发现羟基峰，在 1618 CM^{-1} 处发现亚氨基吸收特征峰，样品的图谱与羟基丙烯酸树脂一致，因此确定样品主要成分为羟基丙烯酸树脂与亚氨基树脂的两组份共聚物。市场上的热固型羟基丙烯酸树脂主要成分是基本一致的。

⑦漆膜厚度：分别采用读数显微镜和螺旋测微计检测 3 片漆膜，测出厚度为 50～80μm。

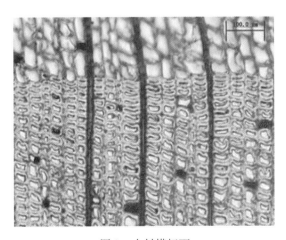

图 1　木材横切面

⑧木材树种分析：采用木材切片机切片制样，用视频显微镜对木材横切面进行观测，拍摄显微照片图，对照相关资料和标准谱图，确定样木为杉科 Taxodiaceae 杉木属 Cunninghamia 的杉木 Cunninghamia lanceolata（图 1、2）。

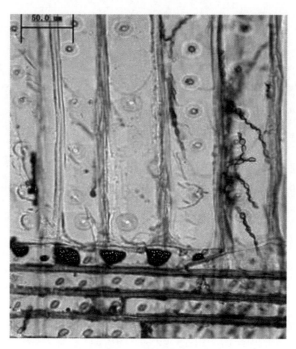

图 2　木材径切面

四　彩绘表面清漆的老化评定

由于杭州地处沿海，孔庙大成殿顶部区域光线很弱，因此，推测老化因素主要是氧气、湿度、温度变化、盐的作用（含有氯离子的盐）。

由于时间的因素，做氧老化试验耗时太长，因此选择了试验时间较短的中性盐雾老化和湿热老化。

从顶板天花上取下一块没有彩绘但是 1988 年也罩了一层清漆的木板，大小约 $30 \times 10 cm^2$。

将漆板一分为二，一块作盐雾老化、另一块作湿热老化。

1. 盐雾老化

检测方法：

参照 GB/T1771 - 91《色漆和清漆耐中性盐雾性能的测定》，GB/T 1766 - 1995《色漆和清漆涂层老化的评级方法》[①]和委托方要求，对试样采用中性盐雾方法进行老化试验，并对试验前后进行评级，具体操作条件如下：

试验溶液：50g/L 氯化钠水溶液，实测 pH 值：6.9。

试验温度：35℃。

盐雾沉降量：每 80cm² 面积上 1.2ml/h。

试样放置：试验面（涂漆面）与垂直方向成20°。

试验周期：200h，连续喷雾，中途取出观察和照相，观察后立即放入。

试验前试样处理：不作处理。

试验后试样处理：试样自盐雾箱取出后，在空气中自然晒干1h，清水冲洗，冷风吹干，空气中保存。

试验结果：根据GB/T 1766 – 1995《色漆和清漆　涂层老化的评级方法》，样品200h中性盐雾试验前后评级如表1。

表1　盐雾试验结果

试验周期	单项等级									综合评级
	光泽	失光率	变色	粉化	裂纹	起泡	长霉	斑点	脱落	
试验前	40.3	\	\	0	2（S_2）	4（S_3）	1（S_2）	2（S_3）	2（S_1）	4（差）
200h 后	32.5	19.4%	2	0	2（S_3）	4（S_4）	1（S_2）	2（S_3）	2（S_1）	5（劣）

注：光泽度为60度角度测定，综合评级分0（优），1（良），2（中），3（可），4（差），5（劣）共六个等级

2. 湿热老化实验

检测方法：参照GB/T1740 – 79《漆膜耐湿热测定法》，GB/T 1766 – 1995《色漆和清漆　涂层老化的评级方法》和委托方要求，对试样进行湿热老化试验，并对试验前后进行评级，具体操作条件如下：

试验温度：47 ± 1℃。

试验湿度（相对湿度）：96 ± 2%。

试样放置：样板垂直悬挂。

试验周期：200h，中途取出观察和照相，观察后立即放入。

试验前试样处理：不作处理。

试验后试样处理：试样自湿热箱取出后，在空气中自然晒干。

试验结果：根据GB/T 1766 – 1995《色漆和清漆　涂层老化的评级方法》，样品200h湿热试验前后评级如表2。

表2　湿热试验结果

试验周期	单项等级									综合评级
	光泽	失光率	变色	粉化	裂纹	起泡	长霉	斑点	脱落	
试验前	42.6	\	\	0	2（S_2）	4（S_3）	1（S_2）	2（S_3）	2（S_1）	4（差）
200 小时后	34.6	19.0%	2	0	2（S_3）	5（S_4）	1（S_2）	2（S_3）	2（S_1）	5（劣）

注：光泽度为60度角度测定，综合评级分0（优），1（良），2（中），3（可），4（差），5（劣）共六个等级

根据裂纹、起泡、长霉、斑点、脱落等指标，老化综合评级分为优、良、中、可、差、劣六个等级。漆板表面在做老化试验之前被评定为差，这说明漆板正处于比较严重的老化之中，距离最差的老化崩溃等级不远了，清漆下的彩绘已经处于非常危险的境地。中性盐雾老化和湿热老化分别进行200小时后，清漆老化程度达到劣，完全老化。按照老化经验推测，在自然环境中，再过两年，清漆层就会达到完全老化的程度，那样的后果是不堪想象的。

五　实验室去漆研究

去除清漆的方法主要有机械法和化学法，机械法去除清漆往往采用砂纸磨或者刨子刨，由于清漆下面有非常精美的彩绘，用这样的方法对彩绘有很大的伤害，显然是非常不合适的。

最流行的化学去除清漆的方法是用烧碱等碱性较强的水性溶剂，由于彩绘中的颜料主要是矿物颜料，与碱会发生水解反应，强碱对彩绘载体木头有较大的腐蚀作用，因此，采用这样的方法显然不合适。

由于清漆是由羟基丙烯酸与氨基树脂胶联形成的热固型树脂，最终产物属于不可逆材料，普通的化学溶剂对于这样的材料没有溶解性能。复合溶剂对一些高分子材料有溶胀作用，能够改变热固型高分子材料的体积和软硬程度。本次去漆工作准备采用高分子溶胀剂溶胀，再用机械方法辅助去除。通过实验室的一系列的试验工作，我们研制出了符合本次工程要求的高分子溶胀材料，溶胀材料中除了复合溶剂以外，还增加了高分子发泡、渗透、阻燃添加剂，这些添加剂主要成分是高分子表面活性剂，发泡剂形成了许多泡沫，这些泡沫在较长时间里将溶剂封闭在相对密闭的环境之内，极大地减缓了溶剂的挥发速度，不仅提高了溶胀效率，而且还减少了环境污染，还极大地减少了有机溶剂挥发可能引起火灾的可能性，增加了现场操作的安全性（图3～6）。

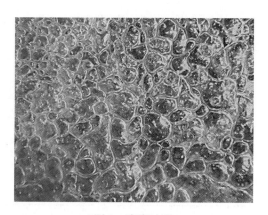

图3　溶胀过程　　　　　　　　　　　图4　溶胀过程

图 5　处理前　　　　　　　　　　　　图 6　处理后

六　彩绘封护材料的选择

彩绘封护材料要符合文物保护的要求，没有明显的光泽，有较强的可逆性（当有更好的材料替代的时候，可以很方便地去除下来，而不影响彩绘的现状），有超强的耐候性能，有较长的耐老化性能，有一定的阻燃性能，和彩绘中的颜料不发生化学反应，有比较低的表面活性能，不聚灰，有比较好的柔性，不会因为应力的变化造成彩绘脱落、剥落。目前市场上符合文物保护的封护材料凤毛麟角。用得比较多的是丙烯酸二元共聚产物 B72，近几年也有用含氟有机成膜物质的范例[②]。通过实验室的研究我们发现南京博物院自主研制的含氟橡胶系列封护剂也非常适合古建彩绘的封护。含氟橡胶具有极强的耐候性、表面活化能低、有效期长、可逆性强、无明显光泽、阻燃、柔韧性。

彩绘基底试件加工：按测试项目要求的尺寸，将三合板加工成试件，尺寸为 50×120mm 长方形试件共 200 件，直径 50mm 圆片试件 20 件，试块要求光滑平整，边角齐整。数量应满足要求，加工好的试块在室内自然干燥后备用。

胶黏剂溶液配制：浓度为 5%，先用少量冷水将明胶调匀，再一次性加入余量的沸水，搅拌均匀，冷却后备用。

底层材料配制：将滑石粉用 5% 胶黏剂水溶液调制成一定稠度备用，根据多次试验，确定水灰比为 7∶10（质量）。

颜料浆配制：颜料磨细，用 5% 明胶水溶液调制成一定稠度后，再磨细分散后备用，稠度应比底层材料小，能满足书画要求。为便于比较，不同颜料浆稠度一致，用水泥净浆稠度仪测定。

彩绘制作：将底层材料用油灰刀批到试件表面，通过称量控制涂层厚度，要求厚薄均匀，厚度为1mm，表面光滑，涂后放置自然干燥，自然干燥后用软刷刷涂各种颜料。要求同批样品厚薄均匀，材料用量相同，以便于性能比较。

封护操作：彩绘板进行编号，自然干燥，测定相关性能后，在表面刷涂保护材料，总用量为200mL/m²，分3次刷涂，第一次刷涂完全干燥后再进行下一次，浸涂完的试块自然晾干。

耐光老化试验在自制紫外老化箱内进行，紫外灯功率100W，连续照射30天，测量接触角变化情况（表3）。

表3　紫外光照射后接触角变化

材料编号		5% B72	3% B72	5% F	3% F	空白
红色	试验前	48	34	105	80	0
	试验后	81	0	105	102	0
蓝色	试验前	79	38	112	93	0
	试验后	0	0	85	82	0
绿色	试验前	56	30	97	85	0
	试验后	38	21	110	105	0
黑色	试验前	78	56	84	103	0
	试验后	23	35	105	102	0
白色	试验前	95	90	98	77	0
	试验后	0	0	85	81	0

由结果可知：B72封护的彩绘经紫外光照射老化后，憎水性能急剧下降，而F封护的彩绘变化不大，甚至有所提高。从两种封护材料在木材上成膜后的接触角来看，两种封护材料都具有一定的憎水性。

综合实践中较好地处理效果和部分实验数据，氟橡胶系列封护材料可以用在古建彩绘保护之中，因此，本次杭州文庙彩绘的封护材料我们采用了含氟橡胶。

七　操作现场色差研究

全自动测色色差计（ADCI-60-C实用型）系北京晨泰克仪器技术有限公司制。仪器采用直读光法，用滤光片和光电转换器匹配成标准人眼（卢瑟夫匹配条件），来测量物体的表面颜色。

在文庙大成殿东次间装饰枋分别红色、黄色两种颜色三个点，作处理前后色差对比测试（表4）。

表4 处理前后色差对比

样品号	测试号	X	Y	Z	x	y	de*
黄色1	处理前	8.14	7.61	4.09	0.4103	0.3836	0
	处理后	9.16	8.92	6.3	0.3757	0.3659	6.93
	封护后	8.29	7.9	5.25	0.3867	0.3685	4.99
红色	处理前	7.04	6	4.35	0.4048	0.345	0
	处理后	9.9	8.76	5.76	0.4054	0.3587	7.25
	封护后	10.03	8.07	5.66	0.4221	0.3396	7.84
黄色2	处理前	7.35	6.49	2.9	0.4391	0.3877	0
	处理后	16.9	16.68	12.3	0.3684	0.3636	19.73
	封护后	13.94	13.28	9.55	0.3791	0.3612	15.09

从测试结果可以看出，处理前后，色差变化比较大，这说明清漆对彩绘原始色泽有较大的影响，清漆老化以后，颜色逐渐开始发黄、发暗，严重地影响到了彩绘的原貌。

处理之后和封护之后的彩绘总体色差变化不大，这说明封护剂含氟橡胶对彩绘的原貌没有明显的影响，基本符合文物保护的要求。

八　操作现场光泽度研究

现场光泽度测试采用的是济南德瑞克公司的 DRK118 光泽度仪，光泽度测试角度均为 60°。

选择西次间编号为 XC‑33 的天花板彩绘作为研究对象。

测试分两组，一组为固定点，处理前后的测试都在一个点上；另一组为任意点，处理前后任意取十几个点，随意性地测试，测出处理前后的平均值（表5、6）。

表5 固定点光泽度测试结果

固定点位	光泽度	去漆后光泽度	封护后光泽度
1	12.6	7.5	6.9
2	37.5	5.4	6.8
3	18.9	2.7	2.8
4	29	5.8	5.7
5	37.7	5.8	4.6

表6　任意点光泽度测试结果

任意点点位	光泽度	去漆后光泽度	封护后光泽度
1	17.6	3.2	4
2	14.2	5	5
3	14.4	3.8	4.8
4	16	2.4	4.5
5	35.8	3	2.1
6	38	2.8	4.4
7	20.9	2	3.7
8	24.9	2.2	3
9	25.1	3.3	3.8
10	26.6	2	5.2
11	14.8	2.1	2.7
12	17.2	2.5	5
任意点平均	22.13	2.86	4.02

从结果中可以看出去漆处理之后光泽度明显减少，说明去除清漆的有效性，溶胀剂的去漆效果是不错的。清漆有较大的光泽度对彩绘原貌有影响。封护以后的光泽度与去漆处理之后的光泽度差距不大，这说明含氟橡胶封护彩绘没有明显的光泽，符合文物保护的要求。

九　现场光照度测试

大成殿彩绘所处的环境影响因素基本相似，然而，老化和腐蚀现状还是表现了一定的差异性，笔者发现，光照较强的地方，清漆老化程度也较高，光线较弱的地方老化程度则相对较弱。在没有罩上清漆之前，光线对彩绘之中的色胶有着举足轻重的作用。

光泽度的大小是衡量高分子材料老化的重要指标之一，同一材料光泽度失去的越多（失光率越大），表示老化程度越高；反之，光泽度失去的越少，表示老化程度越低。笔者在杭州文庙大成殿现场对正对殿门的内额枋的照度和相应的光泽度分别进行了测试。

光照度测量使用泰仕公司产品TES1330A，内额枋的光照度测试点分为上中下三个点（表7）。

下点离地面最近，光照度最大；上点，离地面最远，光照度最小。在内额枋上中下部，分别任意取10个测试点，测试光泽度（表8）。

表7　额枋的固定点光照度测试

明间内额枋	上部照度（LUX）	中部照度（LUX）	下部照度（LUX）
结果	0.7	1.7	3

表 8　额枋的任意点光照度测试

明间内额枋	下部光泽度	中部光泽度	上部光泽度
1	9.9	36	38.9
2	12.2	18	25.1
3	20	22	46.5
4	19.5	21.5	35.1
5	17	22.5	32.5
6	13	20.5	41.7
7	14	24	37.3
8	13.7	19.8	26.1
9	15.8	19.9	24.5
10	16.9	22.3	32.3
平均值	15.2	22.65	34

表 9　照度与光泽度平均对照表如下

明间内额枋	上部	中部	下部
照度	0.7	1.7	3
光泽度	34	22.65	15.2

　　从结果中可以看出（表9），内额枋上部清漆光泽度明显比下部清漆光泽度大，而光照度上部明显比下部低，这说明内额枋下部清漆的老化程度比上部清漆高，光照度是清漆老化的重要原因之一。

十　结　论

　　通过现场实际操作和实验测试以及部分实验室的前期实验结果，我们得到如下结论。

　　1. 杭州文庙彩绘表面的清漆已经到了老化中后期，在全面老化发生之前去掉清漆已是当务之急。

　　2. 溶胀剂可以有效地去除彩绘表面清漆而不伤及彩绘。

　　3. 采用含氟橡胶封护作为彩绘封护材料，封护效果复合文物保护要求。

　　4. 光照是造成清漆以及彩绘色胶老化的重要因素之一。

注释：

① 《GB – T1766 – 1995 色漆和清漆涂层老化的评级方法》。

② 和玲、梁国正：《含氟成膜聚合物应用于文物的表面保护》，《膜科学与技术》2003 年第 23 卷 3 期。

伍　古墓葬与古遗址保护

江南地区古遗址古墓葬
水环境治理的案例介绍

一　引　言

从 50 万年前的南京汤山猿人时期，到 6000 年前的新石器时期、2500 年前的战国时期、2000 年前的两汉时期、1500 年前的六朝时期、900 年前的南宋时期、600 年前的明朝建都时期、150 年前的鸦片战争时期和民国时期，位于长江三角洲的江浙地区，保存着大量珍贵的古遗址古墓葬。如此丰富的历史文化遗产不仅是古代江南人辛勤劳动与发明创造的历史见证，而且是当代进行爱国主义教育，激发自主创新、科学发展、增强国力的最好教材。但是，江南地区由于地下水位和空气的湿度较高，水对遗址墓葬的侵袭与破坏是保存历史文化遗产最严重的公害。为此，水环境的治理一直是古遗址古墓葬保护过程中首先要解决的重要问题之一。

近三年来，南京博物院文保所在龚良院长的领导与直接参与下，针对徐州楚王陵墓、龟山汉墓、南京大屠杀遗骨遗骸遗址、宁波田螺山遗址、绍兴印山越国王陵墓、杭州余杭南宋石刻造像和杭州凤凰山南宋官窑遗址等不同的水环境与现状，联合陕西师范大学、浙江大学和江苏宜兴太湖防渗加固修缮工程公司等单位，采取了隔、引、防三种水环境处理的方法，有效地控制了水对遗址的侵袭，延续了历史文化遗产的寿命。现将其中有关隔、引、防的三种治理案例介绍如下，以期抛砖引玉。

二　水环境治理的三种方法

（一）隔水

1. 目的：就是用防水材料将来自于天上的雨水、地底下和遗址四面的渗水隔挡住，以此防止水对遗址墓葬的侵袭。

2. 做法：室外的防水与室内的防渗，用铺设防水材料的方法，对高于遗址的东西南北四面的土层，以防水材料悬挂并夹在其中间，达到防水的目的。

3. 材料：遗址的防渗水材料，用钠基膨润土防水毯。钠基膨润土防水毯（Geosyn-

thetics Clay Liner）是由二层土工合成材料间夹封优质防渗钠基膨润土，通过集束针刺复合而成。其技术参数见表一。

表一　膨润土的检测结果

检测项目		单位	抽样数	平均值
单位面积质量		g/m²	5	5350
厚度（2kPa）		mm	5	6
幅度		m	5	451
膨润土含量		kg/m²	5	5.0
断裂强力	T	kN/5cm	5	0.64
	W	kN/5cm	5	0.55
断裂伸长率	T	%	5	14
	W	%	5	11.2
渗透系数		m/s	5	3.01×10^{-11}
剥离强度		N	5	70
CBR 顶破强度		kN	5	1.64

执行标准代号：JG/T193—2006

　　4. 案例：绍兴印山越国王陵墓的室外防水与墓内侧壁防渗水[①]。

　　（1）室外防水：首先是铺设前的准备，即清理土中杂草、树根和石块，再利用挖土机进行翻土、整理场地；第二，将地基夯实或用挖掘机压实；第三，铺垫 10cm 左右厚度中细砂，并用板拍或滚筒整垫 10cm 左右厚度中细砂，并用板拍或滚筒整平；第四，在细砂垫层之上铺设膨润土防水毯；第五，铺设防水毯之后，及时在其上重新覆土；第六，在土上铺设草皮。

　　（2）墓内侧壁防渗水：在墓室北侧和西侧开挖的青膏泥内悬挂膨润土防水毯，然后在回填青膏泥时将防渗毯夹在中间，以防墓室北侧和西侧的渗水（图 1、2）。

图 1　悬挂墓室北侧膨润土防水毯

图 2　墓室西侧悬挂膨润土防水毯

（二）引水

1. 目的：将水按照设计的要求引到盲沟，然后通过盲沟导入积水井，最后将水从井内抽出遗址外，达到治理水环境。

2. 做法：在遗址地表向下挖一盲沟，埋设塑料盲沟或砌筑排水盲沟。注意：塑料盲沟应低于地表10cm。

3. 材料：盲沟中埋设的塑料盲沟是引进国外先进技术生产的土工合成材料新产品。国际上称复合土工排水材（Geocomposite Drain），日本称土木用暗渠集排水材。塑料盲沟是将热塑性合成树脂加热熔化后通过喷嘴挤压出纤维丝叠置在一起，然后将其相接点熔结制成三维立体多孔材料，再在主体外包裹土工布滤膜而成，国外已使用20多年，广泛应用于隧道防渗排水、软基筑堤、挡土墙反滤、坡面与坡内排水、地下建筑的排水防潮、草坪的集排水系统、天台花园集排水、污水处理厂等各类工程（图3）。其物理性能如下。

（1）抗压强度高，耐压性能好

塑料盲沟本身是同韧性的许多根改性塑料丝熔结而成的，不存在被压断、毁坏的可能。在250kPa压力下，断面空隙率仍保持在60%以上，即便施加较大压力，始终存在通水空隙，仍有10%～15%的孔隙，且回复性好。

（2）表面开孔率高，集排水性好

塑料盲沟的表面平均开孔率90%～95%，远远高于其他同类产品。能最有效地收集土壤中的渗水，并及时汇集排走。

（3）永久的使用寿命

塑料盲沟由耐腐蚀纤维制成的滤膜和改性聚乙烯的三维立体网状组合，都具有在土中、水中永不降解的优点，加以抗老化配方，几乎可保持材质永久性无变化。

（4）滤膜的可选择性

塑料盲沟的滤膜可根据不同的土质情况选用，充分满足工程的需求，且避免了老产品滤膜单一的缺点。

（5）柔性好，适应土体变形

国内外大量的工程实例，充分说明这种产品的可靠性，该产品经交通部、水利部、电力工业部南京水科院检测，产品质量及性能指标均达到国家标准。

4. 案例：绍兴印山越国王陵墓和徐州楚王陵墓坑②底都采用了盲沟引水的方法。这在我国的遗址防水保护工程中，是开创性的应用。经过一年多的观察，其防水效果达到了设计的要求（图4、5）。

图3　塑料盲沟

图4　徐州楚王陵墓坑底砌筑排水盲沟

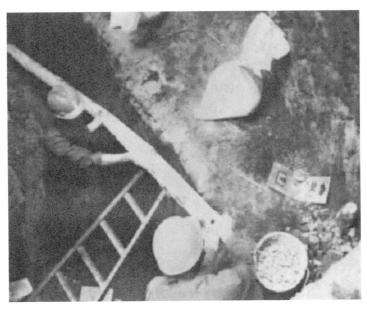

图 5　绍兴印山越国王陵墓铺设塑料盲沟

（三）防水

1. 目的：防水是将遗址土层的表面至土里层约 20～50cm 的深度加固，达到加固疏松的土壤，防止遗址因水侵袭而引起塌陷，并预防滋长霉菌和青苔。

2. 做法：将加固材料进行喷洒、浇灌或注压等。

3. 材料

（1）主要是水性树脂，如环氧、硅丙和氟硅树脂等。如：水性环氧树脂是指环氧树脂以微粒或液滴的形式分散在以水为连续相的分散介质中而配得的稳定分散体系。它具有溶剂型环氧树脂涂料的诸多优点：一是适应能力强，对众多底材具有极高的附着力，固化后的涂膜耐腐蚀性和耐化学药品性能优异，并且涂膜收缩小、硬度高、耐磨性好；二是环保性能好，不含有机溶剂，挥发性有机化合物含量较低，不会造成空气污染，能够满足当前环境保护的要求；三是真正水性化，以水作为分散介质，价格低廉、无气味、不燃，储存、运输和使用过程中的安全性也大为提高；四是操作性佳，水性环氧树脂的施工操作性能好，施工工具可用水直接清洗，可在室温和潮湿的环境中固化，有合理的固化时间，并能保证很高的交联密度。

（2）沉淀与吸附双重土遗址防风化加固保护材料（简称 CB 加固材料）。

CB 分为 1、2 号试剂，主要成分为无机材料，辅以一定量的表面活性剂、防霉剂，专门用于土遗址加固。材料性能如下：

①材料性质

外观：无色透明液体

密度（20℃）：1.0～1.1g/cm^3

化学组成：纳米无机材料

离子型：非离子/弱阳离子

环保性：医用酒精作溶剂，无毒、无害。均易存放和运输。

② 材料主要优点：

具有优越的耐酸碱盐腐蚀性，防水、抗风化效果显著。

材料渗透性强，对土遗址、严重风化体可起到加固保护作用。

与土体形成稳定的化学键，能提供牢固持久的保护。

无色透明的液体，不改变文物表面的外观效果及内部结构，能做到修旧如旧，保持土遗址文化层的特色。

透气性能好，不改变物体内外毛细孔的自然结构，自呼吸功能完好，与自然保持动态平衡。

增强土体的强度，提高其耐磨性。

操作工艺简单，只需采用适当的喷涂工具，直接在土体表面喷淋即可。

4. 案例

（1）南京大屠杀遗骨遗骸遗址的保护③

南京大屠杀"遗骸遗址"地处低洼富水地带，东侧距地表深 680mm 处渗水呈现喷流状，遗骸四周的土壤长期处于饱水状态，低凹处有较深的积水。恶劣的环境使"遗骸遗址"长期处于水蚀之中，加之土壤中的自由氢离子导致骨中碱性成分流失，骸骨表面严重粉化、骨质疏松、强度降低，部分头颅破损，骨架变形、肢解、散落、移位，遗骸及周边地表大面积滋生青苔、霉菌（图6、7）。

图6　骨质矿化、酥粉、变形、肢解

其保护工艺，首先对土壤消毒去霉，即用小铁铲铲去地表青苔和霉菌，继而用毛刷轻轻地除去杂物和霉菌，再用酒精和蛋白酶对土壤进行消毒去霉，然后对其表面喷洒水溶性防霉剂，最后用水性硅丙树脂和水型环氧喷洒土壤表层进行加固（图8、9）。

图 7 滋生青苔、霉菌

图 8 土壤消毒去霉

图 9 树脂对土壤进行喷洒加固

（2）徐州龟山汉墓的保护④

徐州龟山汉墓存在的问题：由于地下水对墓道封土的侵袭，引起封土表面疏松与部分坍塌（图10）等。为此，我所在2006年10月～2007年1月对龟山汉墓墓道进行了修缮保护。为了防止墓道封土表层加固后，出现分层脱落的现象，在进行现场小样试验成功之后，对墓道封土研究了"深层分段加固封护法"，即将加固、封护层分为四步：第一步，用水性硅丙注浆加固里层（图11）；第二步，用水性硅丙压力注射加固中间层（图12）；第三步，滴挂水型环氧注射加固外层（图13）；第四步，用水性氟硅树脂喷洒封护表层。这种深层分步分层，用特制装置将不同的保护材料用不同的方式，分别注入封土中的相对位置，从而形成具有梯级过渡黏度的加固层面的方法，加固深度在450mm，有效地防止了封土内部开裂和表土疏松脱落。经加固土样矿物显微分析，绝大部分封土的空间已被加固材料填充，土壤填充后，不但强度提高，而且抵抗水侵袭能力亦明显提高（图14、15）。

图10　疏松和坍塌的封土

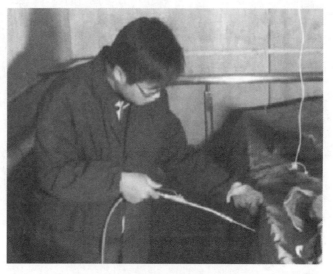

图11　注浆法加固封土里层封土

图 12 压力注射法加固中层封土

图 13 滴挂法加固外层封土

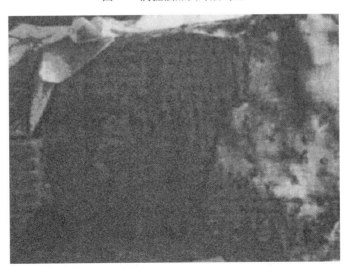

图 14 墓道封土保护前

图15　墓道封土保护后

（3）宁波田螺山遗址的保护⑤

宁波田螺山遗址存在的问题：其一，3m 多厚的文化堆积层大部分处于常年水位线以下，遗址底部基本常年积水，遗址内部湿度较大，特别是地下水通过毛细作用不断向上迁移。在潮湿的遗址表面出现白色、灰色或灰黑色的霉菌以及绿色的青苔，覆盖在遗址的表面。尤其在春夏季节苔藓生长旺盛，覆盖探坑表面导致文化层被遮盖；其二，探坑走道与壁面分别与地平一样高，土壤比较干燥，为此，出现开裂和表面酥松脱落现象。

根据宁波田螺山遗址的环境与现状，拟在做好隔水与引水治理的基础上，对遗址土体加固分为土体深层加固与浅层加固。其方法为：

①土体深层加固：利用针管通过压力机将水性环氧树脂注入距离土体表层 30cm 以下，孔与孔之间的距离为 25cm。

②土体浅层加固：用 CB 材料喷洒已经经过深层加固的土层表面。CB 材料加固分为 1、2 号加固：先喷洒 1 号试剂，待表面干燥以后喷洒 2 号试剂。喷洒 2 个循环以后土体就能够得到加固。

③坑底土体保护：由于坑底土体为湿土及淤泥，因此，对这部分的土体保护拟在排水通畅后，在土体表面喷洒尘土控制剂，确保土体不开裂，不酥松脱落。

三　结　语

综上所述，通过用隔、引、防三种水环境治理的方法，使位于江浙地区的南京、徐州、无锡、杭州、绍兴和宁波等我院保护过的江南古遗址古墓葬因水侵袭而损坏的现象得以遏制，历史文化遗产的原貌得以保存与延续。

隔、引、防三种在遗址中治理水的方法，虽然简单易行、节省经费，但是如操作工艺不当、使用材料不妥，仍然会出现返潮现象；每个遗址的地理位置和水环境不同，必须先做试验与论证；在本文所述三种方法里使用的材料，不一定是最好的，应根据不同土壤的分析结果采取不同的保护材料；江南古遗址在高湿环境下，如何保存得更好，还有许多难题，为此，我们还要继续努力工作。

注释：

① 南京博物院文物保护研究所编：《绍兴印山越国王陵墓一期保护汇报材料》，未发表。

② 南京博物院文物保护研究所编：《徐州楚王陵兵马俑墓坑防水竣工报告》，未发表。

③ 奚三彩、郑冬青、张品荣等：《南京大屠杀遇难同胞纪念馆"万人坑"遗址保护》，《东南文化》2008 年 6 期。

④ 南京博物院文物保护研究所编：《徐州龟山汉墓墓道修缮保护工程竣工报告》，未发表。

⑤ 南京博物院文物保护研究所编：《宁波余姚田螺山遗址抢救保护设计方案》，未发表。

（原载《东南文化》2005 年 4 期）

徐州市狮子山汉兵马俑坑防水加固保护[*]

一 前 言

1984 年 12 月初，江苏省徐州市砖瓦厂在东郊狮子山西麓取土时发现徐州狮子山汉兵马俑遗址。1985 年在原址上建博物馆进行保护。1996 年被公布为第四批全国重点文物保护单位。

由于考古发掘后俑坑一直未进行很好的防水加固保护，致使汉兵马俑长期处于饱水状态，甚至浸泡在水中（图 1）。受徐州市汉兵马俑博物馆委托，遵照《徐州市汉兵马俑俑坑临时抢救性防水加固保护措施》和组织专家组论证形成的《徐州汉兵马俑馆一号坑东段俑体及俑坑紧急加固工作措施》、《会议纪要》等，并报经国家文物局批准，南京博物院联合宜兴市太湖防渗修缮加固工程有限公司于 2007 年 4 月 1 日~6 月 4 日历时 65 个工作日，对徐州狮子山汉兵马俑俑坑实施了防水加固保护。

图 1 兵马俑坑往年渗水状

二 汉兵马俑病害状况调查

俑坑内的汉兵马俑由于长期处于饱水状态，甚至浸泡在水中，出现了陶俑涨开、

---

* 本文由郑冬青、奚三彩、万俐、张品荣、邱永生合作撰写。

泛碱，彩绘脱落，陶质酥解、粉化等病害。

造成俑坑积水的主要原因是汉兵马俑坑东面为狮子山，南、西、北面临近人工湖面（狮子潭）。俑坑地处狮子山山坡，夏季降水集中尤其是每年的 6～9 月东狮子山的岩体裂隙贯通渗水从俑坑冒出，从而形成了汇水区域，渗水呈现喷流状，导致俑坑处于饱水状态，低凹处有较深的积水；加之排水系统不畅，俑坑一直处于水侵蚀之中。

三　防水加固保护技术措施

（一）技术路线

此次俑坑防水加固保护工程分为五阶段进行：

第一阶段对俑坑现状进行调查、勘探、照相、测绘和取样分析；

第二阶段拆除俑坑坑壁、坑底进行清土；

第三阶段对俑坑进行架空、砌筑排水盲沟、混凝土钢性防水层找平封护；

第四阶段对坑壁、坑底进行玻璃钢的铺设加固；

第五阶段对坑壁进行做旧处理恢复原貌以及表面封护等工作。

（二）一号俑坑的施工工艺

一号坑施工严格按照设计方案的技术要求进行。

（1）用砼板材隔断坑底（图 2）

坑壁形成空仓的情况下保留历史原貌的三处外露基岩，俑坑台阶分三段（东段高平均 510～600mm；中段高平均 630mm；西段高平均 770mm）由东高西底成 10℃ 左右倾斜状，坑底高度东段提高 90mm；西段提高 130mm；施工后的坑体规格为：长 30.77、上口宽 2.38、底宽 1.6m。

图 2　砼板材隔断坑底

图3　砌筑排水盲沟

（2）排水盲沟的施工（图3）

沿坑壁四周开凿成 200×250mm 排水沟，将坑底、坑壁的渗水直接引入排水沟，排水沟延伸至西段集水井（规格为 500×400×500mm）；集水井与排水管网相通。

（3）坑内采用混凝土钢性防水层找平与玻璃钢铺设防护层采用三布复合。

（4）坑壁做旧采用树脂与原土；参照考古发掘资料仿制文化层层面（图4）。

图4　一号坑做旧局部

（5）表面封护

为进一步保护俑坑内兵马俑，防止坑壁扬尘和在水蒸气和酸性气体的侵蚀下老化，须对其采取适当的封护措施。封护剂的选择原则如下。

（1）已在同类文物保护工程中成功应用；

（2）能形成一种新的、抗风化的矿物胶结物，不形成任何破坏土体的副产物；

（3）对土体的一些主要特性，如水蒸气透气性等无不良影响；

（4）在土体中有良好的渗透力；

（5）封护后的力学剖面应当平稳，在表面附近不应产生力学强度过大的现象；

（6）不会引起土体表面颜色的变化；

（7）材料本身具有无色、透明、无光的特性；

（8）封护后具有良好的耐候性、憎水性和抗紫外线功能；

（9）对人体无害，对环境无污染。

根据以上原则，选用了 YT－1 型氟硅封护剂进行封护。YT－1 型氟硅封护剂是一种氟硅改性丙烯酸乳液，是以丙烯酸通过 Actyflon 系列氟化丙烯酸化合物的改性，采用先进的自交联技术聚合而成。其无色透明、抗紫外线、耐候性好符合文物保护材料的优选要求，特别是氟硅树脂有自洁功能，不易吸附灰尘等，便于遗址表面的日常清扫维护。与其他表面封护剂相比，YT－1 氟硅封护剂的支链具有表面张力极低的特点和良好的渗透性以及杰出的自洁功能（主要性能指标见表1）。

表1　YT－1 氟硅封护剂理化性能和技术指标

剂型	水剂	固体含量	45%
外观	无色、无光、透明	pH 值	7～8
气味	无刺激性	密度（25℃）	1.08g/ml

（三）二号俑坑的施工工艺

（1）俑坑东段的施工与一号坑雷同，即砼板材隔断坑底、坑壁使俑坑东段形成空仓，俑坑东段台阶分二段（东段高平均 550～600mm；中段高平均 700mm；西段末考古发掘高度为平均 900mm）由东高西低成 10℃ 左右倾斜状，坑底高度东段提高 90mm；施工后的坑体规格为：长 31.3、上口宽 2.38、底宽 1.6m。

（2）排水盲沟的施工

拆除西段原有水泥坑壁，沿坑壁四周开凿成 200×250mm 排水沟，将坑底、坑壁的渗水直接引入排水沟，排水沟延伸至西段集水井（规格为 500×400×500mm）；集水井与排水管网相通。

（3）坑内采用混凝土钢性防水层找平后铺设玻璃钢防护层（图5）。

（4）坑壁做旧采用树脂与原土；参照考古发掘资料仿制文化层层面。

（5）表面封护材料主要采用氟硅树脂。

（6）考虑俑坑西段未发掘而形成新的集水区域，采用了反滤装置使集水引入排水盲沟，保持土体不流失，用二层土工布、三层鹅石（粗、中、细）（图6）。

图 5　二号坑玻璃钢的铺设

图 6　二号坑西段铺设土工反滤鹅石层

图 7　一号坑施工后

图 8　二号坑施工后

四　结　语

俑坑经过防水加固保护，达到了"不改变文物原状"和防渗的技术要求，使汉兵马俑免遭水患的侵害（图 7、8）。

注释：

① 南京博物院文物保护科学技术研究所：《徐州汉兵马俑博物馆俑坑临时抢救性防水保护措施》，未发表。

（原载《东南文化》2009 年 2 期）

汉泗水王陵墓复原技术报告

一 前 言

2002 年 11 月至 2003 年 1 月间，南京博物院、宿迁市文化局、泗阳县文广局联合组成了考古队，对泗阳县三庄乡的陈墩、大青墩汉墓进行了抢救性考古发掘。2004 年 7 月在南京博物院建院 70 周年前夕，院领导决定举办泗阳汉墓考古的成果展，为院庆和国际博物馆馆长论坛献上一份厚礼。泗阳汉墓考古成果展，分两部分：（1）展出陈墩、大青墩出土的漆木器、铜器、铁器、陶器、玉器 200 多件；（2）1∶1 复原大青墩汉墓竖穴木椁墓。

大青墩汉墓封土高约 8.5m，底径约长 90m。墓坑形状基本呈正方形，除封土采用夯土层（7 层）建筑外，墓坑内填以厚度超过 4m 的青膏泥。青膏泥也采用夯筑法，大致 20cm 一层，每层之间有灰白色粉状土，层状大致呈水平状，夯筑十分讲究。墓室由主墓室、东北外藏椁、东南外藏椁、西北外藏椁、西南外藏椁、夹层和南外藏椁组成，墓道西侧有一上下两层的大型陪葬坑。墓室南北长 9.6、宽 8.8、高 2.7m，其中主墓室长 5.7、宽 4.4、高 1.7m（图 1）。结合墓葬形制和墓中出土文物、文字（椁板刻有

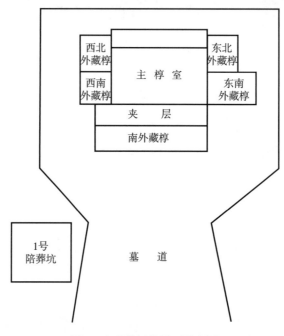

图1 大青墩汉墓平面示意图

"王宅"、"泗水王□"）等情况，推测此墓为汉代泗水国王陵墓。

二 复原方案

（一）场地

泗水王陵墓考古成果布展地点，在南博新展厅二楼的左侧——现代艺术展馆。它是一个宽约12、长约80m的环形厅，中间是一个约10×10m的"天井"，"天井"的顶为玻璃天窗。在二楼的栏杆处，能看见一楼，所以在一楼天井的四周，即复原墓的四壁，必须做一堵墙。这墙从一楼的地坪一直到二楼的底板，高度约4.5m，而这墙最好的效果是和墓相匹配的墓周边的泥层。也就是说，泗水国王陵墓的复原为两部分，即竖穴木椁墓室和大青墩汉墓的地层（图2）。

图2 大青墩汉墓复原效果图

（二）材料

墓室的材料 最初有人提出将泗阳大青墩的木椁墓中的所有木头运回，并根据考古资料复原。第2种方案是按竖穴墓中所有木头尺寸的大小，用木工板做成骨架，在骨架上再附上有木质效果的石膏层。考虑到墓地出土的木椁由于运输、保存等一系列问题，最后决定用现代木工板制成框架，辅以木椁效果的石膏为复原墓室的材料。

地层的材料 泗水王陵墓有封土8.5m，另有4m的青膏泥，即该墓整个地层的高度约12.5m。地层从颜色上分为黄泥、中间为青灰泥、底层为青膏泥（图3）。从考古上分为七层的夯土层，每层中间还有灰白色的呈水平状粉状土。根据以上地层的特征，复原地层的材料有5种方案。

第一，现场揭取，20世纪80年代末期日本采用环氧树脂及聚氨基类树脂揭取地层的剖面。该技术的优点能真实地揭取考古发掘中地层剖面，携带方便及永久保存。但

图3　大青墩汉墓地层上黄泥、中青灰、下青膏泥

图4　1991年11月，在日本奈良考古工地，揭取地层剖面

运用到泗水王陵墓复原上的缺点是，近200m²的地层，仅购NR-51或用NS-10树脂，就需30万人民币，其中还不包括运输费、海关报税、施工等一切费用；此外墓地的地层总高12.5m，而复原的地层只需4.5m，如果反映三种墓地地层的颜色，将工地揭取地层的薄层标本，拿回来后进行裁剪，方可达到效果，浪费较大（图4）。

第二，黄泥墙。复原墓室四周外边的底部，竖一堵宽20cm，高4.5、长10m的四边泥墙。根据初步计算，所需黄泥38m³，重约30t。

第三，钢丝网。在木工板上钉直径0.2cm、1×1cm的方孔钢丝网，然后在钢丝网上贴1cm的泥。这种以钢丝网做骨架贴泥为材料的复原泥层的方案，虽然能减轻第2种20cm泥厚度的质量，但缺点是泥干了开裂，并且一经横向或纵向力的摇巴和锤击，泥层纷纷坠落。

第四，聚醋酸乙烯酯乳液。在三夹板或粗帆布上涂胶后，洒黄泥粉，使泥粉的一面被润湿后黏在木板上，形成泥层。此种方法的缺点是，由于胶层在木板上呈不均匀性，使得泥粉层在过多的胶处，被胶湿润后发暗，在胶少的地方泥粉层又粘不住而露出地板色或掉落。

第五，不饱和聚酯树脂。1998 年我们曾用不饱和聚酯树脂复原了良渚文化草鞋山和寺墩的墓葬，墓葬的四周泥的效果使用不饱和聚酯树脂制成。该方法虽然方便，但价格昂贵，经初步计算，从制模到浇注 200 平方米的不饱和聚酸树脂泥层，大约需 15 万人民币。

虽然第五种材料的方案的效果可以达到展览的要求，价格也比第一种方案可以节省一半的费用，但毕竟是一个假的，没有任何收藏和保留的价值。有没有既能达到展览的要求，使观众身临其境的感觉，又要节省开支，此外，更重要的是必须在 10 月 10 日全部结束。8 月 16 日院里正式下达任务，经 9 个昼夜的思考，10 天的试制与摸索，终于在 8 月 26 日，研究了一种以聚醋酸乙烯酯乳液与石膏粉、滑石粉、碎石子为材料，制作了与地层基本相同的泥质效果。

三　制作工艺

（一）竖穴木椁墓室

泗水王陵墓分主椁室、东北外藏和东南外藏椁、西北外藏和西南外藏椁、南外藏椁和夹层七个木椁，约有木头 40m³。由于挖掘是在 2003 年的元月上旬，经冬、春、夏三季后，顺着木纹处自上而下，出现了大小不一、无规律可循的裂隙。为了逼真的反映原墓室木结构的形状和表面收缩干燥的残缺效果，在制作工艺上分别采取了木工板搭成框架结构，表面用石膏制成出土木椁的腐朽开裂状和作泥层色的三个工序。

（二）木椁墓木板

木板框架　框架的材料用 2.2×1.2×1.5cm 的木工板，依据七个墓室的考古图纸、摄像记录，分别制作七个墓室上层的不同尺寸的木板框架。

朽木效果　墓室木板表面的腐朽，开裂的状态，首先用硅橡胶制模，复出朽木特征的阴模，浇出石膏板，最后将石膏板安装在木工板上。

模具的制作　模具材料有弹性和非弹性之分，根据朽木开裂的深度及凸凹不平，一套模具计划翻制 140m² 的朽木，即该模具将重复使用 120 次。为此，在选择模具材料时，将把握有良好的流动性、弹性可塑性较高的强度，复印次数必须达到 200 次数，所以，选择美国道康宁的室温硫化硅橡胶。在翻制硅橡胶模具时，为了增强硅橡胶的强度，降低硅橡模的厚度，减少用量、节约成本，在涂刷有一定厚度后，迅速地上一层纤维布。上布时，将布展平，并随朽木的起伏粘贴，然后用漆刷轻轻地触打，使纤维布和硅橡胶面层粘贴牢固。纤维布粘好后，再涂刷一层硅橡胶，整个硅橡胶模的厚度约 6~8mm。在硅橡胶模翻制好以后，用石膏模作硅胶软质弹性模的硬托，达到不变形的目的。

浇石膏面板　此次翻制朽木效果的墓椁木板长约2、宽约0.35m。为了提高石膏的强度及抗曲性，在1.5cm厚的石膏夹层里，铺上一层网状的麻纤维。该纤维在操作时，一定要和石膏粘贴吻合，否则麻纤维就会和石膏分层，掉落。此外，还要注意水和石膏的比例，将石膏的强度调配到最佳状态。

安装石膏板　将浇好的朽木状石膏板，在每隔25cm之间用1寸的铁钉，固定在大小不一的用木工板制成木椁墓板的框架上。

现场制作朽木　由于每块石膏板之间的缝隙和石膏板强度等原因。在墓西北外藏椁、西南外藏椁、南外藏木板椁上的朽木效果，改用将调制好的石膏直接倒在木工板的框架上。在石膏初凝时用钢丝刷，来回勾勒出细而长的朽木裂隙，待石膏终凝达到最高强度后，用铁斧和菜刀用力剁，剁成不规划、垂直的裂陷，并用力将石膏分割成若干椁木板断裂痕迹和弯曲的状态；在墓椁木夹层和主墓室之间，有四根木头的剖面，横在主室的西南方，其木的旋向木裂纹和墓室盗洞口，当时砍木的痕迹，也用刀具修饰，达到逼真的感觉（图5、6）。

图5　复原的夹层及南外藏椁

图6　复原的主椁室

（三）表面作旧

作旧材料　制作石膏朽木效果的原始颜色为白色，如何将此色做到与墓椁板为主基调的褐色，首先是一个材料问题。按照以往作旧的经验用虫胶水、硝基、醇酸等漆类作涂层。此类材料一则要等石膏板干，二则在室内大面积的施工气味太浓，影响正在参观的其他艺术陈列馆的观众。为此，经多次在含水石膏板上试验，最后选择水溶性的901胶水。该胶水的优点没有光泽，与水、氧化铁黄、哈巴粉等黑色颜料相溶，较方便地能一次调配出20kg用量的朽木作旧的色浆（图7、8）。

图7　复原的东北外藏椁地层

图8　复原的主椁室北面地层

涂刷工艺　首先用5寸漆刷涂刷一遍褐色的色浆，使白色的石膏变为褐色朽木状，然而调制黑色浆作局部点缀，达到朽木碳化的效果。最后，在石膏板块缝隙和木板块裂缝4处，有选择地做一点黄泥和青膏泥的出土效果。石膏板经三次、三种颜色的先后涂刷，基本上达到了泗水王陵墓椁板颜色的要求。

（四）地层的制作

泥层立体感的设计　考古现场的地层经考古人员削平，画过剖面图以后，经多次下雨淋湿,酥松的泥就会掉落,露出有石子的起伏不平、凸凹明显的垂直剖面。我们仿制的地层的效果就是达到这种高低不平、大小不一的泥层感。日本用高分子材料现场揭取就是将这种考古现场的表面效果搬回到室内。所以,在仿泥层的立体感的工艺上,设计了填料、石子、滚筒辅助等方法。

调胶　聚醋酸乙烯酯乳液和熟石膏粉、滑石粉的比例是10:5:5(体积比),略加墨汁、氧化铁黄和哈巴粉。将滑石粉与石膏粉各掺一半,作为填料,主要是为了控制施工的时间,如全用石膏粉,其初凝的时间在15min,如全用滑石粉初凝约6h。滑石粉和石膏粉相对应的比例放入胶内初凝约0.5h,以便操作人员利用工具作出泥的效果。

制作　将调好的整体,涂刷在七夹板上,厚度0.5～2cm,以起伏状的面貌出现,再用泥瓦匠粉刷墙面的滚筒,来回在胶体上滚动。由于滚筒上的纤维丝带上了胶体,凡滚动的地方将出现凸凹不平和尖刺的毛感。最后,将小石子、鹅卵石洒在胶体上,对有些需要强调的地方,还可以安插大一点的砖块。凡是洒落的小石子和安放的砖块一定要将板上的胶体翻动一下,以防石子胶粘不好。

干燥固化　聚醋酸乙烯酯乳液是单体胶,一般胶体中的水分蒸发后即达到终凝。由于加了石膏粉,胶体中一部分水分被石膏粉吸走,故干燥的时间一般在25℃,相对湿度60%的情况下,24h即干。

安装组合　复原墓穴木椁墓四壁的地层,总面积约200m²,在七夹板上共制作了80块仿地层的板。将这些板块用射钉枪固定在长10、高4.5m的木结构井字架上。

填缝　每块泥板之间拼接后留下了缝隙,即每面地层墙有27条缝,四面地层计108条缝。按调胶的配方,配制泥层的稠状胶体,用漆刮刀填缝。在填缝时,留意缝两边的泥层高低,填缝要自然。

统一泥色　由于80块泥板制作用了13天,光调胶就调了约100多次,所以每块泥板的颜色不可能协调,为了将四面地层的泥色统一,必须重新作色。长10、高4.5m的四面墙,根据泗水王陵墓地层的颜色,分为上约1m的黄泥封土层,中间1m青灰泥色,下1.5m的青膏泥色。为了逼真的反映泥色的效果,从墓地取了黄泥、青膏泥、青灰泥。将三种泥浸泡在水中,并适量的加一点水溶性胶。按上2m为黄泥,中1m为青灰泥,下1.5m为青膏泥色进行涂刷,三层色带呈波浪起伏状,四壁形成一个三种颜色相隔的泥色环状整体。

点缀与过渡　黄泥、青灰泥、青膏泥所形成的三种色带,由于是人工涂刷,必须带来一个明显的分界线。为了使三种泥色和谐自然,在封土黄泥、青灰泥和青膏泥的界面进行泥色过渡。此外,墓地的封土和青膏泥采用夯土层,在夯筑时,约20cm一层,每层间有白色粉状土。将胶中调入滑石粉与钛白粉作点缀,形成白色粉状的雪花水平带。

四　结　语

从探索、研究、试制、施工到整体效果的协调统一，泗水王陵墓 1∶1 复原用了 36 天。其中，8 月 16 日~25 日研究、试制新的方法，8 月 26 日~9 月 2 日准备材料，9 月 3 日~15 日制作泥层板块，9 月 16 日~19 日安装，20 日~22 日整体统色，9 月 23 日竣工。前后参加人员有 21 人之多，在复原组的精心设计和周密的安排下，泗水王陵墓复原的两部分工作，即地层和墓椁的复原，不但提前了 17 天，而且花费不到日本方法的三十分之一，圆满完成了院领导交给的任务，也得到了考古专家、泗水王陵考古现场发掘人员的高度评价。通过 1∶1 竖穴木椁墓和地层的复原，有以下几点体会。

（1）工作的人员　文物保护与修复，虽然有金属、陶瓷、石刻、漆木器、字画、纺织品等工种，但他们之间的保护工艺都有相同点，在材料的运用，对文物的特征都有一个共同的认识。所以，此次参与复原的人员中，都是来自于不同的文保专业人员，如：金属保护与修复、字画装裱、漆木器保护、陶瓷修复、石刻修复、纺织品保护、纸张保护等。制作人员中没有一个是专门从事复制、复原古墓葬的专业人员，而是凭着对文博事业的敬业精神，昼夜的冥思苦索，不畏惧困难，勇于探索，研究了一种博物馆考古陈列墓葬地层复原的新方法。这种方法有着较高的推广价值。

（2）工作的思路　文物保护修复工作的对象，都是艺术品。艺术品修复与保护每件都是不一样的，但都有着它的普遍性和特殊性。所以，在制定修复方案时一定要因地制宜、实事求是、客观地、科学地反映该文物的共性和个性，反映修复工作的难点，并找准修复工作的切入点。泗水王陵墓地层复原的难点是：如何在一个垂直的平面上反映出泥剖面的起伏，凸凹不平、颗粒分布不均匀；墓室木椁板复原的难点是：如何反映木头收缩开裂、变形的朽木效果。复原组的技术人员紧紧地抓住了这两大难点，在材料的选择、工艺的操作、工具的运用上，巧妙地解决了以上两大难题，其他的问题就迎刃而解了。

（3）复原的材料　此次复原墓葬用的材料从黏合剂到填充料、作色料都是文物保护修复中最常用、最普通的。如何熟知身边文物修复材料的特性，充分利用材料的优点和缺点，进行扬长避短，从而达到我们工作的目的。如：在复原地层调胶时，开始在胶水里的填料是 1∶1 的石膏粉，由于石膏遇水会硬结固化，使得在调胶的过程中，还未调制完毕，石膏粉在胶水中就开始固结。为此，将石膏粉的用量减少一半，另一半由滑石粉代替。结果，后一种胶体配方的初凝固结时间，完全满足了制作地层效果所需的时间要求。

（4）复原的工具　众所周知，从事应用技术的工作，没有工具是做不好的。文物保护修复工作，在社会上是冷门行业，没有成套规范的工具可寻，一般都是修复工作人员根据工作的需要自制。此次，这么大型的展览，又要在如此短的时间复原大墓，没有成熟的经验，更谈不上像专用的工具。在地层板块大规模的施工中，如像平时修复馆藏文物一样堆锈，做泥层的效果，$200m^2$ 将用半年的时间。那么，有什么工具在木板上做泥层可以起到事半功倍的效果呢？复原人员想了很多办法，最后，针对建筑业内外墙面处理拉毛起伏不平的效果时，曾用直径 8cm 和 25cm 的纤维丝滚筒，当滚筒上黏满了调胶水后老粉的涂料，在墙面上来回滚动时，即留下凸凹不平的带有尖状的立体效果。这种方法能否用来复原墓地层的泥土？实践证明是可以的，而且，稍作一些改动和调整就基本达到用 NK－51 或 NS－10 树脂揭取地层剖面泥土的立体效果。后来，复原组工作人员，仅用了 13 天时间，就制作了约 $200m^2$ 的毛坯地层，就得益于建筑行业的滚筒。

（原载《东南文化》2005 年 4 期）

江阴黄山小石湾炮台遗址修复
用灰土最佳配方筛选研究[*]

一 引 言

"黄山炮台遗址"是江苏省内保存较为完整的一处近现代江防建筑群遗址。该炮台始建于明崇祯八年（1635 年），至今已 300 余年。小石湾古炮台遗址是"黄山炮台遗址"的组成部分，位于江阴市城北黄山西山西麓至鹅山东麓之间的山凹之中。1988 年，江苏省江阴市博物馆发掘了小石湾炮台遗址，清理了其中五分之三的面积，包括 6 个炮室、4 个弹药库、3 口蓄水井和 1 座望江台基，目前尚有五分之二的遗址埋藏在地下。地面建筑遗存东西长约 200、南北宽 14 米。小石湾古炮台遗址为土木混合结构，版筑夯土做法，墙内竖立若干木柱，上置檩条与椽子形成木骨架，木骨架与夯土墙共同承受屋顶荷载。该遗址由于长期受雨水侵蚀、风蚀及温湿度的变化，外墙抹灰大面积酥碱、起翘、分层、开裂脱落，致使夯土墙裸露，夯土墙直接受到雨水淋刷凹凸不平，表面酥松，水蚀严重处夯土已呈蜂窝状。可见，对该遗址的维修保护已迫在眉睫。

基于该遗址的上述保存现状，经现场取样分析，得出该遗址所用灰土配方为二元配方，即土灰比约为 3∶1。经测试，该夯土墙还浇注了一定浓度的糯米浆，其中糯米浆浓度约 0.5%。具体的分析测试方法见注释[①]。为了提高夯土墙基的整体抗风化性能，本工作对该灰土配方进行了优化，通过抗压强度、冻融循环等表征手段，筛选出最佳性能的灰土配方，为古炮台遗址维修加固保护提供依据，有关施工单位已于 2009 年 6 月开始对一、二号炮台遗址进行维修保护。

二 实验器材和方法

（一）实验仪器与材料

SDJ6025 型湿热试验箱（重庆银河试验仪器有限公司），WDW3050 微机控制电子万能试验机（中科院长春科新公司测试仪器研究所），自制制样器，电热碗。

---

* 本文由张慧、万俐合作撰写。

糯米（市售），CaO（AR，仙头市西陇化工厂有限公司），黏性土（取自江阴炮台遗址周边），明矾（南京化学试剂有限公司）。

（二）实验过程

1. 糯米浆的制备　称取所需质量的糯米，放入 2000ml 烧杯中，加水至 2000ml，加热煮沸至黏稠状，乘热过滤，除去不溶物，滤液即为所需的糯米浆。

2. 土样制作方法　将一定量的黏性土（已过筛）与所需量的已熟化的石灰混合后（其中已熟化的石灰是将一定量的水缓慢加入到所需生石灰（CaO）中，待生石灰全部成粉末状即为已熟化的石灰），搅拌均匀，再加入所需浓度的糯米浆，搅拌均匀，控制含水率在 45% 左右，即混合均匀后"手抓成团，落地开花"，表示夯筑时含水率适宜。本实验中，灰土样品的固结时间均为一个月。在添加明矾制作土样时，其中的明矾是溶解在糯米汁中，其他步骤同上。然后称取一定量的上述混合物，移入自制制样器中，成型后取出，自然干燥，待样品质量不再变化时即可。土样制备的配方见表 1～3。

表 1　各土样配方数据

样品编号	土灰质量比	糯米浆浓度/%
JY－1#	3:1	0
JY－2#	3:1	0.5
JY－3#	3:1	1
JY－4#	3:1	2
JY－5#	3:1	3
JY－6#	3:1	4

注：注释①表明，1 号古炮台遗址用灰土成分为土灰质量比 3:1，糯米浆浓度 0.5%，即为表 1 中的 JY－2# 号土样。故在制样时，固定土灰质量比为 3:1，改变糯米浆的浓度，以期筛选出合适的糯米浆浓度。

表 2　各土样配方数据

样品编号	土灰质量比	糯米浆浓度/%
JY－7#	1:1	2
JY－8#	2:1	2
JY－9#	3:1	2
JY－10#	4:1	2
JY－11#	5:1	2

表 3　各土样配方数据

样品编号	土灰质量比	糯米浆浓度/%	明矾的浓度/%
JY－98－0#	5:1	0.6	0
JY－98－1#	5:1	0.6	0.1
JY－98－2#	5:1	0.6	1
JY－98－3#	5:1	0.6	10

注：注释①表明，1 号古炮台遗址经 1998 年修复时用灰土成分为土灰质量比 5:1，糯米浆浓度 0.6%，即为表 3 中的 JY－98－0# 号土样。由于在古代有用石灰、糯米浆和明矾作为建筑凝胶材料，故在本实验中，以 JY－98－0# 号土样的土灰质量比和糯米浆浓度为标准，改变明矾的浓度，比较加入明矾的利弊。

（三）表征手段

1. 抗压强度：样品的抗压强度由 WDW3050 微机控制电子万能试验机测得，测试时横梁速度为 10 mm/min，试样面积为 2.255×10^{-3} m²。由于所用样品为同一模具制备，故样品高度、截面积均相等，故抗压强度的测量结果直接以仪器的示值表示。平行 4 次取平均值（单位为 MPa），这样做可以减小系统误差[②]。

2. 冻融循环试验：冻融作用是影响土遗址寿命的一个很重要的因素之一，操作步骤如下[③]：将样品放在盛水（t = 20℃）的容器中，土样浸入水中 4h 后取出，擦去多余的水分，将饱水土样置于 -25℃的低温冰箱中冷冻 4h 后取出，此为一个循环。然后再放回 20℃的水中浸泡 4h，再次进行冷冻。多次循环并记录土样的变化。最后比较各土样的耐冻融效果。

三　结果与讨论

（一）糯米浆浓度对土样性能的影响

糯米浆浓度对土样性能的影响见表 4～5 所示。

表 4　冻融循环试验土样的变化情况

冻融循环次数	JY–1#	JY–2#	JY–3#	JY–4#	JY–5#	JY–6#
1	表面、侧面均有裂缝，强度差	侧面有裂缝，强度差	侧面有细小裂缝	完好	侧面有裂缝	侧面有裂缝
2	土样全部坍塌、破碎	土样坍塌	土样掉渣	土样有细小裂缝	土样上下断裂	土样上下断裂
3	土样坍塌、崩解	土样坍塌、崩解	土样原貌破坏、坍塌	土样下部坍塌	土样坍塌	土样坍塌

由表 1、4 可知：从 JY–1# 至 JY–6# 样品，土灰质量比是相同的，糯米浆的浓度逐渐增大。从耐冻融性来讲，从 JY–1# 至 JY–6# 样品，随着糯米浆浓度的增大，土样耐冻融性先增大后减小，即 JY–4# 号样品耐冻融性最好，经历 3 次冻融循环后，下部坍塌；而其他 5 个样品均由不同程度的坍塌、崩解。由此可知，糯米浆的浓度以 2% 为宜。

表 5　各土样抗压强度数据

试样编号	抗压强度/MPa	破坏程度
JY–1#	1390.4	部分破坏
JY–2#	1413.2	部分破坏
JY–3#	1434.8	部分破坏
JY–4#	1388.0	部分破坏
JY–5#	848.4	部分破坏
JY–6#	824.3	部分破坏

注：各土样面积均为 2.255×10^{-3} m²。

由表1、5可知：从 JY-1# 至 JY-6# 样品，土灰质量比是相同的，糯米浆的浓度逐渐增大，其抗压强度也是先增大后减小；其中 JY-3# 号土样抗压强度值最大。综合冻融循环试验，得出糯米浆的浓度以 1%~2% 为宜，低于 1% 的话，土样耐冻融性差；高于 2% 的话，土样耐冻融性也差，而且抗压强度也在逐渐降低。

（二）土灰比对土样性能的影响

土灰比对土样性能的影响见表6~7所示。

表6 冻融循环试验土样的变化情况

冻融循环次数	JY-7#	JY-8#	JY-9#	JY-10#	JY-11#
1	完好	表面有细小裂缝	完好	土样表层掉皮	表层掉皮、有裂缝
2	表面开裂	表面开裂	土样有细小裂缝	表面严重掉皮	表面开裂、掉皮、原貌被破坏
3	表面严重开裂、甚至坍塌	表面严重开裂、甚至坍塌	土样下部坍塌	土样坍塌	土样坍塌、强度差

由表2、6可知：从 JY-7# 至 JY-11# 样品，糯米浆的浓度均为 2%，土灰质量比逐渐增大。从耐冻融性来讲，从 JY-7# 至 JY-11# 样品，随着土灰质量比的增大，土样耐冻融性逐渐减小，其中 JY-10# 样品和 JY-11# 样品经冻融循环后表层掉皮，分析其原因可能是灰土内外含水量即干湿程度不同，容易形成两层，从而导致样品掉皮脱落。由表6结果可知：土灰质量比不高于 3∶1 为宜。

表7 各土样抗压强度数据

试样编号	抗压强度/MPa	破坏程度
JY-7#	866.4	部分破坏
JY-8#	745.6	部分破坏
JY-9#	689.0	部分破坏
JY-10#	648.9	部分破坏
JY-11#	787.7	部分破坏

注：各土样面积均为 $2.255 \times 10^{-3} m^2$。

由表2、7可知：从 JY-7# 至 JY-11# 样品，糯米浆的浓度均为 2%，土灰质量比逐渐增大，其抗压强度总体是逐渐减小，其中 JY-11# 样品抗压强度值较大可能是由于制样所带来的误差引起。

（三）明矾对土样性能的影响

明矾对土样品性能的影响见表8~9所示。

表 8　冻融循环试验土样的变化情况

冻融循环次数	JY－98－0#	JY－98－1#	JY－98－2#	JY－3#
1	土样侧面有细小裂缝	土样侧面有较宽裂缝	土样表层土疏松、掉皮、剥落，原貌被破坏	土样表层土较疏松、掉皮、剥落，原貌被破坏
2	各土样有掉皮、剥落现象	各土样掉皮、剥落严重，甚至坍塌	各土样掉皮剥落较严重	各土样掉皮剥落较严重
3	各土样掉皮剥落现象严重	各土样坍塌、原貌破坏	各土样掉皮、剥落、原貌破坏	土样坍塌破坏严重

由表 3、8 可知：从 JY－98－0# 至 JY－98－3# 样品，土灰质量比、糯米浆的浓度均一致，明矾的浓度逐渐增大。从耐冻融性来讲，JY－98－0# 至 JY－98－3# 样品，随着明矾浓度的增大，土样耐冻融性逐渐减小，说明明矾的加入使得土样耐冻融性降低。

表 9　各土样抗压强度数据

试样编号	抗压强度/MPa	破坏程度
JY－98－0#	839.7	部分破坏
JY－98－1#	1131.4	部分破坏
JY－98－2#	1976.3	部分破坏
JY－98－3#	1892.8	部分破坏

注：各土样面积均为 2.255×10^{-3} m^2。

由表 3、9 可知：从 JY－98－0# 至 JY－98－3# 样品，土灰质量比、糯米浆的浓度均一致，明矾的浓度逐渐增大，其抗压强度先增大后减小，根据遗址现状来看，其强度要求适中，故明矾的浓度以不超过 0.1% 为宜。

四　结　论

江阴小石湾炮台遗址以"三合土"和糯米浆为主要建筑材料夯筑而成，由上述实验结果分析得出以下结论：在夯筑"三合土"过程中，其糯米浆浓度在 1%～2% 范围内，土灰质量比不高于 3∶1，明矾浓度以不超过 0.1% 为宜。

注释：

① 张慧、万俐：《江阴黄山小石湾古炮台遗址"三合土"研究》，《南京博物馆集刊》（12），文物出版社，2011 年。

② 曾余瑶、张秉坚、梁晓林：《传统建筑泥灰加固材料的性能研究与机理探讨》，《文物保护与考古科学》2008 年第 20 卷 2 期。

③ 周双林、原思训、杨宪伟等：《丙烯酸非水分散体等几种土遗址防风化加固剂的效果比较》，《文物保护与考古科学》2003 年第 15 卷 2 期。

浙江余姚田螺山遗址室内
与现场加固试验研究*

一 引 言

　　田螺山遗址①位于浙江省余姚市三七市镇相岙村，地处姚江谷地北侧低丘环绕的小盆地中部，北面横亘四明山支脉翠屏山，东距海岸 30～40km，西南距河姆渡遗址 7km。经钻探，该遗址总面积超过 3 万 m²，在地下 2～3m 深处埋藏着距今六七千年的一个完整古村落，其存在的时间跨度 1500 年以上。2004 年和 2006 年对田螺山遗址进行了两次考古发掘，面积超过 600m²，揭开了古村落西部关键一角，发现了多层次干栏式建筑遗迹以及部分墓葬、食物储藏坑等相关遗迹，同属于新石器时代河姆渡文化类型的一处原始聚落。田螺山遗址已有的发掘成果表明，该遗址是迄今发现的河姆渡文化中地面环境保存最好、地下遗存相对完整的一处史前村落遗址，其丰富的地下遗存不仅弥补了河姆渡遗址的缺憾，还为开展河姆渡文化聚落形态考古研究提供了独特条件，对于推动河姆渡文化整体研究有着十分重要的价值，同时也为全面深入研究河姆渡文化、再现先民生产生活场景、复原远古江南风貌，乃至重建中国东南地区史前文化史等提供了珍贵资料。

　　基于该遗址的上述历史价值，为了使该遗址能够较好的保存下去，首先对该遗址的保存现状进行了较为详细地调查和分析，得出该遗址的主要病害如下：（1）遗址土壤含水量极大，（2）存在严重的开裂、坍塌现象，（3）滋生霉菌、苔藓等微生物病害以及泛碱等；其次，利用现代科技手段分析了该遗址的化学成分及土壤的一些物理特性；最后，在室内，对所取样品进行了防风化加固保护处理，并与未加固的样品进行了各项性能的比对，并将所用加固材料于遗址现场作小面积防风化加固试验，加固效果较好。

二 实验部分

1. 仪器及材料

SDJ6025 型湿热试验箱（重庆银河试验仪器有限公司），LR016A 型老化试验箱

---

*　本文由张慧、李玉虎、万俐、范陶峰合作撰写。

（重庆银河试验仪器有限公司），电子天平（上海加惠仪器仪表有限公司），PHS－2F 数字 pH 计（上海精密科学仪器有限公司），DC－P3 型全自动测色色差计（北京市兴光测色仪器公司），DJY－4 型四联等应变直剪仪（南京水利电力仪器工程有限责任公司），D/Max－rA 型 X 射线衍射仪（日本理学公司生产），Quanta 200 环境扫描电镜能谱仪（荷兰 Philips－FEI 公司），CB 材料（自制），土样（取自田螺山遗址周边）。

　　2. 田螺山遗址土体物质组成及物理特性分析

　　（1）试验土样矿物成分分析

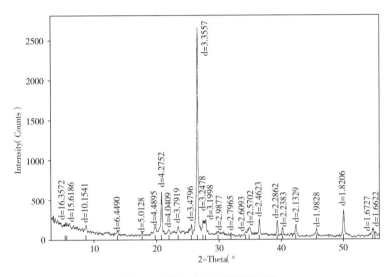

图 1　田螺山遗址土样 XRD 图

　　由图 1 可知：田螺山遗址土壤中所含的矿物成分是蒙脱石 12%、伊利石 13%、绿泥石 4%、石英 44%、正长石 12%、斜长石 13%、3% 未检出。可见石英含量较高。

　　（2）试验土样能谱分析

　　由图 2 和表 1 可知，该遗址土壤 Ca、Na 元素含量非常低，K 元素含量相对较高。

表 1　浙江田螺山遗址取土元素定量分析数据

Element	Wt %	At %
C K	5.84	10.01
O K	42.57	54.81
NaK	0.59	0.53
MgK	0.96	0.81
AlK	9.99	7.63
SiK	29.71	21.79
K K	3.15	1.66
CaK	0.70	0.36
FeK	6.49	2.39

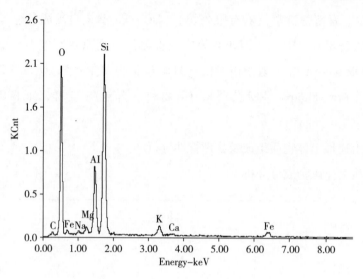

图2 浙江田螺山遗址取土能谱分析

（3）土样容重及孔隙率

表2 容重及孔隙率测定数据和计算结果表

名称	数值		
比重	2.65	2.65	2.65
环刀 + 干土质量/g	126.5	126.0	124.9
环刀质量/g	43.0	43.0	43.0
环刀容积/cm³	60	60	60
干土质量/g	83.5	83.0	81.9
土壤容重/（g/cm³）	1.39	1.38	1.37
土壤平均容重/（g/cm³）	1.38		
孔隙率%	47.5	47.9	48.3
平均孔隙率%	47.9		

由表2可知：田螺山遗址所取土壤容重是 1.38 g/cm³，孔隙率是 47.9%，可见该土壤容重较小，而孔隙率较大。说明该土样孔隙所占体积较大，黏土颗粒排列松散，通气性较好，但是该类土壤容易开裂坍塌。

3. 加固试验

按照上述对田螺山遗址土壤特性分析结果，选用 CB 加固材料对田螺山遗址所取土样进行室内加固试验，通过耐水浸泡试验、色差变化、pH 值及强度来表征 CB 加固材料对田螺山遗址防风化加固的有效性。然后于现场进行小面积加固，并跟踪观察其防风化加固效果。

三　结果与讨论

1. 耐水试验

a　　　　　　　　　　　　　　b

图 3　不同浓度的 CB 材料加固土样后的耐水情况

（a 图和 b 图从左至右 CB 材料浓度逐渐增大，其中 a 图最上方的土样是未加固样品）

由图 3 可见：随着 CB 加固材料浓度的增大，加固后的土样耐水性逐渐提高；而未加固的土样见水立即崩解。

2. 色差测试

加固前后色差变化见表 3。

表 3　田螺山遗址土壤加固前后色差测定数据

试样名称	色差数据					
	X	Y	Z	YI	DYI	dE
未加固土样	11.38	11.77	7.57	51.95		
加固土样	14.67	15.69	11.01	41.11	−10.84	5.71

注释②、③表明，颜色差异允许多大的范围，则要根据具体情况而定，颜色稍有差别就比较明显时，色差可以定的小一些，如颜料，涂料等；而颜色变化较大时才感觉有变化，则色差可以定的大一些，如彩色电视色差变化在小于 5 时是观察不出颜色有变化的。在土遗址加固后颜色方面的变化目前还没有一个统一的范围，而土遗址的颜色变化较大时才有觉察，由表 3 可知：加固后土样色差 dE 是 5.71，说明加固后的土样颜色发生微小变化，即用肉眼观察不出颜色变化，使得土样保持原貌。

3. pH 值

由表 4 可知：田螺山遗址土壤呈中性偏酸，其 pH 值是 6.72，使用 CB 加固后其 pH 值是 6.32，仍保持土壤原来的中性偏酸环境。

表 4 田螺山遗址土样加固前后 pH 值

名称	未加固	已加固
pH 值	6.72	6.32

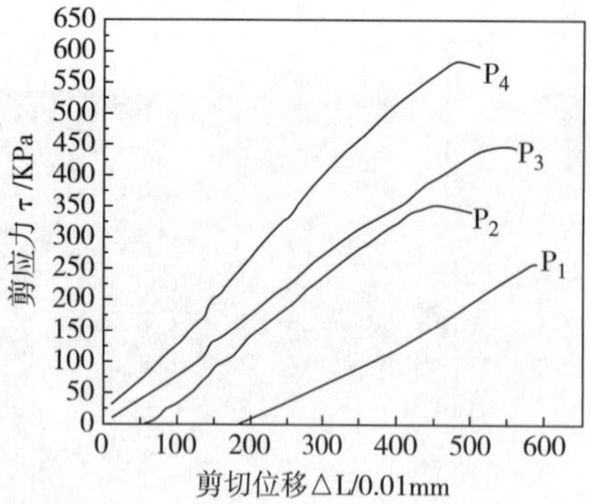

图 4 未加固田螺山遗址土样剪应力 τ 与
剪切位移 △L 的关系曲线

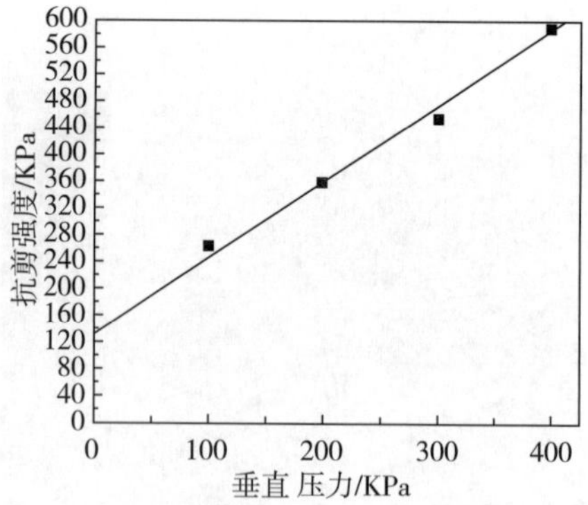

图 5 未加固田螺山遗址土样抗剪强度与
垂直压力关系曲线

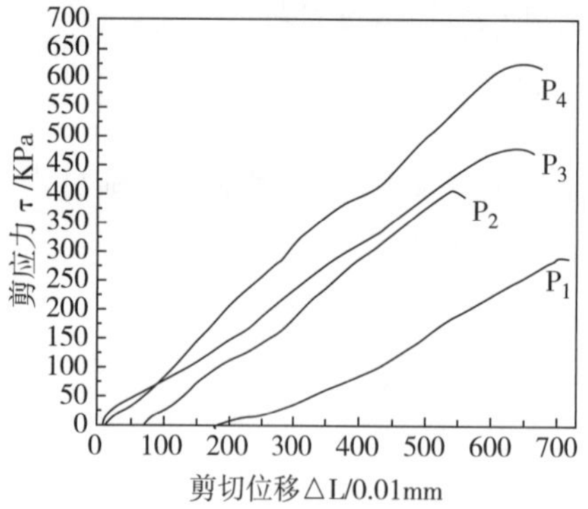

图 6 已加固田螺山遗址土样剪应力 τ
与剪切位移 △L 的关系曲线

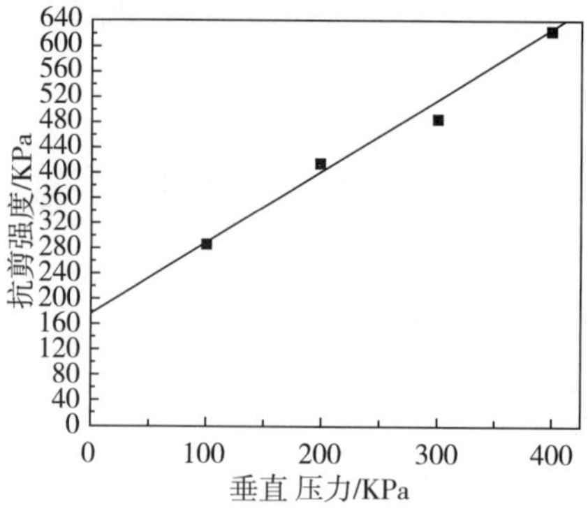

图 7 已加固田螺山遗址土样抗剪强度
与垂直压力关系曲线

4. 抗剪强度测试

由图 5～图 7 可以得出：对于田螺山遗址土样，未加固土样的黏聚力约为 133 KPa，内摩擦角约为 47°；而加固后土样的黏聚力约为 180 KPa，内摩擦角约为 48°。可见该遗址土样使用 CB 材料加固后其黏聚力明显增大，而内摩擦角稍有增加。总之，加固后的土样其抗剪强度有明显的提高。

四 结 论

综上所述，田螺山遗址具有重要的历史价值，通过分析可知，该遗址土壤中石英含量较高，且 Ca、Na 元素含量非常低，K 元素含量相对较高；该土样孔隙所占体积较大，黏土颗粒排列松散，通气性较好，但是该类土壤容易开裂坍塌。采用 CB 材料对该遗址土样进行加固保护，加固后其 pH 值仍保持弱酸性环境，同时也保持了遗址的原貌，加固后的土样其耐水性和抗剪强度有明显的提高。于现场进行了小面积的加固试验，其效果明显。

注释：

① 孙国平、黄渭金、郑云飞等：《浙江余姚田螺山新石器时代遗址 2004 年发掘简报》，《文物》2007 年 11 期。

② 郑云飞、孙国平、陈旭高：《7000 年前考古遗址出土稻谷的小穗轴特征》，《科学通报》2007 年第 52 卷 9 期。

③ 汤顺青：《色度学》，北京理工大学出版社，1990 年。

（原载《东南文化》2009 年 3 期）

绍兴印山越国王陵墓室主体结构的加固与保护*

一　引　言

绍兴印山越国王陵墓室选用 107 根斜撑木构建而成，其中，南侧 54 根，北侧 53 根。墓室南北两侧墙用两排紧密排列的竖向斜撑木顶端相互支撑而成，从而构成横断面呈等腰三角形的人字形斜坡窝棚式木椁结构。墓室顶面中脊即相互支撑的南北两侧斜撑木的顶端，用粗壮的半圆木东西纵压其上①。墓室分前、中、后三室，其中，前室长 9.15、宽 4.98m，中室长 13.85、宽 4.78m，后室长 9.1、宽 4.88m。墓室底木长 6.7、斜撑木长 5.9m，截面宽度在 0.5~0.8m，并且加工极为平整光滑，棱角方正。斜撑木表面覆盖树皮层，厚度约 20~40cm，有 140 层之多。树皮层上方以及墓室底部为木炭层，厚度超过1m。树皮和木炭层具有吸水防潮的功能。墓室底部是由 65 根粗大的枋木南北向平铺而成，其下部木炭层已经被清除，改用矩形型钢支撑。

经考古资料分析和论证，该墓为春秋晚期越王勾践之父允常的陵墓。该墓是迄今发现的第一座越国王陵，其独特的三角形两面坡木结构在全国尚属首次发现，具有极高的研究和史料价值。

二　墓室结构主要病害及原因分析

该墓于1998 年 4 月由浙江省文物考古研究所主持考古发掘，至今已逾 10 年。由于年代久远及盗墓严重，造成墓室结构斜撑木、木炭层和树皮层出现多处病害。

（一）斜撑木倾斜、断裂与缺失

多数斜撑木向内侧倾斜，甚至已经相互交叉。此外，墓室被盗严重，损毁比较厉害，多数盗洞已打破墓室顶部，盗洞部分的斜撑木上段被盗墓者破坏，顶部横搭木缺失。墓室仅在中室后段及后室保存有相互支撑的斜撑木，但多处断裂。墓室内部用脚

* 本文由杨隽永、万俐、范陶峰、陈五六、金柏创合作撰写。

手架临时支撑斜撑木，此次保护工程需要更换和加固。

（二）木炭堆积层坍塌

墓室内仅存西部和中部两堆木炭，其顶部存在多处裂缝，两侧坍塌散落。在木炭堆积层与斜撑木之间存在一层树皮层。通过剖面来看，该层树皮层也已经开裂、粉化，散落在木炭层表面，手轻捏即碎。

（三）斜撑木失水收缩变形

墓室内斜撑木脱水不均匀，造成木材收缩和开裂，对墓室现场保护不利。埋在木炭层和青膏泥内的斜撑木，脱水情况存在差异，刚开挖青膏泥后斜撑木表面用手摸上去还比较潮湿。

（四）青膏泥开裂

墓室南北两侧为青膏泥填筑。由于青膏泥失水收缩，造成内部应力不均匀，出现多处纵向和横向裂缝。裂缝宽度 5 ~ 10、深度 30 ~ 50cm。

（五）白蚁侵蚀

墓室内白蚁病害严重。南北两侧过道踏步及其栏杆已经被白蚁侵蚀腐烂，部分斜撑木内也发现有白蚁蚁患，墓室底部型钢上的垫木为后期增加，但仍被白蚁蛀蚀。

鉴于以上诸多原因，致使墓室保护迫在眉睫。因此从 2007 年 12 月至今，南京博物院文物保护与科学技术研究所专门组织人员对墓室及其周围环境进行了整体保护和改造。本文仅对墓室主体结构加固及保护过程做一介绍。

三 施工步骤及工艺过程

本次保护工程我们严格遵循国家文物局的批复和湖北省文物保护技术研究中心的设计方案，并结合施工现场实际情况，及时调整和修改。通过分析制定了详尽的施工方案，合理安排了各施工工序的步骤，科学的完成了墓室结构的加固与保护。

（一）木炭层清理

木炭层和树皮层的清理是为了能够对斜撑木进行纠偏、脱水加固以及修复，并且在完成斜撑木保护之后按原状进行复原。

在木炭层周围搭设脚手架，自上至下逐步清理木炭层。为保护树皮层，在接近树皮层时暂时保留一定厚度（约 15cm）的木炭层，待加固树皮层后再清理。

（二）树皮层加固与揭取

树皮层的加固材料经过现场试验后选择水性环氧树脂。水性环氧树脂主剂为宜兴市太湖防渗加固修缮工程有限公司生产，固含量为10%，固化剂为宜兴市太湖防渗加固修缮工程有限公司生产的水性胺类固化剂，水为普通自来水。水性环氧树脂主剂∶固化剂∶水的体积比为3∶1∶4。

不同部位的树皮层采用不同的施工工艺：对于两侧的树皮层先在顶部钻细孔，并在钢管上吊上盐水瓶，慢慢将加固材料从上至下滴入树皮层；对于剖面处和墓室两侧水平状的树皮层，用喷壶喷洒进行加固（图1）。

待加固材料固化4~6天后，才开始揭取树皮层。揭取树皮层采用电链锯切割（图2），然后人工分离。对墓室中部和西部的两处树皮层，切割首先从椁木顶部开始。树皮层被切割成大小50×50cm的块体，然后一端用钢板小心插入，另一端用钢板慢慢挪动树皮层。待树皮层移到钢板上之后，抬到墓室内指定地方进行存放。

考虑到树皮层复原时需在原木炭层的两端展示出其剖面形态，因此对木炭两端树皮层先铺设塑料薄膜，两边用木板固定，然后浇筑发泡材料进行保护。发泡材料为双组分配方，A组分为聚氨酯类树脂，B组分为发泡助剂。现场施工时将两种组分混合，由下至上分段浇筑。

图1　滴灌加固树皮层

（三）青膏泥开挖

采用凿岩机凿开墓室两侧青膏泥，然后用铁锹、铁铲挖掘青膏泥，并用板车运到墓道外平台处。青膏泥需一直开挖到墓室型钢底部，深度超过4m，考虑安全因素并结合斜撑木纠偏搭设龙门架的需求，施工过程采用分段台阶式开挖。

图 2　切割树皮层

（四）墓室底部垫木顶升替换

墓底垫木共 4 条，其中，南侧两条垫木长度分别为 34.97m，北侧两条垫木长度分别为 34.91m，共需替换槽钢总长度为 139.76m。垫木替换采用 16# 槽钢。两块槽钢之间用扁铁焊连接在一起，同时在扁铁内侧还焊接了一根短钢筋增加强度。焊接好之后，对槽钢喷涂两遍防锈漆。根据实际情况，每段槽钢纵向长度 3 ~ 4m。扁铁之间间距约 1m。每段槽钢的距离由原先墓室底部每段垫木长度和布置方式决定。

施工前，为防止墓室局部抬升造成墓室不平衡和斜撑木滑塌，每隔一定距离设置一根连杆。连杆用钢筋制作，两端穿过斜撑木，并用铁板固定在木板上。垫木替换分段进行，每次更换南侧和北侧的两段垫木，长度约 3 ~ 4.5m。根据现场情况，千斤顶有的布置在垫木底部的钢架上，有的放在地面上。地面上的千斤顶在底座放置一块钢板以确保平稳。

顶升前须再次对千斤顶就位、固定情况检查，确保其在同一直线上。按设计标高进行顶升，顶升到位后，马上进行偏位和水平监测，确保没有发生偏位及两端标高相同。为确保上部墓室能承受千斤顶的压力，当千斤顶顶升墓室之后和更换型钢之前，在墓室底部与千斤顶之间临时放置一段槽钢。随后拆除墓底垫木，清理槽钢与垫木的接触面，按先前准备好的槽钢放入原垫木的位置并固定，替换后撤回千斤顶。重复上述步骤直至整个墓室垫木替换完成。

（五）斜撑木纠偏

1. 搭设龙门架

为方便安装和运输，将龙门架切割成分段后运至现场，并在施工现场进行组装。待两侧墓道开挖至槽钢底部后，将龙门架运至墓室内指定位置。在墓道内安放槽钢作为龙门架基础，然后竖立下段龙门架，并将其底端滑轮置于槽钢内。在龙门架两侧搭设脚手架，吊装上段龙门架及横梁，并先用六角螺栓紧固。待全部吊装完毕后，在现场进行焊接。最后，在龙门架上安装手动葫芦。其中，顶部为5t葫芦（2个），南北两侧为3t葫芦（各5个）。

2. 制作不锈钢支撑架

不锈钢钢管支架采用工业用不锈钢钢管，厚度5、外径60mm。钢管在墓室外分段切割、制作。

3. 斜撑木纠偏（图3、4）

纠偏前先对斜撑木进行拍照，测量其尺寸、倾斜角度等准备工作。纠偏工作分为前室、中室和后室三部分进行。其主要步骤如下：

①检查斜撑木保存状况，绑上吊带，挂上葫芦；

②拆掉原有钢管，焊接好墓室底板处不锈钢钢管底座；

③同时吊起两侧葫芦。纠偏到足够角度后放下不锈钢钢管支架，固定住葫芦，抬入不锈钢管支架，放在事先连接好的不锈钢钢管底座上，临时点焊固定；

④缓慢放下斜撑木，靠在不锈钢钢管支架上；

⑤焊接牢固不锈钢钢管支架；

⑥检查纠偏结果，确认无误后松开葫芦；

⑦移动龙门架。

图3　龙门架纠偏斜撑木

图4　纠偏后的斜撑木

（六）斜撑木脱水加固

将斜撑木上的树皮层全部揭取后，及时进行了脱水加固试验。材料为木质文物专用脱水剂。该试剂由专用复合剂和乙醇组成。由于木材脱水需要一定时间，故该项工作目前仍在实施中。

（七）断裂斜撑木修复

根据印山越国王陵斜撑木的实际情况，最后考虑选用 FRP 材料修复断裂斜撑木。FRP 是利用长纤维通过一定的制作工艺编织成束或成布，再与树脂材料浸润复合，形成纤维增强塑料（Fiber Reinforced Plastic，简称 FRP）。经过观察，总共有 17 根断裂斜撑木需用 FRP 加固。

首先将断裂斜撑木表面剔凿，清理至结构坚固层，用铲刀将此范围内的朽烂的部分铲除。然后对斜撑木注射加固剂，裂隙充填加固。将断裂斜撑木对接，施胶，在其表面黏结玻璃纤维布。在局部不影响外观的地方利用扒钉固定，增加修复后斜撑木的强度。

（八）墓室内排水措施

为防止岩壁渗水对墓室影响，在墓室两侧型钢底部铺设塑料盲沟，岩壁表面挂设膨润土防水毯。塑料盲沟是将热塑性合成树脂加热熔化后通过喷嘴挤压出纤维丝，叠置在一起，并将其相接点融结而成的三维立体多孔材料，具有抗压强度高、耐压性能好、使用寿命长、集排水性能好以及适应土体变形等特点，被广泛应用于隧道防渗排水、软基筑堤、挡土墙反滤、坡面与坡内排水、地下建筑的排水防潮等各类工程。此外，在墓室东侧设置一个集水井，两侧与盲沟相连，顶部利用水泵和地面相连，以便墓室内出现大量渗水后可以及时排出。

（九）青膏泥回填和木炭层复原

斜撑木纠偏后，由东向西分层回填岩壁和斜撑木之间的青膏泥，每层填筑时用机器振捣夯实。在盗洞两侧以及原有木炭堆积层剖面处，还按原状复原树皮层，以达到保持原状的效果（图 5、6）。

木炭层原先为松散状，故复原时必须加固。经现场以及实验室试验后选择用水性环氧树脂进行加固。配置材料中水性环氧树脂主剂的浓度约 40% ~ 60%，实际水性环氧树脂固含量低于 5%。复原木炭堆积层时，先在外围按原尺寸搭设模板，然后分层回填，并用机器夯实，最后对木炭堆积层表面作旧。

四　结　语

绍兴印山越国王陵保护工程最大限度地保存了文物信息，其一期项目已经顺利通

图 5　复原后的木炭和树皮层

图 6　复原后的木炭和树皮层

过专家评审，并得到浙江省文物局、绍兴县文化发展中心以及设计单位的认可。该项工程牵涉范围较广，既包括了工程防排水措施、木质文物脱水加固以及岩壁加固的保护，还涉及斜撑木纠偏、木炭和树皮层加固与复原的保护，因此本次保护工程的顺利完成为合理保护类似墓室结构提供了宝贵的施工经验。

在保护工程实施过程中，得到了南京博物院文物保护研究所领导和同仁的关心和支持，同时也得到了浙江省文物局、绍兴县文化发展中心、湖北省文物保护技术研究中心等单位专家、领导的大力协助，在此表示感谢！

注释：

① 浙江省文物考古研究所、绍兴县文物保护管理所：《印山越王陵》，文物出版社，2002 年。

（原载《中国文物保护技术协会第六次年会论文集》，科学出版社，2010 年）

印山越国王陵墓坑边坡化学加固试验研究*

一 引 言

防风化加固一直是近些年户外石质文物的研究重点之一[①~④]，主要内容包括岩石风化机制与产物分析、岩体稳定性分析、裂隙灌浆加固、危岩体锚杆（栓）加固、石刻表面清洗、石刻表层化学加固与封护等。其中化学加固与封护会在文物本体上引入其他材料，操作工艺和危险系数增大，因而使用起来必须慎之又慎[⑤]。现阶段国内常用的化学材料包括无机类材料、小分子化合物、高分子聚合物、复合材料、纳米材料和生物材料等几类[⑥]，目前对此普遍形成以下认识：（1）无机材料耐老化性能好，但部分情况下会加剧石质文物的风化；（2）砂岩地区应当尽量使用含硅类材料进行加固，因其老化以后二者产物接近；（3）加固前后岩石强度不应差异过大，否则会导致应力分布不均匀；（4）石刻表面整体封护时必须考虑加固材料的渗透深度及其憎水梯度，否则反而会加剧其风化程度。由此可见，石刻表层化学加固与封护存在很多制约因素，只有在某些特定条件（例如降低水气影响等）和充分试验的基础上才可实施。本文结合印山越国王陵墓坑边坡加固实例，根据室内和现场加固试验，研究化学材料对特定岩壁的加固效果，得出一些有益结论，对类似工程也有指导依据。

二 工程概况

（一）墓室概况

印山越国王陵位于绍兴市西南约 13km，西距书法圣地兰亭约 2.5km。该王陵为越王勾践之父允常的墓葬，也是迄今发现的第一座越国王陵，距今约 2500 年，为全国重点文物保护单位。印山越国王陵的发现被评为"1998 年度全国十大考古发现"之一，因此其具有很高的考古、建筑和艺术价值[⑦]。

该陵墓在山岩中凿成，采用甲字形墓葬形制，由墓坑和墓道两部分组成。其中墓

＊ 本文由杨隽永、万俐、陈步荣、范陶峰、张慧合作撰写。

坑北侧和西侧为高 11.5m、坡角 80°的岩质边坡，北侧边坡长 46、西侧边坡长 14m，为斜交坡⑧。墓坑边坡的形态反映了当时陵墓的修建过程，具有一定的历史意义。

由于边坡岩体强度较低，并且受雨水入渗侵蚀，加之裂隙较发育，致使岩壁表层风化，并且局部存在崩塌和剥落等破坏现象，威胁到墓坑内的文物和游客安全，因此应当进行加固⑨。

（二）墓室内外防渗措施

根据设计方案，墓室内外防渗措施采取了"堵疏结合"的方法，即在墓室外增加地面防渗铺盖以及排水沟，同时在墓室内设置排水暗沟和集水井。目前该部分工程已经结束，这也为墓坑边坡加固创造了有利条件。

（三）化学加固试验内容

本次加固对象主要是墓坑内的边坡。与别处户外石质文物不同，其具备以下几点特殊条件：（1）考古发掘之后，曾经使用锚杆和混凝土连梁对其进行加固，边坡整体处于稳定状态；（2）墓室内外已经采取了防渗措施，基本解决了墓坑内渗水问题；（3）边坡表面不存在题刻或其他图案；（4）墓室整体处于外部保护建筑之内，属于相对封闭的环境。

边坡加固设计单位为湖北省文物保护技术中心、中国地质大学（武汉）和龙门石窟研究院，施工单位为南京博物院。施工过程是依据国家文物局批复的设计方案进行的。根据设计方案，边坡化学加固首先需要进行试验研究，内容包括：（1）室内试验分析化学材料的加固效果；（2）通过现场加固试验进行验证。

三　墓区地质概况

（一）墓区区域地质构造

印山越国王陵处于江山—绍兴古陆碰撞拼贴带偏西北侧，区内地貌为山前丘陵地带，呈一系列东北—西南向展布的串珠状剥蚀残丘。无区域性断裂穿过，小褶曲、断裂较发育。印山为相对独立小山包，主峰海拔高 41.7m。大墓坐西朝东建于印山 135 主峰之上。

（二）气象与水文地质条件

本区属于亚热带季风型，气候温润，四季分明，雨量充沛。区内地下水分为强风化基岩孔隙裂隙–第四系孔隙水和基岩裂隙水两类。地下水主要补给源为大气降水入渗。

（三）地层岩性

墓区顶部为第四系残坡积、坡洪积和人工堆积土层，墓道入口及墓坑南壁为寒武系下统荷塘组浅黄色薄层泥岩，墓坑北壁、西壁和墓坑底南侧以及墓道南北两侧为寒武系下统荷塘组灰黑色、灰色薄层硅质岩和黄灰色泥岩，底部夹灰色页岩。此外还有一近东西走向的燕山期褐红色、褐色斜长玢岩，主要分布在墓坑中央。

（四）岩体结构与强度

墓坑周围硅质岩以层状结构或层状碎裂结构为主，斜长玢岩以块裂结构或碎裂结构为主。硅质岩岩层产状变化较大，层理和节理发育，岩体被切割成块状，其规模一般为 $0.01 \sim 0.30 m^3$。在各组结构面中，层面多为贯通性结构面，张开度较好，而且倾角大，为降水入渗提供了通道。根据钻孔岩芯的测试结果，岩石风干抗压强度为 $15.0 \sim 21.3$ MPa，饱和抗压强度为 $9.5 \sim 9.9$ MPa，RMR 值为 $32 \sim 44$，属于软岩，岩体强度较低。

四　化学加固试验过程

（一）试块取样与制备

取样地点位于墓坑内北侧及东南侧岩壁（靠近墓道附近）。由于条件所限，无法钻孔取样。岩块内含泥量较高，且多被裂隙切割成碎块状，因此现场所取石块尺寸不均。将石块切割加工成 $20 \times 20 \times 20 mm$ 和 $50 \times 50 \times 20 mm$ 两种尺寸的试块，误差小于 1 毫米。加工好的试块在 110 ℃烘箱烘干冷却，编号备用。其中前者用于测定试块强度和耐久性能，后者用于测定试块光泽度和色差。

（二）岩石化学和矿物成分

采用 X 射线荧光光谱仪（XRF）分析化学成分，采用 X 射线衍射仪（XRD）分析矿物成分，并用数码视频显微镜进行岩相分析。结果表明所取岩样为硅质岩，主要化学成分为 SiO_2、Al_2O_3，其次为 Fe_2O_3、K_2O 等，主要矿物成分为石英，基质为石英、长石和云母，胶结物为黏土和褐铁矿。

（三）化学加固材料

根据设计方案，同时查阅相关资料，最终选择 6 种化学加固材料（见表 1）和配比。其中，苯丙乳液和水性环氧乳液是设计方案中选用的材料，硅丙乳液、水性氟碳乳液（主剂为 FEVE 树脂）和正硅酸乙酯为增加的材料。正硅酸乙酯对多孔、细粒、颗粒中含有羟基的软弱岩石加固效果明显[10]。

为能够对比试验结果，参照以往经验，水性加固材料的固含量统一为 5%，非水性的正硅酸乙酯采用原液和原液与无水乙醇体积比 1:1 的稀释液。

表1　化学加固材料

加固材料编号	化学加固材料成分
①	苯丙乳液，水性原液，固含量 47.0%
②	硅丙乳液，水性原液，固含量 47.0%
③	水性环氧乳液，水性原液，固含量 23.7%
④	水性氟碳乳液，水性原液，固含量 20.7%
⑤	正硅酸乙酯，原液
⑥	正硅酸乙酯，与无水乙醇体积比为 1:1 的稀释液

（四）试验方法

1. 试块渗透加固方法。实验室中石质文物常用的渗透加固方法包括涂刷法、常压渗透法和真空减压渗透法等几种。涂刷法比较接近施工情况，但其渗透深度和均匀性难以保证；常压渗透法（即浸泡法）通过毛细作用将材料渗透至试块内部，操作简单，且有一定可重复性和比较性；真空减压渗透法利用特殊设备提高了材料的渗透深度，主要应用于小型馆藏石质文物加固[6]。综合考虑试验效果和现场加固条件，本次试验采用常压渗透法进行加固。

2. 试块渗透加固时间。渗透加固时间并不是越长越好，其主要取决于加固材料的渗透性、固化时间以及试块的孔隙率。经过前期试验观察，由于试块体积较小，且孔隙率较高，故渗透加固 5min 便基本恒重。为便于和其他试验比较，因此统一固定为浸泡 5min。

3. 试块养护条件。渗透加固后的试块在不同湿度条件下经过不同时间的养护，对加固效果有较大影响。考虑到设备和时间所限，本次室内试验是将试块加固后直接在空气中放置一个月。

4. 试验测试内容。对于文物保护而言，最关心的是文物外观状态的变化、力学强度变化、耐久性能的变化以及材料的渗透性能等。考虑到墓坑内所处环境，本次试验主要选择了以下测试内容：①光泽度和色差变化（外观状态）；②单轴抗压强度变化（力学强度）；③耐水性能变化（耐久性能中的一类）；④切样观察（测量材料渗透性能）。

五　室内试验结果与分析

（一）加固后试块外观的变化

对于文物加固应当尽量不改变其原有外观。本次外观试验包括测量试块加固前后光泽度和色差变化。色差值反映了被测物体色调、饱和度和亮度三者综合的变化值，光泽度表示物体表面接近镜面的程度。加固前后两者数值越低，表示加固材料对加固对象外观的改变程度越小。

每种加固材料测定 3 块，每块测 3 次，结果取平均值。试验结果见表 2。由此可知，除正硅酸乙酯外，其余材料加固后外观有较大改变。

表 2　不同化学材料处理后试块外观变化的试验结果

加固材料编号	色差（ΔE）	光泽度（加固后与加固前的差值）			颜色结果评定	光泽结果评定
		20°	60°	85°		
①	5.31	0.2	4.0	3.8	变化略大	变化较大
②	5.47	0.3	3.9	4.1	变化略大	变化较大
③	7.57	0	1.9	2.6	变化较大	变化略大
④	7.25	0.3	4.6	6.6	变化较大	变化较大
⑤	3.12	−0.1	0	0.2	轻微变化	基本不变
⑥	4.23	−0.1	−0.2	0.2	轻微变化	基本不变

（二）加固后试块力学强度的变化

用电子万能材料试验机测定化学材料加固前后的试块单轴抗压强度。试验时每样测定 5 块，加压速率为 5mm/min，结果取平均值。

由表 3 可知，经过加固后试块强度均略有提高，其中，以正硅酸乙酯加固试块强度为最高，提高率达 32%，其次为正硅酸乙酯与无水乙醇体积比为 1∶1 的稀释液，提高率为 14.4%。

表 3　不同化学材料加固后试块强度与耐久性能的试验结果

加固材料编号	强度/MPa	吸水率/%	吸湿率/%	耐盐性能	耐冻融性能
①	11.32	9.90	5.70	循环 2 次后膨胀、起泡，循环 3 次后起皮、崩散	4 个循环后鼓胀，破裂
②	10.87	10.01	4.40	循环 2 次后膨胀、酥松，循环 3 次后起皮、崩散	3 个循环后鼓胀，破裂
③	11.03	9.56	3.53	循环 2 次后起皮，部分崩散，循环 3 次后完全崩散	5 个循环后鼓胀，破裂
④	11.23	11.88	4.81	循环 2 次后起皮，部分崩散，循环 3 次后完全崩散	4 个循环后鼓胀，破裂
⑤	14.14	12.02	3.76	循环 3 次后表面出现微裂纹	7 个循环后出现开裂
⑥	12.23	12.30	4.08	循环 3 次后仍然完好	8 个循环后出现开裂
不加固	10.69	12.73	5.92	循环 2 次后开裂、崩散	2 个循环后出现裂纹

（三）加固后试块耐久性能的变化

耐久性能变化是衡量化学材料加固效果的重要指标之一。由于墓坑内最大的地质病害为岩体裂隙渗水，因此水是此次影响加固耐久性能的最主要因素。据此选择试块吸水性能、吸湿性能、耐盐浸湿性能和耐冻融性能等几项测试，其试验结果见表3。

1. 吸水性能。水是户外石质文物风化的重要原因之一。水的机械冲刷和结冰时产生的膨胀压力会削弱岩石强度，此外水中的盐类和酸性物质还会加剧岩石的物理化学腐蚀作用[11]，因此化学材料加固后应当适度降低岩石的吸水率，但降低过大也可能会造成透气性的下降，对保护不利。

吸水性能常用吸水率表示。本次试验是将试块在水中浸泡48h，然后测量其质量的变化（用百分率表示），即代表试块吸水率。每组各取3块，结果取平均值。未加固试块的吸水率为12.73%，经过加固后，试块吸水率与不加固的相比都略有下降，其中前4种材料加固后吸水率下降幅度较正硅酸乙酯略大。原因是这些材料只能渗透到试块表层，堵塞了表层空隙，且在试块表面成膜，阻碍材料的进一步渗透，同时其憎水性也造成试块表面张力增大，故使加固材料的渗透速度和深度下降。

2. 吸湿性能。绍兴处于江南地区，在夏季由于墓室内外温湿度相差较大，且墓室处于相对封闭的环境，故在岩壁表面可能会存在凝结水。凝结水会加剧岩石的物理和化学风化作用[12]。因此加固材料既要阻止液体水的进入，又要使加固后的试块具有一定透气性。室内试验时可以测定吸湿性能来反映试块的透气性。

吸湿性能的测定是将试块置于一定湿度下的密闭容器中，测量试块质量随时间的变化，直至质量基本不变，即在该湿度和室温下，吸湿达到平衡。本次测试时先将试块置于烘箱中在50℃低温烘干24小时（选择50℃烘干是因为部分加固材料的耐热性在80℃左右，温度提高会使加固材料的重量和性质发生变化），试块烘干后在干燥器中冷却并称重，然后置于相对湿度为97%密闭容器中，定期称重和计算不同时间的吸湿率（即质量增加百分率），每组各测定3块，结果取平均值。

由结果可知，试块加固后仍有一定吸湿率，这说明其具有一定的透气性。其中未加固试块吸湿率最大，水性环氧乳液和正硅酸乙酯加固后的试块吸湿率相对较低，综合之前的分析结果，原因是前者在试块表面成膜，阻挡了水气的通过，而后者则是使试块表层或内部孔隙率降低。

3. 耐盐浸湿性能。尽管加固后的试块吸水和吸湿性能有所下降，但仍然会受到水的侵蚀。地下水都含有盐分，在反复干燥和饱和过程中，盐分结晶会产生较大压力，从而导致岩质边坡表层酥松和粉化[13]，因此试块的耐盐侵蚀性能也很重要。

本次试验采用饱和硫酸钠溶液。将加固后的试块用饱和硫酸钠溶液浸泡12h，再在105℃~110℃下烘干8h，冷却4h后再浸泡12h，如此反复循环，直至其出现严重缺陷为止。

由于试块原本多孔脆弱，即使经过加固，其耐盐性仍较差。苯丙乳液、硅丙乳液、水性环氧乳液和水性氟碳乳液加固后的试块均在2个循环后起皮、崩散，相比较而言，经正硅酸乙酯加固的试块3个循环后基本完好，耐盐性相对较好。

4. 耐冻融性能。户外石质文物易受冻融作用影响。水结冰时其体积会增大约9%，冰在0℃~20℃之间不断使其自身体积膨胀，因此可能产生较大压力[14]。在这种力的反复作用下，最终将使岩石崩解或碎裂。

冻融作用产生的条件是足够的温差和适量的水分，以上两种条件在印山越国王陵墓室内都具备，再加上岩石自身抗压强度较低，因此有必要对加固后的试块进行耐冻融试验，以检验加固效果。

将试块先在水中浸泡8h，取出后立即放置于-10℃低温箱中24h，然后在50℃烘箱中烘干16h，再次取出，如前操作，按此周期反复循环，直至试块破坏。每组3块，共进行8个循环。由结果可知，经过高低温交变循环后，加固后的试块耐冻融性能都略有提高，但表面先后均出现了裂纹。从外观看正硅酸乙酯及其与无水乙醇体积比为1:1的稀释液的耐冻融性能相对较好。

（四）加固材料的渗透深度

加固材料需要渗透到岩石内部才能起到加固作用，因此其渗透深度也是一项重要指标。加固材料的渗透性与其自身性能（如分子量、溶剂类型、固化方式等）、岩石性能（孔隙度、含水率及裂隙充填物等）和渗透时间相关。

测量加固材料的渗透深度分为直接和间接两种方法。前者通过切样观测来判断加固材料渗透深度，后者则依靠分析岩石物理状态（如强度、波速等）的改变来推测加固材料渗透深度。两者各有优缺点：直接观测比较直观，但要破坏样品，此外有时还要区分溶剂和溶质的不同渗透深度；间接观测无须破坏样品，且可以结合其他试验共同完成，但此时测量结果仅具有相对比较性。

受试块和测试条件所限，本次试验仅采用直接观测来判定在规定时间内加固材料的渗透深度，因此也可以理解为在渗透初期加固材料的渗透速度。将加固材料小心滴加到试块的表面，保持表面有足够的加固材料，1h后吸干表层液体，小心剖开试件，用直尺测量渗透深度，每组测定3块试件，结果取平均值。各种加固材料对试块的渗透深度有明显的差别。水对试块的渗透速度最大，1h完全渗透。其次是正硅酸乙酯，渗透深度为12mm，正硅酸乙酯与无水乙醇体积比1:1的稀释液加固渗透深度为15mm，而其他加固材料渗透深度仅为1~3mm。

岩石一般由极性物质组成，而水、正硅酸乙酯和乙醇也为极性物质，因此从"相似者相容"原理来看，正硅酸乙酯渗透性更好，而其他几种材料则由于在试块表面成膜，故渗透性相对较差。

（五）室内加固性能比较与分析

通过以上试验结果可知，经过正硅酸乙酯加固的岩石试块效果相对较好：其外观状态改变最小，而单轴抗压强度和耐水性能有所提高，此外正硅酸乙酯的渗透性能也优于其他材料。

几种化学加固材料具有不同的加固特点和机制：苯丙乳液、硅丙乳液和水性氟碳乳液具有高耐候性、强附着力、耐水性能优良等特点，但会在表面成膜，故加固后会改变岩石表面外观；水性环氧乳液是由主剂和固化剂组成的双组分加固材料，固化后形成坚硬的、热固性的交联聚合物。其特点是黏结强度大，适合作为岩石黏结加固材料，但由于黏度大，难渗透，且易泛黄，故对岩石表面外观影响较大；正硅酸乙酯依靠烷氧基团与岩石内羟基反应，并通过分子间聚合起到增强和加固作用。由于分子量小，因此渗透性较好[11]。

六　现场试验与结果

（一）现场试验过程

现场加固试验前必须清除灰尘，否则只能加固岩壁表面灰尘。根据室内试验结果，正硅酸乙酯采用原液与无水乙醇体积比为1∶1的稀释液，选择局部岩壁进行化学加固试验。化学加固方式主要为针管注射、吊瓶滴注以及表面喷淋等几种：

1. 对于严重风化的表层部位喷淋正硅酸乙酯若干遍。

2. 对于岩体表面裂隙，采用针管注射或者吊瓶滴注正硅酸乙酯进行加固。

3. 加固后对岩壁表面进行作旧处理。

（二）试验效果评价

经过一段时间后，对现场加固试验效果进行检测。受条件限制，只能采取以下手段。

1. 目测。加固前后岩壁颜色改变不明显，而碎石剥落和崩塌现象则明显减少。

2. 手触。岩壁加固前风化层手触感觉较软，手拨轻松可掉；加固后岩壁表层手触感觉明显变硬，手拨不易掉块。

3. 色差测定。通过测量加固前后颜色的变化，证明岩壁化学加固前后颜色改变不大，是在可以承受的范围之内。

4. 回弹仪测定强度。鉴于条件所限，无法测量加固前后岩体波速的变化，但根据类似经验可以采用加固前后岩体回弹值进行替代。通过测量表明加固后岩壁表层强度略有增加。

根据现场试验过程和结果来看，利用正硅酸乙酯进行岩壁加固是可行的，但仍需要注意以下几点。

1. 由于正硅酸乙酯渗透性能较好，因此其主要是作为严重风化表层或者细小裂隙部位的渗透加固材料。

2. 正硅酸乙酯的浓度和用量需要根据现场情况进行适当调整。

3. 对于部分裂隙发育和局部碎裂、掉块部位还要采取其他化学材料进行加固。

七 墓坑边坡加固施工

根据设计方案，印山越国王陵墓坑边坡加固分为微型锚栓加固和表层化学加固 2 种方式。保护的主要目的是加固岩壁风化层和防止表层碎石崩塌。为防止锚栓钻孔施工时可能对化学加固产生的影响，应当先埋设微型锚栓后再实施表层化学加固。

（一）微型锚栓加固

根据实际情况，此次边坡微型锚栓加固材料选择化学锚栓。化学锚栓由化学胶管、螺杆、垫圈和螺母组成（见图 1）。其加固的基本原理是通过螺杆的快速旋转将化学胶管中的胶黏剂和固化剂混合后反应生成坚固的胶凝块，从而黏结装入孔洞内的螺杆[35]。本次施工采用上海强固五金标准件有限公司生产的沪强牌化学锚栓，型号为 M14 × 300mm，抗拉力大于 18 kN。按照设计要求，水平和垂直间距均为 1m。

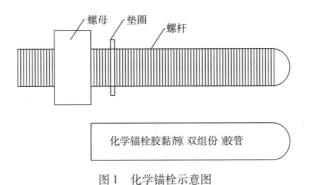

图 1 化学锚栓示意图

（二）表层化学加固

表层化学加固方法主要为针管注射、吊瓶滴注、表面喷淋和灌注加固等几种方式。

1. 对于严重风化的部位采用喷淋正硅酸乙酯进行渗透加固。

2. 对于局部碎裂和掉块部位采用环氧树脂黏结加固。

3. 对于张开度较小的裂隙，为增加渗透性，采用针管注射或吊瓶滴注正硅酸乙酯进行加固。

4. 对于相互切割且较长的裂隙，采用呋喃树脂进行灌注加固。

5. 对于张开度较大的裂隙，为增加黏结力，采用环氧树脂进行滴（灌）注加固。

6. 加固后对岩壁表面进行作旧处理。

经过保护后墓坑边坡表层强度略有增加，而碎石崩塌和掉落现象已经明显减小（见图 2）。

（a）墓坑北侧边坡加固前

（b）墓坑北侧边坡加固后

图 2　墓坑边坡加固前后对比照片

八　结　论

通过本次研究可以得到以下结论。

1. 户外石质文物保护是项复杂的系统工程，牵涉到地质工程、化学保护和文物修复等多项学科，只有同时重视和应用各项技术，才能顺利完成。

2. 不同地区、不同类型的石质文物化学加固方法差别较大，因此需要重视加固试验，选择合适加固材料与测试手段才能得出适合现场的加固方法。

3. 本次室内试验采取试块常规渗透加固方法。通过分析试块加固前后外观状态、力学强度、耐水性能改变以及材料的渗透性能可知，正硅酸乙酯可以作为此次墓坑边坡加固的化学材料之一。

4. 墓坑边坡加固方法为埋设化学锚栓与表层化学加固。其中化学锚栓为岩体表层局部补强和加固材料，而化学加固应当注意针对不同部位采用不同材料和不同加固方法。

注释：

① 李宏松、魏桦：《岩石材料工程性能的研究——石质文物保护科技的基础性研究方向》，《文物保护与考古科学》2006 年第 18 卷 2 期。

② 王丽琴、党高潮、赵西晨等：《加固材料在石质文物保护中应用的研究进展》，《材料科学与工程学报》2004 年第 22 卷 5 期。

③ 刘强、张秉坚：《石质文物表面生物矿化保护材料的仿生制备》，《化学学报》2006 年第 15 卷 64 期。

④ 丁梧秀、冯夏庭、程昌炳：《红砂岩的一种新的抗风化化学加固方法试验研究》，《岩石力学与工程学报》2005 年第 24 卷 21 期。

⑤ 李火明、张秉坚、刘强：《一类潜在的石质文物表面防护材料：仿生无机材料》，《文物保护与考古科学》2005 年第 17 卷 1 期。

⑥ 王丽琴、党高潮、梁国正：《露天石质文物的风化和加固保护探讨》，《文物保护与考古科学》2004 年第 16 卷 4 期。

⑦ 浙江省文物考古研究所、绍兴县文物保护管理所：《印山越王陵》，文物出版社，2002 年。

⑧ 刘佑荣、陈中行、周丽珍：《中国南方大型古遗址主要环境地质病害及其防治对策研究》，《岩石力学与工程学报》2009 年第 28 卷（增 2）。

⑨ 湖北省文物保护技术中心、中国地质大学（武汉）：《浙江绍兴印山越国王陵原址保护防渗铺盖和排水工程方案》，湖北省文物保护技术中心，2006 年。

⑩ LEWIN S Z、王金华：《用于石刻艺术保护的化学合成物的现状》，《文物保护与考古科学》2001 年第 13 卷 2 期。

⑪ 邵高峰：《环保型石质文物防风化剂的制备及性能研究》，北京化工大学硕士学位论文，2007 年。

⑫ 甘向明：《云冈石窟凝结水研究与防治》，中国地质大学硕士学位论文，2006 年 11 期。

⑬ NUNBERG S, CHAROLA A E. Salts in ceramic bodies. II: deterioration due to minimal changes in relative humidity[J]. *International Journal of Restoration of Buildings and Monuments*, 2001, 7(2): 131 – 146.

⑭ 赵强：《石质文物氟硅类封护材料试验研究》，南京航空航天大学硕士学位论文，2007 年。

⑮ 侯建华、胡云林：《石材清洗、防护、黏结与深加工》，化学工业出版社，2006 年。

（原载《岩石力学与工程学报》2010 年第 29 卷 11 期）

陆　铁、银、玉器和纸张等保护

清代铁炮自然表面与腐蚀关系研究*

一 金属文物大气腐蚀概况

文物自然表面是指文物初始的原表面或腐蚀后的表面，意即未受人们任何处理的文物表面。其表面状态与文物的腐蚀间关系甚为密切。众所周知，置于室外文物可观察到光滑表面处腐蚀损害较少，而粗糙表面文物损害较严重。

置于室外金属文物在大气环境中因环境因素的作用而导致文物材料的变质和损坏或破坏称为金属文物大气腐蚀。按腐蚀反应可分为化学腐蚀和电化学腐蚀两种。除在干燥无水大气中发生表面氧化、硫化造成金属文物失去光泽和变色等属于化学腐蚀外，在大多数的情况下，均属于电化学腐蚀，因大气中的氧是大气腐蚀的电化学腐蚀阴极过程中的去极化剂。它是在水薄膜下的电化学腐蚀，不同于全浸在电解质溶液中的电化学腐蚀。因此，金属材料表面水膜的厚度、干湿频率和氧的扩散速度等直接影响大气腐蚀过程的速率[1]。

金属文物在干大气腐蚀下（即文物表面完全没有水分膜层存在），金属文物表面的破坏过程，按照处于气相的反应剂（如空气中的氧、硫化氢等）同被氧化的金属文物表面发生纯化学历程进行，在金属文物表面形成一层腐蚀反应产物的薄膜。这层膜在几秒钟内就能生成，在 $2 \sim 3h$ 后，膜就停止增厚。因其腐蚀速率非常小，故金属文物腐蚀破坏主要不是由于干的大气腐蚀过程所致。

金属文物在空气湿度接近于 100%，以及当水分以雨、雪、水沫等形式直接溅落在金属文物表面上，形成肉眼可见的水膜（水膜厚 $1\mu m \sim 1mm$）时发生湿大气腐蚀，其金属文物腐蚀过程是在可见水膜下进行，即在电解质溶液液膜下进行。腐蚀的历程与全浸在电解质溶液中的电化学腐蚀相同，而且还有局部微电池腐蚀。其腐蚀速率高于干大气腐蚀速率几个数量级。

在空气相对湿度小于 100% 时，金属表面形成肉眼看不见的水膜（液膜厚 $10nm \sim 1\mu m$）下，发生潮大气腐蚀。例如，金属文物在没有雨雪淋湿环境中的腐蚀。由于氧更容易透过水膜达到金属和水膜的界面，故腐蚀速率更快。所以，水膜厚薄及水膜存

---

*　本文由徐飞、万俐、朱一帆合作撰写。

在的时间长短，以及水膜的化学成分等因素对金属文物的腐蚀影响至关重要。前者主要是有大气气象环境造成的，后者主要与大气的污染成分有关。

影响金属文物大气腐蚀的环境因素有气候因素和大气中的腐蚀性因素[①]。气候因素包括大气相对湿度、表面润湿时间、日照时间、气温、降雨、风向与风速、降尘等。大气中的腐蚀性因素指在不同环境中含有不同杂质，也称污染物质，其主要组成气体有含硫化合物（SO_2、SO_3、H_2S）、氯和含氯化合物（Cl_2、HCl、$NaCl$）、含氮化合物（NO、NO_2、NH_3、HNO_2）、含碳化合物（CO、CO_2）等。此外，污染物质，其主要组成还含有固体（例如灰尘、$NaCl$、$CaCO_3$、氧化物、粉煤灰等）。前者在材料表面上与水分作用，产生酸性物质，降低电解质薄液膜的 pH，从而加速金属文物的腐蚀；氯化物在金属文物表面薄液膜中形成的氯离子对金属文物上的钝化膜有很强的破坏作用。后者在金属文物上形成表面覆盖，会增加表面吸附水分的能力，也会在与金属文物相接触的部位产生缝隙腐蚀，加速金属文物的腐蚀过程。可见，影响大气腐蚀的水膜中质点来自大气和腐蚀金属。

水膜主要由大气中的水蒸气形成，它的成因与大气的相对湿度和暴露在大气中的金属文物表面状态密切相关。

金属表面越粗糙，其金属的腐蚀临界相对湿度值越低；金属文物表面上亦容易沾有易于吸潮的盐类或灰尘等，致使金属的腐蚀临界相对湿度值也会越低。因此，大气中相对湿度易超过该金属的腐蚀临界相对湿度，且金属大气腐蚀速度随着相对湿度值增大而明显加速。

金属表面越粗糙，越容易结露，使金属表面润湿时间越长，发生电化学腐蚀时间越长，腐蚀总量就越大。

降雨对大气腐蚀具有两种主要影响，一方面由于降雨增大了大气中的相对湿度，延长了金属表面润湿的时间，同时降雨的冲刷作用破坏了腐蚀产物的保护性，这些因素都会加速金属大气腐蚀过程；另一方面，因降雨能冲洗掉金属文物表面上的污染物和灰尘，减小液膜的腐蚀性。可见，金属表面越粗糙，加强了前者的影响，使腐蚀进一步加速；而却削弱了后者的影响，这是因表面越粗糙，越会阻碍冲洗作用，使污染物和灰尘难以去除，所以，金属表面越粗糙，其腐蚀会加速。

金属表面越粗糙，越易沉积固体尘埃（或尘粒）。大气中尘埃对大气腐蚀的影响有三种情况：① 尘埃本身具有可溶性和腐蚀性，当其溶解于水膜中时成为腐蚀性介质，会增加腐蚀速率。例如，铵盐颗粒能溶入金属表面的水膜中，提高电导和酸度，因而促进了腐蚀。② 尘埃本身无腐蚀性，也不溶解，但能吸附腐蚀性物质，当其溶解在水膜中时，促进腐蚀过程。如碳能吸附 SO_2 和水生成腐蚀性的酸性溶液，促进了腐蚀过程。③ 尘埃本身无腐蚀性和无吸附性，但落在金属文物表面上与金属表面间形成毛细管缝隙，而易于使水分凝聚在金属表面上形成电解液薄膜，形成氧浓差的局部腐蚀条件，导致缝隙腐蚀而加速金属的腐蚀。

金属表面越粗糙，其反应活化能越低，腐蚀反应越易进行。

为此，拟通过铁炮的金相分析（光学显微镜）、铁炮粗糙和光滑表面上的锈蚀物进行 X 射线衍射分析（日本理学公司 D max/RB 转靶 X 射线衍射分析仪）和电子表面能谱分析（日本 JSM – 5900 型电子能谱仪），并用电化学极化曲线法研究碳钢表面粗糙程度和锈蚀状态对腐蚀的影响。予以说明置于室外铁炮文物光滑的表面似不锈或腐蚀较轻，而粗糙表面上锈蚀严重的现象和本质；以及铁炮朝阳面和阴面的不同腐蚀的状况。本文旨在讨论铁炮文物的自然表面状态与腐蚀的关系。

二　实验方法

1. 南京博物院室外展览铁炮现场采样

铁炮系清道光年间的文物，展览于南京博物院东侧（图 1），炮口外径 650、炮口内径 260 毫米，炮身最大身围直径 2450、炮长 3600 毫米。铁炮上金属和锈蚀物采样部位见图 1。用日本 KH3000V 三维视频显微镜拍摄试样的正面、反面（与基体金属接触的表面）的三维视频照片如图 2 所示。

粗糙部位绣蚀物　光滑部位绣蚀物　基体金属　　　　背阳面部位绣蚀物

图 1　南京博物院室外铁炮采样部位示意图

2. 铁炮基体金属的组成、金相显微组织和显微硬度测定

通过 X 射线能量色散法（EDS）测定金属合金化学组成，用金相显微镜测定其显微组织和显微硬度。

3. 铁炮锈蚀物的分析

将所取铁炮锈蚀物试样，通过日本理学公司 D max/RB 转靶 X – 射线衍射仪（XRD）和日本 JSM – 5610LV 扫描电镜（SEM）附 JSM – 5900 型电子能谱仪（EDS）测定，定性分析铁炮锈蚀物的组成。

4. 不同粗糙度表面的碳钢和碳钢带锈状态对腐蚀影响的极化曲线测定

碳钢的化学组成见表 1。

a. 粗糙表面采样样品正面（×50）

b. 粗糙表面采样样品背面（×50）

图 2　铁炮上阳面粗糙表面部位锈蚀物样品

表 1　碳钢的化学组成　　　　　　　　　（质量分数,%）

化学元素	C	P	S	Mn	Fe
成分组成	0.14	0.06	0.08	0.59	99.18

　　用不同粒度的砂纸打磨碳钢表面，致使其形成不同的粗糙度的表面状态，用蒸馏水冲洗干净，并用无水酒精脱脂，置于干燥器中待用。

　　电化学测试用三电极系统，工作电极为碳钢试样，辅助电极为铂金电极，参比电极为饱和甘汞电极，电位均相对于饱和甘汞参比电极（测试仪器系用上海 CHI 电化学工作站）。

　　测试电解质溶液系用分析纯 NaCl 和去离子水配制成 3% NaCl 溶液。

　　电化学测试前后的试样形貌观察采用日本的 KH3000V 三维视频显微镜。

三　实验结果与讨论

1. 铁炮金属的金相分析

（1）铁炮材料的成分分析

通过 EDS 测定的谱图（图 3）可知，铁炮的合金组成元素为 Fe、C、P、Si、O、Al 和 Ca。由成分分析可见：① 含 P 偏高，组织中可能有磷共晶存在。磷共晶的性能硬而脆，可提高铸铁的耐磨性；② Si 元素含量正常（一般铸铁 Si 含量范围在 1.0% ~ 2.5%）。Si 可以促进铸铁石墨化和提高耐蚀性。

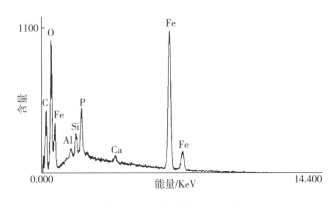

图 3　铁炮金属的 EDS 分析

（2）铁炮材料的金相显微组织和显微硬度

A. 由于铁炮金属试样铁锈深入基体，基体呈现不连续状态。试样打磨抛光后，用 4% 硝酸酒精溶液侵蚀，金相显微组织照片分别如图 4 和图 5 所示。由金相分析可见白色棒状的一次渗碳体和鱼骨状的共晶莱氏体的显微组织结构的铸铁。

图 4　金相显微组织照片（×100）

B. 显微硬度压痕平均值为 955.1HV$_{0.2}$。根据金相显微组织形态和显微硬度值，可知铁炮材料为白口铸铁。

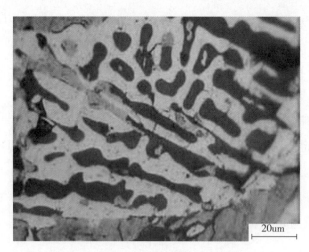

图5　金相显微组织照片（×400）

2. 铁炮锈蚀物的 X 射线衍射分析和电子能谱分析

（1）铁炮锈蚀物的 X 射线衍射分析

对铁炮光滑部位、铁炮粗糙部位和阴面锈黄部位的锈蚀物试样进行 X 射线衍射分析，其分析结果如下。

铁炮光滑部位表面试样经 XRD 测定，可见无特征衍射峰位出现，表明铁炮光滑部位锈蚀物质结构为非晶态物质（FeOOH）[②]。由铁炮阴面部位锈蚀物和阳面粗糙部位的锈蚀物试样 XRD 衍射图，表明它们的物质结构都为二氧化硅（SiO_2）和铁的氧化物（Fe_2O_3 和 Fe_3O_4）。

（2）电子能谱分析

对室外铁炮上所取得的铁炮光滑部位和铁炮粗糙部位采样进行电子能谱分析。

由铁炮阳面光滑部位锈蚀物的电子能谱分析结果可知，其锈蚀物组成的主要元素是氧和铁，推测是铁的氧化物（三氧化二铁、四氧化三铁或羟基氧化铁）。因铁炮光滑部位锈蚀物试样（图2-a）能被磁铁吸住，表明该物质具有磁性。非晶态羟基氧化铁（FeOOH）在室温下表现出铁磁性行为，而 α，β，γ-FeOOH 为抗磁性物质[②]。又因铁的氧化物中只有非晶态羟基氧化铁和四氧化三铁具有磁性，而 Fe_3O_4 是晶态的物质，结合 XRD 分析表明铁炮光滑部位的锈蚀物为非晶态物质（FeOOH），因此可推定铁炮阳面光滑部位锈蚀物是非晶态—羟基氧化铁。再用数字万用表测量铁炮光滑部位锈蚀物表面电阻，测试表明是不导电的。通常随着表面电阻增大，其腐蚀也随之减小。所以，非晶态—羟基氧化铁紧附着基体铁上较为致密，故有较好的保护性能。

由铁炮阳面粗糙部位锈蚀物电子能谱分析和铁炮阴面锈蚀物的电子能谱分析结果可知，其锈蚀物组成的主要元素是硅、铁和氧，但后者铁峰明显增大，再与 X 射线衍射分析结果联系比较，锈蚀物主要是二氧化硅和氧化铁。所以，阴面铁炮腐蚀要比朝阳面腐蚀要严重。

3. 碳钢在 3% NaCl 水溶液中的极化曲线

（1）不同粒度砂纸打磨的碳钢在 3% NaCl 水溶液中的阳极极化曲线

不同粒度砂纸打磨的碳钢在 3% NaCl 水溶液中阳极极化曲线和极化曲线的参数分别见图 6 和表 2。

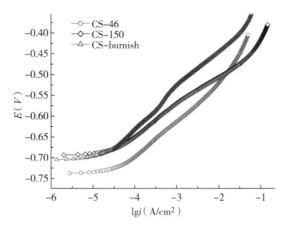

图 6 不同粒度打磨的碳钢在 3% NaCl 溶液中阳极极化曲线

表 2 不同粒度打磨的碳钢在 3%NaCl 溶液中测定的阳极极化曲线参数

砂纸粒度	E_{corr} / mV	β_a / mV	i_{corr} / (A/cm^2)
CS – 46	−734	7.63	5.12×10^{-5}
CS – 150	−691	6.68	4.2×10^{-5}
CS – 抛光	−702	11.52	2.0×10^{-5}

由图 6 和表 2 可见，随着碳钢表面的粗糙度的增加，其腐蚀速度也随着增加。这是由于粗糙表面的比表面积增大和反应活化能降低所致。所以，光滑表面的碳钢腐蚀较小。

由于金属大气腐蚀的电化学腐蚀机理与金属全浸在电解质溶液中的腐蚀机理是相同的，故铁或碳钢在湿或潮湿大气中腐蚀，其腐蚀速度亦随着表面粗糙度增加而增大。

2）带锈碳钢与光滑碳钢在 3% NaCl 溶液中阳极极化曲线

光滑碳钢系用砂纸粒度 320 打磨的。带锈与光滑碳钢在 3% NaCl 溶液中阳极极化曲线（图 7）和极化曲线参数见表 3。

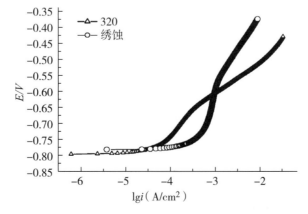

图 7 带锈与砂纸粒度 320 打磨的碳钢在 3% NaCl 溶液中阳极极化曲线

表3　带锈与砂纸粒度320打磨的碳钢在3％NaCl溶液中阳极极化曲线参数

带锈状态	E_{corr} / mV	β_a / mV	i_{corr} / (A/cm^2)
CS – 320 – 浸泡	–796	11.84	5.79×10^{-5}
CS – 锈蚀 – 浸泡	–782	26.4	20.19×10^{-5}

注：浸泡时间为48h

碳钢在大气中形成的锈层结构一般为内外两层，内层紧靠在碳钢和锈层的界面上，附着性好，结构较致密，主要由致密的少许 Fe_3O_4 晶粒和非晶态 – 羟基氧化铁（FeOOH）构成；外层由疏松的结晶 α – FeOOH 和 γ – FeOOH 构成。由图7可见电化学极化曲线测试初期，带锈碳钢和光滑的碳钢的腐蚀速率差不多，随后前者腐蚀速率比后者要小，这是由于锈层具有一定保护作用所致；最终带锈碳钢的腐蚀速率比光滑碳钢的腐蚀速率大3倍多。这是带锈碳钢在3％NaCl溶液中腐蚀的阴极过程除氧为去极化剂外，还有锈层参与了阴极过程，即锈层内发生 $Fe^{3+} \rightarrow Fe^{2+}$ 的还原反应所致[②]。

4. 炮身朝阳面和阴面的外观形貌观察

由图1铁炮可见，朝阳面炮身部位多为光滑发亮，部分略有锈黄色，而阴面炮身大部分是锈黄色，且带有龟裂纹，明显可见有锈层剥落而形成阶体状，局部区域腐蚀严重。这是由于铁在大气中腐蚀时受大气腐蚀环境因素的气候因素的影响所致。例如朝阳面和阴面部位的相对湿度、表面湿润时间、日照时间、降雨等不一样。阴面的相对湿度较大，当相对湿度大于铁的腐蚀临界相对湿度值时，铁会发生腐蚀，其腐蚀速度随着相对湿度增大而明显加速腐蚀；降雨增大了大气的相对湿度和使表面湿润时间延长，致使加速腐蚀过程。日照时间短会使腐蚀总量增加；由于较长时间处于湿大气或潮大气腐蚀时，使锈层厚度增大，若当锈层中氧的通路被限制时，锈层可作氧化剂，即发生阴极去极化反应

$$4Fe_2O_3 + Fe^{2+} + 2e \rightarrow 3Fe_3O_4,$$

当干燥时锈层又能透氧，使 Fe_3O_4 又被渗入锈层的氧重新氧化成 Fe_2O_3，其反应

$$3Fe_3O_4 + 0.75O_2 \rightarrow 4.5Fe_2O_3$$

所以，阴面铁炮腐蚀较为严重，这是由于交替干湿致使加速腐蚀。朝阳面铁炮多处于干燥大气腐蚀，并受摩擦的影响，致使其朝阳面铁炮身光滑发亮，其腐蚀速度较小。

综上实验结果所述，表明在自然大气中，铁炮的腐蚀与表面粗糙有关，即粗糙表面的腐蚀要比光滑表面的腐蚀严重。以及按照三泽等[③]对研究了铁锈组成及其形成历程，简单地说，大气腐蚀下铁锈的形成过程如下：

其中 γ – FeOOH 溶解是由于大气污染，使电解质水溶液膜（湿膜）pH 值下降所致，或者干湿交替的大气条件，下雨能加速 Fe 与 γ – FeOOH 溶解和提供 OH^-，干燥则加速伴有脱 H^+ 和脱水，生成 γ – FeOOH 和非晶态 – 羟基氧化铁，以及向 α – FeOOH 转变的反应。而 α – FeOOH 结构较为疏松、无保护性，所以，有摩擦的情况下，使 α – FeOOH 容易去除，使在光滑表面上形成的非晶态 – 羟基氧化铁，它具有较好保护性。因此，室外铁炮粗糙部位的腐蚀要比光滑部位腐蚀严重。

四　结　论

（1）铁炮材料系白口铸铁。

（2）朝阳面的光滑部位锈蚀物的物质结构是具有磁性而不导电的非晶态 – 羟基氧化铁；铁炮朝阳面的粗糙部位和阴面锈黄色部位锈蚀物物质结构是二氧化硅和铁的晶体氧化物。所以，铁炮粗糙部位的腐蚀要比光滑部位腐蚀严重。

（3）铁炮朝阳面和阴面腐蚀的差异，是由于大腐蚀环境因素的影响所致，并有外界的摩擦因素，致使铁炮的表面状态不一致而显出不同的腐蚀性。

（4）不同表面状态的碳钢在 3% NaCl 水溶液中的极化曲线表明，碳钢腐蚀速率随着表面粗糙度增加而增大。

对南京工业大学材料学院丁毅教授在金相分析工作中给予的支持，表示感谢！

注释：

① 曹楚南：《中国材料的自然环境腐蚀》，化学工业出版社，2005 年。

② 孟哲、贾振斌、魏雨：《δ – FeOOH 的制备及热处理产物的 FTIR 光谱》，《过程工程学报》2004 年第 4 卷 2 期。

③〔日〕三泽等：《防蚀技术》1974 年第 23 卷 17 期。

（原载《文物科技研究》第 6 辑，科学出版社，2009 年）

十八硫醇/乙醇体系自组装膜
对银的防变色作用*

引　言

金属银有着良好的化学惰性和美丽的光泽，因而在历史上被制成大量的艺术品。由于银有着优异的导电导热等物理性能，在现代又被广泛地运用于微电子等领域中，所以银的防腐蚀引起了关注[①]。

大气中含有硫化物，氧化物和紫外线，银存放一段时间就会变黑，Sharma[①]研究了银在室内大气中的自然变色的腐蚀产物，两年的暴露实验表明，表面的腐蚀产物主要是 Ag_2S 和 $AgCl$。腐蚀既影响了银的外观又破坏了银的性能。李晗晔等[②]发现，1－苯基－5－巯基四氮唑（PMTA）可用于银的防变色中。蔡兰坤和张东曙等[③]采用有机唑系化合物，2－巯基苯并噻唑（MBI）、2－巯基苯并噁唑（MBO）与 PMTA 复配的溶液对银具有良好的防变色效果。

近年来自组装分子膜（SAMs）引起了广泛的关注，它是一种有机超薄膜体系，能在金属表面形成一层致密的膜层，抑制了金属的腐蚀[④]。Magali[⑤]等研究了 0.15 mol/dm^3 十六硫醇的异丙醇溶液对银抗变色能力的提高。Burleigh[⑥]等进一步优化了十六烷硫醇 SAMs 工艺。Jennings[⑦,⑧]认为烷基链碳原子数越多，烷基硫醇对铜的防护性能越好。本文以乙醇作溶剂，采用十八硫醇在银表面制备了自组装膜，运用加速变色法和极化曲线、交流阻抗、循环伏安等电化学方法研究了不同组装时间对银表面自组装膜抗变色性能的影响。

一　试　验

（一）自组装膜的制备

试剂：无水乙醇，硫化钠，氢氧化钠，硫代乙酰胺，醋酸钠（均为分析纯），高纯

---

*　本文由杜伟、万俐、丁毅、陈步荣、李佳佳合作撰写。

水，十八硫醇（98%）。将 $15 \times 15 \times 2mm$ 银试样用金相砂纸逐级打磨至 2000 目，用三氧化二铝粉抛光，水洗后再用无水乙醇超声清洗 10 分钟，放入 $0.05mol/dm^3$ 十八硫醇的乙醇溶液中，50℃分别浸泡 5min，10min，30min，60min 和 120min，制得自组装膜，烘干。

（二）加速变色试验

银加速变色试验参考标准 BS EN ISO 4538《金属镀层 硫代乙酰胺腐蚀试验（TAA 试验)》。在一个 $13dm^3$ 的干燥器中进行，用饱和 CH_3COONa 控制湿度。将不同组装时间的银片挂在干燥器里同一高度，在银片正下方放一个培养皿，培养皿底部均匀铺一层硫代乙酰胺作为硫化源，试验温度为 25℃。

（三）电化学性能测试

电化学测量仪器：CHI660C 电化学工作站。采用三电极系统，参比电极为饱和甘汞电极（SCE），辅助电极为铂电极，研究电极是银电极，银的纯度 99.99%，电极面积为 $1cm^2$。试验温度为 23 ± 2℃。极化曲线所用介质为 $0.2mmol/dm^3$ 的 Na_2S 溶液，测试范围 $\pm 800mV$，扫描速度 $1mV/s$；交流阻抗所用介质为 $0.05mol/dm^3$ 的 Na_2S 溶液，频率范围为 $0.01Hz \sim 10^5Hz$，振幅为 $5mV$。循环伏安所用介质为 $0.2mol/dm^3$ 的 NaOH 溶液，测试范围为 $-0.2 \sim 0.8V$，扫描速度为 $5mV/s$。测试之前需将银电极在介质中浸 20min。

二 结果与讨论

（一）加速变色试验结果

将银片试样置于有硫代乙酰胺的干燥器中 12h 后取出，按照 GB/T 2423—1995《电工电子产品环境试验》评价标准给银片评级。标准分为 5 级：1 级为不变色；2 级为微黄色、微灰暗色或出现第 1 个直径 <1mm 的变色黑点；3 级为轻度变黄色、灰暗色并有褐色和其他彩色膜或出现几个变色黑点；4 级为黄色加深、灰暗色加深、且褐色也加深，其他彩色膜加重，或出现变色黑点扩散严重且变色面积较大；5 级为黄色、灰暗黑色很深，而且褐色变为黑褐色，其他彩色膜很严重，并且面积很大或全部变黑。

在十八硫醇中浸泡时间 60min 和 120min 的银片变色属于 2 级，30min 和 10min 的属于 3 级，5min 的属于 4 级，未组装的属于 5 级，这表明十八硫醇在银表面形成的自组装膜有效抑制了银的变色。

（二）极化曲线

图 1 中有 6 条曲线，分别表示不同组装时间的银电极极化曲线。

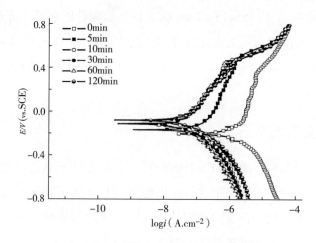

图1　不同自组装时间银电极的极化曲线

表1　不同组装时间自组装膜对银的缓蚀效率

序号	时间 /min	腐蚀电流密度 I/nA·cm^{-2}	缓蚀率/%
1	0	925.8	—
2	5	122.4	86.8
3	10	69.1	92.5
4	30	58.6	93.7
5	60	31.6	96.6
6	120	31	96.7

由图1和表1可以看出银在自组装5min后，在0.2mmol/dm^{3}的Na$_2$S溶液中自腐蚀电流大大降低，阴极反应和阳极反应均被抑制。十八硫醇自组装膜增加了银阳极反应的电荷传递阻力，同时这一自组装膜作为隔离层阻滞了溶液中的氧和S^{2-}扩散到电极基体，说明自组装膜能够有效抑制阴极的氧还原和阳极银的硫化过程，从而对银起到缓蚀作用。随着组装时间的增加，自组装膜的腐蚀电位正移，表明形成的自组装膜对阳极反应的阻滞能力大于对阴极反应的阻滞能力。自组装时间为1h，缓蚀效率达到96.6%，自组装超过1h后缓蚀效果增加不明显。

（三）电化学阻抗

图2是组装不同时间的银电极的Nyquist阻抗图。

银在0.05mol/dm^{3}的Na$_2$S溶液中的阻抗图谱呈一容抗弧，银的腐蚀由电荷传递过程控制，Z′轴上的弦长对应于电荷传递电阻，容抗弧半径随自组装时间的增加而增大。自组装5min时，圆弧的半径较小，说明银表面的自组装膜的覆盖度比较小，不能完全阻滞腐蚀介质向银基体扩散；随着自组装时间的增长，圆弧的半径变大，说明在银表面得到了一层致密的自组装膜，从而将银基体和腐蚀介质隔离，表明自组装膜对银电极的腐蚀有阻滞作用，膜的存在使得腐蚀反应速度减小；当自组装膜时间超过1h以后弧的半径变化不大，说明随时间的增长，已经在银表面形成了致密的自组装膜，覆盖度趋于稳定。

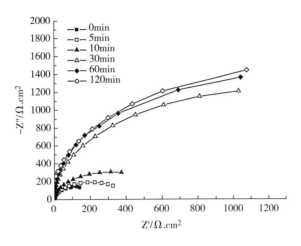

图2   不同组装时间银电极的 Nyquist 阻抗图

（四）循环伏安曲线

不同自组装时间的银电极的循环伏安曲线见图3。银的氧化过程分为两个阶段，银在碱性溶液中第一阶段的氧化包含多步过程[⑨]，对应于图3中a峰与b峰。肩峰a代表在 Ag_2O 形成之前 Ag 的溶解与形成表面化合物的过程，随着 SAMs 形成后，该过程受到抑制。b峰代表 Ag_2O 的生成，见（1）式。

$$2Ag + 2OH^- \rightarrow Ag_2O + H_2O + 2e \qquad (1)$$

第二阶段的氧化是 AgO 的形成过程，对应的峰是阳极方向的c峰，见（2）式：

$$Ag_2O + 2OH^- \rightarrow 2AgO + H_2O + 2e \qquad (2)$$

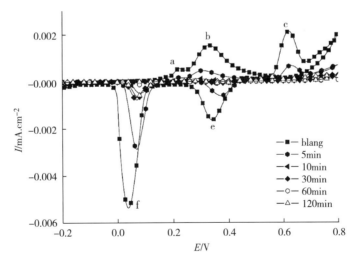

图3   不同自组装时间银电极的循环伏安曲线

自组装5min与未组装相比，银的氧化和还原电极电流均有减小，氧化形成 Ag_2O 的峰电流由未组装的 $1.432\mu A$ 下降到 $0.4478\mu A$，氧化形成 AgO 的峰电流由未组装的 $2.096\mu A$ 下降到 $0.6393\mu A$。自组装膜的存在阻止了 OH^- 向银电极的扩散，抑制了 AgO 和 Ag_2O 的生成。自组装时间为1h，已检测不到 Ag 的氧化峰电流，说明在乙醇体系中，十八硫醇自组装 1h 就能够有效抑制 Ag 的氧化过程。

三　结　论

（1）乙醇体系中十八硫醇在银表面能够形成自组装膜，对银腐蚀的阴极还原和阳极氧化均起到抑制作用。

（2）乙醇体系中十八硫醇在浓度为 $0.05\text{mol}/\text{dm}^3$，温度 50℃时，自组装时间为 1h，自装膜对银的防变色效果良好。

（3）十八硫醇能够溶解于乙醇中，无需加任何分散剂，能够在银表面形成一层致密的自组装膜，制备方法简单方便，整个过程对环境没有污染。它是一种新型的银防变色材料，在银器文物、银制工艺品以及银饰物的防变色方面具有广阔的应用前景。

注释：

① Sharma S P. Atmospheric corrosion of silver, copper, and nickel environment test ［J］, *Journal of the Electrochemical Society*. 1978. 125 （12）：2005－2011.

② 李晗晔、杨中东、闫业芹：《PMTA 对镀银层抗 H_2S 腐蚀性能的研究》，《材料与冶金学报》2005 年第 4 卷 1 期。

③ 张东曙、蔡兰坤、祝鸿范等：《复配缓蚀剂防银变色协同效应的研究》，《材料保护》2002 年第 35 卷 2 期。

④ 杨庆峰、顾安忠、丁洁等：《Calciμm Carbonate Fouling Behavior and Morpholog》，《化工学报》2002 年第 53 卷 9 期。

⑤ Magali E，Michel K，Hisasi T. The formation of sel-assembling membrane of hexadecane-thiol on silver to prevent the tarnishing ［J］. *Electrochi. Acta*，2004，49：1937－1943.

⑥ Burleigh T D，Gu Y，Donahey G，*et al.* Tarnish protection of silver using a hexadecanethiol self-assembled monolayer and de-scriptions of accelerated tarnish tests ［J］. *Corrosion*，2001，57 （12）：1066－1074.

⑦ Jennings G K，Munro J C，Yong T H，*et al.* Effect of chain length on the protection of copper by n-alkane-thiols ［J］. *Langmuir*，1998，14 （21）：6130－6139.

⑧ Jennings G K，Yong T H，Munro J C，*et al.* Structural effects on the barrier properties of self-assembled monolayers formed long-chainω-alkoxy-n-alkanethiols on copper ［J］. *J. Am. Chem. Soc*，2003，125 （10）：2950－2956.

⑨ 刘金红、顾宁：《循环伏安法研究银表面自组装膜的致密性》，《中国腐蚀与防护学报》2006 年第 26 卷 5 期。

（原载《腐蚀与防护》2012 年第 33 卷 2 期）

十八硫醇自组装膜对青铜–银电偶腐蚀的抑制作用*

一 前 言

错银，是中国青铜时代晚期常用的青铜器表面装饰工艺。目前，学界对错银青铜文物的研究主要集中在错银图案纹饰和制作工艺方面，而对其腐蚀和保护的研究相对较少。错银铜器具有特殊的制造工艺，由于青铜与银之间存在较大的电位差，它除了具有普通青铜器的腐蚀特征外，还有着自己独特的腐蚀特征，即电偶腐蚀。错银铜器一般较普通青铜器腐蚀严重，尤其在错银图案周边部位。因此，亟须对其进行保护。

自从 Nuzzo 和 Allaa 等[①]首次报道在金表面制得烷基硫醇类自组装单分子膜（Self - assemble monolayers，SAMs），硫醇类 SAMs 的机制和应用研究得到广泛的关注。Meti-kos - Hukovic 等[②]采用十二硫醇在青铜表面制得 SAMs，用电化学方法研究了该 SAMs 在 pH =6 的 NaCl 溶液中对铜的缓蚀性能。Li 等[③]比较了正叔十二硫醇在铜表面的 SAMs，结果表明正十二硫醇对铜具有更强的防腐蚀性能。Magali 等[④]研究了 0.15 mol/L 十六硫醇的异丙醇溶液对银抗变色能力的提高。Burleigh 等[⑤]将全氟氨基乙硫醇溶解在正丙醇中，在银表面制备了 SAMs，结果表明，全氟烷基硫醇 SAMs 的抗变色能力优于十六烷硫醇 SAMs。因此可以看出，硫醇类自组装膜对铜和银都有一定的保护作用。本文采用十八硫醇（ODT）的乙醇溶液在青铜和银表面制备了自组装膜（SAMs），通过测量青铜—银的电偶电流和室内加速变色试验，研究自组装前后的电偶腐蚀性能，并且采用 X 光电子能谱（XPS）、Tafel 极化曲线法和微分电容法研究 ODT SAMs 的作用机理。

二 实验方法

青铜（Cu87.4%，Sn10.15%，Pb2.36%）和银（99.99%）工作面积均为 1cm²，

* 本文由万俐、杜伟、李佳佳、丁毅、陈步荣合作撰写。

焊接铜线后，用环氧树脂密封，表面用金相砂纸逐级打磨至 2000 目，用 Al_2O_3 粉抛光，水洗后再用无水乙醇超声清洗 10min。

将清洗后电极放入 60℃ 的 0.05 mol/L 的十八硫醇（简称 ODT，纯度为 98%，上海晶纯试剂有限公司）乙醇溶液中，恒温浸泡 1h 制得 ODT SAMs 后取出，用 60℃ 的去离子水冲洗 3 次，然后在 60℃ 无水乙醇中浸 10min 以去除表面物理吸附的 ODT，冷风吹干，备用。

XPS 测试采用 ESCALAB 250 电子能谱（美国 Thermo 公司），激发源为 Al K 靶，光电子能为 1486.6 eV，电子枪功率为 15kV，150W；电化学测量使用 CHI660B 型电化学工作站（上海辰华仪器公司），实验在三电极体系中进行，工作电极分别为未组装和组装 ODT SAMs 的青铜、银和青铜－银耦合电极，其中青铜－银耦合电极面积比为 1∶1，两电极相距 5mm 正对面放置，导线耦接并连接仪器工作电极端，鲁金毛细管在两电极中间，辅助电极和参比电极分别为铂金电极和饱和甘汞电极。极化曲线法扫描速率为 1mV/s，分别测量青铜、银和青铜－银耦合电极组装 ODT SAMs 前后在 3.5% NaCl 溶液中的极化曲线；微分电容曲线由各电位下测得的电化学阻抗拟合获得；电偶电流和电位根据航空部标准 HB5374－87《不同金属电偶电流测定方法》进行测试，测试仪器为 ZF－1 金属腐蚀检测仪（上海正方电子电器有限公司），青铜和银电极的面积比为 1∶1，实验介质为 3.5% NaCl 溶液。

大气中 H_2S、O_2 和 H_2O 等组分是错银铜器腐蚀的主要影响因素，张宝根等[6]研究了银镀层抗腐蚀变色的加速变色测量方法，认为在温度为 40℃，H_2S 浓度为 (3±1) μmol/L 的湿热条件下试验结果比较理想，与其他试验方法相比，其优点是与自然界腐蚀变色最接近，易操作且稳定性和再现性强。本实验自制模拟错银青铜器试片，先用机械加工方法将 Φ 5.65 mm×1mm（面积 1cm^2）银片镶嵌到青铜片（25 mm×25 mm×2mm）中，再按电极处理方法进行打磨清洗等处理。

称取 120g $Na_2S \cdot 9H_2O$（分析纯）溶解于 300ml 去离子水中，称取 14g KH_2PO_4（分析纯）溶解于 200ml 去离子水中，将两种溶液先后加入到 14 L 玻璃干燥器中混合，迅速加盖密封，置于 (40±2)℃ 烘箱中至恒温，此时溶液上方产生的 H_2S 浓度为 (3±1) μmol/L，将自制的模拟错银青铜器试片悬挂于溶液上方，恒温 24 h 后取出观察。

三　结果与讨论

（一）青铜和银的电偶腐蚀

在 3.5% NaCl 溶液中，分别测定两种材料的开路电位随时间变化，结果见图 1。可以看出，青铜的开路电位明显负于银，故两种材料在实验溶液中耦接会形成电偶电池，青铜产生阳极极化，腐蚀溶解速度增加，而银产生阴极极化，腐蚀受到抑制。

（二）十八硫醇对电偶腐蚀的抑制作用

1. Tafel 极化曲线

未组装和组装 ODT SAMs 的青铜、银以及青铜与银耦接电极在 3.5% NaCl 中的极化曲线测试结果见图 2。采用三参数弱极化拟合所得腐蚀电化学参数列于表 1。表中 E_{corr}、I_{corr} 和 IE（IE＝（I_{blank} － $I_{ODT\ SAMs}$）/ I_{blank}）分别为电极在实验介质中的腐蚀电位、腐蚀电流密度和 ODT SAMs 的缓蚀效率。

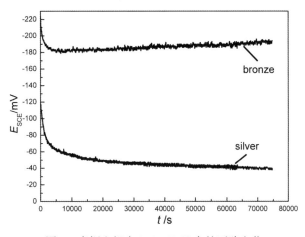

图1　青铜和银在 3.5% NaCl 中的开路电位

结果表明，在青铜电极表面形成 ODT SAMs 后腐蚀速度受到明显抑制，从图 2a 中可以看到阳极反应和阴极反应的电流密度均被抑制，这一自组装膜增加了铜的阳极溶解反应的电荷传递电阻，同时作为隔离层阻止了溶液中的氧和 $CuCl_2^-$ 的扩散，腐蚀电位显著的负移，说明自组装膜对青铜的阴极反应的阻滞能力大于对阳极的阻滞能力。银电极表面形成 ODT SAMs 后腐蚀速度受到一定的抑制，从图 2b 中可以看出腐蚀电位没有明显变化，说明这一自组装膜抑制了银电极阴极氧去极化和阳极银的氧化过程。图 2c 为青铜与银耦对电极表面形成 ODT SAMs 前后的极化曲线，可以看出形成 SAMs 后耦接电极的阴极电流密度和阳极电流密度均下降两个数量级，腐蚀得到十分显著的抑制，通过计算得到缓蚀效率达到 99%，腐蚀电位基本没有变化，说明 ODT SAMs 对于青铜和银耦接电极来说是混合型缓蚀剂。

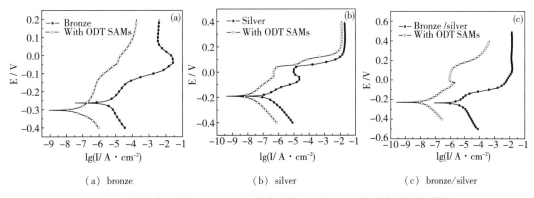

（a）bronze　　　　　（b）silver　　　　　（c）bronze/silver

图 2　组装和未组装 ODT SAMs 的电极在 3.5% NaCl 溶液中的极化曲线

2. 电偶电流

电偶电流随时间的变化结果见图 3，在青铜电极和银耦接电极表面形成 SAMs 后，电偶电流密度从 0.627μA·cm^{-2} 降低到 0.108μA·cm^{-2}，有效地抑制了青铜与银的电偶腐蚀。当青铜和银耦接后，青铜作为阳极，其表面主要反应为青铜的溶解反应；而银作为阴极，其表面主要反应为去极化剂的还原反应。由于 SAMs 有不传导性和疏水特性[⑦]，前者能够阻止电子通过电极表面的双电层，抑制青铜的溶解反应；后者能提供一层屏障阻止水溶液与银表面接触，阻滞银电极表面的去极化剂的还原反应。故总体效应而言，ODT SAMs 既抑制了电偶腐蚀的阳极过程，又抑制了阴极过程，致使电偶电流减小。

表 1　通过三参数拟合的电极电化学参数

Electrode	ODT SAMs	E_{corr}/V	I_{corr}/μA·cm^{-2}	IE /%
Bronze	without	−0.263	5.832	/
	with	−0.303	0.11	98.1
Silver	without	−0.191	0.18	/
	with	−0.191	0.02	88.9
Bronze/silver	without	−0.234	3.62	/
	with	−0.228	0.03	99.2

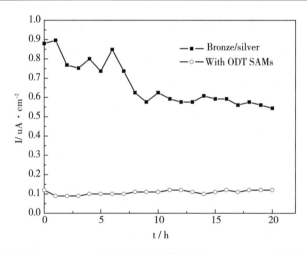

图 3　未组装和组装 ODT SAMs 的青铜与银耦接电极在 3.5% NaCl 溶液中的电偶电流

（三）微分电容测量

微分电容测量是研究电极表面的结构特点、来自溶液的吸附作用、发生在界面处的法拉第过程以及表面粗糙度等的一种灵敏的方法[⑧]。图 4 所示为青铜（图 4a）和银（图 4b）电极在 3.5% NaCl 溶液中的微分电容曲线。从图 4a 可以看出在 −1 ~ 0 V 之间青铜的电容值一直很小，说明青铜在 3.5% NaCl 中有一定的抗腐蚀性能，当电位继续正移，电容开始逐渐增大，在 0.15 V 出现一个电容峰，此时青铜电极出现了腐蚀现象。当电位继续正移，电容又开始下降，主要是由于在青铜表面生成了致密的 Cu_2O 膜层，具有一定缓蚀作用[⑨]。从图 4b 可以看出在 −1 ~ 0.5 V 之间银的电容都很小，说明银在 3.5% NaCl 溶液中有良好的抗腐蚀性能，当电位正移到 0.85 V 出现了一个电容峰，电极表面腐蚀并且有黑色产物 Ag_2O 产生，由于 Ag_2O 有一定的耐蚀性，所以随着电位继续增大，电容值又逐渐减小。当青铜和银电极表面形成了 ODT SAMs 后，在微分电容曲线中可以看出电容值急剧减小。这是由于有机化合物的介电常数小于水分子的介电常数，有机化合物取代吸附在青铜和银电极表面的水分子而吸附在电极表面造成双电层电容减小[⑩,⑪]。从微分电容曲线可以看出，银表面形成 SAMs 后没有明显的电容峰，说明在所研究的电位范围内，ODT SAMs 没有明显的脱附作用，也未发生相变过程，具有良好的稳定性[⑫]。而青铜表面在形成 SAMs 后的微分电容曲线上有一个很小的电容峰，说明在所测得电位范围内，有一定的脱附现象。

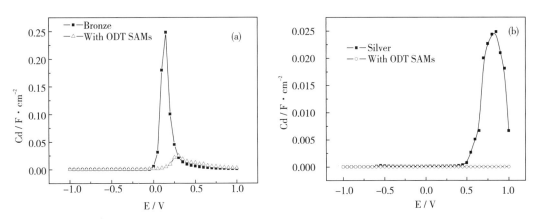

图 4   未组装和组装 ODT SAMs 的青铜和银电极在 3.5% NaCl 溶液中的微分电容曲线

（四）XPS 分析

银和青铜在十八硫醇乙醇溶液中形成 SAMs 后采用 XPS 进行分析，以 90° 为起飞角，测得 XPS 全图示于图 5。银表面形成 SAMs 后检测到 Ag、C、S 和少量 O 元素；青铜表面形成 SAMs 后检测到 Cu、Sn、C、S 和少量 O 元素。成膜后在青铜和银试样表面都检测到 S 元素的存在，说明有十八硫醇吸附在试样表面形成自组装膜。

青铜在十八硫醇乙醇溶液中形成 SAMs 后的 S2p 的光电子能谱图 6a 显示 S2p 分裂为两个峰，分别为 163.15 eV 的 S（2p1/2）峰和 162.0 eV 的 S（2p3/2）峰，两个峰之间相差的能级为 1.15 eV。根据文献所述[⑬]，十八硫醇在铜表面形成硫醇盐时，S（2p3/2）峰的位置在 162.1 eV，两个峰之间的能级差为 1.2 eV 左右，说明十八硫醇吸附在青铜表面形成了硫醇盐（RS－M 或 RS－M⁺）。银在十八硫醇乙醇溶液中形成 SAMs 后的 S2p 的光电子能谱图 6b 显示 S2p 的电子峰能谱分裂为两个峰，分别为 S（2p1/2）和 S（2p3/2），S2p 峰的中心为 162.1 eV，符合硫醇和银表面形成化学键的结合能[⑭]，可以说明银表面 S 元素以 Ag－S－$C_{18}H_{37}$ 键的形态存在，而在 168 eV 左右未出现氧化态的 S 峰，说明没有 －2 价的 S 存在，银表面并不存在亚硫酸盐[⑮]。

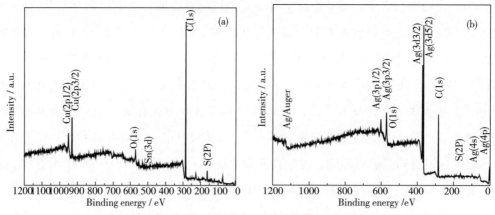

图 5 青铜和银表面形成 ODT SAMs 的 XPS 全谱

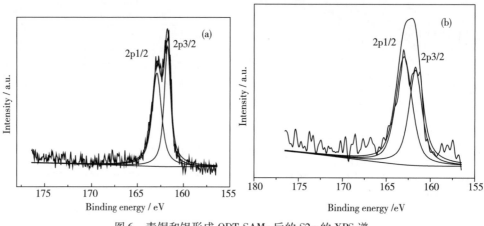

图 6 青铜和银形成 ODT SAMs 后的 S2p 的 XPS 谱

（五）加速变色实验结果

错银青铜片经加速变色试验后，表面无自组装膜的青铜和银均产生明显灰黑色，分别形成 Cu_2S 和 Ag_2S 产物，且在青铜和银的接触处腐蚀较为严重，而表面有自组装膜的青铜和银只有轻微变色，因此可以认为在 H_2S 气体中十八硫醇自组装膜对错银铜器有良好的保护效果。

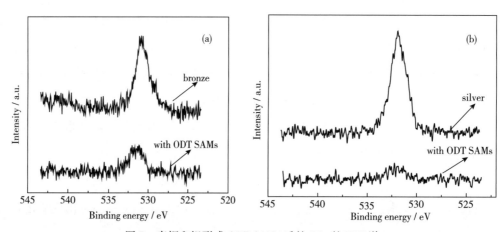

图 7 青铜和银形成 ODT SAMs 后的 O1s 的 XPS 谱

图 7 为青铜（图 7a）和银（图 7b）在十八硫醇乙醇溶液形成 SAMs 后的 O1s 能谱图。与空白青铜和银表面相比，当表面成膜后 O 元素的含量明显降低，这说明青铜和银试样表面的 Cu_2O[16] 和 Ag_2O[17] 在成膜过程中被硫醇中的 H－S 键分别还原成 Cu 和 Ag，同时有 Cu－S 和 Ag－S 键形成。

四　结　论

（1）青铜的开路电位比银的开路电位明显较负，两者在 3.5% NaCl 溶液中耦接后会形成电偶电池，加速青铜的腐蚀，而银的腐蚀得到抑制。

（2）在 3.5% NaCl 溶液中十八硫醇自组装膜抑制了青铜和银的阳极氧化过程和阴极还原过程，明显降低了对青铜和银耦对电极之间的电偶电流，抑制了电偶腐蚀，十八硫醇是一种混合型缓蚀剂。

（3）十八硫醇能够通过硫原子在青铜和银基体形成硫醇盐吸附在试样表面，形成十八硫醇自组装膜。

（4）加速变色试验结果表明，组装 ODT SAMs 的错银青铜试片在含硫大气中具有良好的防变色作用。

注释：

① Nuzzo R G,, Allara D L, Ralph G N. Adsorption of bifunction arganic disulfides on gold surfaces [J] . *J. Am. Chem. Soc.* , 1983, 105（13）: 4481 – 4483.

② Metikos-Hukovic M, Babic R, Petrovic Z, et al. Copper protection by a self-assembled monolayer of alkanethiol: Comparison with benzotriazole [J] . *J. Electrochem. Soc.* , 2007, 154（2）: 138 – 143.

③ Li D G, Yu X J, Dong Y H. The different self-assembled way of n-and t-dodecyl mercaptan on the surface of copper [J] . *Appl. Surf. Sci.* , 2007, 253（9）: 4182 – 4187.

④ Magali E, Michel K, Hisasi T. The formation of self-assembleing membrane of hexadecane-thiol on silver to prevent the tarnishing [J] . *Electrochim Acta* , 2004, 49（17）: 2937 – 2943.

⑤ Burleigh T D, Shi C, Kilic S, et al. Self-assembled monolayers of perfluoroalkyl amideethanethiols, fluoroalkythios, and alkylthiols for the prevention of silver tarnish [J] . *Corrosion* , 2002, 58（1）: 49 – 56.

⑥ 张宝根、文小和、东树景：《银镀层抗腐蚀变色的测量方法》，《高压电器》2004 年第 40 辑 6 期。

⑦ Feng Y, Teo W K, Siow K S, et al. Corrosion protect of copper by a self-assembled monolayer of alkanethiol [J] . *J. Electrochem. Soc.* , 1997, 144（1）: 55 – 64.

⑧ Schweize M, Hagenstrom H, Kolb D M. Potential-induced structure transitions in self-assembled monolayer: ethanrthiol Au（100）[J] . *Surf. Sci.* , 2001, 490（3）: 627 – 636.

⑨ 徐群杰、万宗跃、印仁和等：《3－氨基－1，2，4－三氮基自组装膜对黄铜的缓蚀作用》，《物理化学学报》2008 年第 24 卷 1 期。

⑩ 王献群、刘瑞泉、朱丽琴等：《碱性介质中 BIT，BIOHT 和 BIMMT 对铜的缓蚀作用和吸附行为》，

《物理化学学报》2007 年第 23 卷 1 期。

⑪ Elsayed M S, Erasmus R M, Comins J D. Effects of 3-amino-1, 2, 4-triazole on the inhibition of copper in acidic chloride solutions [J]. *J. Colloid Interface Sci.*, 2007, 311 (1): 144 – 151.

⑫ 廖强强、岳忠文、朱忠伟等:《吡咯烷二硫代氨基甲酸铵自组装膜对铜的缓蚀作用》,《物理化学学报》2009 年第 25 卷 8 期。

⑬ Nuzzo R G., Zegarski B R, Dubois L H. Fundamental studies of the chemisorption of organosulfur compounds on Au (1 1 1). Implication for molecular self-assembly on gold surfaces [J]. *J. Am. Chem. Soc.*, 1987, 109 (3): 733 – 740.

⑭ Liang C H, Yang C J, Huang N B. Tarnish protection of silver by octadecanethiol self-assembled monolayers prepared in aqueous micellar solution [J]. *Surf. Coat. Tech.*, 2009, 203 (8): 1034 – 1044.

⑮ Laibinis P E, Whitesides G M, Allara D L, et al. Comparison of the structres and wetting properties of self-assembled monolayer of n-alkanethiols on the coinage metal surface, Cu, Ag, Au [J]. *J. Am. Chem. Soc.*, 1991, 113 (19): 7151 – 7167.

⑯ Appa R B V, Yakub I M, Sreedhar B. Self-assemble monolayer of 2- (octadecythio) benzothiazole for corrosion protection of copper [J]. *Corros. Sci.*, 2009, 51 (6): 1441 – 1452.

⑰ 杨长江、梁成浩、张旭:《水溶液中银表面组装膜工艺》,《稀有金属材料与工程》2010 年第 39 卷 9 期。

(原载《中国腐蚀与防护学报》2013 年第 33 卷 3 期)

水溶液中自组装膜对银的缓蚀作用及吸附机理分析[*]

金属银以优雅的色泽和优异的性能在日常生活、电子工业、装饰和艺术品等领域已得到广泛的应用。但是，银及其合金在大气环境中会在表面产生灰黑色的锈层，成为影响银制品使用、流通和收藏的重要因素。因此，如何防止和减缓银的变色引起了人们的关注。

近年来自组装膜（SAMs）技术迅速发展，它是一种有机超薄膜体系，能够在金属表面自发生成一层或多层致密的分子膜层，有效抑制金属的腐蚀[①]。Magali[②]等研究了 0.15 mol/dm³ 十六硫醇的异丙醇溶液对银抗变色能力的提高。Burleigh[③]等将全氟氨基乙硫醇溶解在正丙醇中在银表面制备了 SAMs。结果表明，全氟烷基硫醇 SAMs 的抗变色能力优于十六烷硫醇 SAMs。

以上研究均是将硫醇分散在有机溶剂中进行试验的，由于有机溶剂和硫醇常散刺激性的气味，并且有机溶剂易燃，对人和环境都有一定的影响。针对这一问题，本文采用不同分散剂将十八烷基硫醇（ODT）均匀分散在水溶液中，并在银表面制备了 ODT SAMs。运用电化学方法对 ODT 在银表面形成的 SAMs 进行研究，同时研究了 ODT 的吸附行为及机理。

一 实 验

所用主要试剂有：十八烷基硫醇（简称 ODT，纯度为 98%，上海晶纯试剂有限公司），烷基糖苷（简称 APG），椰子油脂肪酸二乙醇酰胺（简称 6501），乙二醇（简称 EG）。试验用水为高纯水。

银电极采用纯银片（纯度 99.99%）制备，工作面积为 1cm²，用环氧树脂密封，表面先用金相砂纸逐级打磨至 2000 目，用 Al_2O_3 粉抛光，水洗后再用无水乙醇超声清洗 10 min，晾干。

将不同量的 ODT 和分散剂（浓度均为 30g/dm³）在 60℃搅拌 30min，再边搅拌边加入 60℃的去离子水，得到稳定的乳状液。分散剂分别为：APG、6510 和 EG。将银电极浸入自组装成膜溶液中 1h 后取出，用 60℃的去离子水冲洗 3 次，冷风吹干。

* 本文由杜伟、万俐、李佳佳、陈步荣、丁毅合作撰写。

电化学测量使用 CHI660B 型电化学工作站（上海辰华仪器公司）。实验在三电极体系中进行，温度为 25℃，工作电极为未组装和组装后的银电极，辅助电极和参比电极分别为铂金电极和饱和甘汞电极。极化曲线法扫描速率为 1mV/s，扫描电位 -1.2～0.2V；交流阻抗法测量频率范围为 100kHz～0.01Hz，交流激励信号峰为 5mV。极化曲线测量和交流阻抗测量的介质均为 0.5 mol/dm³ NaCl + 10mmol/ dm³ Na₂S。循环伏安所用介质为 0.1mol/dm³ 的 NaOH 溶液，测试范围为 -0.2V～0.8V，扫描速度为 5mV/s。

二　结果与讨论

（一）电位 - 时间曲线

银表面形成 SAMs 前后在 0.5mol/dm³ NaCl + 10mmol/ dm³ Na₂S 溶液中的腐蚀电位 - 时间曲线示于图 1。在浸泡 3600s 时，银表面形成 SAMs 以后的自腐蚀电位比成膜之前明显提高，且电位保持稳定。介质中高浓度的 Cl^- 有着很强的渗透能力，Na_2S 在有溶解氧的存在下，对银有极强的腐蚀性能。腐蚀电位的提高，在热力学上说明了在银表面形成 SAMs 后腐蚀的可能性大大减小[④]，提高了银在腐蚀电解质中的抗变色能力。

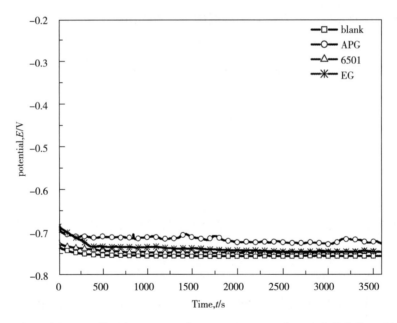

图 1　银表面形成 SAMs 前后在 0.5mol/dm³ NaCl + 10mmol/dm³ Na₂S 中的电位 - 时间曲线

（二）极化曲线

图 2 为银表面形成 ODT SAMs 前后，在 0.5mol/dm³ NaCl + 10mmol/dm³ Na₂S 溶液中的极化曲线。表 1 列出了由图 2 得出的银在不同分散剂中形成 SAMs 自腐蚀电流密度 I_{corr} 和缓蚀效率 η，η 可按下例简便计算[⑤]，并以此来衡量自组装膜的缓蚀效果：

$$\eta = (I_0 - I_{CORR})/I_{CORR} \qquad (1)$$

其中 I_0 和 I_{corr} 分别表示未组装和组装了 ODT SAMs 的腐蚀电流密度。

银表面形成 SAMs 后，阴极氧的去极化过程和阳极银的硫化过程的电流密度均被抑制，同时自腐蚀电流密度明显降低，缓蚀效率均在95%以上，说明了在以 APG、6510 和 EG 为分散剂的水溶液中，ODT 在银表面形成了 SAMs，在腐蚀电解质 $0.5mol/dm^3$ NaCl + $10mmol/dm^3$ Na_2S 溶液中，SAMs 对银均具有良好的缓蚀作用，显著提高了银的抗变色性能。

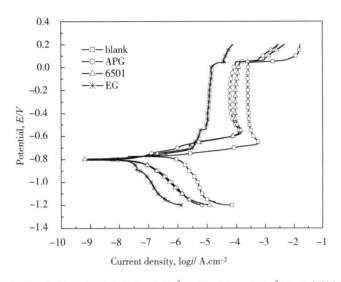

图 2　银表面形成 SAMs 前后在 $0.5mol/dm^3$ NaCl + $10mmol/dm^3$ Na_2S 中的极化曲线

表 1　银表面形成 SAMs 前后在 $0.5mol/dm^3$ NaCl + $10mmol/dm^3$ Na_2S 中极化曲线分析结果

surfactants	$I_{corr}/(\mu A \cdot cm^{-2})$	$\eta(\%)$
blank	1.124	-
APG	0.03927	96.5
6501	0.03627	96.8
EG	0.04674	95.8

（三）交流阻抗

图3为银电极形成 SAMs 前后在 $0.5mol/dm^3$ NaCl + $10mmol/dm^3$ Na_2S 溶液中的 Nyquist 图。该阻抗图均呈一容抗弧形，说明研究体系中银的腐蚀由电荷传递过程控制[6]。弧形与 Z 轴上的弦长对应于银电极的膜电阻，膜电阻越大，说明缓蚀效率越高[7]。组装了 ODT SAMs 的银电极对应的阻抗图弦长明显增加，缓蚀效果增强。

采用图4中的等效电路[8]使用 Zview 软件拟合阻抗数据，针对高频区的容抗半圆，用一个电荷传递电阻 R_{ct} 和一个双电层电容 C_{dl} 并联来模拟电极/溶液之间的界面，Rs 代表溶液电阻，C_{sams} 和 R_{sams} 代表表面膜的膜电容和膜电阻。考虑到电极表面的缺陷和局部电荷的不均匀分布导致的分散效应，等效电路中用常相位元件（CPE）代替电容器。

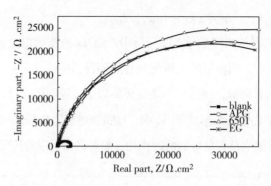

图3　银电极形成 SAMs 前后在 0.5mol/dm³ NaCl + 10mmol/dm³ Na₂S 溶液中的 Nyquist 图

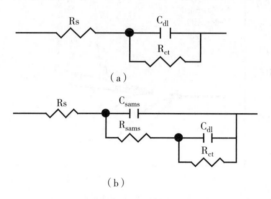

图4　银电极表面形成 SAMs 前后的等效电路图

表2为交流阻抗的拟合结果，SAMs 的双电层电容 C_{dl} 是表征膜质量的重要因素，C_{dl} 越小，则膜越致密⑨，从表中可以看出，空白银电极的界面电容值为 $21\mu F \cdot cm^{-2}$，银电极形成 SAMs 后降至 $3.78\mu F \cdot cm^{-2}$ 以下，C_{dl} 值下降一个数量级，说明电极表面形成了均匀致密的 SAMs⑩。在 6501 溶液中形成 SAMs 后的 C_{dl} 为 $2.93\mu F \cdot cm^{-2}$，得到的膜最为致密。银电极形成 SAMs 以后界面电荷传递电阻 R_{ct} 大幅度增加，说明了腐蚀介质与银电极发生氧化还原反应的电荷转移阻力增大，反应的能垒增高，从而降低了银的腐蚀变色速度。譬如：空白银电极的电荷传递电阻仅为 $1328\Omega \cdot cm^2$，而在 6501 溶液形成 SAMs 后的电荷传递电阻增至 $29961\Omega \cdot cm^2$。

表2　等效电路分析结果

surfactants	C_{dl}（$\mu F \cdot cm^{-2}$）	R_{ct}（$\Omega \cdot cm^2$）
blank	21	1328
APG	3.62	28013
6501	2.93	29961
EG	3.78	26844

（四）循环伏安

图5为空白银在 $0.1mol/dm^3$ NaOH 溶液中的循环伏安曲线。银的氧化过程分为两个

阶段，Ag 在碱性溶液中第一阶段的氧化包含多步过程[①]，对应于图 5 中 a 峰与 b 峰。肩峰 a 代表在 Ag$_2$O 形成之前 Ag 的溶解与形成表面化合物的过程，随着 SAMs 形成后，该过程受到抑制。b 峰代表 Ag$_2$O 的生成，见（2）式：

$$2Ag + 2OH^- \rightarrow Ag_2O + H_2O + 2e \qquad (2)$$

第二阶段的氧化是 AgO 的形成过程，对应的峰是阳极方向的 c 峰和阴极方向的阳极峰 d，见（3）式：

$$Ag_2O + 2OH^- \rightarrow 2\ AgO + H_2O + 2e \qquad (3)$$

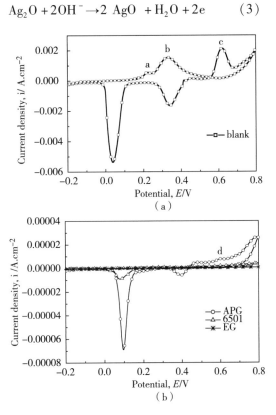

图 5　银电极形成 SAMs 前后在 0.1mol/dm^3 NaOH 溶液中的循环伏安曲线

反峰 d 的出现是由高电势下形成 AgO 晶核的生长引起的。因为在 AgO 成核及晶核生长过程中，由于物质传输的困难产生了较大的浓差极化，反应物供应不及时，导致 AgO 生成反应的停止；当反向扫描时，经过一定的时间反应物已通过扩散得到补充，因而 AgO 的生成得以继续。

银表面形成 SAMs 后，Ag$_2$O 形成的峰区，峰 a、b 消失。这说明了由于自组装膜的存在，阻滞了 OH$^-$ 向银表面扩散，导致峰电流值的减小。在 AgO 的生成区，AgO 形成过程由于 SAMs 的影响，氧化量明显的减小。银在 APG 分散的十八硫醇溶液中形成 SAMs 后，氧化形成 AgO 的峰电流由空白 2120μA 降低到 7.61μA。而银在以 6501 和 EG 作为分散剂的 ODT 溶液中形成的 SAMs 后，没有检测到 Ag 的氧化峰电流，即完全抑制 Ag 氧化形成了 Ag$_2$O 和 AgO 的过程。

（五）吸附行为

为了研究 ODT 在银表面的吸附行为，测定了 60℃ 时银电极在以 6501 分散不同的浓度 ODT 中形成的 SAMs 在 $0.5mol/dm^3$ NaCl + $10mmol/dm^3$ Na_2S 中的极化曲线。并且根据如下公式：

$$\theta = (I_0 - I_{corr})/I_{corr} \qquad (4)$$

计算得到覆盖度 θ，将其分别代入 Temkin，Langmuir 和 Freundlich 吸附等温式拟合，结果表明 Langmuir 吸附等温式与实验结果符合很好。根据 Langmuir 等温式[12]有：

$$\frac{C}{\theta} = \frac{1}{K} + C \qquad (5)$$

其中 C 为缓蚀剂吸附分子浓度，K 为 Langmuir 吸附平衡常数。

根据图 6 和表 3，将 $C\theta^{-1}$ – C 作图（见图 7）。可以看出 $C\theta^{-1}$ – C 呈很好的线性关系，斜率为 0.916，说明十八硫醇分子在银表面的吸附符合 Langmuir 等温式，每个十八硫醇分子大约占据 0.916 个吸附点，是单分子层吸附。同时可以得到 Langmuir 吸附平衡常数 K 为 79.33 L/mol。K 与吸附吉布斯能 ΔG^0 关系如下：

$$K = \frac{1}{55.5}\exp\left(\frac{-\Delta G^0}{RT}\right) \qquad (6)$$

其中 55.5 为溶剂水的浓度（mol/L）。R 为摩尔气体常数，T 为温度。计算得 ΔG^0 = -62.58kJ/mol，ΔG^0 <0 说明十八硫醇分子在银表面的吸附是一种自发行为。通常情况下，当 ΔG^0 在 -20 kJ/mol 左右时，表示带电荷的缓蚀剂分子和带电荷的金属之间的静电作用，为物理吸附；当 ΔG^0 在 -40kJ/mol 或更负时，表示带电荷的缓蚀剂分子通过与金属共用电子成键，为化学吸附，因此，十八硫醇分子在银表面的吸附是典型的化学吸附。

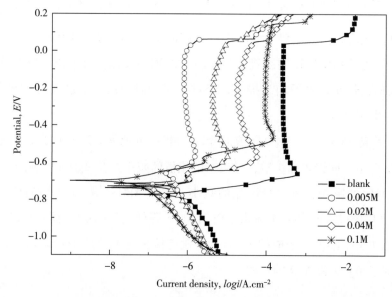

图 6　银在含不同浓度 ODT 的 $0.5mol/dm^3$ NaCl + $10\ mmol/dm^3$ Na_2S 溶液中的极化曲线

表 3　银在含不同浓度 ODT 的 $0.5\,mol/dm^3\ NaCl + 10\,mmol/dm^3\ Na_2S$
溶液中的电化学参数和表面覆盖度

C（mol/L）	$I_{corr}/(\mu A \cdot cm^{-2})$	η（%）	θ
blank	1.124	—	—
0.005	0.7998	28.84	0.2884
0.02	0.5777	48.60	0.4860
0.04	0.2316	79.40	0.7940
0.1	0.04674	95.84	0.9584

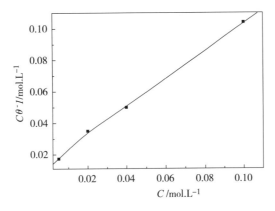

图 7　根据 Langmuir 等温式模型拟合的吸附曲线图

三　结　论

十八硫醇（ODT）能够均匀分散在以 APG，6501 和 EG 为分散剂的水溶液中，并且在银表面形成稳定、致密的 SAMs，从而有效地抑制了银电极的阴极氧去极化过程和阳极银的硫化过程，改变了电极表面的双电层结构，界面双电层电容明显降低，对银有良好的缓蚀作用。ODT 在银表面的吸附行为符合 Langmuir 吸附等温式，吸附机理是典型的化学吸附。

注释：

① Yang Qinfeng, Gu Anzhong, Dingjie *et al. CIESC Journal*［J］. 2002，53（9）：924.

② Magali E，Michel K，Hisasi T. *Electrochi. Acta*［J］，2004，49：1937.

③ Burleigh T D，Shi C，Kilic S *et al. Corrosion*［J］，2002，58（1）：49.

④ LI Di. *The Principle of Electrochemical*［M］. Beijing：Beijing University Press，2006，1.

⑤ Cao Chunan. *Principles of Erosive Electrochemistry*［M］. 2nd. Beijing：Chemical Industry Press，2004：232.

⑥ Wang Xianqun，Liu Ruiqun，Zhu Liqin*el al. Acta Phy* sico*Chimica Sinica*［J］，2007，23（1）：21.

⑦ Cao Chunan，Zhang Jianqing. *An Introduction to Electrochemical Impedance Spectroscopy*［M］. Beijing：Science Press，2002：68.

⑧ Wang Chuntao. *The protection of copper*［M］. Beijing：China Petrochenical press，2006.

⑨ Wang Chuntao，Chen Shenhao，Zhao Shiyong. *Journal of the Electrochemical Society*［J］，2004，151（1）：B11.

⑩ Liu Jinhong，GU Ning. *Journal of Chinese Society of corrosion and protection*［J］.2006，26（5）：290.

⑪ Bentiss F，Lebrini M，Lagrenee M. *Corros Sci*［J］，2005；47：2915.

⑫ Villamil R F V，Corio P，Rubim J C，Agostinbo S M L，*J. Electroanal. Chem*，［J］，2002，535：75.

（江苏高校优势学科建设工程资助项目；江苏省2011年度普通学校研究生科研创新计划项目。原载《稀有金属材料与工程》2013年第42卷3期）

良渚风化玉器的化学保护

良渚文化玉器，是中国史前时代玉器的最高成就。它的精湛技术和高超艺术，具有震撼人心的魅力，为人们赞赏不已，叹为观止，因此受到人们的重视和珍爱。但是，在出土的良渚玉器中，有的或晶莹润泽、或色彩斑斓，皆做工精细；有的受到程度不一的沁蚀，表面失去光泽、发白、疏松。如：在1994年位于江苏省武进市郑陆镇三皇庙村的寺墩5号墓里，有两件玉带钩，一件保存完好，长4.6、宽2.3、高1.8cm，白色，素面，扁方体，一端有圆孔，孔径1.0cm，另一端制成弯钩状，正面和两端呈弧凹状，另一件沁蚀严重（图1），大部分被泥裹住，玉器的露出部分，疏松，质似石灰，手轻轻地触摸即可掉下白色的粉末。该器不但它的硬度

图1　玉带钩保护前的状况

和抗压强度等物理性能几乎为零，而且它的"晶间空隙"很大，象"冰经过刨成碎冰时的白色和冰的晶体作不规则疏松的排列成为雪"[①]那样遇水即溶。风化玉器的这些特征给保护和修复带来了一定的困难。

一　分析检测

为制定科学的保护方案，对该墓葬出土的同样风化的三件玉器标本进行 X - 衍射分析，检测结果残损琮形管（94WS：M5：26）、残损玉锥形（94WS：M5：56）和残损玉珠（94WS：M5：41）三件标本的主要矿物成分，均为同种物质——蛇纹石（图2）。为了揭示该类玉器风化程度的化学成分含量与被古玉学术界基本认同的"良渚文化玉料的来源可以确定是就地取材（江苏省溧阳市平桥乡小梅岭地区的软玉矿床），玉料产地这一重要问题已获解决"的梅岭玉化学成分含量进行对比，又用 X - 射线能谱仪对琮形管（94WS：M5：26）和梅岭玉进行测试对比（表1）。从表1中看出梅岭玉和风化的寺墩琮形管 SiO_2 含量基本上近似，二者的差异在于 CaO 和 MgO，也就是说，引起良渚玉器风化、疏松的主要原因是 CaO 和 MgO 的成分流失。

故宫博物院汉白玉表面风化与良渚玉器的风化可谓是异曲同工。陆寿麟在对风化汉白玉进行了 X - 衍射、扫描电子显微镜和 X - 射线能谱仪得出了四种化学反应均可使

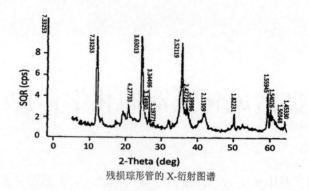

残损琮形管的 X-衍射图谱

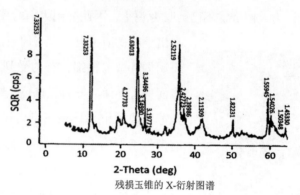

残损玉锥的 X-衍射图谱

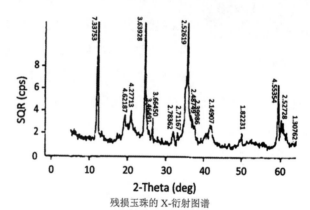

残损玉珠的 X-衍射图谱

图2　残损琮形管、残损玉锥和残损玉珠的 X-衍射图谱

表1　寺墩琮形管和梅岭玉的化学成分 （质量分数,%）

名称	SiO_2	CaO	MgO	K_2O	MnO	Fe_2O_3	TiO
寺墩琮形管	56.0	0.93	—	0.11	0.01	1.04	0.32
梅岭玉	57.6	18.1	22.41	0.13	0.14	0.44	0.19

用固体汉白玉变为可溶性物质而随水流失，相对减少 CaO、MgO 的含量，最后得出故宫汉白玉建筑构件风化的主要原因是化学风化[②]。

汉白玉在酸性环境中有如下的反应：

（1）$CaCO_3 + 2H^+ = Ca^{2+} + H_2CO_3$
$$\qquad\qquad\qquad\quad \downarrow\ CO_2 + H_2O$$

（2）$MgCO_3 + 2H^+ = Mg^{2+} + H_2CO_3$
$$\qquad\qquad\qquad\quad \downarrow\ CO_2 + H_2O$$

汉白玉在 CO_2 和 H_2O 的作用下有如下的反应：

（3） $CaCO_3 + CO_2 + H_2O = Ca(HCO_3)_2$

（4） $MgCO_3 + CO_2 + H_2O = Mg(HCO_3)_2$

良渚寺墩 5 号墓三件玉器的材质为蛇纹石，汉白玉为白云石，两者同属碳酸盐岩中的玉料系列，为此良渚风化的玉器的主要原因也是化学风化[③]。

二 材料的选择

依据分析结果，玉带钩风化的主要因素是酸性条件或是 CO_2 和水的作用下形成的，为了防止玉带钩的进一步风化，必须阻止水和酸性气体的侵蚀，对疏松的表面加固，残缺的部位补配，首先在所用的材料上选择。

（一）加固材料

常用的文物加固材料有聚醋酸乙烯酯、聚乙烯醇、聚乙烯醇缩丁醛、聚甲基丙烯酸甲酯、有机硅树脂等，针对玉器风化程度为"晶间空隙"很大，遇水即溶的状况，选择丙烯酸有机硅树脂。该树脂由丙烯酸树脂和含活性基团甲苯基硅氧烷在有机溶剂中化学改性而成。硅丙树脂和聚氟树脂技术性能见表2。

（二）补配材料

选用"仿玉工艺"成果中的 XN 系列聚酯和树脂和三水铝石（$Al_2O_3 \cdot 3H_2O$）为填料的配方[④]。

（三）封护材料

选用防水、耐碱、耐紫外线、耐冷热的聚氟高分子材料，其性能指标见表2。

表 2 硅丙树脂和聚氟树脂技术性能指标

名称 性能	硅丙树脂	聚氟树脂
外观	淡黄色透明黏稠液体	透明黏稠液体
固含量/%	50	45
包装	单组分	甲乙双组分
干燥时间	表干0.5h，实干48 h	表干2h，实干24 h
稀释剂	二甲苯、乙酸丁酯、丙酮	专用稀释剂
耐冲击	$50kg/cm^2$	$50kg/cm^2$
附着力	1 级	1 ~ 2 级
耐水性	25℃ 10 小时无变化 100℃ 2 小时无变化	
耐冷热稳定性		-40℃ ~150℃性能良好
耐 10% H_2SO_4	常温 7 天无变化	常温 14 天无变化
耐 10% NaOH	常温 7 天无变化	常温 14 天无变化
耐紫外线		25 年

三　保护工艺

（一）泥土的去除

由于玉带钩沁蚀严重，晶体结构疏松，呈雪片堆积状。寺墩地区的泥土为黄色黏土，干燥的泥土比风化的玉器强度要高两倍多，而且文物与泥土黏结紧密，假设用水直接浸泡的方法清洗泥土，必将与玉带钩一起分解。为此在清洗泥土之前，对已露出玉质的部位，用5%的有机硅树脂进行防水，然后用5号油画笔，蘸水涂刷在泥土上，待泥浸湿后，用牛角刮刀慢慢剔除泥。这样去除泥土的过程，重复几十次，直至泥土全部清除（图3）。

（二）加固

先用8%浓度的硅丙树脂进行整体加固，在涂刷加固时，发现玉器吸收树脂的速度非常快，甚至树脂在1cm厚的残缺部位能浸透至背面，于是改用12%的浓度加固。

（三）补配

从图3中可以获知玉带钩残缺五分之二。为将补配的残玉部位具有玉石感，用XN聚酯树脂100g，固化剂2g，促进剂2g，三水铝石100g，调配均匀，涂敷于残缺面，待树脂初凝后，进行初步修出形状，树脂终凝后再修饰。

（四）封护

将聚氟树脂稀释至5%的浓度，涂刷封护。

（五）作旧

对残的补配部分，进行仿旧处理，作旧材料为硝基清漆和虫胶水加矿物颜料。两种漆交叉使用，做出黄褐斑和泥污点等特征，使所补配的地方与原物的色泽一致（图4）。

四　结　论

良渚风化玉器的保护与修复，尤其是对沁蚀严重、粉状的玉质有一定的难度，在保护中不仅对保护材料的科学性与可靠性有较高的要求，而且在实施材料的工艺过程中，要不断观察，出现问题应变换方法，做到"修旧如旧"、鉴赏与展览的效果。

在保护前分析了同墓葬的三件玉器，不仅为科学地制订方案提供了依据，同时也为探讨良渚玉器风化的成因找到了佐证，为研究良渚玉器雕琢工艺多一种方向[⑤]。

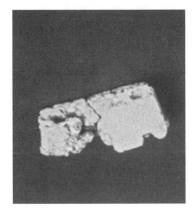

图 3　玉带钩泥土去除全貌　　　　　　图 4　保护后的玉带钩

　　林志方副研究员和熊樱菲助理研究员，为风化玉器的保护工作给予了大力支持与指导，在此表示衷心的感谢！

注释：

① 钱宪和：《古玉之矿物学研究》，《东亚玉器》第 2 卷，香港中文大学，1999 年。

② 陆寿麟等：《故宫博物院中汉白玉构件风化的研究》，《故宫博物院院刊》2001 年 1 期。

③ 万俐等：《从良渚寺墩玉器的保护看其风化及相关的问题》，第二届良渚文化学术讨论会，杭州，1996 年。

④ 万俐：《古代玉器复制工艺的研究》，《文物修复与研究》，国际文化出版公司，1995 年。

⑤ 蒋素华等：《良渚玉器风化的探讨》，《第六届科技考古学术讨论会论文集》，2002 年。

（原载《东南文化》2003 年 5 期）

也谈良渚文化玉器的雕琢工艺及发白现象

吴京山在 2000 年 3 月《江苏民间收藏》第 2 期和《东南文化》2001 年第 4 期上发表了《试解良渚文化玉器的雕琢之谜》的文章，该文叙述了"用由氟化钙和其他酸碱溶液"配成的试剂，对玉料进行直接、全遮，半遮盖式软化，从而制作了与反山玉琮（M12∶98）上的神徽、昆山少卿山（M1∶2）和福泉山（M9∶21）的玉琮，其仿制技术"达到几乎可以乱真良渚玉器繁缛细纤"纹饰的水平，其次文章认为良渚文化玉器白色的现象也先受氟化物的影响。显然，吴京山从事玉器雕刻工艺多年，他从制作、雕刻的角度，得出了良渚文化玉器雕琢工艺使用的是氟化物软玉法，其发白的原因也和氟化物有关的论点。

化兽面纹玉琮（江苏涟水三里墩）　　兽面纹玉琮（江苏武进寺墩）　　玉串饰（浙江余杭反山）

 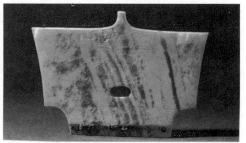

玉半圆形器（浙江余杭反山）　　　　玉冠形（浙江余杭瑶山）

"在高碳合金工具尚未出现之前，硬度达摩氏 4~6 度的玉器是如何加工雕刻的呢？这是广大玉器爱好者最为关心的话题，也是令考古学者感到棘手的学术悬案"

兽面纹玉琮（江苏武进寺墩）

（《东方文明之光》，380 页）。古今中外学者对良渚文化玉器上显示的不可思议、难以琢磨的雕刻工艺，究竟是用何种工具与方法加工而成，至此为止，有 7 种意见。最早见明代宋应星在《天工开物》时记载用蟾酥皮内的毒腺分泌物涂抹在玉器上，软化玉器后再雕刻的软玉法，然后有鲨鱼牙齿、燧石、钻石、黑曜石作玉器雕刻工具的论说，第 6 种为火烧法；第 7 种为氟化物软玉法。综观以上七种玉器的雕琢工艺，笔者赞同琢玉中采用"软玉法"的雕刻工艺，而软玉的试剂不是氟化物，其理由如下。

第一，吴京山"软玉法"所用的材料是氟化物，也就是能溶解良渚玉器中 SiO_2 成分的配方。在腐蚀介质里，能与 SiO_2 反应的有氢氟酸、氟硅酸、氟硼酸、氟化钙、氟化钠、氟化氢钠、碳酸钠、硫化钠、氢氧化钠等（《腐蚀资料手册》，933 页），其中氢氟酸在现代的琢玉工艺中也较常用。氢氟酸是由氟化钙和热的浓硫酸作用下生成，氟化钙的天然矿石是萤石，古人易得到，而硫酸的发明是在 16 世纪，西方普鲁士的哈茨首次制造（《化学发展简史》，132 页）。也就是说，良渚的古人根本不可能有氢氟酸。

第二，"良渚文化玉料的来源可以确定是就地取材（梅岭玉）"（《东亚玉器》第一卷，251 页）。为此，笔者对 2000 年 10 月在江苏溧阳梅岭地区采集的玉，用氢氟酸作了浸泡处理。梅岭玉经氢氟酸 16h 和 96h 的浸泡处理，其表面现象为：①16h：原致密坚硬的玉表面发白、粉状，其受腐蚀面深度约 1mm；②96h：表面发白处有龟裂状，疏松的粉状部位用手触摸即掉。为了研究梅岭玉处理前后的矿物成分和化学成分，以便及时对照良渚玉器成分结构，将氢氟酸处理及未经处理过的梅岭玉和良渚寺墩琮形管（94WS：MJ：26）作了 X - 衍射和 X - 射线能谱仪的分析（表 1）。

表1 化学成分

名称	SiO$_2$	CaO	MgO	K$_2$O	MnO	Fe$_2$O$_3$	TiO
寺墩琮形管	56.0	0.93		0.11	0.01	1.04	0.32
梅岭玉	57.6	18.1	22.41	0.13	0.14	0.44	0.19
梅岭玉，16小时腐蚀	5.0	17.4		0.05	0	0.87	0.32
梅岭玉，96小时腐蚀	3.5	15.8		0.05	0	0.64	0.13

梅岭玉（仅针对此次采集的样品）的主要矿物成分是辉石（diopside），化学式为CaMg（SiO$_3$）$_2$，而经氢氟酸腐蚀12h、96h后矿物成分发生变化。从表1X-射线能谱的化学成分结果可以看出，梅岭玉和风化的良渚寺墩琮形管在化学成分上SiO$_2$的含量基本近似不变，经氢氟酸腐蚀的梅岭玉，SiO$_2$含量流失是梅岭玉的12~14倍，寺墩琮形管流失的CaO是梅岭玉的17~19倍。从梅岭玉腐蚀前后SiO$_2$含量的巨大变化，以及风化的寺墩玉器中SiO$_2$不变，CaO、MgO流失的结果说明，良渚文化玉器雕琢工艺中的"软玉法"，使用氟化物作为软化剂的说法，需进一步商榷和科学的分析。

那么致使良渚寺墩琮形管中CaO、MgO的流失是何原因？良渚文化出土玉器风化、发白又是什么因素造成的呢？要解释这些问题，到目前为止，还没有正确的答案。虽然，笔者曾对这些问题做过一点工作，但缺乏令人信服的科学数据，还需进一步的模拟实验和科学分析。现将笔者掌握的一些资料和对良渚玉器的风化原因的思考介绍如下。

1994年在江苏武进寺墩的5号墓，出土了一批严重风化的玉器。这些玉器的现状大部分被泥裹住，玉器的露出部位疏松，手轻轻触摸即可掉下白色的粉末。它们不但硬度和抗压强度等物理性能几乎为零，而且它的"晶间空隙"很大，象冰经过刨成碎冰时的白色和冰的晶体作不规则疏松的排列为雪那样，遇水即溶。

玉三叉形器（浙江余杭瑶山）

玉琮（浙江余杭瑶山）

为了研究良渚寺墩5号墓玉器风化、发白的原因，取武进博物馆收藏的寺墩5号墓出土的玉器标本即残损琮形管（94WS：M5：26），残损玉锥形（94WS：M5：26）和残损玉器珠（94WS：M5：41）作了X-衍射分析，结果三件文物标本的矿物成分均为同种物质——蛇纹石（Serpentine）（图谱略）。为了揭示该类玉器风化程度的化学成分含量。又用X-射线能谱仪，对琮形管（94WS：M5：26）进行了测试，其结果见表1。

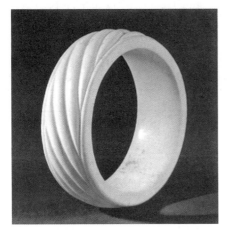

玉镯（浙江余杭瑶山）

玉镯（安徽定远山根许）

玉环（江苏昆山赵陵山）

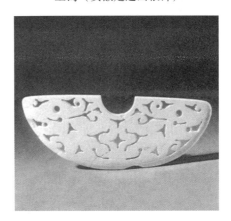

玉璜（浙江余杭瑶山）

　　台湾大学钱宪和在研究中国大陆古玉器的玉料的生成时指出："白云岩经接触变质时由热液中的 SiO_2 和水加入白云岩体中经换质作用而产生。在热液中如有更多的 SiO_2 及水的情况下可产生叶蛇纹石（蛇纹石的一种）与方解石（$CaCO_3$）（《东亚玉器》第二卷，222 页）。江苏省地质矿产局区域调查队高级工程师钟华邦先生研究的"梅岭玉产于花岗岩与镁质碳酸盐接触带的透闪石岩矿体之中"，属"镁质碳酸盐岩中的软玉"（《宝石与宝石学杂志》2000 年 1 期，39 页）。从"碳酸盐和硫酸盐岩等为易熔岩类，花岗岩、玄武岩、片麻岩、石英岩等属于非易熔岩"（《保藏学原理》第 261 页）的特点，又从南京博物院研究员汪尊国对草鞋山、寺墩、张陵山等遗址出土的良渚文化风化玉器，进行表层与内层的观察，得出"外表受沁变白，内芯晶莹碧绿"，经对张陵山体锥形饰（M1∶20）鉴定，"内外成分皆为阳起石软玉"（《东亚玉器》第二卷，222页）的观点和梅岭白玉、青玉成分与寺墩 5 号墓琮形管 CaO、MgO 成分含量差的特征，使笔者想起北京故宫博物院研究员陆寿麟最近发表的"故宫博物院中汉白玉构件风化研究"（《故宫博物院院刊》2000 年 1 期，84 页）的文章，对探索寺墩 5 号墓及良渚文化玉器风化、发白的原因有着重要的学术参考价值。

　　陆寿麟选择了故宫博物院中户外裸露的汉白玉构件中的三种样品，即强风化、风化、未风化，进行 X – 光衍射分析其矿物成分，均为白云石，扫描电子显微镜观察和 X – 射线能谱仪对三种样品的化学成分进行了测定（表2）。

表2　汉白玉化学成分　　　　　　　　　　　　　（质量分数，%）

风化程度	层位	CaO	MgO	SiO$_2$	Al$_2$O$_3$	Fe$_2$O$_3$	K$_2$O
强风化	表层	13.09	11.34	55.10	17.21	1.57	1.69
	内层	59.90	40.10	0.00	0.00	0.00	0.00
风化	表层	22.54	10.42	50.39	11.90	3.07	1.68
	内层	49.67	50.33	0.00	0.00	0.00	0.00
未风化	表层	44.81	32.95	19.71	1.20	0.00	1.33
	内层	64.84	35.16	0.00	0.00	0.00	0.00

根据三种样品不同风化的程度所产生汉白玉表面 CaO、MgO 的含量不同，陆寿麟先生分析了四种化学反应均可使固体汉白玉的变为可溶性物质而随水流失，相对减少 CaO、MgO 的含量。

汉白玉在酸性环境中有如下的反应：

（1）$CaCO_3 + 2H^+ = Ca^{2+} + H_2CO_3$
　　　　　　　　　　　　　　└── $CO_2 \uparrow + H_2O$

（2）$MgCO_3 + 2H^+ = Mg^{2+} + H_2CO_3$
　　　　　　　　　　　　　　└── $CO_2 \uparrow + H_2O$

汉白玉在 CO_2 和 H_2O 的作用下有：

（3）$CaCO_3 + CO_2 + H_2O = Ca(HCO_3)_2$

（4）$MgCO_3 + CO_2 + H_2O = Mg(HCO_3)_2$

文章依据以上科学数据及已知故宫局部区域的 CO_2 的瞬时浓度在参观高峰期达 264PPm，高出常规200倍等因素，得出故宫汉白玉建筑构件风化的主要原因是化学风化。

玉钺（浙江余杭反山）

良渚寺墩玉器与北京故宫博物院汉白玉构件的风化有以下三点相同之处。

第一，汉白玉为白云石，寺墩 5 号墓的三件玉器的材质为蛇纹石，两者应同属碳酸盐岩中的玉料系列，化学成分的前三种均为 CaO、MgO、SiO_2。

第二，汉白玉构件强风化样品，"表层疏松，手搓即成粉末，但内部仍较坚硬"这一特征也与前面叙述的张陵山的锥形饰相同，且两者的表层与内层虽经风化程度不同，但矿物成分结构都仍未改变。

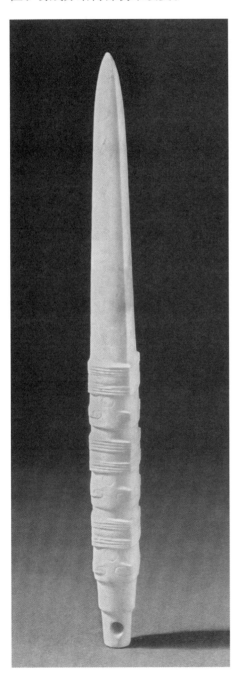

玉锥形器（浙江余杭瑶山）

第三，风化的良渚寺墩玉器与风化的汉白玉构件，它们在化学成分中主要流失的是 CaO 和 MgO 的关键点上又相一致。

因此，良渚寺墩玉器风化的原因，主要也应是化学反应造成的，属化学风化。良渚寺墩玉器风化的这种化学风化是在埋葬环境的地下自然形成的，还是在琢玉工艺中人为的呢？

1. 自然因素　寺墩出土的玉器，除了它们在玉料上有"梅峤白玉、青白玉、青玉"等之外，在墓葬的环境应该是一样的，即同样都受到地下水、酸及各种微生物的腐蚀，但保存现状却有"碧绿、黛褐、黛青、青灰、乳白带、灰白"等颜色所定为"未受沁或轻微受沁"和象玉带钩、琮形管那样完全沁蚀直至疏解，失去玉器的所有物理性能，可以看出这些风化现象不是在相同的条件下形成的。第二寺墩及其他地区出土的良渚玉器，有的乳白或白色的玉器，有蜡状感和玻璃的光泽。如寺墩 4 号墓兽面纹玉琮表面呈乳白色、带翠绿、赫红斑纹，有光泽。这种光泽与化学风化是格格不入的，也就是说由化学所引起的腐蚀是由表及里，风化玉的矿物晶形可由原来的"叶片状变为不定向的纤维状"，即原来致密的玉遭到破坏形成表而疏松、粉状，所以，如果是自然因素（如故宫博物院风化的汉白玉）就不可能在风化的良渚玉器表面再形成一层玉料特有的滋润光泽。因此，良渚寺墩玉器化学风化的主要因素不是埋葬环境条件下自然因素造成的。

玉柱形器（浙江余杭横山）　　　　　　　琮形锥状玉器（江苏新沂花厅）

　　2. 人为因素　从寺墩4号墓和5号墓出土的2件玉琮上，刻有肉眼几乎无法辨认的极细繁缛的卷云纹和兽面纹，在没有出现金属之前，或者说在没有出现比梅岭玉硬度更硬的青铜之前要达到细如发丝的纹饰是极难完成的。第二要解释"象牙白""鸡骨白"上的光泽，只有在玉器风化或软化后表面再进行抛光和其他的技术处理。也就是说，良渚文化的古人在琢玉工艺中，发明了软化玉石后再进行雕刻的技术。在实施软化过程中不知不觉地对玉进行了人为的腐蚀，这是造成良渚文化玉器风化发白的主要因素。

　　总之，良渚文化玉器的雕琢工艺和发白的现象，笔者赞同吴京山与"软玉法"有关的论点，但软玉的配方绝不是氟化物，应该是与良渚寺墩5号墓里出土的风化玉器中 CaO、MgO 含量流失原因的材料相关。那么这种软玉的软化剂是明代宋应星记载的蟾酥，还是"荸荠数枚与木通入水煮玉一昼夜，再用明矾三厘，蟾酥三厘涂刻处，炙干，再涂，药尽为止"（《中国工艺美术辞典》，329页）的方法……这些古代的工艺记载将有待今后进一步的科学研究。

　　目前，笔者仍为寻找软化梅岭玉的古代化学材料和分析风化玉器表面仍有光泽的现象，进一步用古代化学知识、古人最易得到的工具与材料，用研究古代青铜器陶范中添加植物酸、商代青铜纹饰的雕刻，春秋战国菱形纹剑和汉代水银沁铜镜表面处理技术成功经验的思维方式，进行类比试验。同时，也欢迎有兴趣的古玉学专家一起来研究良渚文化琢玉工艺中的软化等技术，为早日破译"东方文明之光"的工艺之谜而努力。

（原载《东南文化》2002年6期）

氟橡胶对纸质文物加固保护性能
的分析研究

一　前　言

脆弱纸张文物是指纸张的老化，其原因如下：一是在造纸过程中有害物的带入，以及纸质文物保存中污染物的进入等；二是在外界酸气体、紫外线、水、温度等各种不利环境作用下，纸张的微观表现是纤维素、半纤维素和木质素的化学结构发生变化，宏观表现是纸张泛黄，机械强度下降，酸度上升，pH 值减小。脆弱纸张的常态——表面发黄、不能折叠、容易断裂等。为了保护脆弱的纸张文物可用托裱、丝网、壳聚糖、纤维素、聚醋酸乙烯酯、丙烯酸酯、氟树脂、辐射加固和派拉纶（Parylene）成膜技术等等。根据纸质文物加固保护的要求——纸质文物的质感、厚度、光泽、色泽等基本不变；字迹无遮盖，对油墨不泛色、褪色、脱色，并具有固色效果；对纸质文物的机械强度、弯曲性等性能有较大的提高；使纸质文物能长期耐老化，能有效阻止、延缓纸质文物的老化降解；使纸质文物能够防霉抗菌，防止虫蛀、微生物侵蚀等。南京博物院经过多年试验研究，将一种有机氟材料——氟橡胶 CS 应用到文物保护。这种氟橡胶为偏氟乙烯和三氟氯乙烯共聚物，近几年的应用结果表明，氟橡胶 CS 用于青铜器，铁器，彩绘，壁画等文物的加固和封护已取得良好的效果，但在纸质文物保护中的应用研究还没有深入进行，为探讨这种氟橡胶在纸质文物保护中的各项性能和保护工艺，本研究拟对氟橡胶 CS 对纸质文物的加固保护性能进行实验分析研究。

二　实验部分

（一）实验药品和材料

实验用药品和加固材料见表1。

表1　实验材料

材料名称	型号与规格	来源与厂家
仿古宣纸	红星净皮	安徽泾县宣纸厂
氟橡胶 CS	/	南京博物院
氟橡胶 F2	2602	上海三爱富新材料股份有限公司
壳聚糖（chitosan）	工业用	山东奥康生物科技有限公司
羧甲基纤维素（CMC）	工业用	上海雅璐工贸有限公司
羟乙基纤维素（HEC）	工业用	河南天盛化学工业有限公司
氟树脂（FEVE）	FEVE	日本进口
1,6-己异氰酸酯（HDI）三聚体	ZB-01-1	大连振邦氟涂料股份有限公司
纳米碳酸钙（$CaCO_3$）		自制
丙烯酸酯 B72	工业用	南京博物院
聚醋酸乙烯酯（白乳胶，PVA）	工业用	市购
丙酮	分析纯	上海凌峰化学试剂有限公司
乙酸丁酯	分析纯	上海凌峰化学试剂有限公司
氢氧化钠	分析纯	广东汕头市西陇化工厂
盐酸	分析纯	南京峰展精细化工厂
磷酸氢二钠	分析纯	江苏省连云港市化学试剂厂

（二）试验仪器

纸张老化和性能测试仪器见表2。

表2　纸张老化和性能测试仪器

仪器名称	型号与规格	来源与厂家
电子拉力试验机	DRK10113	济南德瑞克仪器有限公司
MIT 式耐折度仪	DRK111	济南德瑞克仪器有限公司
光泽仪	BYK4430	德国 BYK-Gardner 公司
纸张透气度测定仪	DRK121	济南德瑞克仪器有限公司
电热鼓风干燥箱	ZK-82B	上海市实验仪器总厂
柔软度测试仪	DRK119	济南德瑞克仪器有限公司
全自动测色色差计	ADCI-60-C 实用型	北京光学仪器厂
扫描电子显微镜	JSM-5900	日本电子公司

（三）仿古纸样的制备

按照各项性能试验要求的规格和数量，用切纸机将纸样制成长宽分别为 15mm×250mm（抗张强度用）、15mm×150mm（耐折度用）及 100mm×100mm（柔软度、白度等用）的试样，为了模拟古代脆弱纸张，按 GB450-79《纸与纸板平均试样的采取及检验前试样的处理方法》对仿古宣纸进行热老化，将纸样放在烘箱中，在 103±2℃ 老化 72±1h，冷却备用。

（四）加固保护剂配方设计

在查阅大量资料的基础上，确定了加固保护剂的品种和浓度配比，其配制方式中水溶性材料使用蒸馏水作溶剂，非水溶性材料采用1:1丙酮－乙酸丁酯混合溶剂作溶剂，为研究浓度对加固性能的影响，氟橡胶的浓度分别配制成0%、0.5%、1%、1.5%、2%、3%、4%和5％。为对各种加固材料的性能进行对比，加固浓度均统一为1%。

（五）纸样加固操作

把上述纸样浸入配好的不同加固保护溶液中，浸泡1min后取出晾干，这样得到的纸样，即为加固处理后的纸样。

（六）各项性能测试方法

对加固后的纸张，依据国家纸张的理化性能的测试标准，进行抗张强度、耐折度、光泽度、白度、柔软度、透气度、字迹扩散性、加固增重测定、热老化、耐水性、耐酸性、耐碱性、吸湿性、吸水性试验。

三　结果与讨论

（一）氟橡胶CS对仿古宣纸的加固保护性能

根据测试和试验结果，讨论不同浓度氟橡胶CS溶液的加固效果和耐老化性能，包括加固前后的外观（白度，光泽度），内部纤维形貌，抗张强度、耐折度、柔软度、透气度、吸水性、耐热老化、耐酸性、耐碱性等。

1. 浓度对纸张外观和白度，光泽度的影响

纸张加固必须按照"修旧如旧"的原则，加固处理后对纸张的外观不能有明显的影响，本实验测定了加固处理前后纸样的白度、光泽度，以及字迹是否扩散。

通过肉眼观察可知：不同浓度氟橡胶溶液加固后，纸样颜色均无明显变化，字迹无扩散。

不同浓度氟橡胶溶液加固后，纸样的白度变化见图1，光泽度变化见图2。

由图1可知：氟橡胶CS加固处理后纸张白度略有下降，随浓度加大，降低值略加大；在氟橡胶浓度5%时，最大降低值为1.56％。产生这种现象的原因，是丙酮与乙酸丁酯混合溶剂能与纸张中有机物作用，形成新的物质，降低了白度，同时，由于氟橡胶本身并非完全透明，也影响了白度。仪器测定结合目视观察对照，白度总体降低较小，因此氟橡胶CS加固处理后对纸张的颜色基本无影响。

由图2可以看出，氟橡胶CS溶液加固处理后，纸张的光泽度略有下降，但下降幅度较小，所以，在一定浓度范围内，氟橡胶溶液对纸张光泽度无明显影响。

综上所述，纸张经氟橡胶CS溶液加固处理后，纸张的外观无明显变化，符合"修旧如旧"的原则。

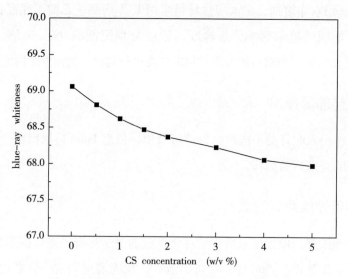

图1 氟橡胶 CS 浓度对加固纸张蓝光白度的影响

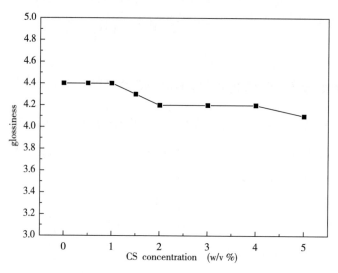

图2 氟橡胶 CS 浓度对加固纸张光泽度的影响

2. 氟橡胶浓度对纸张纤维微观形貌的影响

不同浓度的氟橡胶溶液加固后，纸张的宏观和微观性能发生变化，宏观表现包括外观，强度，吸水性等各项性能，而微观表现是纤维素、半纤维素和木质素的形貌、化学结构等；微观性能变化决定了宏观性能的变化，为探讨氟橡胶的加固机理，采用扫描电子显微镜观察了加固前后纸张纤维的微观形貌。

仪器名称：扫描电子显微镜；

型号：JSM－5900；

生产厂家：日本电子公司；

微观形貌分析结果见图3。

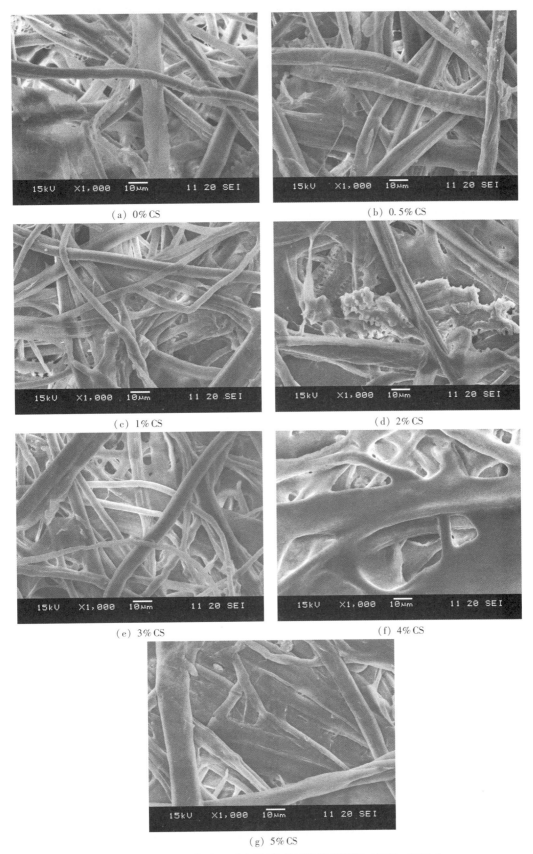

(a) 0% CS

(b) 0.5% CS

(c) 1% CS

(d) 2% CS

(e) 3% CS

(f) 4% CS

(g) 5% CS

图 3　不同浓度氟橡胶 CS 加固纸张的纤维微观形貌（SEM，1000x）

从图 3 中可以看出，纸张经不同浓度氟橡胶 CS 溶液加固处理后，微观形貌有较大的差别；首先试验用纸张内部纤维纵横交错，纤维粗细较均匀，直径在 5 ~ 10μm，表面略粗糙，表面降解物，碎屑等很少，纤维间界面清晰，这说明试验用纸张的性能较好，虽经热老化处理，内部纤维结构并无明显破坏。经 0.5% 氟橡胶 CS 溶液加固后，由于浓度较低，渗透性能好，氟橡胶 CS 溶液进入内部纤维表面，形成透明薄膜，这种薄膜还不完整，部分纤维表面还富集少量氟橡胶颗粒；当氟橡胶 CS 浓度为 1% 时，纤维表面薄膜覆盖面积加大；浓度为 2% 时，由于浓度加大，除一部分形成较厚薄膜覆盖纤维表面外，氟橡胶开始进入纤维间空隙，填充空隙，图 3 中还观察到氟橡胶团聚现象；当采用 3% 氟橡胶 CS 溶液加固后，由于黏度加大，渗透性能变差，氟橡胶主要进入纤维间空隙，填充空隙，少部分纤维间空隙填满，出现纤维与纤维的黏接；当氟橡胶 CS 浓度为 4% 时，由于黏度进一步加大，纤维表面形成的薄膜光滑，厚度增加，大部分纤维间空隙填满，众多纤维与纤维相黏接；氟橡胶 CS 浓度为 5% 时，由于渗透性能变差，氟橡胶内部纤维和间隙进入较少，多数进入表层纤维表面和纤维间空隙，并在纸张表面形成薄膜。

3. 氟橡胶浓度对纸张抗张强度的影响

强度最能直接表现纸张的老化程度及检验加固效果，抗张强度是比较复杂的，它是耐破度、耐折度和抗撕力等的一个组成部分，通过比较纸张纤维抗张强度的变化，可以直观的表现加固前后强度的变化。不同浓度的氟橡胶对纸张抗张强度（横向）的影响见图 4。

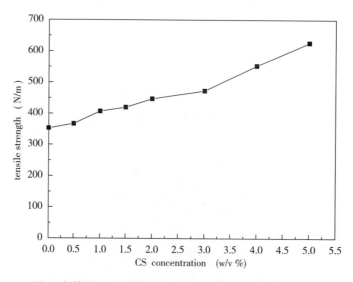

图 4　氟橡胶 CS 浓度对加固纸张抗张强度的影响（横向）

由图 4 知，随着氟橡胶 CS 溶液浓度的增加，纸样的抗张强度逐渐提高，浓度 0% ~ 3% 和 3% ~ 5% 两个区间，抗张强度与浓度基本呈线性关系，后者斜率更大，提高幅度加快。表 3 为加固后抗张强度提高百分率。

表 3　加固后纸样抗张强度的提高率　　　　　　　　　　　（横向）

氟橡胶浓度	抗张强度（N/m）	提高率
0%	353	0%
0.5%	367	3.8%
1%	407	15.1%
1.5%	420	18.9%
2%	447	26.4%
3%	473	34.0%
4%	553	56.6.%
5%	627	77.4%

可见，在氟橡胶 CS 浓度超过 3% 时，抗张强度提高较明显，浓度为 3% 时，强度提高 34.0%；而 5% 时，强度提高 77.4%。从纸张经不同浓度氟橡胶 CS 溶液加固处理后的纤维微观形貌可以看出：氟橡胶 CS 加固后，氟橡胶包覆在纤维表面，填充在纤维间隙，提高了纸张的抗张强度，但由于氟橡胶本身为柔软的弹性体，抗张强度不高，因此，对纸张抗张强度的提高并不十分明显。

4. 氟橡胶浓度对纸张耐折度的影响

耐折度是纸张的基本机械性能之一，是研究加固保护材料对纸张加固保护性能的重要参数，不同浓度的氟橡胶对纸张耐折度的影响见图 5 和表 4。

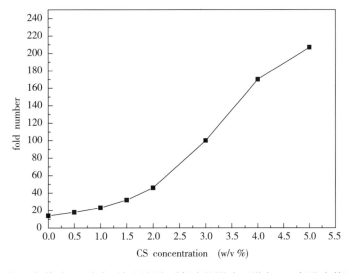

图 5　氟橡胶 CS 浓度对加固纸张耐折度的影响（纵向，双折叠次数）

表 4　加固后纸样耐折次数的提高率

氟橡胶浓度	双折叠次数	提高率（%）
0%	14	0.0
0.5%	18	28.6
1%	23	64.3
1.5%	32	128.6
2%	46	228.6
3%	100	614.3
4%	170	1114.3
5%	207	1378.6

从图 5 和表 4 中可以看出，双折叠次数与浓度曲线形状近似呈指数关系，随着溶液浓度的增加，耐折度提高速度加快；浓度小于 1.5% 时耐折度的增加幅度比较小，在 1.5% ~4% 之间的耐折度随着浓度的增加幅度迅速加大；而浓度从 4% ~5% 耐折度的增加幅度有回落。浓度 1% 时耐折度增加 64.3%；浓度 2% 时耐折度增加 228.6%；浓度 5% 时耐折度增加 1378.6%。由于氟橡胶本身为柔软的弹性体，具有优良的耐折性能，氟橡胶包覆在纤维表面，填充了纤维间隙，提高了纤维的耐折度，因此，纸张经氟橡胶 CS 溶液加固处理后，耐折度大幅度提高。

5. 氟橡胶浓度对纸张柔软度的影响

纸张的柔软度用于考察纸张加固后的质感变化，因此，柔软性也是判断加固保护材料是否可用的重要依据之一。材料的柔软度值代表抗弯曲力和表面抗滑动摩擦阻力的大小，二者的综合值越小，则材料的柔软性越好，测试结果见图 6。

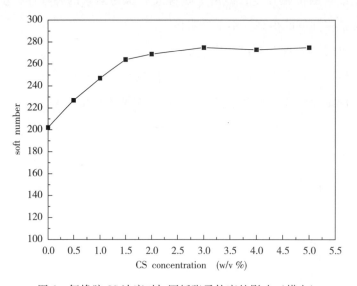

图 6　氟橡胶 CS 浓度对加固纸张柔软度的影响（横向）

从图 6 中曲线的走势可以看出，随着氟橡胶 CS 溶液浓度的增加，柔软度值经历先升后平稳的过程；氟橡胶浓度在 0% ~2% 之间柔软度值略增加，柔软性略变差；2% ~5% 之间柔软度时基本不变，这可能因为氟橡胶为软的弹性体，其本身柔软度值比纸张略高，因此，随着加固浓度的加大，加固纸张的柔软度值开始时逐步加大，当达到氟橡胶本身柔软度值后，柔软度基本不变，此时数值增加约 30%。

6. 氟橡胶浓度对纸张透气度的影响

纸张的透气度用一定面积、一定真空度下单位时间透过纸张的空气量，或透过 100mL 空气所需的时间来表示。图 7 为纸样的透气度测试结果，单位用每秒钟透过的空气 mL 数来表示。

从图 6 中可以看出，随着氟橡胶 CS 溶液浓度的增加，加固处理后的纸样透气度分别经历急剧下降、慢速下降、快速下降三个过程；氟橡胶浓度在 0% ~0.5% 时，纸样透气率快速下降，0.5% ~3% 之间时，透气率基本不变，大于 3%，又开始较快速下降。

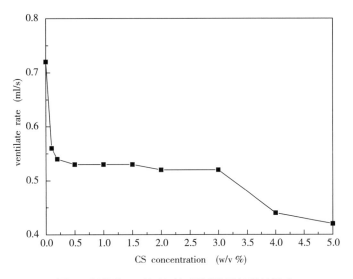

图 7　氟橡胶 CS 浓度对加固纸张透气度的影响

7. 氟橡胶浓度对纸张吸湿性的影响

将纸样 103℃ 烘干后，立即放入干燥器中冷却，称重，然后再将纸样放入装有磷酸氢二钠饱和溶液的密闭容器中，容器相对湿度在 25℃ 时为 97%，每隔 2~4h 取出称重一次，计算吸湿率，直至最近两次质量变化小于 2mg 为止。结果表明，14h 后与 12h 纸样重量几乎相等，所以，纸样经吸湿 12 小时后已经达到饱和。经不同浓度氟橡胶加固前后纸张的吸湿性与时间关系曲线见图 8。

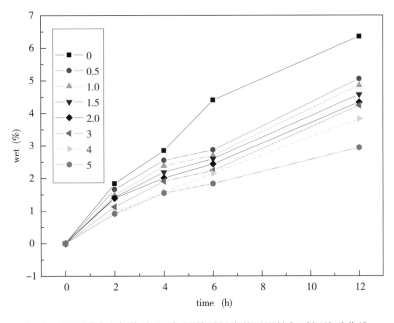

图 8　经不同浓度氟橡胶 CS 加固前后纸张的吸湿性与时间关系曲线

由图 8 可知，随着时间的推移，吸湿率逐步加大，在同一时刻，氟橡胶溶液浓度越大，纸样的吸湿速度就越低，不加固纸张的吸湿速度最高。

经不同浓度氟橡胶溶液加固前后纸张的饱和吸湿率见图 9。

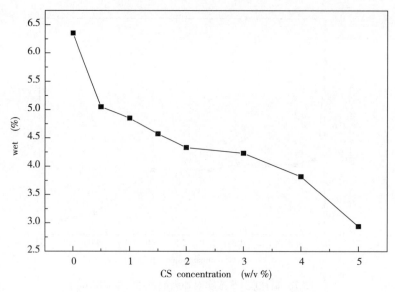

图9　经不同浓度氟橡胶CS加固前后纸张饱和吸湿率

由图9知，经氟橡胶溶液加固处理后，纸样饱和吸湿率大幅下降，在浓度小于0.5%时急剧下降，这是因为在低浓度时，氟橡胶的渗透性强，能进入纸张内部覆盖在纤维表面，使得纤维表面的憎水性能大幅提高，纸张迅速从亲水状态变为憎水状态，这与小于0.5%时，透气度大幅下降相一致；浓度大于0.5%时，随着氟橡胶在纤维表面覆盖率的提高，吸湿率逐渐降低，但下降速度减缓；当浓度超过4%时，氟橡胶在纸张表面形成薄膜，水分难以渗透到内部纤维，造成吸湿率又快速降低。

8. 氟橡胶浓度对纸张吸水性的影响

按GB/T461.3—2005《纸与纸样吸收性的测定法（浸水法）》测定了加固前后的吸水性，结果见图10。

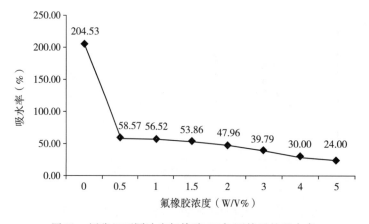

图10　纸张经不同浓度氟橡胶CS加固前后的吸水率

经不同浓度氟橡胶CS溶液加固处理后，纸样吸水率均大幅下降，加固浓度对纸样吸水率的影响相对较小。由图10可知，在浓度小于0.5%时急剧下降，这是因为在低浓度时，氟橡胶的渗透性强，能进入纸张内部覆盖在纤维表面，使得纤维表面的憎水性能大幅提高，纸张迅速从易吸水状态变为憎水，这与小于 0.5% 时吸湿率，透气度大幅下降相一致。浓度大于 0.5% 时，氟橡胶在纤维表面覆盖率不断提高，氟橡胶进入纸张纤维之间空隙，纤维间空隙率降低，吸水逐渐降低。

9. 氟橡胶浓度对加固纸张质量的影响

加固处理会引起纸质文物质量的变化，该变化值应控制在一定范围之内。不同浓度氟橡胶对加固对纸样重量的影响见图 11。

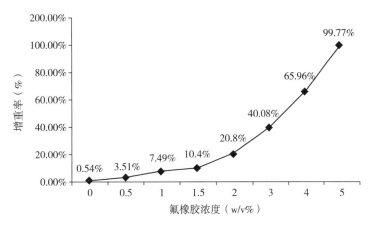

图 11　不同浓度氟橡胶 CS 对加固对纸样重量的影响

从图 11 中可以看出，随着氟橡胶浓度的提高，加固后纸张的重量逐渐增大，且增速加大，如 1% 时增重率为 7.49%、3% 时增重率为 40.08%、5% 时增重率为 99.77%，这是因为氟橡胶浓度提高时，加固溶液黏度加大，对纸张的附着量增多。按照纸张文物加固原则，氟橡胶的浓度应小于一定的值，以保证质量增加值在一定范围内。如增重率控制在 40% 以内，则氟橡胶的浓度应小于 3%。

10. 氟橡胶浓度对纸张耐老化性能的影响

对不同浓度的氟橡胶溶液加固处理的纸样，分别进行干热老化、酸老化、碱老化，并测试其抗张强度。结果如图 12 所示。

从图 10 可以看出，纸样经老化后抗张强度明显降低，其中酸老化的抗张强度在同等浓度下最小，说明酸的影响最大；经热老化的纸张抗张强度比酸老化和碱老化略高。随着氟橡胶浓度的增加，老化后抗张强度都逐步提高。在浓度为 1% 时，酸老化的抗张强度降低率为 19.2%，碱老化的抗张强度降低率为 19.9%，热老化的抗张强度降低率为 5.9%。

11. 氟橡胶浓度对纸张湿抗张强度的影响

湿抗张强度是指纸张浸泡在水中一定时间后的湿抗张力的大小，它反映了纸张耐水能力的大小，本次按《GB/T 465.2 – 2008 纸和纸板 浸水后抗张强度的测定方法》，将纸样放入 20℃ 的水中，15min 后取出用滤纸吸干后立即测定强度，结果见图 13。

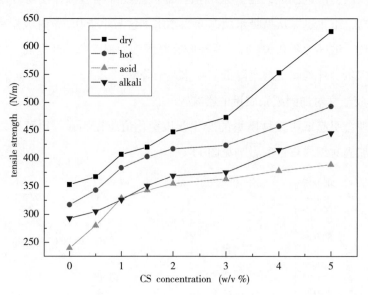

图12　不同浓度氟橡胶 CS 加固纸张老化前后的抗张强度（横向）

dry—不老化的强度；hot—热老化后强度；acid—酸老化后强度；alkali—碱老化后强度

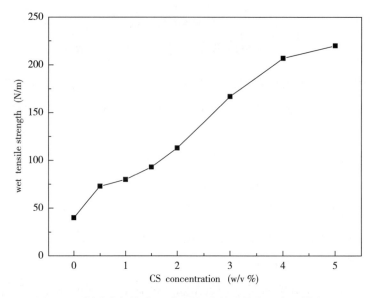

图13　不同浓度氟橡胶 CS 加固纸张的湿抗张强度（横向）

　　由图13可知，随着氟橡胶 CS 溶液浓度的增加，纸样的湿抗张强度明显提高，且增速加快，说明氟橡胶 CS 加固后，纸张耐水性大幅提高。

（二）掺加纳米材料对氟橡胶溶液加固性能的影响

　　在1%的氟橡胶中掺加0.2%纳米碳酸钙，经超声波分散器充分分散后对纸样进行加固保护。各项性能实验结果见表5。

表 5　掺加纳米材料对氟橡胶加固性能的影响

加固材料	不加固	1%氟橡胶 CS	1%氟橡胶 CS + 0.2%纳米碳酸钙
抗张强度（横向，N/m）	360	407	613
耐折度（纵向，次）	14.3	23	22
柔软度（横向，mN）	275	247	326
光泽度	4.4	4.4	4.3
白度	68.11	68.62	66.19
透气度（mL/s）	0.72	0.53	0.56
吸湿率（%）	7.53	4.85	5.01
吸水率（%）	204.5	56.52	54.99
加固增重率（%）	0.00	7.49	7.50

从表 5 可以看出，掺加纳米碳酸钙后，抗张强度大幅提高，提高幅度为 50.6%，但柔软性下降 32.0%，其他性能基本不变。

图 14 为两种材料加固后纸张的微观形貌 SEM。

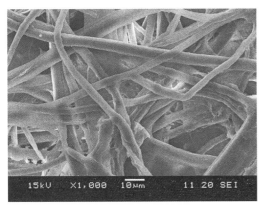 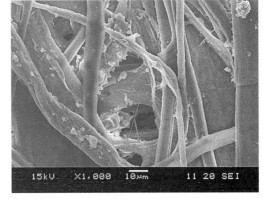

（a）1%氟橡胶 CS　　　　　　　　　（b）1%氟橡胶 CS + 0.2%纳米碳酸钙

图 14　纤维微观形貌 SEM

当氟橡胶 CS 掺加纳米碳酸钙后，在纤维表面可观察到碳酸钙微粒，部分纳米碳酸钙颗粒已团聚，纳米碳酸钙填充在纤维间缝隙中，提高了抗张强度，同时，使纸张硬度增加。

（三）氟橡胶与几种现有加固材料的性能比较

为进一步探讨氟橡胶对仿古宣纸的加固性能，我们将现有的几种纸张加固保护材料的有关性能进行了测定，并与氟橡胶 CS 进行了比较。加固材料主要有壳聚糖、羧甲基纤维素、B 72、白乳胶、羟乙基纤维素以及氟树脂加 HDI 固化剂，其浓度均采用 1%，其中水溶性的材料采用水作溶剂，非水溶性的材料采用丙酮、乙酸丁酯混合溶剂作溶剂。测定项目主要有白度、光泽度、耐折度、抗张强度、柔软度、透气度等。

1. 白度

表 6 是用氟橡胶与几种常用加固保护材料加固纸样，热老化前后白度的测试结果。

表6　不同材料加固纸张的白度及热老化的影响

加固材料	不老化蓝光白度	干热老化后蓝光白度	白度变化率（％）
不加固	70.42	63.59	-9.70
1%氟橡胶CS	68.6	63.46	-7.49
1%壳聚糖	65.54	52.27	-20.25
1%羧甲基纤维素	67.71	58.49	-13.62
1%B$_{72}$	69.01	65.37	-5.27
1%氟树脂+0.2%HDI	68.56	63.75	-7.02
1%白乳胶	69.15	61.79	-10.64
1%羟乙基纤维素	68.07	63.80	-6.27

可以看出，热老化后白度不同程度的降低，其中壳聚糖、羧甲基纤维素（CMC），白乳胶降低率超过10%，其他材料的下降值均比不加固小。

2. 抗张强度

通过比较纸张抗张强度的变化，可以直观比较材料的加固效果。表7为不同材料加固纸张的抗张强度，表8~10是加固纸样分别经过热老化、酸老化和碱老化前后抗张强度的变化。

表7　不同材料加固纸张的抗张强度　　　　　　（横向，N/m）

加固材料	抗张强度	抗张强度增加（％）
不加固	360	0.00
1%氟橡胶CS	407	13.06
1%壳聚糖	607	68.61
1%羧甲基纤维素	573	59.17
1%B 72	593	64.72
1%FEVE+0.2%HDI	873	142.50
1%白乳胶	787	118.61
1%羟乙基纤维素	813	125.83

表8　加固纸张热老化后抗张强度的变化　　　　　（横向，N/m）

加固材料	不老化	干热老化	变化率（％）
不加固	360	467	29.72
1%氟橡胶CS	407	383	-5.9
1%壳聚糖	607	552	-9.06
1%羧甲基纤维素	573	578	0.87
1%B 72	593	615	3.71
1%FEVE+0.2%HDI	873	828	-5.15
1%白乳胶	787	755	-4.07
1%羟乙基纤维素	813	895	10.09

表 9　加固纸张酸老化后抗张强度的变化 （横向，N/m）

加固材料	不老化	酸老化	变化率（%）
不加固	360	239	−33.61
1%氟橡胶 CS	407	329	−19.16
1%壳聚糖	607	456	−24.88
1%羧甲基纤维素	573	359	−37.35
1%B 72	593	341	−42.50
1%FEVE+0.2%HDI	873	541	−38.03
1%白乳胶	787	451	−42.69
1%羟乙基纤维素	813	369	−54.61

表 10　加固纸张碱老化后抗张强度的变化 （横向，N/m）

加固材料	不老化	碱老化	变化率（%）
不加固	360	345	−4.17
1%氟橡胶 CS	407	326	−19.90
1%壳聚糖	607	493	−18.78
1%羧甲基纤维素	573	364	−36.47
1%B 72	593	439	−25.97
1%FEVE+0.2%HDI	873	743	−14.89
1%白乳胶	787	402	−48.92
1%羟乙基纤维素	813	394	−51.54

从表中数据可以看出如下几点。

（1）在同等浓度下，经几种不同材料加固后，纸样的抗张强度均明显提高，但提高幅度不同，其中氟橡胶加固的纸样抗张强度提高幅度最小，为 13.1%；FEVE +0.2%HDI 提高幅度最大，为 142.50%，其余材料介于两者之间。

（2）经干热老化后，不加固纸样抗张强度提高最大，为 29.72%；其余变化均不大，其中 1%B 72、1%羟乙基纤维素和 1%羧甲基纤维素加固的纸样抗张强度略有提高，1%氟橡胶、1%壳聚糖、1%FEVE +0.2%HDI 和 1%白乳胶均略有降低，其中最大降低值为 1%壳聚糖 9.06%；总体来看，加固纸样热老化后抗张强度变化不大。

（3）经酸老化后，不加固纸样及全部加固纸样的抗张强度均大幅度降低，其中 1%羟乙基纤维素降低最大为 54.61%；1%氟橡胶降低值最小，为 4.17%，除 1%壳聚糖外其他材料抗张强度降低幅度均较大，说明酸对纸张性能的影响很大，而氟橡胶加固纸样的耐酸能力最强。

（4）经碱老化后，不加固纸样及全部加固纸样的抗张强度均明显降低，其中 1%羟乙基纤维素降低最大为 51.54%，不加固纸样降低值最小为 4.17%，1%氟橡胶降低值 19.16%，耐碱能力位于中等。

3. 耐折度

各种材料加固后纸样的耐折度结果如表 11 所示。

表 11　不同材料加固纸张的耐折度及干热老化的影响

（纵向，双折叠次数）

加固材料	未老化双折叠次数	干热老化后双折叠次数	变化率（%）
不加固	13	6	-53.85
1%氟橡胶 CS	23	7	-69.57
1%壳聚糖	102	4	-96.08
1%羧甲基纤维素	48.7	11	-77.41
1%B 72	16.3	5	-69.33
1%氟树脂+0.2%HDI	24.3	4	-83.54
1%白乳胶	17.7	10	-43.50
1%羟乙基纤维素	82.7	6	-92.74

从表 11 中可以看出，干热老化后纸张耐折度大幅降低。虽然壳聚糖加固后的纸样耐折度最大，达到 102 次，但干热老化后的耐折度大幅下降到 4 次，说明壳聚糖的耐热老化性能差。白乳胶和氟橡胶加固的纸样耐折度较低，但热老化后降低值也相对较小；羧甲基纤维素、羟乙基纤维素加固后的纸样耐折度较高，但降低值相对较大，其耐热老化性能也较差。

4. 柔软度

不同材料加固后纸样的柔软度测试结果如表 12 所示。

表 12　不同材料加固纸张的柔软度及老化的影响　　　　　　（横向，mN）

加固材料	未老化	酸老化	碱老化	干热老化
不加固	225	204	223	258
1%氟橡胶 CS	247	187	189	220
1%壳聚糖	404	255	281	324
1%羧甲基纤维素	294	311	256	356
1%B 72	285	328	334	343
1%FEVE+0.2%HDI	358	275	321	402
1%白乳胶	287	159	310	460
1%羟乙基纤维素	359	219	193	430

（1）在同等浓度下，经几种不同材料加固后，纸样的硬度均增加，但增加幅度不同，其中氟橡胶加固的纸样增加最小，仍保持柔软状态，而 1%壳聚糖硬度增加幅度最大，为 79.56%，其余材料介于两者之间。

（2）经干热老化后，1%氟橡胶、1%壳聚糖硬度降低，其余材料均继续增加。

（3）经酸老化后，1%羧甲基纤维素、1%B 72 硬度增加，其余材料均降低。

（4）经碱老化后，1%B 72、1%白乳胶硬度增加，其余材料均降低。

（5）氟橡胶加固后纸张柔软性降低不大，甚至在老化过程中更加柔软，这是其他材料所不具有的特性。

5. 透气度

纸样用不同材料加固后，透气度均有不同程度的下降，最大降低值为29.2%，其中氟橡胶降低为26.4%。其结果如表13所示。

表13　不同材料加固纸张的透气度

加固材料	透气度（mL/s）
不加固	0.72
1%氟橡胶CS	0.53
1%壳聚糖	0.61
1%羧甲基纤维素	0.57
1%B 72	0.51
1%氟树脂+0.2%HDI	0.59
1%白乳胶	0.51
1%羟乙基纤维素	0.61

6. 吸收性

为测试纸样的吸收性，本实验测定了纸样的吸湿性和吸水性，其结果如表14所示。

表14　不同材料加固纸张的吸湿率和吸水性

加固材料	饱和吸湿率（%）	吸水率（%）
不加固	7.53	204.53
1%氟橡胶CS	4.85	56.52
1%壳聚糖	7.22	155.46
1%羧甲基纤维素	8.86	223.16
1%B 72	7.45	61.95
1%FEVE+0.2%HDI	5.83	47.13
1%白乳胶	7.13	208.89
1%羟乙基纤维素	7.18	225.31

从表14中数据可以看出，氟橡胶与FEVE+HDI加固后，纸样的吸湿率和吸水率均大幅度降低；同时，B72吸水率也较低；这是因为这三种材料均为非极性材料，采用有机溶剂作为溶剂，憎水性强，因而对水的吸收率低；1%羧甲基纤维素、1%白乳胶和1%羟乙基纤维素加固后纸样的吸湿率和吸水率与不加固相近甚至有所提高，这是因为这三种材料均为水溶性高分子材料，本身对水有较强的吸收性。1%壳聚糖和1%B 72加固后，纸样的吸湿率与不加固相近而吸水率明显降低。由此可见，氟橡胶加固的纸张具有很强的抗水性和抗湿性。

7. 纸样增重

加固后纸样层的质量增加值见表 15。

表 15　纸张加固后质量增加率

加固材料	增重率（%）
1% 氟橡胶 CS	7.49
1% 壳聚糖	3.36
1% CMC	3.21
1% B 72	3.55
1% FEVE + 0.2% HDI	3.99
1% 白乳胶	1.91
1% 羟乙基纤维素	8.31

由表 15 可见，与其他材料相比，氟橡胶与羟乙基纤维素加固后纸样的增重率较大，所以氟橡胶 CS 加固溶液浓度不宜大。

四　结　论

1. 浓度对氟橡胶 CS 加固纸张性能的影响

不同浓度氟橡胶加固纸张具有以下特点：

（1）外观颜色无明显变化，字迹不扩散；氟橡胶浓度 5% 时，蓝光白度最大降低值为 1.56%。

（2）随着加固浓度提高，抗张强度逐步提高。浓度为 1% 时提高 15.1%，3% 时提高 34.0%。

（3）随着加固浓度提高，抗折强度大幅提高，1% 时提高 64.3%，3% 时提高 614.3%。

（4）随着加固浓度提高，浓度在 0% ~ 2% 之间柔软度值略增加；在 2% ~ 5% 之间时柔软度基本不变。

（5）吸湿率，透气度，吸水率在浓度小于 0.5% 时急剧下降；大于 0.5% 时随着加固浓度提高，平稳或慢速下降。

（6）随着氟橡胶浓度的提高，加固后纸张的质量逐渐增大，且增速加大，如 1% 时增重率为 7.49%，3% 时增重率为 40.08%，5% 时增重率为 99.77%。

（7）微观形貌观察表明：在浓度小于 2% 时，氟橡胶 CS 附着在内部纤维表面，使纤维增粗；浓度大于 2% 时，氟橡胶开始进入纤维间空隙，填充空隙；当氟橡胶 CS 浓度为 4% 时，由于黏度加大，纤维表面形成薄膜，厚度增加，且大部分纤维间空隙被填满，纤维与纤维互相黏接；当氟橡胶 CS 浓度为 5% 时，由于渗透性能进一步变差，氟橡胶在内部纤维和间隙进入量减少，多数进入表层纤维的表面和纤维间空隙，并在纸张表面形成薄膜。

（8）综合考虑各因素影响，加固纸样的氟橡胶浓度应小于 2.0%。

2. 氟橡胶品种对加固纸张性能的影响

氟橡胶 CS 加固后纸样的抗张强度比氟橡胶 2602 低 14.0%，耐折度高 109.1%，柔软性增加 18.2%，吸水率低 64.0%，而字迹扩散性、白度、光泽度、透气度、吸湿率等性能相近。

3. 氟橡胶中掺加纳米碳酸钙对加固纸张性能的影响

掺加纳米碳酸钙后，抗张强度提高 50.6%，柔软性下降 32.0%，其他性能与氟橡胶相当。

4. 氟橡胶与几种纸张加固材料性能对比

（1）氟橡胶加固对纸张的抗张强度有所提高，但提高幅度不大。

（2）氟橡胶加固可明显提高纸张的抗折强度。

（3）氟橡胶加固后，纸样的柔软性降低不大，且经干热老化、酸老化和碱老化后柔软性还有所提高，而其他加固材料都使纸样的柔软性不同程度地下降。所以，用氟橡胶加固不会明显增加纸张的硬度，这是氟橡胶加固纸张的主要优点。

（4）氟橡胶加固后，纸样的透气性、吸湿率和吸水率均比其他材料明显降低，因此，氟橡胶加固的纸张具有很强的抗水性和抗湿性。

（5）氟橡胶加固后纸样的增重率较大。

（6）氟橡胶加固纸样具有优良的耐热、耐酸和耐碱老化性能。

本研究得到了南京工业大学材料学院的大力支持与帮助，在此表示衷心的感谢！

注释：

① 龚德才、奚三彩、唐静娟：《纸质文物保护研究》，《东南文化》1997 年 4 期。

② 周嘉华：《文物与化学》，东方出版社，2000 年。

③ 方佐龄、赵文宽：《化学在文物保护中的应用》，《化学通报》1991 年 2 期。

④ 王君龙、李先文：《社会化学》，西北大学出版社，1998 年。

⑤ Giovanna Piantanida, Marina Bicchieri, Carlo Coluzza. Atomic force microscopy characterization of the ageing of pure cellulose paper [J]. *Polymer*, 2005, 46 (26): 12313 – 12321.

⑥ 甘景镐、甘纯玑：《天然高分子化学》，高等教育出版社，1993 年。

⑦ 冯乐耘、李鸿健：《档案保护技术学》，中国人民大学出版社，1991 年。

⑧ 陈夫山、陈玉放、隆言泉等：《纸的老化及其耐久性能》，《北方造纸》1997 年 3 期。

⑨ 胡惠仁、谢来苏、石淑兰：《酸碱性物质对档案资料用纸老化的影响》，《中国造纸》1999 年 2 期。

⑩ 乔晓秋：《纸张酸性来源与档案保护》，《吉林师范大学学报》2003 年 1 期。

⑪ 李玉虎、车增亮：《档案纸张酸度检测与分析》，《中国造纸》1987 年 1 期。

⑫ 韩秀琴、张美芳、林媛：《酸对纸质档案的影响》，《档案学通讯》2000 年 4 期。

⑬ 王心琴：《浅析纸张老化的原因》，《档案与建设》1997 年 9 期。

⑭ 刘全校、刘伟、朱万亮等：《碱性纸张老化的影响因素探讨》，《黑龙江造纸》2002 年 4 期。

⑮ 瞿耀良：《再论文件纸张的老化》，《中国档案》1995 年 12 期。

⑯ 张清志：《文献纸张自然老化的机理特点和规律》，《档案保护》1996 年 2 期。

⑰ 赵学庄：《化学反应动力学原理》，高等教育出版社，1984 年。

⑱ 麻新纯：《档案修裱中 CMC 糨糊与小麦淀粉糨糊的比较》，《广西民族学院学报》1996 年第 2 卷 1 期。

⑲ 翟大昌：《彩喷纸涂敷层用聚醋酸乙烯酯胶粘剂的研制》，《黏接》2007 年第 28 卷 3 期。

⑳ 沈一丁、李刚辉：《阳离子丙烯酸酯共聚物乳液制备及对纸张增强性能的影响》，《高分子材料科学与工程》2004 年第 20 卷 5 期。

㉑ 徐方圆、邱建辉、孙振乾：《含氟聚合物加固保护纸质文物研究》，《文物保护与考古科学》2004 年第 16 卷 4 期。

㉒ 吴向波：《纳米材料对纸质档案保护影响初探》，《湖北档案》2005 年 9 期。

（原载《中国文物保护科技协会第七次学术年会论文集》，科学出版社，2013 年）

清雕漆描金宝座材料与工艺研究[*]

一 引 言

漆器是中华民族杰出的发明和创造，是中华民族对于人类文明的伟大贡献。河姆渡遗址出土过一件新石器时代的内外有朱红漆髹涂的木碗。进入夏、商，髹漆工艺已有发展，漆器品种增多。西周、春秋时期，镶嵌、螺钿、彩绘工艺成熟。战国、秦、汉漆器制造逐渐走向繁盛时期。魏、晋、南北朝，朱斑漆、平脱、末金镂形成并发展。时至唐、宋、元时期，各类漆器逐渐齐备，雕漆工艺则达到了历史的顶峰。明、清时期，漆器工艺有了进一步发展和繁荣，生产漆器场所遍及全国许多省市。

南京博物院藏清雕漆描金御座即皇帝坐的宝座，木胎，雕红漆，整体呈长方形，下有底座相连，前面设一脚踏，椅背方形，上方有一弧起的靠枕（图1）。整个宝座满雕龙纹、蝠纹、勾连云纹、回纹及贯套纹、石磬纹等，做工细腻，雕刻精细，富丽堂皇，椅背中心及背面和两扶手侧面还用黑漆描金勾绘莲纹，该件雕漆龙福祥云宝座，原存放承德避暑山庄，为热河行宫内皇帝的御座，系清代晚期江南扬州两淮盐政的贡品^①。

图1 宝座全貌

* 本文由陈潇俐、万俐合作撰写。

由于年代较久，有机类文物又易受各方面影响而老化，宝座现已有多处病害，急需保护修复。在保护修复之前进行检测分析、整理研究宝座资料，对研究清代家具及漆器的制作工艺具有重要的意义，也有利于对宝座进行科学的保护修复。

二　研究方法

（一）厚度测量

此宝座是在木质胎体上先"做灰"，后髹漆而成的。经测量，木质胎体的厚度为 5cm 左右，苎麻"做灰"层的厚度为 0.2cm 左右，雕漆的厚度为 0.5cm 左右。各层厚度分明。

（二）胎体材料鉴定

将宝座掉落的胎体残片制作成切片，在 OLYMPUS BX－51 研究用显微镜下观察和照相。其宏观和显微构造特征为鉴定依据。

（三）漆分析

采用美国 Nicolet 公司生产的 Magna750 型傅里叶变换红外光谱仪，将宝座掉落的胎体残片上的红漆，制成 KBr 压片，作红外分析。

三　研究结果和讨论

（一）胎体材料

胎体木材黄褐色稍发绿。生长轮明显，轮间呈深色带，散孔材，管孔具侵填体；导管在横切面上为单管孔及断径列复管孔具侵填体。轴向薄壁组织油细胞多木射线非叠生；单列射线少，多列射线通常宽 2~3 个细胞，高 3~35 个细胞；射线组织异性Ⅲ及Ⅱ型；射线细胞中充满树胶，油细胞多。射线与导管间纹孔式为刻痕状与大圆形（图2）。

依据所观察的木材构造特征，对照相关资料和标准图谱[②]，确定宝座胎体为樟科（Lauraceae）桢楠属（*Phoebe*）树种，其商品名为楠木。

漆器用木，贵在体轻质坚，耐打磨不起绒，木性要稳定，以防弯翘、变形、开裂，常以楠木为上等用料，而楠木以陈旧多年以至上百余年为佳[③]。故此宝座胎体用料佳。

（二）红漆

对宝座的胎体进行了傅里叶红外分析。结果与桐油、大漆的红外分析图进行对比（图3）。

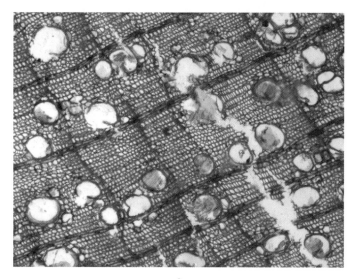

a

b

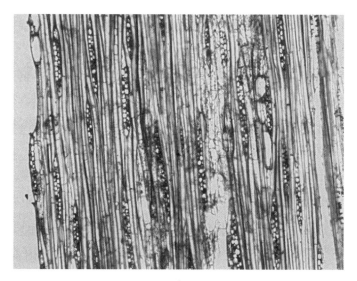

c

图 2 宝座胎体显微构造三切面

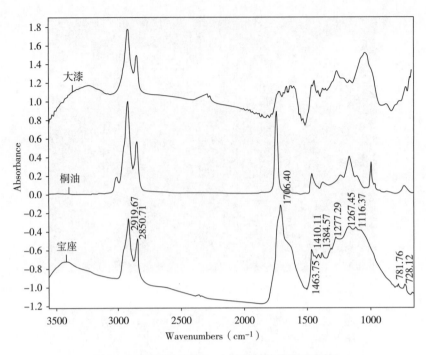

图 3　宝座红漆与桐油、大漆的红外分析图比较

由图 3 可以看出，宝座红漆与桐油的红外图谱很相近，而大漆的红外图谱可能被桐油的覆盖了，但可以确定宝座的调漆工艺中加了桐油，这也是传统的髹漆材料。桐油是经过熬制的植物油，干性慢，光泽好，兑入漆中，可以调节漆膜的干燥速度，提高漆膜的光泽度。民间有"漆无水不干，无油不亮"的说法④。

沈福文《漆器工艺技法撷要》载：色漆的调配，一般用半透明漆 100，调银朱 130～180。另一种调配，是用上等生漆滤净后，加入桐油 40%～50%，再加入颜料。颜料和漆的比重根据色调的要求而增减⑤。

（三）髹漆工艺

1. 描金

宝座的漆面上有用金色描绘华文进行的装饰，此描金是在黑漆地上进行的（图 4、5）。

《髹饰录》描金条载："描金，一名泥金画漆，即纯金花纹也，朱地，黑质共宜焉。"杨明又注曰："泥薄金色，有黄、青、赤，错施以为象，谓之彩金象。"描金工艺过程，沈福文《漆器工艺技法撷要》载：在完成推光的黑色漆面上，用金脚漆描绘花纹线条。待绘漆干燥到百分之九十以上（漆面尚未完全干固），用丝绵着金箔细粉，轻轻将金粉揩上。漆线完全干固后，再用丝绵揩除多余的金粉，即成描金花纹⑤。乾隆十四年《工部则例》卷二十七《泥金作用料则例》及卷二十八《泥金作用工则例》有关于描金的条款："凡漆上开描泥金龙凤花草等项，内务府每折见方一尺，用金一百八十张。制造库无定例。今拟每折见方一尺用金十八贴，水胶六分。""凡漆上开描泥金龙凤花草等项，内务府每折见方尺四尺，用匠一工。制造库无定例。今拟每折见方四尺，用描金匠一工[⑥]。"

2. 雕漆

宝座上逐层髹漆至数百层，干后用刀剔刻有层次的花纹（图4、5）。此雕漆为剔红（雕红漆）。

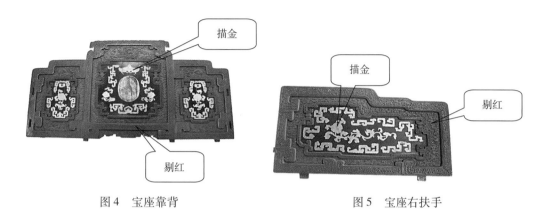

图4　宝座靠背　　　　　　　　　图5　宝座右扶手

剔红工艺过程，沈福文《漆器工艺技法撷要》载：将漆胎全面刷上一层薄细漆灰，干后打磨顺滑。在漆灰胎上全面髹涂色漆，待表面干后（实际未干透），再用同样色漆全面髹涂（约每24h髹涂2次），如是办法，连续髹涂，约百次左右，达到所需要的厚漆层为止。漆胎上的厚色漆层，未完全干硬，质较软，漆面上黏贴上用薄纸拷贝的花纹稿，依照花纹浮雕面的要求进行雕镂。全面雕镂完成后，放进烤房架子上，慢慢烤干透，温度不宜高（二周左右）。厚漆层干透后，漆层浮雕面低陷部分全面填入极细的细沙，略为显出的漆面，进行磨平。若不填入打磨时有发生崩脱的可能。顶面磨后，即将细沙清除、洗涤干净，刷上抛光油，进行刷出光亮。浮雕全体为朱红色，叫做剔红[⑤]。

（四）纹饰

1. 描金纹饰

宝座上描金的纹饰有蝙蝠纹、折枝牡丹纹、夔纹、缠枝牡丹等（图6、7）。寓意富贵吉祥。

2. 剔漆纹饰

宝座上剔漆纹饰有龙纹、玉壶纹、回纹、卷云纹、草云纹、蝙蝠纹（图6、7）。寓意祥和如意。

三　结　论

纵观中国髹漆历史，明、清时期，宫廷作品，也专设作坊、工厂制造，用漆之多，前所未有。为后世的髹漆业打下了坚实的基础。南京博物院藏清雕漆描金宝座各层厚

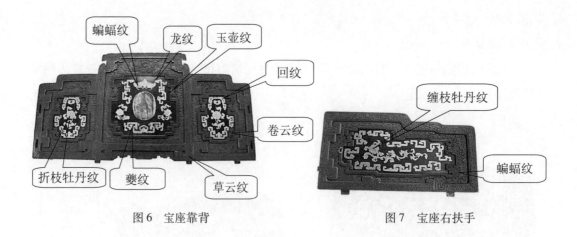

图 6　宝座靠背　　　　　　　　　　　图 7　宝座右扶手

度分明，木质胎体的厚度为 5cm 左右，苎麻"做灰"层的厚度为 0.2cm 左右，雕漆的厚度为 0.5cm 左右。宝座胎体的材料为樟科桢楠属树种。在调漆工艺中加了桐油。其髹漆工艺是传统的清代描金、剔红工艺和纹饰。此研究有利于宝座之后的科学的保护修复，也对研究清代家具及漆器的制作工艺具有重要的意义。

注释：

① 徐湖平：《物华天宝南京博物院珍藏》，（香港）伦敦出版有限公司，2001 年。

② 成俊卿、杨家驹、刘鹏：《中国木材志》，中国林业出版社，1992 年。

③ 乔十光：《中国传统工艺全集漆艺卷》，大象出版社，2004 年。

④ 张燕：《扬州漆器史》，江苏科学技术出版社，1995 年。

⑤ 沈福文、李大树：《漆器工艺技法撷要》，轻工业出版社，1984 年。

⑥ 王世襄：《髹饰录解说》，文物出版社，1983 年。

（原载《文物保护与考古科学》2011 年第 23 卷 2 期）

柒　专利与感想

氟橡胶作为文物保护剂的应用

一　技术领域

本发明涉及一种文物保护剂，特别涉及一种用氟橡胶作为文物保护剂的应用。

二　背景技术

目前，文物保护对于有着悠悠五千年灿烂历史的中国显得越来越重要。对于出土的古代青铜器、陶器、纺织品、木漆器、纸张，及暴露于野外的石器，暴露于空气中的壁画等文物进行保护是一项复杂和艰巨的任务。影响文物的环境因素主要是温度、湿度、空气污染和光线辐射等，特别是现代化工业所形成的工业污染对文物造成了严重的破坏。因此，保护文物就显得非常重要。而文物保护涉及方方面面，但最重要的原则是必须"修旧如旧"、可逆性和耐久性。为了达到这个目的，人们想出了许多文物保护的方法和技术。

在本发明之前，人们采用微晶石蜡、三乙醇胺、石油溶剂配成溶液，三甲树脂、B72 树脂、502 胶、硅丙树脂、丙烯酸树脂等对青铜器和铁器文物进行加固保护；采用聚醋酸乙烯酯乳液、有机硅树脂、聚乙二醇、聚乙二醇缩丁醛、B72 树脂、聚四氟乙烯、丙烯酸酯乳液等对彩绘陶与壁画进行保护；采用羟甲基尼龙乙醇溶液、聚乙烯缩丁醛乙醇溶液、聚甲基丙烯酸丁酯甲苯溶液、丝胶、乙基纤维、聚对五苯基二甲基、B72 树脂、聚乙烯醇、聚对二甲苯、丝网加固等对纺织品、纸质文物进行保护；采用环氧树脂、硅丙树脂、B72 树脂等对石质文物进行保护；采用 B72 树脂、硅丙树脂、聚四氟乙烯等作为封护剂对脆弱青铜、铁器、彩绘进行保护；采用 B72 树脂、有机硅树脂、氟硅树脂等作为封护剂石质、砖、瓦文物进行保护；采用氟碳树脂、聚乙烯醇、B72 树脂、有机硅树脂等对竹、木、漆器等文物进行保护。

上述方法和技术对文物有一定的保护作用，但更存在一些严重的缺陷。B72 树脂、丙烯酸树脂、聚乙烯醇缩丁醛、聚甲基丙烯酸树脂、羟基尼龙乙醇、502 胶、三甲树脂、微晶石蜡、环氧树脂、硅丙树脂、氟碳树脂、聚四氟乙烯树脂、氟树脂等在加固和作为脆弱青铜、铁器、石质、陶器等文物封护时，表面产生光泽，即亮光，且是原文物没有的，因此不符合《文物保护法》中有关"修旧如旧"的原则，这是不被允许的，也是文物保护中的大忌。丙烯酸树脂、三甲树脂、硅丙树脂、B72 树脂、环氧树脂、氟碳树脂、502胶都属硬性树脂，对纺织品、纸质、木漆器、彩绘陶等加固后，易发硬，在未加固与加固的界面上产生应力不一，造成起壳、折断，从而损伤文物，其老化性能差。环氧树脂、氟碳树脂是不可逆的，B72树脂、丙烯酸树脂、硅丙树脂、有机树脂、聚乙二醇缩丁醛虽然可逆，却须在特定的溶剂中浸泡几十小时，在这个浸泡过程中容易损坏文物。其他文物保护方法中如涉及酸性的聚醋酸乙烯乳液和聚乙烯醇，时间长了易生蛀虫，还易聚灰，使文物产生灰蒙蒙的感觉，改变了文物保护前的原貌。

三　发明内容

本发明目的就在于克服上述缺陷，设计一种全新的文物保护技术和方法。

本发明者的技术方案是：氟橡胶作为文物保护剂的应用，其主要技术特征在于氟橡胶溶于有机溶剂中，其溶解液涂敷于文物表面。

其进一步的技术方案是：其主要技术特征在于氟橡胶2311，即偏二氟乙烯和三氟氯乙烯的共聚物，其结构式为：

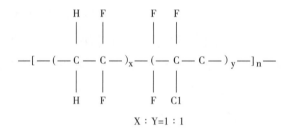

$$-[-(-\overset{\overset{\displaystyle H}{|}}{\underset{\underset{\displaystyle H}{|}}{C}}-\overset{\overset{\displaystyle F}{|}}{\underset{\underset{\displaystyle F}{|}}{C}}-)_x-(-\overset{\overset{\displaystyle F}{|}}{\underset{\underset{\displaystyle F}{|}}{C}}-\overset{\overset{\displaystyle F}{|}}{\underset{\underset{\displaystyle Cl}{|}}{C}}-)_y-]_n-$$

X：Y=1：1

本发明的优点和效果在于将应用于工业制造业的垫片、密封圈的特种橡胶即氟橡胶转而用于文物保护剂，利用其超越的抗氧化性能，使加固文物的封护膜持久保护文物，耐老化性能得以加强；其成模后具有一定的弹性，从而避免了变脆、发硬、龟裂、起皮等现象；加固和封护文物后，在文物表面不产生光泽即亮点，"修旧如旧"，有高度的自洁性，不粘灰；可逆性只需要通过丙酮擦洗即可清除实现；本发明工艺简单、操作方便、可靠性好、成本低、适用面广、效果佳。

附图说明

图1——本发明应用战国脆弱矛尊加固与封护图

图2——可观察矛尊的防水接触角的效果图

图3——春秋酥松红陶鬲加固与封护图

图4——可观察红陶鬲的防水接触角的效果图

图5——纸张文物图（左未涂氟橡胶－渗水，右为涂氟橡胶－不渗水）

图6——氟橡胶保护的汉代纺织品图

图7——纺织品的防水接触角图

四　具体实施方式

用料是氟橡胶，即氟橡胶2311，即偏二氟乙烯和三氟氯乙烯的共聚物，其结构式为：

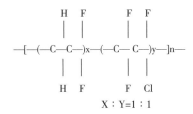

$$X : Y = 1 : 1$$

有机溶剂可选用丙酮、丙醇、醋酸乙酯、醋酸丁酯、有机硅丙烯酸树脂、B72 树脂、有机硅玻璃树脂、甲基丙烯酸甲酯、甲基丙烯酸丁酯、甲基丙烯酯乙酯。

实施例1：作加固剂。

取含量为10%的氟橡胶溶于50%丙酮、50%乙酸丁酯（或丙醇、醋酸乙酯）有机溶剂中，直至完全溶解，然后涂敷于脆弱青铜器、铁器、彩绘陶、漆器、纺织品、纸张、石质、砖、瓦等文物表面，对文物进行加固。

实施例2：作加固剂。

用8%氟橡胶溶于50%丙酮、50%乙酸丁酯（或丙醇、醋酸乙酯）、10%有机硅丙烯酸（或有机硅丙烯酸树脂、B72 树脂、有机硅玻璃树脂、甲基丙烯酸甲酯、甲基丙烯酸丁酯、甲基丙烯酸乙酯的一种或两种以上）有机溶剂中，以完全溶解为止，然后涂敷于脆弱青铜器、铁器、彩绘陶、漆器、石质、砖、瓦等文物表面，对文物进行加固。

实施例3：作封护剂。

9%氟橡胶溶解于50%丙酮、50%乙酸丁酯（或丙醇、乙酸丁酯、醋酸乙酯）的有机溶剂中，待完全溶解后涂敷于文物表面作封护剂。

附　图

图1　本发明应用战国脆弱矛尊加固与封护图　　图2　可观察矛尊的防水接触角的效果图

图3　春秋酥松红陶鬲加固与封护图　　　图4　可观察红陶鬲的防水接触角的效果图

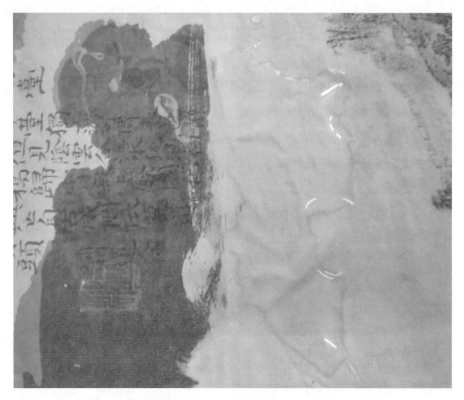

图5　纸张文物图

（左未涂氟橡胶—渗水　右为涂氟橡胶—不渗水）

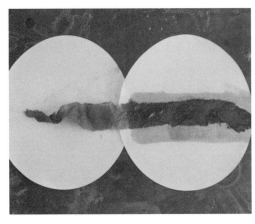
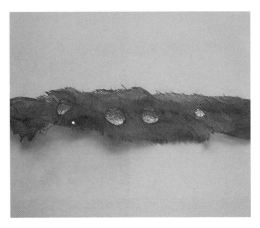

　图6　氟橡胶保护的汉代纺织品图　　　　　　图7　纺织品的防水接触角图

　　以上实施例中选取氟橡胶含量为1%～10%，含量高制作的加固剂、封护剂可能会出现层膜流淌不均匀现象，不能符合文物保护"修旧如旧"的要求，成本也高，造成浪费。

　　以上实施例中可逆性好，只要用丙酮擦洗即可去除加固剂或封护剂，不带走文物任何物质，还原文物真相。

　　　　　　　（原载《专利》，国家专利局发明证书专利号：ZL 2004 1 00412 44.0）

一种纸质文物修复用纸造纸设备系统

一　技术领域

本实用新型涉及一种文物设备，特别涉及一种纸质文物修复造纸设备。

二　背景技术

纸质文物作为一种文化载体，承载了人类的思想、智慧、历史和创造，是伟大文明的一部分，担负着为国家民族传承文明与凝聚精神的使命。纸质文物天生脆弱，和其他介质的文物相比，易受到虫蛀、鼠齿、酸化、霉菌侵蚀以及光、温度、空气及有害气体的影响而产生破坏、受损，每年因为这些因素造成的损失时有发生，有的甚至十分严重。脆化、残破、蛀洞是博物馆、图书馆和档案馆馆藏纸质文物中最为常见的病害。

在本实用新型发明之前，对脆弱纸质文物的修复，一般采用托裱法，此法从唐宋以来一直沿用至今；还有就是纸浆修补机，替代传统手工修补方法，修补残破纸质文物；近些年来修补纸张的缺损部分时，将修复纸张边缘弄薄再黏结，或者是对于急需修复的大量的纸质文物实行 DIPS 式（数字技术）的修复，或者是抄纸镶嵌式的修复，都是根据原纸的特性和状态有目的地选择修复方法。这些修复技术虽然对纸质文物修复都起到了一定的作用，但是由于目前修复用纸一直采用市售批量生产的纸张，属商品纸，难免会有因与所修复纸质文物纤维不同而造成排斥的隐患存在，不符合文物修复中所需的同种材料修补的要求。比较理想的修复方法是采用同质修复，即采用相同纸张来修复纸质文物。而专门要求造纸厂为文物修复用纸生产在经济上不合算，无法生产。因此，能够生产少量同质修复用纸的造纸设备的研制显得尤为重要。

三　发明内容

本实用新型的目的就是克服上述缺陷，研制一种纸质文物修复造纸设备。

本实用新型的技术方案如下。

一种纸质文物修复用纸造纸设备系统，其主要技术特征在于碎浆机至捞纸槽至捞纸架至压榨机至晒纸板；所述的碎浆机中，有机玻璃罩盖在碎纸刀片上，碎纸刀片架在刀架上，电动机通过皮带连接碎纸刀片，出浆口设置在碎浆机槽的前端；所述的捞纸槽中，搅拌器在捞纸槽槽体底部，槽体架在最下面，出水口设置在捞纸槽槽体的前端；所述的捞纸架中，纸帘在框内部，边缘有铰链，在框两边各设有扶手；所述的压榨机中，最上处为转盘，螺旋杆架在支撑架上，在螺旋杆下面连接着压榨面板，底部为纸张托板，在边缘有出水口；所述的晒纸板的框架内有四块金属板，在框架一边设有开关。

本实用新型的优点和效果在于纸质文物修复室内实现了自主造纸，利用造出的纸张修复同类纤维的纸质文物，使得纸质文物修复后不发生排斥等现象而能够更好地保存；利用造出的纸进行古代纸张的科学研究；能够制造出各种不同类别的手工纸，如竹纸、棉纸、宣纸等等手工纸；能够制造出与所需修复纸质文物造纸原料相同的手工纸。

本发明将传统造纸工艺与现代机械技术相结合，将传统的手工造纸工艺的设备改进为造型合理、操作方便的用于纸张试验室、纸张档案修复、字画装裱修复专用造纸机，根据待修复纸质文物的特点，生产出相似或者相同的纸张。

本实用新型的其他优点和效果将在下面继续说明。

附图说明

图 1——碎浆机结构示意图
图 2——捞纸机结构示意图
图 3——捞纸帘结构示意图
图 4——压榨机结构示意图
图 5——晒纸板结构示意图

四 具体实施方式

下面结合一个具体的实施例对本实用新型作进一步说明。实施例是为说明而非限制本实用新型。

如图 1 所示，这是碎浆机，（从左向右）最上面的有机玻璃罩 1 盖在碎纸刀片 2 上面，碎纸刀片 2 架在刀架 3 上，碎浆机槽 4 中设有碎纸浆的斜坡面 5，电动机 8 及皮带 7 在保护装置 6 内，而保护装置 6 在机槽 4 外侧，进料口 10 在碎浆机上端玻璃罩两侧，出浆口 9 设置在机槽 4 的前端。

如图 2 所示，这是捞纸槽，（从左向右）最外部为槽壁 11，搅拌器 12 在捞纸槽槽体底部，槽体架 14 在最下面，出水口 13 设置在捞纸槽槽体的前端。

如图 3 所示，这是压榨机，（从左向右）最上处为转盘 15，螺旋杆 16 架在支撑架 17 上，在螺旋杆 16 下面连着压榨面板 18，底部为纸张托板 19，在边缘有出水口 20。

如图 4 所示，这是捞纸架，（从上向下）最外部为整个架子的框 21，纸帘 22 在框内部，边缘有铰链 23，在框两边各设有扶手 24。

如图 5 所示，这是晒纸板，（从上向下）最外部为晒纸板的框架 25，内有四块金属板 26，在框架一边有开关 27。

使用本实用新型时需注意如下步骤。

选用与纸质文物相同的造纸原料通过进料口 10 投入碎浆机（见图 1）中，启动电动机 8 带动刀片 2 进行碎浆，由于斜坡面 5 的存在，原料受重力作用向下流动时刀片 2 连续对其进行粉碎，经过一段时间的粉碎，达到符合要求的时候，将碎浆机内的纸浆通过出浆口 9 流出，利用桶转移至捞纸槽（见图 2）内，向捞纸槽内注入清水，启动搅拌器 12，使得纸浆在捞纸槽内分散均匀，根据需求纸张的厚度、密度，选择不同的纸帘 22，并安装好捞纸架（见图 4），双手握架子上的扶手 24 在捞纸槽内进行抄纸，然后将捞纸架上的纸取下置于压榨机（见图 3）的纸张托板 19 上，重复抄纸，并将它们都置于纸张托板 19 上，然后顺时针转动转盘 15，通过螺旋杆 16 不断向下挤压，待挤出的水分通过出水口 20 流出后，逆时针转动转盘 15，松开压榨面板 18，将纸层层揭取后置于晒纸板（见图 5）的金属板 26 上，每次可以放四张，按下开关 27 进行加热，待纸张干后即可取下纸张用于修复。

修复时选用与所需修复纸质文物造纸原料相同的纸张，可有效避免因造纸原料不同而造成排斥的隐患。

该发明中，造纸设备相对于传统造纸的方式有了明显的改进和创新，碎浆机采用电动机及可变换刀口对造纸原料进行粉碎，取代传统的人工粉碎；捞纸槽内的搅拌装置比较有效得保证了纸浆的均匀分散；捞纸帘下骨与捞纸框架之间采用铰链连接，并在捞纸架两端安装了扶手，较利于抄纸的进行；压榨机采用了螺杆旋拧方式对纸进行加压脱水；晒纸板有 4 块自由拆装的加热板，能快速干燥纸张，节省了时间和空间，不受外界温湿度的影响。

附　图

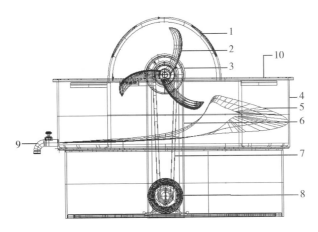

图 1　碎浆机结构示意图

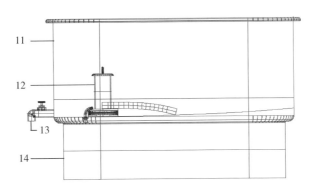

图 2　捞纸机结构示意图

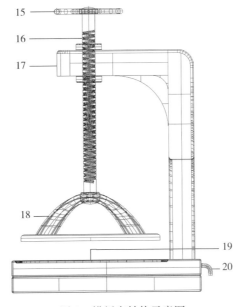

图 3　捞纸帘结构示意图

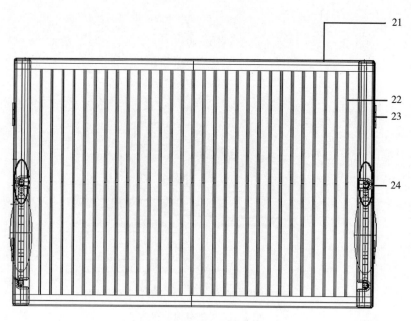

图4　压榨机结构示意图

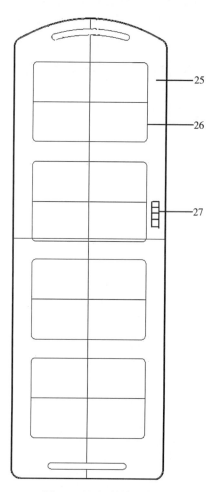

图5　晒纸板结构示意图

（原载《专利》，国家专利局专利证书号：ZL 2010 2 0157307. X）

在古墓葬墓室斜撑木纠偏中
应用的不锈钢支架

一　技术领域

本实用新型涉及一种文物保护中应用的支架，特别涉及在古墓葬墓室斜撑木纠偏中应用的不锈钢支架。

二　背景技术

古墓葬经过考古发掘之后，由于墓室环境发生了很大的变化，许多重要墓室的葬具及结构正发生劣化而不断破坏。尤其突出的问题是由于墓室斜撑木的不断干缩而变形、开裂、断裂，墓室的整体结构发生倾斜。因此，对斜撑木的纠偏刻不容缓，以防止其进一步倾斜而坍塌。

在本实用新型发明之前，可借鉴的在工程上常用的纠偏技术有迫降纠偏和顶升纠偏，前者主要包括人工降水纠偏法、堆载纠偏法、地基部分加固纠偏法、浸水纠偏法、钻孔取土纠偏法、水冲掏土纠偏法、人工掏土纠偏法等，后者包括砌体结构顶升纠偏法、框架结构顶升纠偏法、其他结构顶升纠偏法、压桩反力顶升纠偏法、高压注浆顶升纠偏法等。这两种纠偏技术都能够在一定程度上改变墓室斜撑木的倾斜问题。但是，由于墓室内100多根斜撑木倾斜的角度不一致，并且斜撑木的强度不一致，无论采用迫降还是顶升都遇到较多的不确定因素，很有可能在纠偏的过程中，斜撑木断裂而导致整个工程的失败。

三　发明内容

本实用新型的目的是克服上述缺陷，研制一种在古墓葬墓室斜撑木纠偏中应用的支架。

本实用新型的技术方案是：

在墓室内指定位置安装龙门架，通过起吊斜撑木至足够角度后，将不锈钢钢管支架植入墓室底部并焊接，然后将斜撑木放下并靠在不锈钢钢管支架上。

本实用新型的优点和效果在于在起吊斜撑木的过程中，可随时观察斜撑木的状况，并能够不断调节斜撑木的角度。斜撑木靠在不锈钢钢管上之后，可以随时监测不锈钢钢架的稳定性，也就保证了斜撑木的稳定性。

本实用新型的其他优点和效果将在下面继续说明。

附图说明

图1——单个不锈钢钢管纵支架图1侧面

图2——单个不锈钢钢管纵支架图2侧面

图3——不锈钢钢管支架整体图

图中各标号表示部件如下。

纵支架1、横向底座焊接点3、4、5、6，中部横向支架焊接点7、8、9、10，顶部横向支架焊接点11、12；纵支架2、横向底座焊接点3、4、5、6，中部横向支架焊接点7、8、9、10、11、12、13、14，顶部横向支架焊接点15、16。焊接点连接对应的不锈钢钢管。

具体实施方式

下面结合一个具体的实施例对本实用新型作进一步说明。实施例是为说明而非限制本实用新型。

如图1、2所示。

纵支架有1和2；横向底座3～6分别在对应的焊接点与支架1连接；中部横向支架7～10分别在对应的焊接点与支架1连接；顶部横向支架11、12分别在对应的焊接点与支架1连接；横向底座3～6分别在对应的焊接点与支架2连接；中部横向支架7～14分别在对应的焊接点与支架2连接；顶部横向支架15、16分别在对应的焊接点与支架2连接。

如图3所示。

整体支架中，前一段采用纵支架1，后一段采用纵支架2，底座3～6和支架7～12为两段都用，而横向支架13～16仅用于连接纵支架2那一段。

本实用新型应用过程说明：

如图1、2、3所示，不锈钢钢管支架采用工业用不锈钢钢管，厚度5、外径60mm。钢管在墓室外跟段切割、制作。

同时吊起两侧葫芦，纠偏到足够角度后，抬入不锈钢钢管支架1或者2，将第一横向底座3、第二横向底座4放在一边，将第三横向底座5、第四横向底座6放在另一边，在纵支架1对应的焊接点进行平行焊接，临时点焊固定；连接中部及上部相应焊接点的不锈钢钢管支架7～12；缓慢放下斜撑木，靠在不锈钢钢管支架11、12上；焊接牢固不锈钢钢管支架；检查纠偏结果，确认无误后松开葫芦；移动龙门架进行下一根斜撑木的纠偏。

在操作过程中，不锈钢钢管支架高度可以根据斜撑木的长短进行调节，将支架置于斜撑木的最佳受力点，能够保证斜撑木不发生断裂和滑移。

附　图

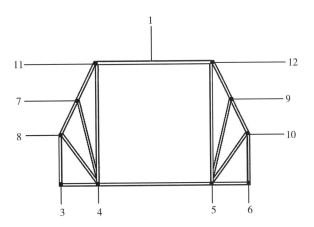

图1　单个不锈钢钢管纵支架图侧面1

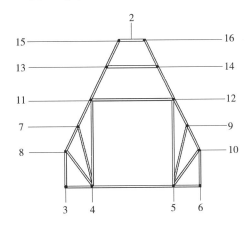

图2　单个不锈钢钢管纵支架图侧面2

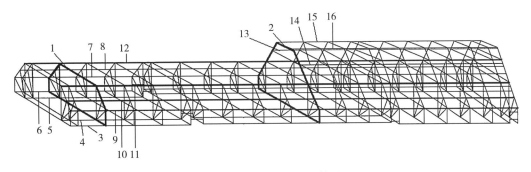

图3　不锈钢钢管支架整体图

（原载《专利》，国家专利局专利证书号：ZL 2011 2 0241032.2）

赴日研修见闻及感想

笔者受南京博物院的派遣，于 1992 年 10 月～1992 年 12 月赴日本奈良国立文化财研究所研修。在研修期间，对日本文物保护特别是青铜器的保护作了了解，并走访了日本的重要无形文化财（民间艺人，日本称人间国宝），探讨了日本民间工艺的起源与现状，学习了日本田野考古遗址遗迹的保存方法及现代科技分析仪器在文物中的应用。笔者根据在日研修的所见所闻和我国文物修复的状况，简述相关的问题。

一　见　闻

（一）文物保护

日本奈良国立文化财研究所是国家级的考古学研究机构，该所于 1969 年设立的遗址遗物保护处理研究室在考古学化学保护方面是日本的权威机构，它拥有的设备之完善、手段之先进，堪称世界一流。

1. 设备：全自动 X 线无损荧光 X 线分析装置，分析型扫描电子显微镜，全试料式 X 线回折分析装置，扫描型奥吉电子分光分析装置，高周波诱导型等离子体发光分光分析，红外线分光装置、示差热分析装置、X 线透视摄影装置、图像解析系统、强度试验机，号称十大分析仪器。保护处理设备有：减压浸透装置、电解式脱盐处理装置、喷砂仪、真空冻结干燥前处理装置、真空冻结干燥装置、PEG 浸泡槽。

2. 分析方法：文物的材质分析，日本非常强调在无破坏性的条件下进行，所采用的代表方法为荧光 X 线分析法，金属制品的分析，尽可能用原子吸收分光光度计，在遗物锈蚀严重的情况下，用 X 线回折、高倍显微镜等观察分析，用紫外线——可分见分光光度计测定有机物的成分。文物上凡是人肉眼看不到的模糊的铭文、裂缝及木雕、漆器、金属文物处理前的诊断，采用 X 线透视照相法。

3. 保护技术：A. PEG 含浸法；用 PEG－4000 的 5% 的水溶液浸泡木材，然后一点点提高浓度，最终浓度达到 100%。PEG 的浸透需要相当长的时间，如一根直径 30、长 100cm 的木头，一般需经过半年或一年的 PEG 浸泡过程。B. 真空冻结干燥法：将木材内部的水分给予冻结，高真空下使之升华的方法。长 5、宽 3、高 2cm 的木材使其自然水分的升华干燥约 20h。C. 合成树脂强化法：用表面张力小的有机溶剂将木材中的水分置换出来，从而使其干燥。D. 铁器的处理：首先用温水抽出盐化物和用碱溶液置换法进行脱盐，然后用合成树脂在减压条件下浸透。E. 铜器处理：①电解除去盐化物和阴离子；②倍半碳酸钠浸泡；③苯骈三氮唑保护。通常经除锈后用苯骈三氮唑封护后，再在减压条件下用 B72 合成树脂浸透。

4. 遗迹的保护：遗址发掘后一般都要回填，这就给遗址中的地层和灰坑造成了不可估量的损失，虽然可以绘图、照相、录像，但总不如本身清晰。日本是一个地震多的国家，由地震而引起的地层变化，从剖面上看是非常有价值的。为此，1980 年该室创造了深层泥土标本的采集法。其工艺流程是，地表面削平涂 RR51 合成树脂——敷贴布——涂树脂——固化——揭取——冲洗。对待人骨架和其他结构的遗迹，采用聚氨酯现场发泡固定，固化后铲下一定厚度的泥取回室内。

5. 修复：日本的漆器修复非常细致，首先对残破的漆片作剖面材料层次的分析和观察，根据分析的结果制订修复方案；一般的铜器、陶器，由临时工兼任。铜器用丙烯酸类的树脂黏合，陶器为配合考古室内的整理，一般有一条完整的流水线，即清洗拼接、黏合、修整和绘图。每一项由专人负责，材料为聚甲基丙烯酸甲酯类。重要的文物由无形文化财的拥有者或团体修理。

6. 人员的组成：遗物处理研究室只有三位国家正式的公务员，另外四位是临时聘用的年轻人。但是他们却要肩负日本关西片的遗物处理（包括十大仪器的操作），配合田野考古的文物保护，另外承担每年二次的全国都、府、县文物办事人员的培训任务（包括亚洲地区的其他国家派送的研修生）。可以想象，每一个研究人员的素质之高，工作量之大，令人叹服！

（二）传统工艺

日本把传统工艺称为无形文化财。珍贵的文物，如金属或漆器类，就由金工漆艺方面的无形文化财修理，日本的文物修复从什么时候开始，一下子没有足够的材料加以证明，但不妨从以下方面作一些推测：

1. 日本的文化是从中国经朝鲜半岛传去的，50 年左右即日本弥生式时代中晚期（中国的后汉时期）出土有青铜剑、铁器、青铜车马器等。710～794 年是日本古代奈良时期（中国唐玄宗时期，753～754 年中国鉴真和尚东渡日本成功），现收藏在日本奈良国立博物馆奈良时代正仓院的国宝都出于此年代。

2.《铜器之说》是一本日本的古代书籍，书里记载了铜器的塑形与浇注。令人感兴趣的是里边记载了与我国明代宣德炉相仿的颜色和合金配方。

3. 自 1971 年日本太政官布告的"古器旧物保存方法"1950 年颁布了文化财保护法，此后，为了适应社会经济形势的急剧变化及文化财开发事业的发展等时代的要求，又在 1954 年、1974 年两次修改文化财保护法。在法律的保护下，日本工艺技术方面的重要无形文化财得到了保护，如陶艺、漆艺、金工、木工、截金等。

据此三点，我们不妨有一个初步的认识，日本的传统工艺技术即无形文化财的历史大致可追溯到 750 年，出土文物的器形和纹样单一说明工艺的简单。所以我们说，日本文物修复的历史不算很长。

据《日本文化财保护的现状》（《文物保护与考古科学》1992 年 2 期）一文介绍，日本重要无形文化财工艺技术方面的人员和团体数量十分有限。日本现行文化财保护的种类有有形文化财、无形文化财、民俗文化财，纪念物和传统建筑群等 5 种，其中被国家指定保护的工艺技术无形文化财，有个人 25（件）、35（人）、团体 11 件。为此，每年日本文化厅对国家、重要无形文化财的保护都下拨大量的经费。日本各工艺技术保持会相继编辑了"人间国宝"工艺篇全 43 卷，如"民艺陶器"、"色绘瓷器"、"型绘染"、"雕漆"、"髹漆"、"铸金"、"蜡形铸造"、"雕金"、"日本刀"、"刀剑研磨"、"木工艺"、"竹艺"、"衣裳人形"、"纸塑人形"等等。笔者在日期间有幸拜会了被日本文化厅指定并得到日本传统文化振兴财团奖励的无形文化财山本真治先生。他所在的山本合金制作所，主要是制作铜镜及其他寺院用的铜铸造工件，他们在昭和 49 年（1974 年）复活的魔镜（透光镜）制作工艺备受日本政府的重视。

无形文化财的保护和维修，是利用传统的技术、工具和材料进行，所以从山本合金制所的工场看，手工作坊很简单，工具、材料也非常笨拙，似乎和日本现代的城市不协调，但从这简陋的手工作坊里，笔者感觉到了，该作坊具有较长的历史（约有 150 年），至今仍保持得那么完整，制作的各种工件还被誉为珍贵的手工艺品出售，深受日本人民和欧洲人的喜爱。另外，文物科技人员也根据考古资料研究古代的手工艺。如奈良国立文化财研究所飞鸟资料馆，恢复日本飞鸟时代的铸造铜器和制造玻璃的情景。日本文化财的修理，大部分利用传统的技术和资料进行。社会环境的发展变化，给它们的维持和保证也带来很大困难。在这种状况下，对文化财保存技术的选定，选定技术保持者及保持团体的工作一直在进行。这也是日本政府高度重视无形文化财（传统工艺）的原因所在。

二　简略的比较

（一）技术的起源与保存

中国古代良渚文化玉器的琢刻工艺，商代青铜器铸造工艺、春秋战国时代青铜器表面装饰工艺、汉代漆器制作工艺、六朝唐宋青瓷的烧制工艺等对文物修复技术的起源和发展有着极其重要的影响。据《吕氏春秋》卷九"知士篇"记载：鲁国"惟谗鼎作岑鼎"，作为给齐国的贿赠品，"齐人曰赝也，鲁人曰真也"，这是以修复技术仿制青铜器最早的文字记载，迄今有 2300 多年的历史，比日本弥生式时代的出土文物还要早350 年。宋代翟汝文《忠惠集》记载了宋政和年间（1111～1118 年）古代青铜礼器鼎、豆、簋、洗、尊等仿制的大概情况；元代官办有"出蜡局"，民间亦有手工作坊，如杭州姜娘子、平江王吉两家都以铸铜器得名；明代由于盛行复古，出现了仿汉代的规矩镜，唐代的海兽葡萄镜和仿古炉，称为宣德炉；清代及民国，北京、上海、洛阳、苏州、潍坊都有仿古行业，其中影响、规模最大、技艺最高的是北京"万隆和"古铜局。该局及古铜张派的奠基创业人张泰恩，他先后培养的修复大师在实践中，根据铜器修复的特定要求，创造了补配中的打、拢、炮、收、杀和殷代铜器花纹雕刻的方法，并挖掘出鎏金技术，发明了作假地子和假锈的新方法。

1949 年以前，中国文物修复人员以手工作坊或被某收藏家雇佣的形式活动于社会上。1950 年后，国家把这部分人招聘到博物馆中，这时期文物修复的工种有铜器、陶器、瓷器、漆器、古钟、字画装裱技术，文物修复正式纳入博物馆的工作计划，并随着博物馆事业的发展而发展。1992 年初，中国文物修复委员会对全国文博单位的修复人员作下一次调查，"从收回的 86 份统计表来看，其中中央、省级博物馆 43 个，其他为市、县文博单位。86 个文博单位中从事专职文物修复的技术人员 240 人"，其中"金属文物修复 70 人，陶器修复 52 人、革命文物修复 12 人，装裱字画 42 人。"（参见《中国文物修复委员会第二期通讯》）。从以上的一些数据，我们可以看出金属文物及陶器的修复技术人员为多数，其次是字画装裱，瓷器修复人员除上海博物馆有专职人员外，其他馆寥寥无几，漆器修复人员全国文博单位专职的没有（保护人员除外），古钟修复技术人员后继无人。第二，金属文物修复和字画装裱，基本上沿袭传统工艺，有些工艺作了一些改良。如铜器修复，断裂者是用锡铅合金加以锚水为助焊剂焊接，变形者采用钢锯锯割裂痕敲击或掰成小碎片，也有的用加温矫形。对残缺一般采用石膏模浇铸铅锡锑或硅橡模浇环氧来配补。最后用漆做颜色，这里值得提及的是传统的配补"打、拢、炮、收、杀"和殷代铜器花纹及雕刻錾刻的方法逐渐被新的工艺所代替，春秋战国时期的错金银和绿松石的等镶嵌文物的残缺部分也逐渐被高分子材料——环氧树脂所代替。

日本的无形文化财——文物修复单位的隶属技术的保存和使用方法与中国相比有一些不同。日本的无形文化财，绝大多数为民间作坊或社会团体所拥有，他们和博物馆除业务外没有其他关系。但这些重要的工艺无形文化财被国家指定为保护对象，每年国家都要下拨大量的经费进行保护，此外由社会各界资助的日本传统文化振兴财团对重要的无形文化财的保护也起着积极的作用。由于国家和社会的高度重视，日本的工艺无形文化财在工艺流程、材料及技巧等方面都保存得相当完好，日本是一个科学技术高度发达的国家，对待重要的文物除了维修前文字和摄像记录、材质的分析、选定适合该文物温湿度的现代科学仪器外，维修则聘请社会上重要无形文化财拥有者处理。修复原则是"修旧如旧"。即修复所需材料和工艺基本要与原物保持一致。

（二）技术的水平和人员的素质

中国文物修复技术的水平就笔者掌握的资料来看（在修复中国文物这一特定的前

提下）是属高水平。如香港博物馆放置的三件修得完整的中国青花瓷器，它们分别为中国、英国、香港三位技术人员所修复，其中修复得最好的当推中国上海博物馆修复大师吴浙宜先生的作品，可谓天衣无缝。英国大不列颠博物馆聘用中国裱画师在该馆修复中国古画；中国近年来多次派修复人员到香港从事专项文物的维修。由此可见，中国文物修复技术已走出国门被世界同行所公认。日本文物修复的水平虽然在技术技巧方面受到本文化和该技术历史的局限，但是，日本民族的好胜心以及对传统技术的重视，都意味着该技术蓄藏着巨大的潜力。

从中国文物修复委员会的统计材料中可知。目前我国从事文物修复人员的总体素质还较低。日本的文保机构实行的是国家公务员制度，被录用者其文化程度均在硕士以上。他们的技能除本专业外，还具备电脑和各种文物通用分析仪器的操作技术，第一外语英语是必需的，其听、说、写，阅读能力都能达到一定的水平，第二外语、如中文一般也能阅读。

综上所述，中国文物修复技术不管在技术的种类、人员的素质及继承传统工艺的方法等方面存在着许多问题。为此，国家文物局为召开"1993 年全国文物修复技术学术讨论会"先后下了三次通知，这足以证明国家对修复这支队伍的高度重视，也是该技术今后发扬光大的希望所在。

三　设　想

笔者就中日两国修复技术目前存在的差异、根据中国的国情，谈一些我国文物修复技术今后发展的设想。

（一）抢救、继承和复原传统的修复技术

具体办法如下。首先，由国家文物和旅游部门出资，在某个中央或省级博物馆，以工艺、材料使某项传统修复技术（如铜器或漆器修复）的再现。这种系统地按工艺技术程序把传统技术及传统文化展示给社会大众的工作，起到一个教育子孙万代的作用。同时，它又是一个旅游景点，它不但能吸引国内外游客，制作的复制、仿制和工艺品还能"以文补文"，更主要的是能够完整地保持住有悠久历史的传统工艺，以防失传。第二，对现有修复大师的修复经过，进行纪实性的摄像，可根据修复技术门类的不同编辑许多集，同时配上与摄像相对应的文字书籍，以教育后人和对外交流。

（二）人员的培训和使用

根据我国历史悠久及国情等问题，合理地使用与培训修复人员也有一定的学问。文物修复所用的技术是非常之多的，所涉及的学科又广泛。如铜器修复所应掌握的技术及知识如下。

（1）钳工技术：对变形的铜器进行矫正、整修。

（2）冷锻技术：对残缺面的部分，用铜板经打、炮、收、拢后进行配缺。

（3）雕刻技术：对残缺的花纹部分用钢錾凿刻。

（4）焊接技术：对破碎的铜片根据情况进行锡焊或铜焊。

（5）黏合技术：对不能焊接或特殊构件的铜器采用化学材料黏合。

（6）漆工技术：对残碎片的焊缝和新配件用漆类材料仿旧。

（7）翻模技术：复制铜器中对照原物制石膏、硅橡胶等模具。

（8）铸造技术：制蜡模、石英砂型壳，铜的熔化和浇铸。

（9）腐蚀技术：复制青铜器浇铸以后，需进行化学试剂加速腐蚀，使之变成古铜色。

（10）历史：泛览中国通史和科技史。

（11）冶金史：了解我国冶金的发展概况。

（12）古文：能看懂一般的古文，以便查阅古代科技书籍。

（13）化学：掌握基础化学知识，以便了解铜器去锈、腐蚀的原理。

（14）考古：必须具备科技考古中所需的考古知识，

（15）图案学：了解并掌握古代图案的发展规律，尤其是青铜纹饰。

（16）色彩学：掌握复制铜器中色彩（氧化层）的调配原理。

（17）鉴定学：从修复角度辨别仿造的器物。

（18）工艺雕刻：达到从照片、图版中能塑出器形。

（19）外语：借助语言工具，了解世界文物修复的动态。

（20）哲学和文学：这两方面的良好修养是从实践提高到理论的必要条件。

（21）科技情报与电脑：能熟练的检索现代科技情报以便知识不断更新。

以上列举的知识技能范围，笔者认为是在新形势下中青年铜器修复人员的发展方向，特别是 1~6 所规定的技能是每一个铜器修复人员的必修课，根据铜器修复人员技术和知识的范围、中国的国情等，不妨把铜器修复人员的培养与使用分成三个类型。

1. 基础修复　掌握 1~6 所规定的技术，专门从事出土考古品的修复，与田野考古、室内整理配套。

2. 经营性复制　掌握 7~9 所规定技术，以此开展博物馆中的"以文补文"活动。

3. 修复研究　掌握 1~21 所规定的技术和学科知识，进行藏品修复工艺研究、科技考古探讨等。

修复分成三个类型，在我国若以一个省或市博物馆为单位实施，确有一定的困难，也是不实际的，故建议以一个省为单位，省博为中心，设立修复机构，三种类型的人才，可根据需要可以在某中心或高等院校定向培训、招生。

（三）扩大知识面与国际文物修复接轨

时代将把我们推向 21 世纪，虽然我们所从事的工作是传统的工艺，但利用现代科技手段和科技成果进行文物修复也是刻不容缓的和必要的，这是一个辩证的关系，要防止两个绝对化——重视传统忽视现代科技或以现代工艺代替传统技术。当今国际文物修复和科技考古的方法是用现代的分析仪器，了解、掌握古代文物和各种信息数据，并以这些数据为参考系数，用传统的技术和资料进行修理并挖掘已失传的古代工艺。为此，我国在职的修复人员需要进行再教育。如 1991 年上海复旦大学举办的中级职称文物保护修复研讨班和 1992 年北京科技大学举办的"科技考古短训班"，这种形式行之有效地在短期内让学员了解了文物保护、修复的许多方法，并且对当今国内外文保、修复方面的研究课题及其他学术信息也有所闻，掌握了电脑的一般性操作技能。另外，文物修复人员应是多面手，积极地和田野考古工作配合，保护和恢复遗址墓葬中的历史现象。

继承、发扬传统的文物修复技术和用现代科技成果为文保服务，是一个很大的题目，国内外的各方专家都在从不同的角度在关心和研究它，相信中国的文物修复技术在国家的支持和全体修复人员的努力下，将在挖掘、继承传统的基础上，取得更大进展。

（原载《东南文化》1995 年 1 期）

中国古代青铜器表面处理技术
几个研究课题的思考

　　夏、商、西周、春秋是中国的青铜时代，青铜器作为王公贵族祭祀、设宴的礼器而大量制造，青铜铸造业达到很高的技术水平。到战国秦汉时代，青铜工艺得以进一步发展。与之相应，青铜器的表面处理技术也不断发展，日趋成熟。其中最常见的有抛光、镶嵌、鎏金银、镀锡、错金银等。江苏盱眙南窑庄出土的战国错金银透雕铜壶（现由南京博物院珍藏）就是集表面处理工艺之大成于一体的青铜瑰宝（图1）。

图1　战国错金银透雕铜壶

　　中国古代由于将生产技术看作百工小技，不为统治者所重视，许多技艺在历史文献中缺少系统记载，随着时间的推移以致湮灭失传。因而根据出土的重要实物和凤毛麟角的文献记载，重新研究和恢复古代的技艺，这不仅对研究中国古代科技史有着重要意义，而且对现在保护金属文物、减缓金属材料的腐蚀，都有一定的借鉴作用。

　　中国科技界在这方面几十年的实践中取得了显著的成绩。例如故宫博物院早年解决的鎏金银工艺、20世纪70年代上海博物馆与复旦大学联合解开西汉铜镜"透光"的工艺、80年代上海博物馆与上海材料研究所合作攻克了东汉铜镜"水银沁"的课题等。

　　然而，青铜器表面处理技术方面值得研究的课题广泛，仍有许多工艺的奥秘未被揭开，值得进行研究与探索。现提出下列五项：（一）春秋战国铜器表面的黑漆古；（二）云南战国末期镀锡青铜器；（三）战国时期青铜剑上的斜方格纹；（四）汉代鎏金露银花纹的隔离剂；（五）明代宣德炉表面处理工艺。

　　笔者对这些课题作一简单介绍后提出问题，以求教于从事科技考古和考古、历史研究的专家、学者。

一　黑漆古

　　黑漆古又称水银古，是指青铜器表面犹如漆器般乌黑发亮，不生铜锈。这种现象多见于战国、汉唐的铜镜上，如湖北省发现如曾侯乙墓出土的青铜礼器，其他青铜器上也有黑漆古现象，在地下埋藏一两千年却安然无恙，不受腐蚀。由于减缓金属材料的腐蚀，始终是材料科学的一大课题，自然引起材料科学家和考古学家的浓厚兴趣。黑漆古是什么物质？为何千年不朽？是怎样形成的？这些研究不仅具有考古学和科技史意义，还可能具有潜在经济价值。因而对黑漆古的研究，已成为国内外科技界的热点。

　　最早对黑漆古进行研究的是英国人卡尔贝克（1926 年），他认为黑漆古是漆。随后，美国科学家柯林斯认为，黑漆古的特殊性能是有特殊的外界条件形成的，黑色表面是一层非常稳定的天然铜锈，属赤铜矿。美国化学家普伦德莱斯在 1931 年发现，除硝酸和氢氟酸的混合液外，黑色表面能经受所有试剂的侵蚀[①]。由于黑漆古有这么优良的性能，所以对它的研究始终延续不断。

　　20 世纪 30 年代的研究从化学分析、金相检验开始，40 年代中后期采用 X 射线技术；60 年代后，又使用电子显微镜、X 射线衍射、显微硬度等测试技术；70 年代以来，采用电子探针、扫描电镜、表面能谱分析和 X 射线荧光分析等方法。随着研究技术不断进步，对黑漆古的认识也不断深入，从开始的漆说，发展为赤铜矿说、矽青铜说、二氧化硅说、多种金属氧化物说以及非晶态硅酸盐说等等。目前，随黑漆古铜镜组成的认识是：镜体本身是典型的铸造富锡镜青铜：α 相和（$\alpha + \delta$）相结构，含 70% 铜、25% 锡、5% 铅，与其他同时代的铜镜没有明显差别；表面有一层透明的、非金属的、非晶态的硅酸盐类物质；表面之下的 α 相被一种含铁和硅的化合物所取代。由于这种化合物与 α 相同晶型并且同体积，所以整面铜镜致密坚实。这层富锡贫铜并含铁和硅的过渡层，颜色多数是黑的；从表面到过渡层、从过渡层到铜镜本体，过渡是逐渐的，没有明显的分界。

　　但是，迄今为止对黑漆古尚有一系列问题未获解决。（1）黑漆古是人为的还是在墓葬条件下生成的？即黑漆古是先天形成还是后天形成？（2）如果是墓葬环境条件下形成的，那么应是那些条件？在实验室中如何模拟这些条件使之加速形成？（3）如果是人为的，那么用什么办法？如何复制？（4）如果是人为的，古人需要在镜面和礼器上施以黑色的目的何在？

二　镀锡技术

镀锡又称"鋈锡"，古代所称"鋈白金者"其意就是镀锡②。最早的镀锡青铜器是河南安阳殷墟遗址出土的虎面镀锡铜盔。铜盔表面的镀锡层很厚，厚重精美，表面光耀如新。说明中国早在 3000 年前的商代就已掌握了镀锡技术。比一些文献报道说在 1800 年出现了热镀锡工艺③或 1240 年在捷克首先发明热镀锡④早了两千多年。法国考古学家卫松曾对中国周代的铜戈、铜剑做过鉴定，也发现这些兵器的外面有镀锡层。他说："中国古代，已有外镀，殊可饮异。其外镀，不仅为美观避锈起见，又有保护兵器本身之功能，加大战斗之威力及兵器之价值焉。"⑤对中国古代采用镀覆金属，以提高器物的防护装饰功能评价很高，并且肯定了中国古代首先发明外镀技术的史实。他称赞这种外镀之术，"实足以超斯也，而使我研究铜器文化者，不能不注意远东，且以重要地位许中国也"⑥。

镀锡青铜器的出土物还有甘肃灵台白草坡西周青铜器、云南晋宁石寨出土的战国末期到东汉或晋初时期青铜器，可作为科技史上不同发展阶段的典型例证来分析研究。关于古代镀锡工艺，学术界争议甚多，尚无定论。现将有关镀锡的几种工艺，列举如下。

（1）热浸镀锡　通常是将被镀器物，先以手工方法进行砂磨，清理表面的锈及污物，然后浸泡在盛有经发酵酸化的溶液中进行酸化处理，再用水冲洗洁净。接着把器物浸在加热到沸腾的油槽中脱净水分，随移置于盛有熔融锡容器中，保持一定的时间，以形成铜锡合金固熔体和其外表镀覆镀层。再将镀上锡的器物移至另一个盛有熔融锡的清理槽中，用刮板或刷子等工具除去镀锡层表面挂流的锡，并整平表面，最后将被镀器物送到后处理的油槽（即冷却槽）中。

（2）熔融浇灌镀锡　将锡放置在铜或铁勺中加热熔化，把熔化成液态状的锡浇灌在预先清理干净的器物表面，使锡液流展平滑，待冷却后用小工具再加以清理平整。

（3）汞齐镀锡　这种工艺方法，需要预先配制好锡汞齐。锡汞齐是炼丹家最早制成的汞齐之一，用它可蒸汞镀锡和制造"水银霜"（即氯化亚汞）等。唐代炼丹书《太清石壁记》中记载制银霜时就将水银和锡以不同温度分别加热，达到一定温度后，混合一起即制成锡汞齐。由于水银的沸点较低（356℃沸腾），古代匠将锡汞齐涂抹在器物表面，再放置木炭火上面烘烤，器物加温到 200℃～350℃，涂层里的水银蒸发，锡则熔融流展，并与器物金属熔合黏结成锡镀层。这样反复数次施工，使锡镀层加厚。同时，施镀的锡层紧密性好，无孔隙，表面平滑，装饰效果好。

（4）一步法　该法是针对云南滇池区域出土水银白色青铜器提出的。一步法是采用控制合金成分和冷却速度的方法镀锡。所谓控制合金成分，主要是指一般铜锡合金固熔体。锡的最大熔解值只达百分之十几，当青铜器中锡的含锡超过最大的熔解值时，多余的部分则以混合物状态分布在青铜合金中。铸造铜器时，如用此高锡溶液充填范腔，如果预先采取保温缓冷措施，则会出现青铜器表面含锡多，内部含锡少的"偏析"现象。

云南古代的银白色青铜器，是当时工匠们已初步认识到高锡合金的特殊性能，采用保温缓冷措施，以"一步法"制成的，还是用的其他三种方法呢？这是一个在学术界有争议的问题。解决的方法只有通过科技考古的检测手段，模拟方法来证明。

三　菱形纹

青铜剑是中国古代贵族和战士随身携带的常用兵器。西周早期开始流行，到了春秋战国时代以为盛行。由于佩剑还表示等级身份，因而制作特别考究。其中最为精致者，在剑格上装饰饕餮纹、镶嵌绿松石，剑身表面布满几何纹并铸有铭文，以显示主人的身份。

越王勾践剑是一把著名的青铜剑，1962 年 12 月湖北江陵望山一号墓出土，今藏湖北省博物馆，全长 55.6cm，其中剑身长 47.2、把长 8.4、剑格宽 5cm。剑身两面都饰黑色的、富有地方特点的菱形几何图案，剑格正面用蓝色琉璃、背面用绿松石镶嵌成美丽的花纹，剑身近格处铸有"鸠（越）王鸠浅（勾践）自乍（作）用（剑）"两行八字铭文[⑦]。出土时插于黑漆木鞘内，深埋地下二千四百年而不锈，至今仍寒光逼人，真可谓迎风断发，在其剑格和花纹部分表面含有硫，有人认为是经过硫化处理的，进而推测在春秋战国时期中国已经采用青铜表面的硫化处理工艺。

越王勾践剑为什么未被锈蚀，其表面是否作过硫化处理？复旦大学静电加速器实验室在 20 世纪 70 年代对该剑作了质子 X 荧光非真空分析，其各部位的元素成分分析如下表[⑧]。

从表中列出的数据可以看出下列几点。

越王勾践剑的质子 X 荧光非真空分析结果

分析部位	元素组成的质量分数/%					
	Cu	Sn	Pb	Fe	S	As
剑刃	80.3	18.8	0.4	0.4	—	微量
黄花纹	83.1	15.2	0.8	0.8	—	微量
黑花纹	73.9	22.8	1.4	1.8	微量	微量
黑花纹特黑处	68.2	29.1	0.9	1.2	0.5	微量
剑格边缘	57.2	29.6	8.7	3.4	0.9	微量
剑格正中	41.5	42.6	6.1	3.7	5.9	微量

（1）该剑与古代其他青铜剑的成分基本一致，以铜锡合金为主，现代冶金实践及理论讨论表明，含锡量在 12% ~18% 的青铜具有较大的强度、较高的硬度和一定的塑性，该剑刃部含锡量为 18.8%，所以刃口十分锋利。

（2）该剑含硫最多的部位是剑格中中表面，而剑刃、剑身黄花纹及其他部位都不含硫，如果说是硫化处理的作用使勾线剑未锈的话，为什么该剑未硫化处理的部位也不生锈？

（3）黑色菱形花纹的表面处理工艺与硫无关。

越王勾践剑未锈蚀的原因是墓葬环境条件决定的还是其他因素？此题本节不想多述，笔者关心的是越王勾践剑上的黑色菱形花纹是怎样处理的？《中国青铜器》⑨一书中是这样叙述的："由于菱形纹中的金属已腐蚀成黑色，少量取样化学分析，定量参考的数值为锡<47%、铜<31.27%、铅<11.8%，其余为杂质。这剑的基体是铜 77.62%、锡 20.50%、铅 2.25%，原来的剑其基体应呈金黄色，而菱形纹则呈银白色。越王剑（指越王勾践剑）也是如此，铭文字口可能用刀修刻过。这种低铜和高锡高铅的合金熔点低，故铸造方法应是先铸剑的基体、留出菱形纹饰空槽，然而再注以上述合金。"该书认为菱形纹和剑的基体的铸造采用的是复合金属铸造工艺，也就是说剑上的菱形纹是第二次铸造成形的。为了说明兵器上菱形花纹的普遍性和剑上菱形纹饰效果的不同点，现再举出下列例证。

（1）吴王夫差剑 剑长 58、宽 5cm，剑身饰有菱形纹，但已有很多锈。剑格镶嵌绿松石、剑身近格处两行铭文，现藏国家博物馆⑩。

（2）吴王夫差铜剑 1976 年 2 月河南辉县百泉文物保管所征集。剑全长 59.1、剑身宽 5cm，柄上有箍两道，剑身满布花纹、剑格镶嵌绿松石，锋锷至今犀利，剑身近格处有两行十字铭文⑪。

（3）吴王夫差矛 1983 年 11 月 23 日在湖北江陵马山砖瓦厂五号楚墓出土。全长 29.5cm，器身遍布菱形的几何花纹。虽有锈蚀、锋刃仍很犀利，矛身近甬处有错金铭文两行，现藏湖北省博物馆⑫。

（4）越王勾践剑 1977 年湖南益阳赫山庙 42 号墓出土。剑全长 58cm，剑身满布暗斑菱形纹，剑格上面正反两侧各铸四字⑬。

江苏省内出土的青铜剑、矛兵器主要如下。

（1）东周剑 1964 年江苏六合程桥东周墓出土，残长 53.3、茎径 2.1、脊厚 1.1cm。圆形剑首，茎作圆柱状，茎上有两周凸箍，剑格刻镂有饕餮纹槽以镶嵌饰物，剑身满布有"锭形四方连续纹饰"，这种纹饰与传世的吴王夫差剑完全相同，无铭文。该剑需修复，现藏南京博物院⑭。

（2）余昧矛 1984 年江苏丹徒北山顶春秋墓出土。矛全长 27.4、宽 4.7cm，矛体大而宽，锋近似三角形，刃口十分锋利，矛上饰黑色菱形暗花纹，骹部铭文九字。现藏南京博物院⑮。

（3）战国剑 1975 年 10 月江苏苏州葑门河道工程发现，残为四截，现仅存 38.2cm 和 1.4cm 两段，剑上有两周凸箍，剑格镂刻饕餮纹，曾镶嵌饰物，剑身满饰菱形暗纹。该剑需修复，现藏苏州市博物馆[16]。

（4）东周剑 1988 年 1 月江苏六合桥东周三号墓出土，残为六截，通长 52.7cm。锋部尖锐，前锷狭长，隆脊，凹形格，圆茎有箍、有首。剑身遍饰纹饰，正背面不同。格部阴铸龙纹，并镶嵌绿松石（仅残存一片），无铭文。该剑需修复，现藏南京市博物馆。[11]

笔者于 1992 年 5 月 14 日~18 日参加"吴文化青铜器铸造技术工艺"的研究课题，考察了以上江苏宁镇地区的青铜器，并仔细观察了以上江苏出土的几件菱形纹饰的兵器，其特征如下。

（1）图案 有网状的菱形纹、锭形四方连续纹和麦束纹三种。

（2）深浅 ①南京市博物馆藏东周剑、剑身一面是锭形四方连续纹，另一面是网状式菱形纹，纹饰约为凸形，而其线条为凹式，凸凹之差约 1~2mm。剑首反面的禾束纹为平面。②苏州市博物馆藏青铜剑，剑身的网状菱形纹与剑身的其他部位在同一平面上。③南京博物院藏余眜矛，矛身的网状菱形纹用眼睛仔细观察，几乎高于矛身的部位。

（3）锈蚀及其他 南京博物院藏六合程桥剑。①锭形连续纹颜色为黄绿色，表面发亮，剑身无纹饰处为土黄色表面无光。②剑身上的黄绿色纹饰比土黄色略高 0.1~0.3mm。③剑刃和锭形连续纹颜色相同并在同一平面上。④从剑格起约 10 厘米范围内的剑身处没有锈，其他部分包括背面也如此。凡是有锭形纹饰的地方均已鼓起发锈，形成锭形连续纹为凸形，高约 5~6mm。

从江苏这些带有菱形纹的兵器看，人们不得不对古代兵器上菱形的制作工艺提出一系列的问题。

（1）凹凸不平的纹饰，凹处是錾刻或磨制还是腐蚀所致？如是錾刻，它的工艺是什么？如是腐蚀，它的腐蚀剂又是什么？

（2）是复合金属铸造工艺制作的吗？

（3）图案的随意性较大，古人是否采用绘描图案的方法？那么这种绘描的材料是什么？是否就是腐蚀剂？不是腐蚀剂，那它的附着力、耐久、耐磨、耐腐蚀程度又怎样呢？

（4）从纹饰的深浅来分析它的表面处理工艺，至少有两种不同的方法，那么这两种方法是什么？在实验室里如何模拟？

（5）菱形纹的表面处理工艺与剑的不锈蚀、表面发亮有无关系？

（6）菱形纹装饰在兵器上，古人的用意是什么？是表示胜利或剑刃锋还是护身吉祥？

四　隔离剂

　　南京博物院珍藏的东汉神兽铜砚盒是研究中国古代鎏金露银纹饰隔离剂的珍贵文物。该件于 1970 年在徐州土山东汉彭城家族墓中出土，高 9.3、长 24.9cm。砚盒由盖、身两部分组成。盒盖从兽头嘴的上部起至兽尾，头生双角，背添双翼，鼓背短尾；盒身自头至尾由下颚、匍匐四足和尾下段组成。盒盖、盒身合在一起，是一件造型巧妙别致的伏兽，盒内置一砚石，兽身镶嵌红珊瑚、青金石、绿松石，兽身线刻繁缛的云气纹，通体鎏金，云气纹则露出银色，是东汉青铜器中的上佳之作（图 2）。

图 2　东汉神兽铜砚盒

　　从该件文物表面现象，分析其鎏金露银的制作方法：①银汞剂涂抹在金属表面上，经火烤使蒸发，银即附在器物表面。②用一种特定的隔离剂，掩盖将露出的云气纹仍将露出银。③金汞剂涂抹在器物上，经火烤使汞蒸发，金即附在金属表面，但被隔离剂掩盖的银云气纹仍将露出银色。

　　1989 年，笔者曾为北京某博物馆复制此珍品，复制工艺过程如下：①从原件上翻制模具；②修整后制蜡模；③精密铸造；④精心加工后，錾刻云气纹；⑤镀银、再镀金；⑥镶嵌绿松石等小饰件，并安置砚台；⑦仿旧，经过七道程序。复制品基本达到要求，整个造型比较理想。

　　但是，这一复制件存在某些缺点，由于镀金时隔离剂使用不当，影响了保留露银的云气纹。主要原因是复制时采用了现代工艺的电镀技术。在镀银后以涤纶胶带粘贴于云气纹，后因涤纶胶带在旋转时不方便，改用特种笔涂绘代替，但在放入镀金槽中镀金时，不到半小时，涂绘材料被"金水"溶解。后来笔者建议用耐碱的高分子树脂作隔离剂是一可行的办法。

　　然而更为重要的是，在 1600 年前没有高分子树脂的情况下，使用的是何种隔离剂？汉代工匠是怎样处理这一问题呢？当时用于鎏银、鎏金之间的隔离剂是单一的天然剂？还是人工复合剂？这种隔离剂是否能为现代电镀、化学镀、无氰刷镀所用？

五　宣德炉

宣德炉系明代宣德年间（1426～1435年）所铸青铜香炉。据文献记载，明宣宗在宣德三年（1428年）三月三日，下令铸造鼎彝，以供"郊坛太庙、内廷之用"；规定了鼎彝的造型要参照《宣德博古图》、《考古图》诸书，以及内库所藏柴、汝、官、哥、钧、定各窑口器皿，"款式典雅者，写图进呈"。礼部尚书吕震接到圣谕后，即会同太常寺卿周瑛、司礼监吴诚按旨察查，共遴选出款式117种，总计铸件3365件[18]。这些宣德炉，经精炼冶铸、表面特殊处理之后，色泽绚丽，形制奇巧，为明代著名的工艺品。宣德炉表面独具一格，表面色彩丰富多彩，融贯了镶嵌、鎏金鎏银、化学等表面处理工艺，堪称中国金属文物表面处理技术中的奇葩。

20世纪20年代以来国内外学者对明代宣德炉是否含有金属锌等问题进行了探索和研究，但均未涉及表面处理技术这一领域。宣德炉表面处理技术是什么时间失传的？它所需多少种材料？能处理多少种色泽？其工艺过程如何？笔者曾专门从文献中搜集这方面的资料，现简述如下。

（一）失传的年代　自宣德炉制作成功以后，直至清代乾隆年间都有仿制者，其仿制水平足可与真器媲美。仿制最早的名叫吴邦佐按。吴氏为宣德时参与铸炉之一员，宣炉停铸之后，吴氏即照宣炉制作的方法并雇用铸造宣炉的工人自行铸治；明代万历末期（1620年左右），南京的林文堂和苏州的蔡家均以仿造宣炉著名；清代雍正、乾隆两朝极力摹制；在20世纪20年代前后，北京前门大街路东有较大的挂铺，专以仿制宣德炉为业，仿制艺术很高，制品极精。此外，北京打磨厂东大市炭八胡同也有仿制宣炉者，但宣炉的色泽不出三种之外[19]，从此以后，就未见有这方面的记载。在中国封建时代，技术保密，传授严格（只传儿子，不传女儿）。随着时间的推移，宣德炉的表面处理技术就逐渐失传了。

（二）用料　据《宣德鼎彝谱》记载：司礼监吴诚于宣德三年四月二十四日，奉圣旨前往工部查勘所铸造鼎所需金银药料，并与工部尚书吴中仔细计算，最后涉及表面处理的材料实际调拨（见附录一）。

（三）色泽的种类　根据以上表面处理的材料，工匠们制作了近50种（有的介绍100多种）的色泽，其名称见附录二。

从附录一、二可以看出，宣德炉的表面处理技术虽然已经失传，但宣德年间制作3365件鼎彝所用药料的数量记载清楚，每种药料的用途叙述详细，宣炉表面色泽的种类也记述清楚，以此为据进行复原还是有条件的。然而弄清这些表面处理技术的具体过程仍然有不少难点。

1. 古今药料的名称并不相同，若有差异得设法弄清。

2. 药料的配方、比例、配制的工艺程序？

3. 操作的具体过程主要有哪些规律？（凡是手艺人，经验很重要，也就是说在操作过程中，根据处理对象的条件及变化情况，随时更改操作过程。）

4. 铜合金成分及冶炼条件与表面处理效果的关系怎样？

笔者在 1991 年 3 月曾拟定了"明代枣红、粟壳色宣德炉表面处理技术研究"的科研项目，并向有关部门申报立项，其研究的内容和技术路线如下：

①枣红、粟壳色宣德炉调查和走访民间艺人，收集文献资料。

②宣德炉铜合金成分分析，表层形貌观察，表面元素成分分析，表面结构多晶 X 线衍射分析。

③枣红、粟壳色古代药料的核准和配方的筛选。

④用实验考古的方法，模拟当时的操作工艺。

⑤复制出若干件明代枣红、粟壳宣德炉的代表作。

该课题的目标是为全面探索、研究近百种宣德炉的表面处理技术奠定基础，在文物复制和现代金属工业品的表面处理上探索一条新路。但是，由于筹集经费困难，至今未能付诸行动。笔者认为明代宣德炉的表面处理技术集中华两千年铜器表面处理工艺之大成，它是一座巨大而珍贵的矿山，是值得加以开采利用的。

以上列举了中国古代青铜器表面处理技术的五个课题——从战国时代的黑漆古到明代宣德炉，时间跨越近一千年。对它的研究，对探讨中国古代科学技术史、系统地发掘整理悠久的表面处理工艺，以及对当今金属文物的科学保护、减缓金属材料的腐蚀、发挥现代金属工艺品的功能美，都将提供有益的借鉴。

附录一

1. 赤金六百四十两作镶嵌、鎏金用。

2. 白银二千零八十两，作镶嵌、鎏银用

3. 天方国番磠砂二百八十八斤，作鼎彝点染朱砂斑色。

4. 渤泥国紫矿石二百四十斤，作鼎彝点枣斑色。

5. 渤泥国胭脂石一百六十斤，作鼎彝点染桑椹斑色。

6. 金丝矾一百六十斤，作鼎彝点染蜡茶鹦鹉色用。

7. 胆矾一百九十二斤，作鼎彝点染绿脚地用。

8. 黄明矾九十六斤，作鼎彝点染蜡茶色脚地用。

9. 白明矾一百六十斤，作鼎彝点染各色脚地用。

10. 出山水银一千四百四十斤，作鼎彝鎏金，镶金铄金用。

11. 辰州府朱砂二十四斤，作鼎彝朱砂斑色。

12. 梅花片石青二十四斤，作鼎彝点染石绿斑色。

13. 石绿二十四斤，作鼎彝点染石绿斑色。

14. 铜绿二十四斤，作鼎彝点染石绿色脚地用。

15. 古墨十六斤，作鼎彝黑漆古蟹壳青等色。

16. 黄丹四十斤，作鼎彝点染铅古色脚地用。

17. 硼砂二十四斤，作鼎彝点染水银古脚地用。

18. 方解石一百零四斤，作鼎彝点染各色脚地用。

19. 自然铜九十六斤，作鼎彝发光颜色用。

20. 白蜡一百零四斤，作鼎彝发光颜色用。

21. 无名黑十六斤，作鼎彝青瓷色。

22. 血竭十六斤，作鼎彝枣红斑色。

23. 赤石脂二十斤，作鼎彝海棠红脚地用。

24. 云南棋子一万六千个，作鼎彝瓷釉。，

25. 云南料石九百斤，作鼎彝点染瓷釉色。

附录二

1. 仿宋烧斑色　俗称铁锈花即黄红，套以五彩斑点。

2. 仿古青绿色　与古青铜器色相同。

3. 朱砂斑　与朱砂色同。

4. 石青斑　即石青色的斑点。

5. 石绿斑　即石绿石的斑点。

6. 黑漆古斑　斑点为黑漆色。

7. 葡萄斑　斑点为深紫头葡萄色。

8. 朱红斑　斑点为朱红色较朱砂斑更鲜红。

9. 淡蓝斑　似石青斑而淡作蓝色。

10. 枣红色　红带紫如枣皮色。

11. 猪干色　较枣皮色淡似猪肝色。

12. 甘蔗红　较枣红色淡似红过之。

13. 海棠红　较枣红色淡亦较甘蔗红淡。

14. 石榴皮色　黄带红似各色斑点类似石榴皮。

15. 桑椹色　即瓷彩中的胭脂色。

16. 茄皮紫　紫带青黑似茄皮色。

17. 珊瑚色　淡红带粉色也。

18. 琥珀色　即金黄色似琥珀色也。

19. 红黄色　红厚于黄二者混成的色。

20. 杏黄色　深黄带浅红似杏子的色。

21. 蜡茶色　黑带白即深杏黄黑色也。

22. 粟壳色　黑黄似粟壳的颜色。

23. 棠梨色　白黄带红似棠梨色。

24. 秋白梨色　即棠梨之浅色。

25. 山楂白　即色之最浅者。

26. 骆色　白带红黄。

27. 褐色　黑白带红淡黄色。

28. 鳝鱼黄色　黄如鳝腹，另有纹理也。

29. 藏经纸色　黑似藏经纸色也。

30. 水白色　浅黄色。

31. 鎏金色　有全鎏、半鎏（上半部中下半部鎏金）和点染朱砂斑、石榴红相结合等方法。

32. 渗金色　用赤金色薰擦入铜内如渗入者，有三种：大片、金片成点形、金点大小相同。

33. 泥金色　用赤金镀上如鸡皮色。

34. 金色　用赤金混于铜内，看上去有碎金上。

35. 金银镶嵌　以金银片或丝镶嵌成各种花纹。

36. 绿色　即铜绿也。

37. 鹦羽绿　俗称鹦鹉绿或孔雀绿。

38. 秋葵花色　淡绿带白黄，犹如秋葵花色。

39. 茶叶末色　深黄带淡绿。

40. 蟹壳青　黑色带青，如蟹壳色。

41. 青瓷色　黑带蓝如带瓷色。

42. 水银古色　白稍带青黑，光闪如水银。

43. 土古色　如旧玉之土沁色。

44. 敷漆色　各色之上敷以漆也。

注释：

① 谭德睿：《古铜镜千年不锈之谜》，《科学月刊》1991 年第 32 卷 9 期。

② 张之高：《从镀锡铜器谈到鋈字本义》，《考古学报》1958 年 3 期。

③《防腐包装》1983 年 3 期。

④《国外镀锡铜板》，上海科学技术情报研究所，1974 年。

⑤ 周伟：《中国兵器史稿》，三联出版社，1957 年。

⑥ 同注⑤。

⑦ 湖北省文化局工作队：《湖北江陵三座楚墓出土大批重要文物》，《文物》1966 年 5 期。

⑧ 复旦大学静电加速器实验室等：《越王剑的质子 X 荧光非真空分析法》，《复旦学报》（自然科学版）1979 年 1 期。

⑨ 马承源：《中国青铜器》，上海古籍出版社，1987 年。

⑩ 董楚平：《吴越文化新探》，浙江人民出版社，1990 年。

⑪ 崔墨林：《河南发现吴王夫差铜剑》，《文物》1976 年 11 期。

⑫《稀世文物"吴王夫差矛"在湖北江陵出土》，《光明日报》1984 年 1 月 8 日。

⑬ 文物编辑委员会：《文物考古工作三十年》，文物出版社，1979 年。

⑭ 南京博物院：《江苏六合程桥东周墓》，《考古》1965 年 3 期。

⑮ 江苏省丹徒考古队：《江苏丹徒背山顶春秋墓发掘报告》，《东南文化》1988 年 3 ~ 4 期合刊。

⑯ 刘兴：《东南地区青铜器分期》，《考古与文物》1985 年 5 期。

⑰ 南京市博物馆：《江苏六合程桥东周三号墓》，《东南文化》1991 年 1 期。

⑱《宣德鼎彝谱》卷一。

⑲ 赵汝珍：《古玩指南》第六章，中国书店，1988 年。

（原载《东南文化》1993 年 6 期）

古代兵器上绿松石镶嵌技术的探讨

　　1965年湖北江陵望山出土了"越王勾践剑"，在该剑剑格的背面以绿松石镶嵌花纹；1996年浙江省博物馆从境外抢救回流失的国宝——"越王者旨於赐剑"，此剑格两面有双钩鸟虫铭文，在八个文字的缝隙镶嵌绿松石，其形似米粒、薄似蝉翼[①]；台湾著名兵器收藏家龚钦龙先生收藏的"越王州句复合剑"，剑茎上有两个凸箍，箍上凸铸线状勾连云纹，并镶嵌绿松石为饰及他收藏的菱形暗格纹剑和错金兽面纹剑的剑格上均镶嵌着绿松石。以上越王三代君主的剑属于同一类型，其特点是实茎，宽格，两刃近锋处收呈弧线形，均饰有绿松石，所以，兵器上镶嵌绿松石是权力和富贵的象征。

　　绿松石镶嵌是中国青铜器表面装饰最古老的一种技术，其实物可以追溯到偃师二里头夏晚期遗址中出土的"绿松石镶嵌兽面纹铜牌饰"[②]，到了战国时期是镶嵌技术的鼎盛期，其技艺的娴熟表现在：①剑的箍凸上的绿松石，如通长53.5、宽5、格宽5.5、茎长9cm的越王州句剑，剑茎箍凸的直径约2.5、厚约0.7cm，值得注意的是箍凸的线状勾连纹绕箍一圈360°，而勾连纹的凹处镶嵌着随箍凸纹饰和弧度的变化而变化的大小不一的绿松石（图1、2）。"越王者旨於赐剑"剑格铭文缝隙间布满了如芝麻大小的绿松石（图3、4），从图3可以看出剑格左上部、在笔画只有0.3～0.4cm的空间就镶嵌着9粒绿松石，铭文的空间如按此布局，剑格正反两面估计大约有500粒或片的绿松石。③如此微小的绿松石是否用"越王者旨於赐剑"剑格中"红色黏土"固结，并能在加工和使用过程中不掉。剑箍凸和剑格上绿松石镶嵌工艺的难度不管在形状、尺寸的大小还是黏结技术，都远比早期和同时代的青铜器皿上要大得多。那么古人是如何制作的呢？

　　绿松石又名土耳其玉，是含铜铝的磷酸盐，化学成分为：$(CuAl_6(PO_4)_4(OH)_8, 5H_2O)$，颜色多为蓝绿或粉绿、半透明或不透明、蜡状光泽，硬度5～6度，性脆。根据绿松石的

图1　越王州句剑箍凸上的绿松石（正面）

物理特征，在没有机械设备的条件下，要制成像米粒大小剑箍凸纹饰所需的绿松石是古人的第一难点。第二，根据现代黏接理论，被粘面须打毛或黏结面要大，才能提高黏结的强度。那么古人将 2～3mm 大小不等、弧度不一、被黏接面光滑的绿松石是用什么黏结剂被牢固地黏附在剑的箍凸和剑格上？第三，用什么特殊的材料与工具磨制抛光。以上三点是先秦古人绿松石镶嵌技术的关键所在。笔者虽对绿松石镶嵌工艺没有作过专门研究，但是对这种神秘的"雕虫小技"有着浓厚的兴趣。为了试探神奇的工艺，先来看看现代人是如何加工绿松石的。

图 2　越王州句剑箍凸上的绿松石（反面）

图 3　越王者旨於赐剑剑格上的绿松石（正面）

图 4　越王者旨於赐剑剑格上的绿松石（反面）

笔者在 10 年前由于复制东汉鎏金神兽砚需要，请某玉器厂加工直径 2～4mm 不等的绿松石圆珠，外在"1999 年吴文化国际学术讨论会"上福州某工艺厂展示了复制的吴王夫差剑，目睹了加工绿松石圆珠和了解了吴王夫差剑剑格、剑箍镶嵌绿松石的过程，叙述如下。

1. 圆珠制作工艺流程

选料——切片——切条——切方块——倒角去棱——粗磨成型——细磨定型——

精磨——抛光。这里的切片、切条、切方块均为机械设备——圆盘锯，根据绿松石圆珠的大小选用 200~300mm 的金刚石作为圆盘锯切条、切块的锯片，而圆珠经砂磨机倒角去棱、粗磨、细磨、精磨、抛光机抛光加工成形。

　　2. 吴王夫差剑

　　①凹槽铸制　剑在铸造时，须于待镶嵌部位铸出剑格上兽面纹的凹形和剑箍上纤细的凹槽。

　　②绿松石的加工　根据剑格上的兽面纹的凹形和剑箍上凹槽的形状大小，用机械设备切割加工成形。

　　③黏接　用化学高分子树脂将绿松石黏附于剑格、剑箍的凹槽。

　　④磨制与抛光　用手握式打磨和抛光机，按照剑格、剑箍的弧度与绿松石纹饰的形状进行磨制和抛光。

　　虽然用现代工具与材料加工了绿松石圆珠和复制了吴王夫差剑，但仍能发现工人为了磨制 0.3cm 直径的圆珠连手都磨破了。为此，很难想象，我们的祖先在 2500 多年前，在没有任何机械设备的前提下，用最原始的材料和工具解决了绿松石切割、加工、黏接、磨制、抛光等镶嵌中的关键技术，如何创造了如此精湛的绿松石镶嵌工艺，是古代青铜器表面装饰工艺还未破解的谜。

　　为了探讨镶嵌绿松石的制作工艺，科技考古工作者对 1993 年宝鸡益门 2 号墓出土的金柄铁剑的考古现场筛出三粒蓝色宝石进行化学和矿物性质的研究[③]。研究者通过 X 射线衍射分析、扫描电子显微镜、能谱分析仪对三粒样品表面进行无损探测。经综合分析确定三样品中 M2-1，M2-2 是绿松石，并根据其形态在剑柄上判断出其位置，确系铁剑柄镶嵌之物（图 5、6）。

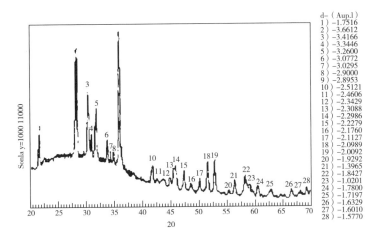

图 5　M2-1X 射线衍射分析图谱

　　另外，对样品 M2-1 作了电镜分析，其"样品表面结构精密，均匀以致。但出现了规则的水平与垂直线条（根据电子显微镜所给放大倍率标尺估计，宽度大约 2~10μm），而线条的沟槽中出现了白色颗粒"（图 7、8）。为此，研究者又对"M2-1

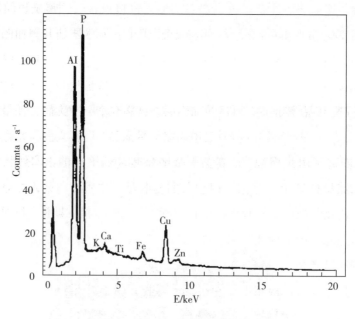

图6　M2-1, 能谱分析图谱

样品表面沟槽中出现的白色颗粒进行电子探针元素分析, 分析过程发现共存在3种颗粒, 分别为金、汞的化合物和青铜"(图9)。依据电镜分析表明"M$_2$-1绿松石表面存在打磨痕迹, 宽度约2~10μm, 沟槽内存在3种颗粒的直径1~2μm"。据此推测:"其中的青铜颗粒, 很可能为绿松石加工过程中使用青铜工具打磨表面所留的痕迹。"

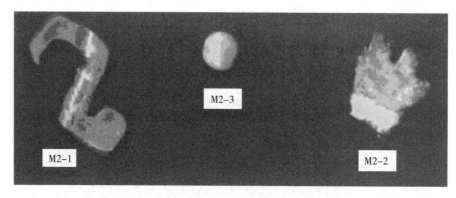

图7　M2-1、M2-2样品的形貌特征

如果M2-1绿松石表面规则的水平与垂直线条"是使用了某种组成颗粒很小(估计其直径为1~2μm)的打磨工具"的论点成立的话, 那么在2000多年前, 我们的祖先在绿松石镶嵌技术中已经使用了微米级的工具与材料。

根据量制的换算公式: 1m=1000mm, 1mm=1000μm, 1μm=1000nm。人们日常生活中使用的普通纸张厚约几十微末, 也就是说在春秋战国的古人就能用直径1~2μm颗粒组成的比单张纸还要薄十倍以下的青铜打磨工具, 听起来真叫人不可思议。但是, 举世闻名的良渚文化工器表面繁缛细纤的兽面纹, 在高碳合金工具尚未出现

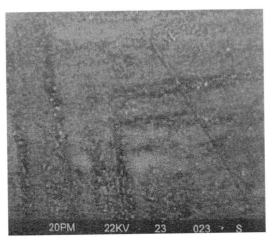

图 8 　M2 - 1 背散射图像上显示的水平与垂直线条与白色颗粒

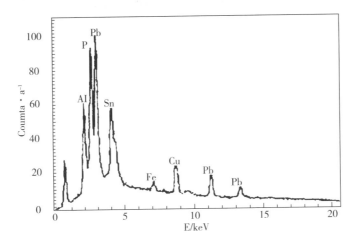

图 9 　M2 - 1 沟槽中颗粒的电子探针能谱分析图

之前，硬度达摩氏 4 ~ 6 度的玉器是如何加工雕刻的呢？于是就有了"鲨鱼牙齿、燧石、钻石、黑曜石作玉器雕刻工具"④的传说。看了良渚玉器的加工制作，便可以想象古代兵器上绿松石镶嵌技术中磨制、黏接、抛光工艺是一种至今尚未被人们揭开的神奇技术。

　　虽然，绿松石的镶嵌装饰工艺属于百工小技，不为人们所重视。在历史文献中也不容易找到关于这方面的系统叙述。但是，随着考古事业的发展，为科技考古工作者能目睹更多的文物，提供更丰富的研究对象，于是就能截取古人在文物上留下的各种加工信息。绿松石镶嵌工艺中的各种神奇"功夫"就像鎏金工艺是用金泥，通过抹金、烘烤、清洗、找色、压亮；"错金工艺，通过凹槽铸制、凹槽加工、金属镶嵌、错磨抛光"⑤；红铜镶嵌有嵌镶法和铸镶法；越王勾践剑的剑首同心圆是用车板轮制法；吴越兵器表面普遍都均有菱形暗格纹如何形成这项世界性的学术悬案，是 2500 多年前古人用"金属膏剂涂层扩散工艺这种特殊而精湛的青铜器表面合金技术"⑥那样，终被破译。

注释：

① 曹锦炎等：《浙江省博物馆新入藏越王者旨於赐剑笔谈》，《文物》1996 年 4 期。

② 中国青铜器全集编辑委员会：《中国青铜器全集·夏商卷》，文物出版社，1996 年。

③ 白崇斌等：《宝鸡益门出土金柄铁剑镶嵌宝石的化学与矿物学特征》，《文物保护与考古科学》2003 年第 15 卷 1 期。

④ 万俐：《也谈良渚文化玉器的雕铸工艺及发白现象》，《东南文化》2002 年 6 期。

⑤ 毕觉明：《中国古代金属技术——铜和铁造就的文明》，大象出版社，1994 年。

⑥ 谭德睿等：《吴越青铜兵器技术三绝》，《东方文明之韵——吴文化国际学术讨论会》，岭南美术出版社，2000 年。

（原载南京博物院编：《台湾龚钦龙藏越王暨商周青铜兵器》，南京出版社，2003 年）

学术活动简表

一 简 历

1956 年 12 月　出生于江苏省苏州市

1973 年 12 月　南京博物院保管部修复室学员

1975 年 3 月　国家文物局委托上海博物馆举办青铜器修复培训班学员

1984 年 9 月　南京博物院助理馆员

1989 年 9 月　南京博物院馆员

1997 年 9 月　南京博物院副研究馆员

2002 年 2 月　中共江苏省省委组织部知工委确定"333 培养工程对象"

2003 年 2 月　南京博物院文物保护科学技术研究所副所长

2005 年 9 月　江苏省，研究员级高级工艺美术师

2006 年 9 月　南京博物院研究馆员

2008 年 5 月　陕西师范大学兼职教授

2010 年 1 月　南京博物院文物保护科学技术研究所所长

2011 年 4 月　南京艺术学院兼职教授

二 获得的奖励与荣誉

[1] 2000 年 1 月，江苏省科学技术协会授予"第四届江苏省科技工作者"称号。

[2] 2008 年 2 月，江苏省人民政府授予"江苏省第四届工艺美术大师"称号。

[3] 2012 年 12 月，中国科学技术协会授予第五届"全国优秀科技工作者"称号。

[4] 1990 年 10 月，"青铜器修复工具的研究"获江苏省文化科技进步三等奖。

[5] 1990 年 10 月，"仿玉技术的研究"获江苏省文化科技进步三等奖。

[6] 1990 年 9 月，"道光年间炮车架的复原研究"获江苏省文化科技四等奖。

[7] 1991 年 11 月，"明代针灸铜人复制的研究"获国家文物局科技进步三等奖。

[8] 1998 年 3 月，"高分子材料在文物修复中应用"论文获江苏省文化厅文博论文三等奖。

[9] 1998 年 12 月，"青铜文物保护新技术的研究"获国家科技进步三等奖。

［10］2005 年 9 月，"吴国青铜器技术的研究"获国家文物局科技创新二等奖。

［11］2005 年 6 月，"文物减压渗透加固仪"获国家专利局颁发的实用新型专利。

［12］2006 年 5 月，"氟橡胶作为文物保护剂的应用"获国家专利局颁发的发明专利。

［13］2007 年 2 月，"文物保护流动车"获国家专利局颁发的实用新型专利。

［14］2009 年 5 月"碎浆机等五项造纸设备"获国家专利局颁发的外观设计专利。

［15］2010 年 11 月，"一种纸质文物修复用纸造纸设备系统"获国家专利局颁发的实用新型专利。

［16］2012 年 2 月，"古墓葬墓室斜撑木纠偏中的支架"获国家专利局颁发的实用新型专利。

［17］2012 年 9 月，"绍兴印山越国王陵墓原址保护工程"获 2011 年全国文物保护十大工程。

［18］2013 年 1 月，《青铜文物保护与修复》书籍，获南京博物院科学研究一等奖。

［19］2013 年 1 月，《绍兴印山越国王陵墓原址保护工程》书籍，获南京博物院科学研究一等奖。

［20］2013 年 6 月，"古代建筑彩绘膜层隔离保护修复方法"获国家专利局颁发的发明专利。

三　培养人才

（一）培训班

时间	地点	班级名称	授课内容	课时
1984 年 4 月 1 日 ~ 4 月 30 日	南京博物院技术部	国家文物局"陶瓷修复培训班"	文物复制模具的翻制	200 课时
1990 年 6 月	南京博物院礼堂	复旦大学文博学院"博物馆学"专业	博物馆中的文物修复技术	3 课时
1992 年 11 月 1 ~ 30 日	南京博物院工艺厂	南京艺术学院装饰中心"玻璃钢人体制作"培训班	玻璃钢制模、糊制、装饰与喷绘，并编写《玻璃钢人体制作讲义》7 万字讲义。	200 课时
2001 年 10 月 15 ~ 11 月 5 日	河南新乡博物馆	全国文物青铜器修复学习班	青铜器修复与复制	160 课时
2011 年 5 月 26 日	宿迁党校	中共宿迁市委组织部"干部高校选修课"	城市文化遗产保护与利用	4 课时
2011 年 10 月 23 日	东南大学交通学院	中共南京市委组织部"干部高校选修课"	城市文化遗产保护与利用	4 课时
2011 年 4 月 19 日	南京博物院会议大厅	国家文物局"纸张保护修复标准培训班一期"	南京博物院文物保护技术的发展历程	3 课时

（续表）

时间	地点	班级名称	授课内容	课时
2010 年 10 月 12 日	海军指挥学院交流会议大厅	国家文物局"纸张保护修复标准培训班二期"	南京博物院文物保护技术的发展历程	3 课时
2012 年 5 月 22 日	东南大学交通学院六楼	包头规划局"城市建设与规划管理"专题研修班	城市历史文化保护与管理	4 课时
2012 年 6 月 27 日	东南大学五五楼	绍兴县规划局"城乡规划业务专题"培训班	城市文化遗产保护与利用	4 课时
2013 年 6 月 8 日	东南大学交通学院六楼	山东东营市基层文化骨干培训班	"非物质文化遗产保护与利用"	4 课时
2013 年 6 月 9 日	东南大学交通学院六楼	新疆伊宁城规划建设干部人才培训班	文化遗产保护与城市发展	4 课时
2013 年 7 月	东南大学交通学院六楼	广西来宾市城市经营管理专题培训班	城市历史文化保护与管理	4 课时

（二）本科生

时间	地点	班级名称	授课内容	课时
2004 年 9 月 ~ 2005 年 1 月	南京林业大学南方摄影学院（江宁校区）	2003 届本科"文物鉴赏与鉴定"专业	《中国古代科技史》	48 课时
2010 年 9 月 ~ 2011 年 1 月	南京大学仙林校区逸夫楼	2008 届本科"文物鉴定"专业	《文物保护概论》	36 课时
2010 年 9 月 ~ 2011 年 1 月	南京艺术学院人文学院文化遗产管理系	2008 届本科"文化遗产管理"专业	《文物保护概论》	36 课时
2011 年 9 月 ~ 2012 年 1 月	南京艺术学院人文学院文物保护修复系	2009 届本科"文物修复与鉴定"专业	《青铜器鉴定》	36 课时
2011 年 2 月 ~ 6 月	南京艺术学院人文学院文化遗产管理系	2009 届本科"文化遗产管理"专业	《中国古代科技史》	36 课时
2012 年 2 月 ~ 6 月	南京大学仙林校区逸夫楼	2011 ~ 2012 年"新疆文博进修班"	《文物保护概论》	36 课时
2012 年 2 月 ~ 6 月	南京大学仙林校区逸夫楼	2009 届本科"文物鉴定"专业	《文物保护概论》	36 课时

（三）硕士研究生

序号	硕士研究生姓名	导师	授予硕士学位年度	论文题目	硕士学位授予单位
1	李大刚	朱一帆 万 俐	1996	AMT 复合剂保护青铜文物新技术的研究	南京工业大学（原南京化工大学）
2	万小山	朱一帆 万 俐	1997	AMT 对碳钢/盐酸和铜/柠檬酸体系的缓蚀行为及机理研究	南京工业大学（原南京化工大学）

（续表）

序号	硕士研究生姓名	导师	授予硕士学位年度	论文题目	硕士学位授予单位
3	王 越	万 俐	2013	明代青花瓷器人物纹饰的研究	南京艺术学院
4	周 璐	万 俐	2014	明成化官窑青花瓷的检测与修复关系的研究	南京艺术学院
5	张 鹍	万 俐	2014	春秋战国时代各国青铜剑的比较研究	南京艺术学院
6	冯 艳	万 俐	2014	试析两汉时期错金银青铜器造型与工艺	南京艺术学院
7	陈 瑞	万 俐	2015	吴国与中原地区青铜器纹饰的对比研究（暂定）	南京艺术学院

四　撰写的专著与论文

（一）专著

［1］万俐主编：《青铜文物保护与修复》，凤凰出版传媒集团、江苏美术出版社，2012 年。

［2］万俐执行主编：《绍兴印山越国王陵墓原址保护工程报告》，西泠印社出版社，2011 年。

［3］万俐：《青铜器修复》，路甬祥主编《中国传统工艺全集·文物修复与辨伪》第二章，大象出版社，2007 年。

［4］万俐主编：《古墓葬古遗址保护与修复》，凤凰出版传媒集团、江苏美术出版社，2013 年。

（二）论文

［1］万俐：《环氧树脂在青铜器修复中应用》，首届青铜器文物保护与修复学术讨论会，合肥，1982 年。

［2］万俐：《略谈仿制青铜器模具的发展》，《东南文化》1989 年 1 期。

［3］万俐：《战国错金银镶嵌铜壶》，《中国文物报》1990 年 4 月 26 日第 3 版。

［4］万俐：《试论文物修复工艺的思维问题》，《博物馆研究》1990 年 3 期。

［5］万俐：《青铜器修复技术队伍及其发展刍议》，《中国博物馆》1991 年 4 期。

［6］万俐：《中国古代青铜器表面处理技术若干问题的思考》，《东南文化》1993 年 6 期。

［7］万俐：《明代针灸铜人复制技术研究》，《东南文化》1993 年 3 期。

［8］万俐：《赴日研修见闻及感想》，《东南文化》1995 年 1 期。

［9］万俐：《古代玉器复制的研究》，中国文物学会文物修复委员会编《文物修复

与研究》，国际文化出版公司，1995 年。

［10］万俐：《文博系统的 2155 工程》，《中国文物报》1996 年 5 月 12 日。

［11］万俐：《简述古代建筑维修中的化学保护》，《江苏省文物保护与古建筑维修学术讨论会论文集》，连云港，1997 年。

［12］万俐：《略谈陶器、青铜器造型功能》，《文博青年丛书》，北京图书出版社，1997 年。

［13］万俐：《仿古青铜器的三个要素》，《首届中国艺术铸造学术讨论会论文集》，山西夏县，1999 年。

［14］万俐：《东汉铜牛灯复制灯》，国家文物局博物馆司、中国文物学会编《第二届全国文物修复技术研讨会论文集》，民族出版社，1999 年。

［15］万俐：《高分子材料用于文物复制的工艺与研究》，《东南文化》1999 年 1 期。

［16］万俐：《吴越晋人形同期铸造技术中相关问题的探讨》，徐湖平编《东方文明之韵——吴文化国际学术研讨会论文集》，岭南美术出版社，2000 年。

［17］万俐：《南宋鎏金佛像的修复与保护》，《文化视窗》（台北）2000 年 15 期。

［18］万俐：《青铜文物保护技术的传承与发展》，《东南文化》2000 年 1 期。

［19］万俐：《彩陶表面保护的一种新材料》，《首届中国古陶瓷修复技术研讨会论文集》，义乌，2000 年。

［21］万俐：《论先秦诸子文物造型的科学思想》，《东南文化》2001 年 1 期。

［22］万俐：《台湾古建筑维修的原则与技术》，《文物保护与考古科学》2002 年第 14 卷 2 期。

［23］万俐：《也谈良渚文化玉器的雕琢工艺及发白现象》，《东南文化》2002 年 6 期。

［24］万俐：《良渚风化玉器的化学保护》，《东南文化》2003 年 5 期。

［25］万俐：《古代兵器上绿松石镶嵌技术的探讨》，南京博物院编《台湾龚钦龙藏越王暨商周青铜兵器》，南京出版社，2003 年。

［26］万俐：《吴越、晋楚青铜器制作技术的对比研究》，《东南文化》2003 年 10 期。

［27］万俐：《青铜器修复工具的革新》，《中国文物学会文物修复专业委员会. 第三届代表大会暨第四次文物修复研讨会》，北京，2004 年。

［28］万俐：《道光二十三年万斤铁炮的车架复原技术》，《中国文物保护科技协会第三次学术年会论文集》，紫禁城出版社，2005 年。

［29］万俐：《汉泗水王陵墓原样复原技术报告》，《东南文化》2005 年 4 期。

［30］万俐：《南京博物院青铜文物保护修复方法介绍》，中国文物研究所编《文物科技研究》第 4 辑，科学出版社，2006 年。

［31］万俐：《江苏六合程桥东周菱形纹青铜剑的修复》，《文物保护与考古科学》2006 年第 18 卷 13 期。

［32］万俐：《简述古代钱币的保护》，《江苏钱币》2007 年 2 期。

［33］万俐：《中国古代青铜器保护与修复》，东亚文化遗产保护协会编《东亚文化遗产保护国际研讨会论文集》，韩国首尔，2007 年。

［34］万俐：《文物修复技术与非物质文化遗产保护的比较研究》，《文化理论创新论文集》，南京出版社，2009 年。

［35］万俐：《江南地区古遗址古墓葬水环境治理的案例介绍》，《东南文化》2009 年 2 期。

［36］万俐：《从陈璋壶看春秋战国的冶铸技术》，《文物鉴定与鉴赏》2010 年 3 期。

［37］万俐：《脆弱文物减压渗透加固仪的研制》，《南京博物院集刊·12》，文物出版社，2011 年。

［38］万俐：《殷墟青铜器纹饰铸型构成的探讨》，《亚洲铸造技术国际学术会议论文集》，日本，2012 年。

［39］万俐：《谈谈古今铜镜的文化功能》，《中国青铜文化论坛》，铜陵，2012 年。

［40］万俐：《试析中国先秦时期透空蟠龙纹青铜器铸造技术的发展与传播》，中国社会科学院考古所编《东亚古代青铜冶铸业国际论坛论文集》，安阳，2012 年。

［41］万俐：《南京博物院藏三件战国蟠龙纹透空青铜器》，《亚洲铸造技术国际学术会议研究发表资料集 7 号》，韩国，2013 年。

［42］万俐：《氟橡胶对纸质文物加固保护性能的分析研究》，《中国文物保护科技协会第七次学术年会论文集》，科学出版社，2013 年。

［43］万俐：《博物馆中的非物质文化遗产保护项目——以南京博物院为例》，《中国文物学会文物修复委员会学术讨论集》，长春，2013 年。

［44］丘建辉、万俐：《古代天文简仪龙柱的复制》，《工程塑料应用》1990 年 3 期。

［45］徐飞、万俐：《大型喷砂仪在青铜去锈方面的应用》，《东南文化》1996 年 4 期。

［46］谭德睿、黄龙、万俐：《吴越青铜技术考察报告》，《吴越地区青铜器研究论文集》，（香港）两木出版社，1997 年。

［47］万俐、徐飞、朱一帆：《保护青铜文物的一种新材料》，《生物与环境材料》，化工出版社，1997 年。

［48］万俐、徐飞、朱一帆：《AMT 复合剂的耐腐蚀试验》，《第十届全国缓蚀剂学术讨论会论文集》，海口，1998 年。

［49］李瑛、曹楚南、林海潮、朱一帆、李大钢、施兵兵、万俐、徐飞、陶保成：《AMT 在铜表面形成保护膜的 STM 研究》，《物理化学学报》1998 年第 14 卷 4 期。

［50］ Wan Li，Xu Fei，Zhu yifan et al：＜A New Technique study on the Preservation of Bronze Cultural Relics Treated by AMT Composite Reagents ［C］ ＞. *The Fourth International Conference on the Beginning of the Use on Meatls and Alloys （BUMA－IV）. May 25 ~ 27，1998. Kunibiki Messe，Matsue，Shimane，Japan，145－150.*

［51］ 万俐、徐飞、朱一帆：《AMT 复合剂保护青铜文物的研究》，《第十一届全国缓蚀剂学术讨论会论文集》，深圳，1999 年。

［52］ 奚三彩、王勉、龚德才、万俐：《化学材料在南通天宁寺古建筑维修中的应用》，《东南文化》1999 年 5 期。

［53］ 谭德睿、廉海萍、徐惠康、万俐：《吴越青铜兵器三绝》，徐湖平编《东方文明之韵——吴文化国际学术研讨会论文集》，岭南美术出版社，2000 年。

［54］ 万小山、朱一帆、施兵兵、万俐、徐飞：《AMT 在铜/柠檬酸体系中的缓蚀作用研究》，《材料保护》2000 年第 33 卷 6 期。

［55］ 朱一帆、李大刚、施兵兵、万俐、徐飞、陶保成：《XPS 和 AES 研究 ACN 复合剂在青铜表面上形成的膜》，《腐蚀科学与防护技术》2000 年第 12 卷 1 期。

［56］ 徐飞、万俐、陶保成、朱一帆、李大刚：《一种检查粉状锈的简易方法》，《文物保护与考古科学》2001 年第 13 卷 2 期。

［57］ 万俐、徐飞、陶保成、朱一帆、李大刚、施兵兵：《AMT 复合剂保护青铜文物的研究》，《东南文化》2002 年 1 期。

［58］ 付海涛、李瑛、魏无际、朱一帆、万俐、徐飞：《古代青铜文物保护研究现状及 AMT 的应用》，《腐蚀科学与防护技术》2002 年第 14 卷 1 期。

［59］ 徐飞、万俐：《AMT 的合成研究》，《中国文物保护科技协会学术讨论会论文集》，苏州，2002 年。

［60］ 万俐、蒋素华：《从良渚寺墩玉器的保护看其风化相关的问题》，良渚文化博物馆编《良渚文化论坛》，浙江古籍出版社，2002 年。

［61］ 万俐、徐飞：《徐州市九女墩春秋战国青铜编镈的保护》，中国文物学会文物修复委员会编《文物修复研究·3》，民族出版社，2003 年。

［62］ 徐飞、万俐：《在酸性介质中对青铜起缓蚀作用的 AMT 缓蚀行为研究》，王昌燧主编《科技考古论丛》第 3 辑，中国科学技术大学出版社，2003 年。

［63］ 万俐、徐飞、杨毅、卢向阳：《紫金庵南宋泥塑保护修复技术探讨》，《文物保护与修复纪实——第八届全国考古与文物保护（化学）学术会议论文集》，广州，2004 年。

［64］ 廉海萍、谭德睿、徐惠康、万俐：《吴越细绳纹类青铜礼器成形技术研究》，《文物保护与考古科学》2004 年 4 期。

［65］ 万俐、徐飞、朱一帆、李大刚：《AMT 复合剂与 CuCl 的反应研究》，《文物保护与考古科学》2005 年第 17 卷 3 期。

［66］万俐、徐飞、朱一帆：《2－氨基－5－巯基－1，3，4－噻二唑的性质及其应用》，中国文物研究所编《文物科技研究》第3辑，科学出版社，2005年。

［67］黄益明、朱一帆、万俐、徐飞：《氯离子选择性电极法在 AMT 保护青铜文物中的应用》，《全国腐蚀电化学及测试技术学术会议论文集》，厦门，2006年。

［68］徐飞、万俐、陈步荣、陆海风：《清代铁炮的磷化和封护》，《中国文物保护科技协会第三次学术年会论文集》，科学出版社，2007年。

［69］徐飞、万俐、陈步荣、徐有伟：《铁质文物高效缓蚀剂的实验室研究》，《中国文物保护科技协会第三次学术年会论文集》，科学出版社，2007年。

［70］杨隽永、万俐：《武进淹城城墙的保护》，《中国文物保护科技协会第五次学术年会论文集》，科学出版社，2008年。

［71］徐飞、万俐、陈步荣：《杭州南山摩崖造像本体化学实验室研究》，《中国文物保护科技协会第五次学术年会论文集》，科学出版社，2008年。

［72］徐飞、王勉、万俐：《杭州余杭南山摩崖造像保护工程介绍》，《中国文物保护科技协会第五次学术年会论文集》，科学出版社，2008年。

［73］郑冬青、周健林、万俐、王勉：《杭州凤凰寺木质经板及石质读经台的保护》，《中国文物保护科技协会第五次学术年会论文集》，科学出版社 ，2008年。

［74］张慧、李玉虎、万俐、范陶峰：《土遗址防风化加固材料的研制及加固性能比较研究》，《东南文化》2008年2期。

［75］徐飞、万俐、朱一帆：《清代铁炮自然表面与关系研究》，中国文物研究所编《文物科技研究》第6辑，科学出版社，2009年。

［76］徐飞、万俐、陈步荣、陈强：《氟橡胶成膜物封护青铜试片的研究》，《文物保护与考古科学》2009年第21卷2期。

［77］万俐、徐飞、范陶峰、陈步荣：《徐州狮子山汉楚王陵彩绘陶俑的保护研究》，《文博》2009年6期。

［78］徐飞、万俐、王勉、范陶峰、刘慧云：《杭州文庙彩绘现场保护研究》，《文博》2009年6期。

［79］郑冬青、奚三彩、万俐、张品荣、邱永生：《徐州市狮子山汉兵马俑坑防水加固保护》，《东南文化》2009年2期。

［80］张慧、李玉虎、万俐、范陶峰：《浙江余姚田螺山遗址室内与现场加固试验研究》，《东南文化》2009年3期。

［81］张慧、万俐：《江阴黄山小石湾炮台遗址修复用灰土最佳配方筛选研究》，《文物保护与考古科学》2010年第22卷2期。

［82］徐飞、王勉、万俐、陈步荣：《浙江余杭凝灰岩摩崖石刻造像风化产物研究》，《中国文物保护科技协会第六次学术年会论文集》，科学出版社，2010年。

［83］范陶峰、万俐、杨隽永、陈五六、金柏创：《绍兴印山越国王陵木炭加固实

验探究》，《中国文物保护科技协会第六次学术年会论文集》，科学出版社，2010 年。

［84］杨隽永、万俐：《绍兴印山越国王陵墓室主体结构的加固与保护》，《中国文物保护科技协会第六次学术年会论文集》，科学出版社，2010 年。

［85］杨隽永、万俐、陈步荣、范陶峰、张慧：《印山越国王陵墓坑边坡化学加固试验研究》，《岩石力学与工程学报》2010 年第 29 卷 11 期。

［86］张慧、万俐、杨隽永：《绍兴印山越国王陵墓坑填筑青膏泥研究》，《土工基础》2011 年第 25 卷 3 期。

［87］陈潇俐、万俐：《清雕漆描金宝座材料与工艺研究》，《文物保护与考古科学》2011 年第 23 卷 2 期。

［88］万俐、范陶峰：《陈璋壶的初步分析与思考》，《青铜文化研究》第 7 辑，黄山书社，2011 年。

［89］万俐、徐飞、陈步荣、朱一帆：《青铜戈上泡锈腐蚀形貌及其组成研究》，中国文物学会文物修复委员会编《文物修复研究·6》，民族出版社，2012 年。

［90］杜伟、万俐、丁毅、陈步荣、李佳佳：《十八硫醇自组装膜对银的缓蚀作用》，《电镀与环保》2012 年第 32 卷 4 期。

［91］杜伟、万俐、丁毅、陈步荣、李佳佳：《十八硫醇/乙醇体系自组装膜对银的防变色作用》，《腐蚀与防护》2012 年第 33 卷 2 期。

［92］万俐、杜伟、李佳佳、陈步荣：《水溶液中自组装膜对银的缓蚀作用及吸附机理分析》，《稀有金属材料与工程》2013 年第 42 卷 3 期。

［93］万俐、杜伟、李佳佳、丁毅、陈步荣：《十八硫醇自组装膜对青铜－银电偶腐蚀的抑制作用》，《中国腐蚀与防护学报》2013 年第 33 卷 3 期。

［94］万俐、陈步荣、徐飞、朱一帆：《AMT 复合剂 ACN1 体系中氯离子的测定——氯离子选择性电极法》，《中国文物保护科技协会第七次学术年会论文集》，科学出版社，2013 年。

［95］范陶峰、万俐：《出土铁器文物的保护实践》，《中国文物保护科技协会第七次学术年会论文集》，科学出版社，2013 年。

［96］张慧、万俐、杨隽永、范陶峰：《张家港东山村遗址孳生苔藓病害治理研究》，《中国文物保护科技协会第七次学术年会论文集》，科学出版社，2013 年。

［97］杨隽永、万俐：《几种有机硅材料在南京城砖中的耐久性实验》，《中国文物保护科技协会第七次学术年会论文集》，科学出版社，2013 年。

［98］徐飞、王勉、万俐、陈步荣：《浙江余杭凝灰岩摩崖石刻造像防风化材料性能研究》，《中国文物保护科技协会第七次学术年会论文集》，科学出版社，2013 年。

［99］范陶峰、万俐：《陈璋壶锈蚀状况研究》，《东亚文化遗产保护学会第二次学术研讨会论文集》，科学出版社，2013 年。

［100］马新民、万俐：《春秋墓出土铜蟠龙鼓座的复原》，《亚洲铸造技术国际学

术会议论文集》，韩国，2013 年。

五　参加国际学术活动情况

[1] 1992 年 11 月，在日本大阪市参加"亚洲地区文物保护国际学术会议"。

[2] 1994 年 4 月，在中国三门峡市参加"第三届国际冶金史学术会议"。

[3] 1997 年 1 月，在中国深圳参加"第七届中国科学技术思想史国际学术会议"。

[4] 1998 年 5 月，在日本参加"第四届国际冶金史学术会议"。

[5] 2001 年 11 月，在南京参加"吴文化青铜器国际学术讨论会"。

[6] 2002 年 5 月，参与在韩国釜山市召开的"第五届国际冶金史学术会议"。

[7] 2003 年 10 月，在南京参加"吴越兵器国际学术讨论会"。

[8] 2003 年 8 月，在敦煌参加"壁画、泥塑文物保护国际学术讨论会"。

[9] 2006 年 5 月，在北京参加"第一届东亚纸质文物保护与修复学术讨论会"，并在大会上发言。

[10] 2007 年 5 月，在南京参加"中意石质文物保护国际研讨会"，并在大会上发言。

[11] 2007 年 11 月，在韩国首尔参加东亚文化遗产保护国际研讨会，并在大会上发言。

[12] 2008 年 9 月，在敦煌参加国际大遗址保护研讨会，并在大会上发言

[13] 2008 年 4 月，在宁波参加"中意树木年代分析国际研讨会"。

[14] 2009 年 2 月，日本九州博物馆，参加"中国青铜器保护与研究国际讨论会"，并在大会上发言。

[15] 2009 年 4 月，在无锡鸿山，参加"东亚大遗址国际保护论坛会"，并在大会上发言

[16] 2010 年 9 月，铜陵，参加"中国青铜文化国际研讨会"，并在大会上发言。

[17] 2011 年 8 月，在日本奈良橿原参加"亚洲铸造史国际研讨会"，并在大会上发言。

[18] 2012 年 8 月，参与"亚洲铸造史国际研讨会"，递交了论文。

[19] 2012 年 9 月，在安阳参加"东亚古代青铜冶铸业国际论坛"，并在大会上发言。

[20] 2012 年 10 月，铜陵，参加中国青铜文化国际研讨会，并在大会上发言。

[21] 2012 年 10 月，在意大利威尼斯参加"文化遗产、智慧源泉、人类遗产的中意国际研讨会"，并在大会上发言。

[22] 2013 年 8 月，在韩国岭南大学，参与"亚洲铸造史学会国际研讨会"，递交了论文。

编后记

　　万俐先生，江苏苏州市人，1956 年出生于苏州市。1973 年调入南京博物院，从事文物保护修复工作至今已 40 年，现任南京博物院文物保护科学技术研究所所长、研究馆员、研究员级高级工艺美术师，兼任中国文物保护科学技术协会常务理事、中国传统工艺研究会常务理事、陕西师范大学和南京艺术学院兼职教授、硕士生导师。曾获得国家、省部市级科研奖共九项；获得国家知识产权局专利 12 项；2008 年 2 月，被江苏省人民政府授予"江苏省第四届省工艺美术大师"称号；2012 年 9 月，万俐先生主持的《绍兴印山越过王陵墓原址保护工程》被评为"2011 年全国文物保护十大工程"。万俐先生迄今为止撰写专著四部（合作）、发表 100 余篇文物保护科技方面的论文。

　　《万俐文集》为南京博物院目前正在推出的"南京博物院学人丛书"之一种，全面展示万俐先生的学术成果和治学经历。此卷为《万俐文集》之科技保护卷。本次编辑工作，本着求精的原则，收集并增补了万俐先生不同时期的文章和论文，并在正文后附录学术活动简表，实乃研究万俐先生学术经历的重要资料。

　　编者在接受编辑任务后，曾多次与万俐先生及朱一帆先生沟通，就每一篇文章的收录与两位先生磋商，以求尽量全面反映万俐先生的学术思想与治学历程，所收文章，均经慎重核查与考证。校样经万俐先生亲阅校正，在这一过程中，特别要感谢朱一帆先生在文物保护的专业领域内不厌其烦地给予编者无私的帮助，亲自校对相关化学分子式和修正图片，并就每一个细小的问题当面商讨，使编者深深感受到了老一辈学人科学严谨的治学风范。

　　《万俐文集》的编辑离不开院领导和一些老专家的关心与支持，特别是龚良院长、王奇志副院长、《东南文化》编辑部历任负责人李虎仁、毛颖等，自始至终关心整个文集的编辑进程，特此申谢。当然，由于编者水平及各种条件所限，疏漏与错误在所难免，敬请读者批评指正。

编　者